LA MENTALIDAD COMPARTIDA EN LA EMPRESA

LA MENTALIDAD COMPARTIDA EN LA EMPRESA

María Marta Preziosa

teseo

UCA

Preziosa, María Marta
La mentalidad compartida en la empresa / María Marta Preziosa. 1a ed . Ciudad
Autónoma de Buenos Aires: Teseo, 2016.
412 p. ; 23 x 15 cm.
ISBN 9789877230949
1. Cultura Organizacional. 2. Empresas. 3. Análisis Organizacional. I. Título.
CDD 658

Esta investigación ha sido realizada con el aporte de la Pontificia Universidad
Católica Argentina.

Imagen de tapa: Fowler & Strachan. *The Symbolical head, illustrating all the phre-*
nological developements of the human head. c1842.
[http://www.loc.gov/pictures/item/90713998/]

Buenos Aires, Argentina

Editorial Teseo

Hecho el depósito que previene la ley 11.723

Para sugerencias o comentarios acerca del contenido de esta obra,
escríbanos a: **info@editorialteseo.com**

www.editorialteseo.com

ISBN: 9789877230949

Compaginado desde TeseoPress (www.teseopress.com)

A mis padres, Adela y Nicolás

Índice

Prefacio

Una imagen vale más que mil palabras. A veces nos resulta difícil explicar cómo son las cosas y acudimos a una imagen, a una comparación. Las imágenes tienen una viveza y una espontaneidad de la que carece el discurso racional. Por eso, aunque sea propio del ser humano el articular pensamientos a través de palabras y razonamientos, aquello que expresamos a través de imágenes y dibujos permite aflorar ese mundo interior de lo "no-necesariamente racional" que conforma también nuestro modo de ser y actuar.

Si nos preguntan qué es la empresa –así, en general–, es posible que demos alguna de las definiciones estándar que encontramos en los manuales de Economía de la Empresa o en libros de Dirección de Empresas. No todos daremos la misma definición. Para algunos –con una visión economicista– la empresa será un engranaje más o menos sofisticado que busca transformar de forma eficiente unos *inputs* en unos *outputs* para satisfacer unas determinadas necesidades con el objetivo de maximizar el valor económico para el dueño del capital. Otros –con una visión más legalista– hablarán de una serie de relaciones contractuales entre diversos agentes que permiten coordinar los factores de producción de una forma más eficiente que el mercado. Otros –con una visión más humanista– hablaremos de una comunidad de personas unidas por el objetivo común de contribuir al desarrollo de las personas y de las sociedades a través de la producción eficiente de bienes y servicios. Puede haber otras muchas definiciones –y visiones– de lo que es la empresa. Lo cierto es que, según la imagen que tengamos de la empresa, será muy distinta la idea que tengamos del papel que juegan los diversos agentes que se relacionan con ella, así como de sus obligaciones y responsabilidades.

Más difícil será todavía si nos piden que definamos a la empresa en la que trabajamos. Podemos quedarnos en una descripción objetiva de qué productos comercializa, cuánto vende o cuánta gente emplea; podemos acudir a la misión o a la visión de la empresa tal como se enumeran en sus documentos oficiales… Pero todo esto nos dirá muy poco de la realidad de la empresa. Cuando bajamos al plano existencial –cómo es para mí la empresa en la que trabajo–, las respuestas serán necesariamente muy distintas. Cada uno de nosotros tenemos nuestra idea de lo que es *mi* empresa, donde se mezclan los aspectos objetivos con otros aspectos emocionales, afectivos, subjetivos. Pero es esa idea que cada uno de nosotros tenemos –y que no necesariamente será la misma para todos– la que marca cuál es la relación real con mi empresa, mi grado de compromiso, de identificación con lo que ella me da, así como el grado de sacrificio, de entrega que estoy dispuesto a darle.

Dice una máxima filosófica clásica que *el actuar sigue al ser*. Dependiendo de cómo sea la empresa para mí, mi actuar hacia ella será distinto. Por tanto, una reflexión sobre el actuar humano en la empresa debe venir precedida de una reflexión sobre la naturaleza de esa empresa en la que el actuar humano acontece. Dicho en otras palabras, siendo la ética la ciencia que versa sobre el actuar humano, una reflexión sobre la ética de la empresa debe venir precedida por una reflexión ontológica sobre qué es la empresa. Toda ética exige una ontología, porque la definición de lo que es ético o no dependerá de la imagen que tengamos de ese ser que actúa o del marco social en el que esa acción tiene lugar.

Y si vamos al caso concreto de *esa* empresa, cómo se viva la ética en esa empresa –no cómo se defina en los códigos de conducta o en los canales de comunicación, sino cómo se viva en el día a día de quienes actúan en su nombre– dependerá de cómo sea esa empresa y de cómo sea percibida por quienes la conforman. Cualquier actuación sobre la conducta ética de sus empleados debe partir de una verificación previa de cómo esos empleados perciben a la empresa. Sin ese proceso previo, puede darse una falta de encaje entre la conducta ética que se quiere promover y la percepción que tengan los empleados de hasta qué punto la empresa está legitimada para pedirles esa conducta. Si ese encaje no se da, cualquier programa de capacitación en ética está condenado al fracaso, porque se encontrará con el escepticismo de quienes perciben una falta de coherencia entre lo que se pretende hacer y lo que en realidad sucede.

Si bien es cierto que el actuar sigue al ser, cuando se trata de seres humanos –y de realidades humanas–, la frase inversa también es cierta: *el ser sigue al actuar*. Cada ser humano llega a ser la realidad que es a través de las acciones que lleva a cabo. Cada uno de nosotros tenemos nuestra biografía, un sucederse de acontecimientos, de decisiones y acciones, a través de los cuales llegamos a ser quienes somos, únicos e insustituibles. De modo análogo, puede decirse también que las realidades humanas –la empresa, en el tema que nos ocupa– tienen su biografía, su historia, hecha a partir de un sucederse de decisiones y acciones que las hacen ser lo que son. Son esas historias que se transmiten de unos a otros las que –junto con otros aspectos más formales y estructurados– configuran ese imaginario colectivo que nos ayuda a perfilar una imagen, una idea compartida de lo que es la empresa y de lo que nos cabe esperar en nuestra relación con ella. Definir procesos y mecanismos que ayuden a aflorar esa idea compartida es un ejercicio que aporta un gran valor a la configuración de la empresa como una comunidad de personas que persiguen un objetivo común, porque ayuda a que se manifiesten muchos supuestos implícitos que, en último término, pueden actuar como inhibidores en la implementación de políticas de conducta ética en la empresa. Este es el desafío al que se enfrenta la profesora María Marta Preziosa.

Este libro tiene dos partes diferenciadas, pero relacionadas. La primera parte tiene un tono más filosófico. A través de la tradición aristotélico-tomista se nos invita a reflexionar sobre la naturaleza de la empresa, utilizando como marco de referencia el esquema de las causas del ser. Es un enfoque que –a pesar de la larga tradición en la que se sustenta– no deja de ser novedoso en su propuesta de aplicarlo al mundo de la empresa. Quizás nunca nos hayamos planteado cuál es la causa final o la causa material de la empresa. Y, en cambio, intentar reflexionar sobre la empresa desde estas claves interpretativas puede aportar luces nuevas a nuestro modo de entender qué es –o qué debe ser– la empresa.

La segunda parte del libro tiene, por su parte, un carácter más experimental. A partir de la experiencia en programas de capacitación ética en empresas, se propone un método de observación y representación de la mentalidad compartida en una empresa a través de una serie de dinámicas de grupo, apoyadas en los aportes teóricos de ciencias como la etnografía y la lingüística. Si la primera parte es más conceptual y normativa, esta segunda parte es más experimental y descriptiva. En la primera parte, la reflexión ontológica y etiológica sobre la empresa ayuda a entender cómo la mentalidad compartida puede ser un factor de unidad y de consistencia interna en la empresa, en la medida en que una idea compartida de la empresa que esté de acuerdo con lo que la empresa quiere ser aporta una unidad en torno a unos objetivos comunes, mientras que una ruptura entre la mentalidad compartida y los objetivos de la empresa –provocada por unas decisiones mal tomadas, o sistemas de gestión mal diseñados o mal implantados– puede provocar disonancias que mermen la unidad y, en consecuencia, la eficiencia de la empresa. En la segunda parte, en cambio, la descripción de un método de trabajo en torno a la mentalidad compartida permite visualizar cómo se consigue aflorar las presunciones y creencias implícitas de quienes trabajan en la empresa y cómo este proceso puede ser útil de cara a eliminar barreras que limiten la acción conjunta en la consecución de los fines de la empresa. De ahí que –como decíamos antes– sean dos partes que, a pesar de tener enfoques distintos, se complementan y refuerzan, en la medida en que, desde lógicas y discursos distintos, centran su atención en la mentalidad compartida y en su rol como generadora de una dinámica positiva en el trabajo en la empresa.

En el fondo, las dos partes del libro responden a las dos almas de su autora. Por una parte, una sólida formación filosófica, arraigada en la tradición clásica y proyectada, al mismo tiempo, a la discusión de cuestiones de actualidad; y, por otra parte, una amplia experiencia en la capacitación profesional –en especial en temas de ética empresarial– y en el uso de metodologías de dinámicas de grupo para gestionar procesos de cambio y generar aprendizajes positivos en los participantes.

Sirviéndonos de una imagen –así empezábamos y así acabaremos– María Marta Preziosa nos conduce con igual maestría y dominio tanto por los difíciles senderos de montaña hasta alcanzar la cima de una visión filosófica insospechada, como por los sinuosos recodos de nuestra interioridad para aflorar nuestros juicios y nuestros prejuicios –aspiraciones y miedos, oportunidades y amenazas– de nuestro trabajo en la empresa. Una tarea necesaria y apasionante.

Joan Fontrodona
Profesor ordinario de Ética Empresarial
IESE Business School, Universidad de Navarra

Introducción

El objeto de estudio de este trabajo de investigación es el fenómeno de la mentalidad compartida en el ámbito de la empresa. Este fenómeno se aborda a la luz de diversos enfoques disciplinares para delimitarlo y definirlo, describir sus características, destacar su relevancia ética por su influencia en los integrantes de la empresa y especificar su alcance ontológico por su rol en la conformación de la empresa. Haber concluido esta investigación en 2015 para optar por el título de Doctora por la Universidad de Navarra (Filosofía) es el resultado de dos períodos de diferente recorrido intelectual.

Recorrido de investigación tutelada (2005-2008)

El primer período a destacar es el de la investigación académica, cuyo recorrido se originó en el Trabajo de Suficiencia Investigadora (TSI[1]) tutelado por el Dr. Joan Fontrodona y que finalizó con el examen DEA, Diploma de Estudios Avanzados en Filosofía (Universidad de Navarra, España). En ese trabajo de investigación, realizado con el apoyo de la Pontificia Universidad Católica Argentina, se planteó la cuestión de la atribución de responsabilidad moral a la empresa. Se la denomina también la cuestión de la "agencia moral de la empresa" (French, 1979; Phillips, 1995 y Velasquez, 2003). Si bien es una pregunta propia de la ética empresarial, abreva en la metafísica y la filosofía social. Se despliega en inquietudes tales como: ¿se puede atribuir responsabilidad moral a la empresa en tanto empresa? ¿Se atribuye a la empresa y/o a sus directivos? ¿La empresa es ontológicamente distinta de las personas que la componen? Si lo es, ¿qué tipo de unidad tiene? ¿Podemos considerarla moralmente virtuosa? ¿Tiene la empresa racionalidad, intencionalidad y responsabilidad? ¿Podemos decir que una empresa es negligente? ¿Es un sujeto o un agente moral?

---

[1] Presentado en Pamplona, el 9 de septiembre de 2008, frente al tribunal compuesto por Rafael Alvira, Joan Fontrodona y Alfredo Rodríguez Sedano.

De todas ellas, en el TSI nos ocupamos específicamente de responder si la empresa es un ente distinto a la suma de las interacciones de sus integrantes. Es decir, cuál es el "estatus ontológico" de la empresa (McMahon, 1995). Esta es una cuestión previa a la atribución de responsabilidad y para responderla hay que explicar qué tipo de unidad tiene.[2]

Para resolver la cuestión del estatus ontológico de la empresa se aplicaron categorías de la metafísica aristotélico-tomista a la empresa. Analizada como grupo social se la consideró un ente distinto a sus integrantes pero que, sin embargo, existe solo en ellos, en sus relaciones, y no existe por sí misma. Se ubicó, entonces, a la empresa en el estatus de ente análogo (no sustancial) conformado por un plexo de relaciones cuya unidad deviene del orden que las articula y coordina.

Este enfoque metafísico, que no desconoce la libertad personal ni la falibilidad de los acuerdos humanos, permitió focalizar el estudio en lo específicamente social de la empresa. Esto es, en indagar cuál es la formalidad específica que distingue a la empresa de otros grupos sociales. Para ello, a la luz del análisis causal aristotélico de la sustancia, se analizaron las influencias mutuas entre el fin de la empresa (causa final), su organización económica (causa formal intrínseca), el liderazgo (causa eficiente principal), sus integrantes (causa material y causa eficiente) y el paradigma compartido (causa ejemplar) para lograr el fin.

En este período de investigación tutelada fue fundamental el estudio del manuscrito del filósofo iusnaturalista argentino Julio Guido Soaje Ramos[3] (1918-2005) titulado "El grupo social". Este texto, que analiza la estructura ontológica del grupo social de acuerdo con la metafísica aristotélico-tomista, sigue siendo relevante en este trabajo de investigación. El escrito es de 1969 y fue preparado para uso de la cátedra de Filosofía Social de la Pontificia Universidad Católica Argentina (UCA).[4] Se desconoce a su editor y tiene pequeñas lagunas y cierto desorden. El

---

[2] El TSI fue titulado "Estatus ontológico de la empresa: Un aporte al estudio de la 'Responsabilidad Social Empresaria' como obligación moral", y consta de cuatro publicaciones: dos sobre responsabilidad social empresarial, dos sobre el análisis ontológico de la empresa (Preziosa, 2005, 2006a, 2006b y 2007) enmarcados en una introducción y epílogo inéditos.

[3] Abogado y doctor en Derecho y Ciencias Sociales. Fue profesor de las Universidades de Buenos Aires, Nacional de Cuyo, Nacional de Córdoba, de la UCA, entre otras. Enseñó Filosofía del Derecho, Ética y Filosofía Social. Integró el comité ejecutivo del Primer Congreso Nacional de Filosofía celebrado en 1949. Fue investigador del CONICET. En 1986 recibió el Diploma al Mérito en Ética de la Fundación Konex. Dejó una importante obra inédita (Piñeda, 2003).

[4] El texto contiene el siguiente índice de contenidos: Introducción; A) Caracteres del grupo social; B) Clasificación del grupo social; C) Definición del grupo social: nominal y real. Relación y orden; D) Causas del grupo social: a) analítica general y b) analítica causal del grupo social: causa material, causa eficiente, causa final y causa formal del grupo social. Está mecanografiado en unas 57 páginas de formato oficio que trasladado en formato de procesador de texto Word contiene 43.202 palabras. Ha sido ampliamente utilizado y citado en publicaciones como la *Revista Persona y Derecho de la Universidad de Navarra*.

estudio realizado para la investigación tutelada (TSI) rescata los argumentos de este manuscrito y le agrega la novedad de aplicarlo a la empresa considerándola un ente y explicando su unidad.

En el examen DEA[5] se presentaron dos alternativas para continuar la investigación doctoral iniciada en el TSI. La primera alternativa consistía en profundizar la cuestión de la atribución de responsabilidad a un grupo organizado, a la luz de la metafísica tomista. La segunda alternativa, en cambio, consistía en profundizar en lo que denominé, en ese momento, el *"ethos* organizacional imaginario"*. Este *ethos* coincidía con la causa ejemplar de la empresa. Fue caracterizado en ese momento como prerracional, afectivo, acrítico y como factor de unidad de la empresa. Asimismo, se lo presentó como una "subjetividad simbólica" de la organización que actuaría en el grupo como una especie de *cogitativa* colectiva que permitiría tomar decisiones prácticas.

De las dos alternativas para la tesis doctoral presentadas en el DEA, se me aconsejó que continuara con la segunda y es el camino que he tomado. Asimismo en la presentación del TSI se me había aconsejado ampliar las virtualidades de la filosofía tomista con otros enfoques y profundizar la relación del tema con la vida profesional.

Recorrido profesional (1998-2012)

El segundo período que se desea remarcar para introducir este estudio de la mentalidad compartida es de tipo profesional, paralelo al anterior y también pleno de inquietudes filosóficas. Se origina en 1998 con la primera capacitación que realicé para todos los empleados de tres filiales sudamericanas de una empresa multinacional. Desde ese momento hasta 2012, se realizó la capacitación de unos 4000 empleados de empresas sobre los contenidos de sus códigos de ética y/o programas de *compliance*. Se comenzó usando el método didáctico de discusión de casos cortos para ilustrar los principios éticos con relativo éxito. Sin embargo, para superar cierta resistencia racional en el debate, se desarrolló una herramienta didáctica basada en dibujos grupales y metáforas, que alcanzando un nivel prerracional, facilitó la receptividad de los valores contenidos en las normas sobre las que se debía dictar la capacitación.

Esa herramienta didáctica, que asignaba a los participantes la tarea de dibujar -en grupo- su relación con la empresa (y la relación de la empresa con ellos), permitió observar la mentalidad de muchos empleados de multinacionales. La observación tenía como objetivo comprender

---

5   Presentado en Pamplona, el 18 de septiembre de 2008, frente al tribunal compuesto por Ángel Luis González, Ignacio Murillo, Sergio Sánchez-Migallón Granados.

su mentalidad para poder dialogar de forma más clara y profunda sobre las cuestiones éticas, y escuchar cómo explicaban la lógica de las decisiones en la empresa y cómo ello les afectaba en las cuestiones éticas.

En este período fue fundamental la inspiración del libro *Imaginización*, de Gareth Morgan (1999), de cuya lectura soy deudora en el uso de los dibujos grupales. Morgan es catedrático del área estudios organizacionales (*Organization Studies*) en York University de Canadá.[6] Es autor del *best-seller Imágenes de la organización*[7] (1986) del cual surge, algunos años más tarde, *Imaginización*.[8] Morgan propone allí el uso de la metáfora como herramienta diagnóstica de la organización de un modo práctico y replicable. Según este autor, todos los empleados teorizan la empresa en la que trabajan, es decir, todos tienen una imagen de orden sobre cómo funciona (Morgan, 1999: 51-52). Las ideas de Morgan que me inspiraron profesionalmente siguen siendo relevantes en este trabajo de investigación.

En el período 2010-2012 se realizó un largo proceso de capacitación en las empresas *Green* y *Blue*.[9] Como subproducto del proceso de capacitación, se brindó a la empresa un "informe de cultura" que sintetizaba rasgos comunes relevantes para el cumplimiento normativo.[10] Aquella experiencia permitió conformar lo que en esta investigación proponemos como un método para reconocer la mentalidad compartida en una empresa.

El punto en común entre el primer recorrido y el segundo es que en ambos se abordó la cuestión de la trama relacional de la empresa. Es decir, en ambos periodos se trató de comprender qué ordena las interrelaciones en la empresa. Por un lado, en la investigación académica y desde el punto de vista metafísico, para fundamentar que la empresa es algo uno, "casi un sujeto" o al menos, que es un ente distinto a sus integrantes. Por otro lado, en la capacitación en empresas y desde el punto de vista "mayéutico", para comprender la trama no-racional que según los mismos empleados explica el orden que guía sus interacciones. Dicha trama debía ser traída a la luz desde lo prerracional e imaginativo hacia la conciencia para facilitar la discusión racional de situaciones en las que hay que elucidar sus aspectos éticos. El punto en común

---

6 Nacido en 1943 en el Reino Unido, desde los años 80 ha sido un autor de referencia en teoría de la organización. En 1988 fue elegido *Life Fellow* de la *International Academy of Management* en reconocimiento a su destacada contribución a la ciencia y arte del *management*.

7 En inglés, *Images of Organization*.

8 En inglés, *Imaginization: New Mindsets for Seeing, Organizing and Managing*; es de 1993. La edición de Granica en español es de 1999. Se cita la paginación de la edición en español.

9 Los nombres de fantasía no solo preservan la confidencialidad sino que también anonimizan los registros etnográficos obtenidos. No se menciona ninguna característica de las empresas que permita identificarla a ella o a sus integrantes (geografía, actividad económica, facturación, edad, etnia, sexo, etc.).

10 Ello se informó verbalmente a los participantes de los talleres, y en el "informe de cultura" se preservó el anonimato de los informantes y de los participantes.

entre el primer y segundo recorrido es que la trama relacional de la empresa es abordada aquí a través de los conceptos de "imagen de orden" (Morgan, 1999) y de "causa ejemplar"[11] (Soaje, 1969).

Estructura de este libro

Como se dijo al principio, esta investigación doctoral que aborda como objeto la mentalidad compartida se propone delimitar el fenómeno y describir sus características, esclarecer su relevancia ética y determinar su alcance ontológico. El trabajo se divide en dos partes para cumplimentar estos objetivos.

En la primera parte de este trabajo de investigación (capítulos 1-4) se caracteriza el fenómeno de la mentalidad compartida por los integrantes de la empresa según las categorías de los estudios organizacionales y de la disciplina ética empresarial. Se subraya la influencia que ejerce sobre los integrantes de la empresa y cómo surge de su trayectoria compartida. Asimismo, se destaca la influencia causal de la mentalidad compartida en la constitución de la empresa y en la consecución de sus fines bajo la conceptualización de la filosofía aristotélico-tomista.

En la segunda parte (capítulos 5-10) se propone un método de observación y representación del contenido de la mentalidad compartida en una empresa. El método, que he denominado HEMG (Método Heurístico de Elicitación de Metáforas Grupales), es un proceso de "intervención"[12] que surge de una necesidad de cambio en la empresa (de normas y de conducta). El HEMG fue desarrollado sobre la base de la experiencia en capacitación en empresas y aquí se le da fundamento científico en la etnografía organizacional, la etnografía activa y la lingüística cognitiva.

Primera parte: el fenómeno de la mentalidad compartida, su relevancia ética y su alcance ontológico

En el capítulo 1, a partir de la literatura de estudios organizacionales se realiza una definición de la cultura organizacional como concepto genérico que abarca nuestro objeto de estudio, la mentalidad compartida en la empresa. Se identificarán dos niveles, desde el punto de vista de observación de una cultura: el nivel explícito o manifiesto, y el nivel implícito o mentalidad compartida.

---

11   La idea de conductas interiores (valores, prejuicios, afectos) del grupo social que funcionan como normas consuetudinarias en el grupo y ordenan sus acciones (causa ejemplar) de Soaje es análoga a la imagen de orden elicitada por las metáforas de Morgan.

12   Intervención para el desarrollo organizacional fue definido en 1969 por Warren G. Bennis como "una compleja estrategia educativa cuya finalidad es cambiar las creencias, actitudes, valores y estructura de las organizaciones, en tal forma que estas puedan adaptarse mejor a nuevas tecnologías, mercados y retos, así como al ritmo vertiginoso del cambio mismo" (citado en González Lara, 2004: 7).

Se señalan los elementos que componen la cultura organizacional y la mentalidad compartida, cómo se gesta, dónde se la puede observar en una organización o empresa, qué aspectos son más difíciles de indagar y sin embargo son más importantes. Asimismo se explica cómo influye en el actuar de los integrantes de la organización.

Entre dichos elementos se señalan las "presunciones básicas subyacentes" que versan sobre la integración interna de la empresa, sobre la relación de la empresa con el entorno y sobre la naturaleza de las relaciones humanas. Por "debajo" de ellas se identifica lo que hemos llamado "la comprensión compartida básica de la organización" (CCBO) que contiene la idea-imagen de orden que -en un nivel profundo, acrítico y no-consciente-[13] configura una explicación esencial de cómo funciona la empresa y del lugar que el sujeto se atribuye en ella.

El caso de la tragedia aérea de la empresa LAPA, ocurrido en Buenos Aires en 1999, nos permite ilustrar la influencia de la mentalidad compartida en las decisiones personales de los empleados y en la acción colectiva resultante de toda la empresa en su desempeño en la sociedad.

En el capítulo 2, a partir de la literatura de ética empresarial,[14] se continúa profundizando en la influencia que la mentalidad compartida ejerce en sus integrantes y viceversa, cómo ellos mismos crean la mentalidad compartida.

Se describe el estilo cognitivo de los ejecutivos de empresa y su tendencia a una moralidad prerreflexiva. Se explica la tensión entre las fuerzas de la cultura organizacional y la integridad personal que puede darse en una cultura empresaria moralmente desviada. Asimismo, se analiza el mecanismo psicológico-moral de la racionalización que facilita su participación en ella.

En el capítulo 3, se profundiza la relación entre el individuo y la mentalidad compartida pero desde la perspectiva de la estructura ontológica de la empresa. Asimismo, los escándalos éticos corporativos o la tragedia de LAPA nos llevan a reflexionar sobre el rol de la mentalidad en la consecución del fin de la empresa. El fin de la empresa se puede concebir y ejecutar de distintos modos.

El análisis causal aristotélico aplicado a la empresa que se realiza en este capítulo permite comprender la relación entre el fin de la empresa y la mentalidad compartida: esta puede ser causa de unidad o de desorden. Al seguir el texto de Soaje Ramos para este análisis de la empresa, también se perfila su estatus ontológico como un ente distinto

---

[13] No nos referimos al inconsciente en sentido freudiano sino a aquello que no está presente en la conciencia personal de forma clara y distinta porque pertenece al ámbito de la comprensión más primaria sensorio-motriz o porque pertenece al ámbito de lo grupal y compartido.

[14] De acuerdo con Georges Enderle (1993), la ética empresarial abarca tres niveles de la conducta que son el nivel micro: el personal e interpersonal; el nivel medio: la dimensión organizacional; y el nivel macro: la conducta en la economía y en la sociedad a nivel nacional.

a sus integrantes y cuya realidad es análoga y relacional. De este modo, esencia y finalidad de la empresa, mentalidad compartida y liderazgo se enmarcan en un análisis completo que muestra el alcance ontológico del fenómeno que estudiamos.

Volviendo al ámbito de la ética empresarial, en el capítulo 4, nos preguntaremos si es posible reorientar la mentalidad compartida. Es decir, de qué modo concreto se puede intervenir en una organización para provocar un aprendizaje o un cambio en sus criterios para la toma de decisiones.

Se ofrece una respuesta desde las políticas corporativas de ética y *compliance* y de lo que se denomina entrenamiento o capacitación *in company* en ética y *compliance*. Se analizan sobre la base de la literatura de ética empresarial, dos estrategias posibles (integridad y *compliance*). Ambas son instrumentos del liderazgo para influir en la mentalidad compartida.

En este capítulo se presenta la experiencia personal desarrollada en ocho empresas desde 1998 a 2012 en filiales sudamericanas de empresas multinacionales de diverso origen nacional y sector productivo. Se realiza una valoración de estas a la luz de los sesgos cognitivos y morales de los ejecutivos.

Se presenta esta experiencia como el contexto de desarrollo[15] de una herramienta didáctica basada en dibujos grupales que permitió sortear las dificultades del método didáctico basado en la discusión de casos. Probada la eficacia de esta herramienta didáctica, se la amplía y se la propone aquí como una herramienta de investigación y de aprendizaje para una empresa u otro tipo de organización. El método se denomina Método Heurístico de Elicitacion de Metáforas Grupales (HEMG).

Segunda parte: propuesta de un método para reconocer y representar la mentalidad compartida en una empresa

El método propuesto (HEMG), de aplicarse en una organización puede alcanzar dos objetivos. Un objetivo de aprendizaje para los integrantes de la organización cuyo resultado es conocer más de sí mismos acerca de su mentalidad, y otro objetivo de investigación cuyo resultado es representar de forma fidedigna la mentalidad compartida mediante un mapa de metáforas.

---

15 El epistemólogo Hans Reichenbach distinguía el contexto de descubrimiento del contexto de justificación de una nueva idea o hipótesis científica. El contexto de descubrimiento explicita la descripción de las condiciones sociales o psicológicas en las que surge la nueva idea. En cambio, el contexto de justificación se centra en mostrar los parámetros que esas ideas o hipótesis deben cumplir para ser consideradas científicas (Bárcenas, 2002: 48-50).

En el capítulo 5 se describen las tareas y actividades del método divididas en cuatro fases y se brindan ejemplos ilustrativos para su mayor comprensión. En los capítulos 6, 7 y 8 se presenta a la comunidad académica la justificación del método.[16] La justificación del método en la etnografía (capítulos 6 y 7) acentúa su capacidad de alcanzar a representar la singularidad y variedad cultural; y la justificación del método en la lingüística cognitiva (capítulo 8) subraya su capacidad de representar algo de la universalidad de la comprensión compartida por un grupo.

En el capítulo 6 se enmarca al HEMG en la antropología cultural y dentro de ella, más específicamente, en la etnografía organizacional activa. Se explica cómo la etnografía organizacional se propone hacer explícita la trama de reglas o significados que esclarece el comportamiento de los integrantes de una cultura. Se delimita el rol del investigador, cómo observa, cómo registra sus observaciones, y qué resultados presenta. La etnografía se caracteriza por la observación rigurosa y una teorización flexible, lo que nos permite analizar los resultados del HEMG a la luz de la ética.

En el capítulo 7 se explica la etnografía organizacional de tipo activa según Gareth Morgan. Se sigue su idea de la metáfora como herramienta de diagnóstico y cambio organizacional y se explica de qué modo se la adopta en el HEMG, con otros fines. Se explica qué aspectos del dinamismo que la metáfora provoca en un grupo posibilitan el diagnóstico y el aprendizaje sobre ellos mismos. Se analiza ese dinamismo -proyectivo y catártico- como acceso a lo prerracional del grupo. Se identifican las características de las metáforas aptas para este propósito y cuáles son los resultados que predisponen a un aprendizaje y a un cambio.

En el capítulo 8 se justifica el método HEMG en la lingüística cognitiva, disciplina que indaga la comprensión básica de una cultura, identificando las metáforas conceptuales subyacentes a un lenguaje. Aquí se explican las repeticiones observadas en los dibujos grupales a partir del funcionamiento cognitivo de las metáforas. Se identifican los niveles de profundidad en los que se puede analizar la metáfora, que van desde la expresión lingüística hasta el imago-esquema que estructura y ordena el proceso de comprensión de la realidad compleja en términos de la realidad sensorio-motriz. Se explica cómo la metáfora está más cerca de la comprensión prerracional que de la expresión lingüística, y cómo permite condensar significados y jerarquizarlos.

En el capítulo 9 se comparan metáforas de empleados de fábrica y de mandos medios en carrera gerencial. Se abstraen imago-esquemas de dibujos grupales realizados en varias empresas y grupos de ejecutivos-

---

16 Es una justificación posterior a la experiencia de aplicación de la herramienta didáctica.

alumnos de una Maestría en Administración de Empresas. Se encuentran rasgos comunes en la forma de entender el funcionamiento de la empresa y el lugar del sujeto en ella.

En el capítulo 10 se representan los rasgos de la mentalidad de la empresa *Green*. Se presenta un "mapa de metáforas grupales" (MMG) como representación de su "comprensión compartida básica de la organización" (CCBO). Se proveen registros verbales y visuales como evidencia sobre la que se ha elaborado el mapa. Se describe la empresa de acuerdo con lo que denominamos "sentido subjetivo de integridad" (SSI) o criterio por el cual los empleados se perciben a sí mismos coherentes con sus valores. Se evidencian estos perfiles con los registros verbales y la información procesada por dos *softwares*.

Metodología

En los párrafos previos que detallan el contenido de los capítulos es posible observar distintas disciplinas para fundamentar las argumentaciones de este estudio: estudios organizacionales, que incluyen la etnografía organizacional y la activa, la lingüística cognitiva, la ética empresarial y la metafísica. Ciertamente, la metodología utilizada es materialmente plural, aunque su espíritu y teorización es profundamente humanista. En este estudio, de un modo pragmático pero consistente, convergen el pensamiento ético-social con la metodología de observación fenoménica rigurosa de la etnografía.

En verdad, hay varios supuestos de la ética social tomista que permean en las ideas de este trabajo y que no son tratados de forma directa. Estos supuestos son:

1. El hombre es naturalmente social, por lo que los comportamientos egoístas son reprochables desde el punto de vista ético normativo (Soaje, 1969: 21-22).
2. La persona libre se perfecciona por sus virtudes y tiende a un bien más comunicable y más participable, del que otros pueden ser parte, sin negar su bien personal (Soaje, 1969: 43-44).
3. El tomismo supera la reducción del individualismo que niega la especificidad de lo social y, a su vez, no cae en un biologismo social que considera la empresa como un todo subsistente (Soaje, 1969: 9 y 41).[17]

---

17 Todas estas afirmaciones son demostrables y hay mucha literatura tomista dedicada a su argumentación y demostración. En nuestro trabajo no serán demostradas, ni son objeto de la reflexión sistemática, pero están presentes como supuestos.

Ahora bien, los etnógrafos organizacionales citados en este trabajo se ubican a sí mismos en el constructivismo social, por lo que consideran que no hay objetividad científica o verdad universal acerca de la realidad social (Morgan, 1999: 367).[18] Estos supuestos del constructivismo social sostienen que el conocimiento de una sociedad consiste en un conjunto de reglas que guían las acciones, para que estas sean pertinentes a los objetivos de esa sociedad; o bien, afirman que lo que la sociedad sabe está determinado por sus propias necesidades y está mínimamente restringido por la realidad objetiva; también sostienen que cada sociedad y sub-sociedad crea su propio nicho de conocimiento que contiene un universo de cosas que son importantes para ellos y sobre las que construyen un conjunto de creencias que funcionan en ese nicho.[19]

Por tanto, no pareciera posible hacer converger las implicancias ontológicas del constructivismo con el realismo propio de la metafísica tomista y su confianza en que el intelecto alcanza la naturaleza de las cosas partiendo del conocimiento de los fenómenos y la fundamentación de una ética en esa naturaleza.

En este estudio hemos tomado de los etnógrafos su metodología de observación rigurosa y sus registros, la identificación del objeto de indagación (la etnografía indaga cuáles son las reglas que guían las interacciones de los integrantes de una cultura), su sentido de la variabilidad de estas reglas entre subcultura y subcultura en la empresa, y lo más importante, el espíritu realista que trasuntan en sus textos, a pesar de negarlo. La etnografía busca representar con objetividad las auténticas voces de los integrantes de la cultura observada. Sin llegar a ser uno de ellos, el etnógrafo puede captar "la lógica que informa gran parte de sus acciones" y tener un sentido bastante ajustado de "cómo funcionan las cosas en ese pequeño mundo estudiado" (Van Maanen, 2011: 227).

En la primera parte de esta investigación, lo que se busca es indagar cuán relevantes son estas "construcciones" de los empleados para influir en el ver, el juzgar y el actuar de los empleados, desde el punto de vista de su ética e integridad personal y desde el punto de vista de su articulación dentro de la empresa para cumplir con el fin de la misma. En tanto están en la mente impregnarán de sentido sus interacciones sin importar su veracidad.

En la segunda parte, a su vez, se propone el método HEMG que permite que los empleados que participan en su aplicación puedan reconocer sus propias "construcciones", muchas veces sostenidas de forma acrítica, y reflexionen y dialoguen sobre ellas a la luz de las normas

---

18 Van Maanen afirma que "la verdad, la prueba y la validez son más cuestiones de estilo que de contenido" (2011: 224). Se autodefine pragmático ya que las preguntas han de determinar las teorías y no viceversa (2011: 222).

19 Cf. Earl Hunt (1997). Texto en HTML sin paginación.

éticas que se les propone adoptar. Por tanto, queda fuera de este estudio si los significados construidos socialmente por los grupos estudiados corresponden a la realidad de la empresa.

En consecuencia, reconocer y representar etnográficamente la mentalidad compartida no contradice el realismo tomista porque se busca conocer con objetividad cómo los empleados idean el núcleo relacional de su empresa y no cómo se comportan e interactúan. Se busca proveer evidencia objetiva de los significados y sentidos que grupalmente hacen surgir en las metáforas creadas e interpretadas por ellos.

Relevancia

En el nivel de la realidad social, el contenido de esta investigación permite explicar algunos procesos personales, grupales y organizacionales que contribuyen a la generación de culturas organizacionales moralmente desviadas. Estas pueden devenir en escándalos o estragos, como el caso LAPA, que es presentado en este trabajo. Asimismo, aunque aquí solo nos referimos a la empresa, permite explicar a nivel de otras instituciones, la falla moral en el cumplimiento de sus fines por parte de sus directivos y todos sus integrantes.

En el nivel de la reflexión filosófica, el contenido de esta investigación enfatiza la realidad de lo social como resultado y condicionamiento de la libertad personal. Asimismo, enfatiza la influencia en esa realidad social de lo prerracional y no-consciente que debe ser conocido y elicitado para aumentar la libertad personal. Asimismo, provee de un estatus ontológico a la empresa como ente distinto de sus integrantes.

En el nivel de la etnografía organizacional que estudia clínicamente la singularidad de una cultura, se agrega la dimensión lingüístico-cognitiva. Esta enfatiza, por el contrario, la universalidad en la forma de comprender y metaforizar la realidad cotidiana organizacional.

En el nivel de la etnografía activa (aprendizaje organizacional), el contenido de esta investigación propone un método efectivo para que los grupos conozcan más de sí mismos, de sus creencias implícitas y presunciones sostenidas en forma compartida y así facilitar una reflexión ética. El aprendizaje se da al pasar de lo prerracional a la conciencia para hacerlo parte del entrenamiento ético. El HEMG agrega a la etnografía activa una novedosa aplicación a la ética.

Agradecimientos

Agradezco a Dios y a mi familia y a mis amigos por su apoyo incondicional. Agradezco a las autoridades y colegas de la Pontificia Universidad Católica Argentina Santa María de los Buenos Aires, el estímulo recibido para realizar este trabajo. Agradezco especialmente al Dr. Joan Fontrodona Felip su guía y dedicación como director de esta investigación.

Primera parte.
El fenómeno de la mentalidad compartida, su relevancia ética y su alcance ontológico

1

La "mentalidad compartida" por los integrantes de una empresa

Definición

Introducción

Dentro del lenguaje cotidiano, e incluso en ámbitos de estudios organizacionales, cultura y mentalidad de una empresa son dos conceptos que se utilizan como sinónimos. Muchas veces, se identifica mentalidad con el concepto de cultura y se utilizan ambos términos de manera indistinta.[1]

Pero la cultura y la mentalidad de una organización no son exactamente lo mismo. Este capítulo estará dedicado a estudiar los alcances de cada uno de estos términos. La distinción entre ambos conceptos será deliberadamente progresiva hasta alcanzar una definición de nuestro objeto de estudio: la mentalidad compartida. Para esto, construiremos una definición extensional[2] de los elementos que componen la mentalidad compartida, y que demostrará que ella es el nivel más profundo de la cultura en una organización. Asimismo, al explicar los elementos que la componen se señalará cómo y dónde reconocerla, así como su influencia en los integrantes de la empresa.

Partiremos de los fenómenos a fin de comprender en su totalidad estos conceptos y destacar su relevancia. Para ello, nos detendremos a considerar el caso de un accidente de aviación ocurrido en la ciudad de Buenos Aires, Argentina, en 1999. Nuestro objetivo al tratar este caso no será el de juzgar la responsabilidad de los distintos actores involucrados ni abordar la cuestión legal, sino interiorizarnos en él para utilizarlo como ejemplo.

---

1   En el *Diccionario de la Real Academia Española de la Lengua*, "cultura" es definida como un "conjunto de modos de vida y costumbres, conocimientos y grado de desarrollo artístico, científico, industrial, en una época, grupo social, etc.". Por otra parte, "mentalidad" se define como "cultura y modo de pensar que caracteriza a una persona, a un pueblo, a una generación, etc.".

2   Definir por extensión implica construir el *definiendum* sobre la base de la enumeración de los elementos que componen el *definiens*.

1. El caso del accidente del vuelo 3142 de LAPA

En el año 1999, el vuelo 3142 de la empresa de aviación argentina LAPA partía de la ciudad de Buenos Aires con destino a la ciudad de Córdoba (provincia en el centro del país). En el momento del despegue, la aeronave se accidentó y perdieron la vida 65 personas. De acuerdo con los diarios nacionales,[3] al iniciar la carrera de despegue, una alarma comenzó a sonar y los pilotos la desestimaron. Esa alarma indicaba que los *flaps*[4] se hallaban retraídos, lo que impidió despegar pese a haber superado la velocidad mínima para hacerlo. Debido a la aceleración alcanzada por la aeronave, le fue imposible frenar antes del fin de la pista y continuó la carrera fuera de ella: el avión rompió las vallas perimetrales del aeropuerto, cruzó una avenida y en su trayecto, arrastró un automóvil que circulaba por allí, para terminar colisionando sobre unas máquinas viales y un terraplén. La pérdida de combustible sobre los motores calientes y el gas expelido por la rotura de una planta reguladora de gas del lugar provocaron el incendio y la destrucción total de la aeronave. Lograron sobrevivir 33 personas.

La empresa LAPA era propiedad de Gustavo Andrés "Andy" Deutsch, descendiente de una adinerada familia checa que había llegado en los años 40 a Sudamérica y cuyo negocio principal era del rubro textil. En la Argentina, la familia tenía una cadena de tiendas de venta minorista llamada Casa Tía. Deutsch, nacido en 1935, era piloto comercial pero no contaba con experiencia en el negocio de la aviación. Había recibido la empresa LAPA en los años 80 como parte de pago. Según la periodista Carla Quiroga, así se refería Deutsch a LAPA: "'Nació como un muy mal negocio'" era una frase que repetía entre su círculo más íntimo cuando hablaba de LAPA -antes del accidente-. El empresario le había "'canjeado'" a su amigo íntimo, el conde Federico Zichy Thyssen [...] un campo por una compañía de aviones provinciales" (Quiroga, 2014).

La gestión de Deutsch al frente de LAPA comenzó con dos aviones de 30 plazas y la posibilidad de volar la ruta Buenos Aires-Colonia (Uruguay). La empresa creció considerablemente durante los años 90, época de privatizaciones y desregulaciones llevadas a cabo por el ex presidente Carlos Menem. La oportunidad de desregulación del mercado aéreo permitió el crecimiento de la compañía. La empresa LAPA quebró en 2006 y hasta el día de su muerte en un accidente aéreo, el 14 de septiembre de 2014, Deutsch siguió operando en el rubro aeronáutico y en la industria textil.[5]

---

3 Diario *La Nación*, 1 de septiembre de 1999; jueves 30 de septiembre de 1999.
4 Parte auxiliar del ala que funciona durante el aterrizaje y el despegue.
5 Deutsch falleció piloteando un avión de su flota de taxis aéreos junto a su esposa en un accidente de causas desconocidas (Diario *La Nación*, 14 de octubre de 2014).

La estrategia comercial de LAPA estaba basada en el manejo personal de la empresa por parte de Deutsch, tarifas bajas y reducción de costos, sacrificando calidad. En sus 15 años de existencia, la empresa llegó a tener 1200 empleados y el 30% de la participación del mercado argentino. Con el crecimiento de la empresa, Deutsch incorporó a Ronaldo (Ronnie) Boyd, un ex directivo de la empresa argentina Austral Líneas Aéreas, cuya fortaleza eran sus conocimientos técnicos, aunque no su capacidad de liderazgo.

Esta estrategia y este tipo de liderazgo llevaron al ex piloto Enrique Piñeyro a renunciar dos meses antes del accidente. A continuación, nos detendremos en unos extractos de la carta de renuncia de Piñeyro, fechada el 12 de junio de 1999.

> Me dirijo a Ud. a fin de comunicarle mi renuncia al puesto de comandante en la empresa LAPA. Motiva esta renuncia mi total desacuerdo con la política de seguridad aérea de la empresa. En incontables ocasiones advertí respecto de los riesgos que se estaban tomando sobre la vida y la integridad de las personas. [...] No solo no fui escuchado, sino que hasta se me llegó a pedir que me retractara por escrito de la carta que envié a los directivos en ocasión de ser presionado para volar de noche con un avión que tenía dos horizontes artificiales fuera de servicio (el vuelo lo realizó otro comandante). Tal como lo admitiera el Sr. Chionetti[6] en una reunión mantenida en APLA[7] entre 60 pilotos de la empresa y la comisión directiva del gremio, un Boeing 757 de LAPA voló sin chalecos salvavidas para todos los pasajeros desde Buenos Aires hasta Punta Cana y regresó, lo cual viola las normas de seguridad. [...] La Asociación que nuclea al personal de mantenimiento envió una circular en el año 97 alertando que peligraba la seguridad de vuelo de LAPA [...]. Según los registros técnicos de novedades de cabina, los días 26 y 27 de noviembre de 1996 se puede verificar que la totalidad de la flota salió a volar en condiciones *no go* (es decir, de prohibición de volar). Obviamente estos hechos no responden a meras coincidencias sino a una seguidilla de transgresiones. El propio Sr. Chionetti realizó un vuelo Palomar-Córdoba-Palomar, 6-10-95, con el radar inoperativo (según él mismo asentó en el registro técnico) con tormentas eléctricas tanto en Córdoba como en Palomar. [...] En febrero de 1998 un Boeing 737 estuvo volando más de un mes con reportes de deflexiones del timón de dirección no controladas. En el último registro técnico el piloto anotó textualmente avión peligroso, luego de un grave incidente. Para demostrar que los problemas de seguridad continúan hasta la fecha basta referirse a una circular de APLA del mes de mayo de 1999 donde se puntualiza, entre otras cosas, la demora de más de cinco meses en proveer a los pilotos de cartografía para realizar las aproximaciones por instrumento, lo cual según la circular, afecta la seguridad de vuelo.[8]

---

6 Jefe de pilotos de LAPA.
7 APLA es el acrónimo del sindicato Asociación de Pilotos de Líneas Aéreas.
8 Diario *Clarín*, 5 de septiembre de 1999.

Piñeyro, además de piloto, es cineasta y en el año 2004 estrenó una película sobre el accidente de 1999 titulada *Whisky Romeo Zulú*.[9] Piñeyro describe, en esta película, la forma en que se tomaban las decisiones en LAPA y si bien contiene elementos de ficción, Piñeyro expone en ella su conocimiento personal de la cultura interna de la empresa.

La película muestra que los pilotos tenían evidencia de la falta de condiciones apropiadas para la seguridad del vuelo y del mantenimiento de los aviones. Los pilotos, en tanto capitanes responsables de las aeronaves, tenían la posibilidad de oponerse a volar, pero Piñeyro deja entrever que lo habitual era descartar esa alternativa, o bien por temor al despido, o bien porque, con cierta dosis de negligencia, estimaban muy bajas las probabilidades de un accidente. Guiados por su temor al despido, por su temeridad y por su arrogancia, facilitaban la posibilidad de un accidente.

Piñeyro fue testigo en la causa judicial que siguió a la tragedia, ya que en su carta de renuncia hacía responsable a Deutsch, a los directivos y al jefe de pilotos de la línea Boeing en caso de un posible accidente aéreo. Piñeyro subraya, en su película y en sus declaraciones, tanto la responsabilidad personal de los pilotos como la responsabilidad por omisión de los directivos. Según cita el diario *La Nación*,[10] el ex piloto aseveró:

> El gruesísimo error del piloto [Gustavo Weigel] y el desorden y desorganización que había esa noche en la cabina no era sino reflejo del desorden y desorganización en la empresa [...] no se le exigió lo que se le debe exigir a un piloto para ponerlo al mando de un (Boeing) 737. [...] Yo varias veces me negué a volar con él por las desavenencias que teníamos sobre la seguridad del vuelo.

El fiscal Carlos Alberto Rívolo destaca en su alegato dos cuestiones refutadas por el juez Gustavo Hornos (2011): la primera es un argumento "cultural" y la segunda, la responsabilidad de los directivos y gerentes por haber omitido controlar y supervisar el estado de las aeronaves.

> En su argumento cultural, el fiscal Rívolo explica el accidente en el marco de una "cultura sistémica de no atender a la seguridad en los vuelos".[11] En LAPA se repetían situaciones de deficiente mantenimiento confirmadas en el juicio por mecánicos y otros pilotos. El fiscal, citado en el fallo del juez Hornos, afirma que "el escaso mantenimiento de los aviones [...] provocó la generación de fallas continuas, provocó que se generalizara en LAPA una cultura de tolerancia a la activación de alarmas, que fueron incorporadas a la operación habitual de vuelo" (Hornos, 2011: 25).

---

9   Se puede ver el tráiler de la película en http://goo.gl/XJz9Dj (2004).
10 Diario *La Nación*, 18 de agosto de 1999.
11 Diario *Página 12*, 14 de octubre de 2014.

En el mismo texto se citan las palabras del piloto Ernesto Magide, testigo en la causa, quien relata que ante sus reclamos por las condiciones de seguridad, su instructor de vuelo respondía "esto es LAPA" o bien "no se puede parar un avión por un sensor tan chiquito" (Hornos, 2011: 26). También se cita el testimonio del piloto Argimon Feldman, quien afirma que "se aplicaban sanciones a Piñeyro por hechos que a otros pilotos se les toleraban hasta el cansancio"; y se reproducen las declaraciones de otros dos pilotos que señalaron que recibieron presiones para volar en malas condiciones operativas. Todo esto revela "el clima hostil que se vivía en la compañía hacia quienes se atrevían a desafiar la permisividad en el control de las operaciones aéreas" (Hornos, 2011: 32).

Esta cultura empresarial, o -como la llamó el fiscal- esta "práctica de acostumbramiento", era avalada por los directivos ya que, tal como Piñeyro asevera en su carta documento de renuncia, la máxima dirección de la compañía también participó de vuelos realizados con deficientes condiciones operativas. Asimismo, no solo era avalada la "pobre instrucción" de los pilotos, sino que todas esas prácticas se cristalizaron con el tiempo. Por todo ello, el fiscal hace responsables a Deutsch, a Boyd, y a los responsables de las gerencias operativas y de Recursos Humanos, Diehl, Chionetti y Arzeno.

Las prácticas de acostumbramiento y los hábitos grupales que se conformaron entre los integrantes de la empresa tejieron una trama de expectativas sobre el comportamiento de los trabajadores. Por ejemplo, los pilotos estaban "acostumbrados" a despegar con fallos de seguridad, porque lo esperable era que no se solucionaran y que ellos fueran sancionados si se negaban a volar. Esa trama de expectativas es similar a un tejido de reglas que con el tiempo se transforma en un acuerdo "tácito" y que prescribe cómo son y cómo funcionan las cosas en esa empresa.

Por esto, un piloto podía razonar: "Esto es LAPA, si me opongo a volar me van a despedir". En el día a día se consolida una forma de trabajar aceptada en forma tácita y que se constituye como la forma habitual e instalada de lograr los objetivos de la empresa. Las expresiones del fiscal citadas como "cultura de tolerancia a la activación de alarmas", "esto es LAPA", y "práctica de acostumbramiento" denotan la existencia de un modo de ser propio de la empresa, un modo de actuar típico de la cultura o mentalidad compartida en LAPA.

Si bien el fiscal consideró responsables a los dueños y directivos por "omitir controlar y supervisar que la Gerencia de Mantenimiento adoptara una política eficiente en relación al estado técnico de las aeronaves" (Hornos, 2011: 27), la mayoría de los imputados resultaron absueltos, como se ve en la siguiente tabla.

Tabla n° 1. Situación judicial de los involucrados en el caso LAPA

Nombre y apellido	Rol en LAPA	Situación judicial
Gustavo Andrés (Andy) Deutsch	Dueño y presidente	Absuelto
Ronaldo (Ronnie) Boyd	Director y gerente general	Absuelto
Fabián Chionetti	Jefe de pilotos de LAPA / ex jefe de la línea Boeing	Absuelto
Nora Arzeno	Gerente de RR. HH.	Absuelto
Gustavo Weigel	Piloto	Muere en el vuelo
Luis Etcheverry	Co-piloto	Muere en el vuelo
Valerio Federico Diehl	Gerente de operaciones	Prisión por estrago culposo
Gabriel María Borsani	Jefe de la línea Boeing	Prisión por estrago culposo
Feldman, Taboada, Magide, Ruiz de Galarreta, Sánchez	Otros pilotos	Testigos
Enrique Piñeyro	Ex piloto y cineasta	Testigo

Los jueces consideraron que el enfoque de la cultura de la empresa, sostenido por el fiscal C. A. Rívolo, demoró la investigación ya que en el derecho penal se juzga un hecho concreto, y las imputaciones solamente pueden sostenerse en la medida en que se encuentren relacionadas o conectadas por un nexo causal con el hecho, y según afirma el juez, "el peligro en abstracto no necesariamente es peligro en concreto en el resultado" (Hornos, 2011: 225).

Los jueces consideraron que el análisis de la cultura era irrelevante para la condena de los directivos ya que en el derecho penal argentino, a diferencia de lo que sucede en otros países,[12] cometer un delito no se asimila con la omisión de controlar efectivamente para prevenir un riesgo. Por esto, descartaron en la "conformación de la imputación" las fallas en la capacitación, el descuido del estado psicológico de los pilotos, la baja exigencia sobre su desempeño o que la falta de mantenimiento tuviera que ver con este accidente. Para el juicio penal, el acostumbramiento a todas estas cuestiones no implica un nexo causal con el hecho concreto del accidente. Se consideró que carecían de relevancia jurídico-penal (Hornos, 2011: 33). Para Hornos, en cambio, sí hubo nexo causal entre

---

12 Doctrina española de derecho penal (Sánchez-Ostiz e Íñigo, 2013).

el accidente y la inhabilitación para volar del piloto Weigel (Hornos, 2011: 206) basada en sus pésimas calificaciones y la gran cantidad de vacaciones pendientes. En síntesis:

- En 2010, el juez Hornos concluyó que la deficiente política en materia de mantenimiento técnico no tuvo incidencia alguna en el comportamiento adoptado por los pilotos al mando del vuelo 3142 de LAPA. La sentencia dictada el 2 de febrero de 2010 absolvió a todos los funcionarios de LAPA procesados con excepción de Diehl y Borsani.
- En 2010, Diehl -gerente de Operaciones y a cargo del mantenimiento- y Borsani -jefe de la línea Boeing- fueron condenados a tres años de prisión en suspenso por considerarlos penalmente responsables del delito de "estrago culposo agravado" porque "generaron un riesgo jurídicamente desaprobado que se concretó en un resultado típicamente relevante para el derecho penal".[13] El juez Hornos juzgó que Diehl y Borsani elevaron el riesgo el 9 de diciembre de 1998 cuando ascendieron al cargo de comandante de avión B 737-200 al piloto Weigel. Ambos desatendieron los antecedentes negativos recurrentes del piloto, que se evidenciaban en su legajo técnico y se reflejaron el día del accidente.
- En 2011, la Cámara Federal de Casación Penal afirmó que la orientación dada a la investigación, en cuanto que se llevó a cabo "desde un parámetro amplio de cultura de inseguridad de la empresa, fue un error que generó un enorme dispendio de esfuerzos y tiempo" (Hornos, 2011: 225). El tribunal declaró la prescripción del delito debido a que ya había transcurrido el máximo de tiempo que tiene la pena de "estrago culposo".[14]

Ahora bien, tal como ya hemos señalado, nuestro interés en el caso LAPA no reside en las cuestiones legales, sino en que nos permite introducir y explicar los conceptos de cultura organizacional y mentalidad compartida en relación con la toma de decisiones éticas y responsables dentro de una organización empresarial. El argumento cultural podrá no ser útil penalmente, pero sí lo es desde la perspectiva del análisis ético de las decisiones que toman sus directivos y empleados.

El estudio de la cultura organizacional (y de la mentalidad compartida) en esta investigación adquiere relevancia por dos motivos. El primero es que el directivo de una organización debe conocer su cultura

---

13 Diario *La Nación*, 14 de octubre de 2014.
14 El tiempo máximo de prisión son cuatro años y el accidente había ocurrido en 1999.

y mentalidad para ser capaz de conducirla responsablemente. El segundo es que la mentalidad compartida permite explicar la unidad de la empresa y la consecución de su fin.

2. La cultura organizacional

2.1. Diversas conceptualizaciones

El concepto de cultura organizacional[15] se encuentra más difundido que el de mentalidad compartida y se halla más presente en la literatura de *management*, donde se los suele utilizar como sinónimos. Nuestro objetivo es comenzar a distinguirlos progresivamente hasta llegar a definirlos y así poder focalizar en nuestro objeto de estudio.

Mats Alvesson y Peter Berg (1992: 18)[16] afirman que el estudio de la cultura organizacional es propio de las escuelas de *management* y que se ha inspirado en diversas disciplinas, como la sociología, psicología, antropología, lingüística, semiología. Asimismo, se relacionó fuertemente con el marco disciplinar de las teorías de la organización (*Organization Theory*) y del comportamiento de la organización (*Organizational Behaviour*).

Del mismo modo, Geoff Moore (2005) y Amanda Sinclair (1993) ubican la madurez y difusión del concepto de cultura aplicado a las organizaciones en los años 80. Los autores líderes han sido Geer Hofstede, Gareth Morgan y Edgar Schein en los años 80; y en los años 70, B. A. Turner, A. M. Pettigrew y Karl Weick.

Edgar H. Schein, psicólogo social y actualmente profesor emérito de la Sloan School of Management de MIT, EE. UU., es el autor más citado en la temática de la cultura corporativa. Este destacado analista organizacional define a la cultura de la siguiente manera:

> La cultura de una organización es un patrón de presunciones básicas compartidas, que el grupo aprendió para resolver sus problemas de adaptación externa y de integración interna, que ha funcionado lo suficientemente bien como para ser considerada válida, y por lo tanto, para ser enseñada a los nuevos miembros como el modo correcto de percibir, pensar y sentir en relación con esos problemas (Moore, 2005: 666).

---

[15] En este trabajo, se mencionarán organizaciones y empresas de manera indistinta cuando aquello que se afirme sobre ellas sea común a ambas, aunque el foco de la investigación será la empresa.

[16] La traducción de los textos en inglés es propia.

Alvesson *et al.* (1992) explican que el concepto de cultura corporativa es muy amplio y se suele recurrir, en el ámbito del *management*, a definiciones utilitarias. Muchos autores consideraron relevante delimitar este concepto con la intención de intervenir y modificar el ambiente organizacional, es decir que indagan en cómo medir la cultura para cambiarla. Geoff Moore (2005), especialista en ética empresarial, afirma que el concepto de cultura corporativa que fue difundido en los años 80 buscaba explicar a los líderes de organizaciones que ellos podían influenciar en la cultura empresarial. Sin embargo, Alvesson *et al.* (1992) evalúan este enfoque de los estudios de la cultura de las organizaciones como superficial y voluntarista, ya que solo busca métodos para modificarla (por ejemplo, debido a la necesidad de implementar una nueva estrategia o una nueva normativa).

En este mismo sentido, Schein (1999: 27-28) afirma que, muchas veces, para conocer la cultura se utilizan cuestionarios con preguntas muy superficiales.[17] En estos cuestionarios, suele aparecer reflejada la diferencia entre lo que los empleados ven de la empresa y lo que les gustaría que fuera. Luego, para influir sobre esa cultura se toman diversas medidas, como por ejemplo la reducción de niveles de supervisión, el establecimiento de canales de comunicación lateral, o también la modificación del sistema de recompensas (Moore, 2005: 666).

Pero el destacado psicólogo sostiene que este método no estudia los elementos no conscientes de la cultura (Schein, 1999: 28) y propone ahondar en las "fuerzas culturales" (1999: 3) que verdaderamente importan a la hora de explicar el comportamiento dentro de una empresa. Los aspectos no-conscientes de la cultura organizacional son los verdaderamente relevantes: "La esencia de la cultura son estas premisas, creencias y valores aprendidos conjuntamente que llegan a ser compartidos y se dan por sentados en la medida que la organización continúa siendo exitosa" (Schein, 1999: 20).

Las inconsistencias de una cultura remiten a un nivel más profundo de fuerzas que son las que realmente motivan las acciones e interacciones de los integrantes de la empresa. Los valores son las fuerzas conducentes[18] de una cultura que guían sus interacciones (Schein, 1999: 14). En tal sentido, Schein señala que hay diversos tipos de fuerzas: las que no dejan mover a la empresa, las fuerzas inerciales, las fuerzas que la empujan y también las fuerzas atractivas, fuerzas motivantes que la arrastran.

---

17 Estos cuestionarios indagan, según Schein (1999) sobre la comunicación, el trabajo en equipo, las relaciones superior-subordinado, el grado de autonomía o de empoderamiento que sienten los empleados. También indagan acerca del grado de innovación y creatividad, la incorporación de la flexibilidad frente a la estabilidad y los controles; se indaga sobre los niveles de sociabilidad o solidaridad y el grado de focalización en lo externo o interno.
18 El vocablo inglés que usa Schein es *driver*. Este indica no solo fuerza, sino también una dirección. Por ello lo traduzco como "fuerza conducente".

Según Schein "la cultura es una cuestión interna y relativamente invisible" (1999: 8) aunque es operativamente relevante. Las fuerzas que mueven una cultura conforman un patrón único que refleja una historia también única, propia de esa organización, lo que dificulta que estas fuerzas puedan ser fácilmente medidas o clasificadas. Un modo usual, continúa Schein, pero sin buenos resultados, es hacer una "auditoría de cultura". Esta permite aislar algunas de las variables más comunes, tales como los incentivos, el grado de trabajo en equipo, las relaciones superior-subordinado, la comunicación y el clima de trabajo. Conocerlas supone efectuar una aproximación más profunda de dicha cultura.

> Las presunciones culturales se desarrollan a lo largo del tiempo conformando la trama esencial (*core fabric*) de la organización y su misión básica. Si usted falla en tomar en cuenta estas partes de la cultura descubrirá que las otras no responden como usted espera (Schein, 1991: 41).

Según Amanda Sinclair la cultura organizacional no se "tiene" sino que es parte intrínseca de la organización, y el *management* no puede controlarla (Sinclair, 1993: 63) pero sí puede tratar de comprenderla. En esta línea, Moore (2005: 665) afirma que el concepto de cultura corporativa permite explicar, a quienes deben conducir la empresa, por qué las organizaciones actúan y reaccionan de una determinada manera. Comprender esto les permitirá conducir a la organización para que cumpla con sus fines. De acuerdo con Chhokar *et al.*:

> La cultura a menudo se manifiesta de dos modos. El primero, como valores, creencias, esquemas y teorías implícitas sostenidas comúnmente entre los miembros de una colectividad (sociedad u organización), y estos son llamados los *atributos* de la cultura. La cultura es también comúnmente observada y descripta como *prácticas* de diferentes entidades (familias, escuelas, organizaciones de trabajo, sistemas económicos y legales, instituciones políticas y otras similares). Las primeras son expresadas [...] en la forma de juicios acerca de lo que *debería ser* y las últimas como evaluaciones acerca de *lo que es* respecto a comportamientos comunes, prácticas institucionales, prescripciones y proscripciones (2007: 4).

Los autores citados nos permiten destacar lo profundo y relevante de la cultura en la constitución de una organización. Asimismo, nos permiten fundamentar su uso en la investigación como concepto vigente.

Alvesson (1987: 12) afirma que la cultura es un conjunto de fenómenos y que no hay una única definición válida en el ámbito del *management*[19] y de los estudios organizacionales. Este fenómeno incluye ideologías, perspectivas, expectativas, presunciones y valores comunes que

---

19 En el ámbito de la investigación norteamericana.

mantienen unido a un grupo. Por su parte, los expertos en liderazgo trans-cultural (*cross-cultural leadership)* Jagdeep Chhokar, Félix Brodbeck y Robert House (2007: 3) definen cultura como: "Los motivos, valores, creencias e identidades compartidas y las interpretaciones o sentidos de los eventos significativos que resultan de las experiencias comunes de los miembros de los colectivos y son transmitidas de generación en generación".

El etnógrafo de organizaciones John Van Maanen manifiesta una visión crítica del concepto de cultura. Según este autor, cultura es un concepto muy amplio y ambiguo que va cambiando de aspecto y es difícil de definir claramente como idea teórica estricta. Para Van Maanen, este concepto se usa tanto como causa o como consecuencia, como algo material y como algo inmaterial, como algo coherente y también fragmentado, como algo grandioso o algo menor, como algo visible para algunos y como algo invisible para la mayoría[20] (Van Maanen, 2011: 220-221). Sin embargo, aunque el concepto de cultura es defectuoso y está desvanecido, el etnógrafo sostiene que es indispensable, ya que no existe otro marco teórico o conceptual que lo reemplace para pensar cómo actúan las personas en las organizaciones (Van Maanen, 2011: 221).

Para Van Maanen, lo más importante no es "qué es" la cultura sino "qué hace": otorga significados, define palabras, ideas, cosas, símbolos, grupos, identidades, actividades. A su vez, la cultura es el espacio donde convergen significados. Cada persona pertenece a una o muchas culturas, que le permiten aprehender diversos significados (*draw meaning*). "La cultura, simplemente, se refiere a los significados y prácticas producidos, sostenidos y alterados mediante la interacción" (Van Maanen, 2011: 221). Los significados sociales salen a la luz en la interacción humana, por lo que la cultura es algo construido por todos los que se autoidentifican como grupo (Van Maanen, 2011: 228).

> Vista como un conjunto de significados, la cultura puede ser considerada, o bien como algo comprensible y distinto, o bien como algo indeterminado, indistinto, discordante o ambivalente. Hoy quizás, es más importante que en tiempos pasados, entender que la cultura reside plenamente en la esfera de las relaciones sociales y solo indirectamente está ligada a lugares (u organizaciones) (Van Maanen, 2011: 221).

---

[20] Además, afirma que se ha desvanecido la visión de la cultura como un sistema compartido de ideas interconectadas, o como un conjunto de rutinas, signos y valores que se transmite de generación en generación sin interrupciones. Su visión refuta la idea de cultura como una entidad coherente necesariamente compartida en forma colectiva (Van Maanen, 2011: 221).

Así como Chhokar *et al.* (2007) distinguen entre atributos y prácticas de la cultura, Van Maanen (2011) distingue entre significados y prácticas. Sus postulados nos permitirán diferenciar cultura y mentalidad organizacional.

2.2. Elementos de la cultura organizacional

Identificar los elementos que componen la cultura organizacional nos permitirá delimitar el concepto de mentalidad compartida. La cultura es algo más amplio que la mentalidad, ya que incluye las prácticas, las interacciones concretas. En cambio, la mentalidad queda en el terreno de los significados o atributos (valores, creencias, teorías).

Debido a que nos interesa estudiar la mentalidad compartida en función de su influencia en la toma de decisiones dentro de la organización, es necesario introducir otra distinción en el ámbito de los significados (Van Maanen) y los atributos (Chhokar *et al.*), para lo cual recurriremos al método "ver, juzgar y actuar".

Este método para la toma de decisiones de líderes fue ideado y promovido por Joseph Cardijn, quien fue el fundador de la Juventud Obrera Católica de Bélgica, y que fue presentado en su primer congreso internacional en 1935 como método de enseñanza y práctica de sus principios sociales. Posee tres pasos:

1. "Ver" es revisar el problema o la situación concreta. Es preguntarse qué está pasando, a quién afecta, cómo le afecta y por qué sucede.
2. "Juzgar" es preguntarse si es correcto, qué dicen los propios principios sobre esto, de qué modo podría ser diferente, y que debería estar sucediendo.
3. "Actuar"[21] es decidir hacer lo que en esas circunstancias puede y debe ser cambiado o realizado, lo que se puede hacer ahora en forma personal y mancomunadamente (Cardijn, 2011).

Las fuerzas y significados de la cultura de la organización hacen que sus integrantes vean, juzguen y actúen de un modo análogo, lo que los caracteriza y distingue de otros. De acuerdo con este método, y con el propósito de construir una definición extensional de cultura organizacional y de mentalidad compartida, conjugaremos los elementos de la cultura organizacional dispersos en las conceptualizaciones ofrecidas en el epígrafe anterior. Veamos a continuación cuáles de esos elementos contribuyen al ver, al juzgar y al actuar.

---

[21] Actuar aquí no distingue entre el obrar y el hacer sino que se refiere al ejercicio de la voluntad, luego de la apreciación de inteligencia y voluntad en la toma de decisiones.

2.2.a. Elementos de la cultura relativos al "ver"

La cultura es un modelo mental. Es un sistema de creencias, esquemas y teorías implícitas; una "lente construida socialmente" que permite ver y entender eventos, acciones, objetos y repeticiones de diferentes modos. Asimismo, la cultura es una trama de presunciones básicas subyacentes que brinda una explicación sobre toda la realidad, en un entorno específico dado. Explica los comportamientos que se dan en su contexto, que no podrían comprenderse si se considerasen individualmente.

Si tomamos como ejemplo el caso LAPA, desde una perspectiva ajena a la empresa es difícil entender que los comandantes de aviones no hicieran públicas sus quejas tanto a sus superiores como ante el sindicato o ante los medios de comunicación. Pero dentro del modelo mental propio de la cultura de LAPA, estaban persuadidos por fatiga o cansancio, de que así funcionaba la empresa y de que ese era el estado natural de las cosas.

2.2.b. Elementos de la cultura relativos al "juzgar"

La cultura es un sistema de valores, normas y símbolos compartidos. Se refiere a ideas y significados que la gente sostiene "en común" y suscribe colectivamente, donde los valores son las fuerzas conducentes que guían las interacciones. Es un sistema de significados convergentes y operativos, aceptados en forma pública y colectiva por un grupo dado, en un tiempo dado. Desde la perspectiva del juzgar, la cultura es un conjunto de motivos e identidades compartidas, que incluye las interpretaciones de los eventos significativos de su historia compartida.

Volviendo al ejemplo de LAPA, las alarmas eran tan habituales que en consecuencia, no eran interpretadas como anomalías que debían ser reguladas. La falta de mantenimiento de las naves conducía a interpretar ese sonido como cualquier otro. Esto se observa con claridad en el análisis que Marta Hojvat *et al.* hacen de los diálogos de la película *Whisky Romeo Zulú*, dirigida por Piñeyro:

> Le avisan a Piñeyro que en otro vuelo hay una pérdida hidráulica en un *flap* y que además no use los matafuegos si se activa la alarma de fuego porque funcionan mal.
> -Piñeyro: ¿Cómo se hace para saber si el fuego es real? (Hojvat *et al.*, 2008).

También, dado que el dueño de la empresa (Deutsch) y el jefe de pilotos de los Boeing (Chionetti) comandaban vuelos en condiciones *no go*, este hecho podía ser entendido como una clave de interpretación para todos aquellos pilotos que pensaran oponerse a comandar un avión por deficientes condiciones de seguridad. Ambos ejemplos ilustran cómo el juicio sobre la realidad puede estar afectado por el entorno.

2.2.c. Elementos de la cultura relativos al "actuar"

La cultura es un conjunto de prácticas de interacción social que producen, sostienen y alteran los significados. Es fuente de la identidad organizacional e influye en el comportamiento del grupo en cuanto tal puesto que es un patrón de interacción, cuyos pilares moldean el modo en que los integrantes de la organización se relacionan entre sí.

El "actuar" propio de los integrantes de una cultura se conforma gracias a sus prácticas, que otorgan cierta predictibilidad al comportamiento individual. Brindan un contexto para la toma de decisiones personales. Son las experiencias comunes de los miembros del grupo las que van moldeando el actuar de la cultura.

En otro diálogo del film de Piñeyro estudiado por Marta Hojvat *et al.* se observan los elementos de la cultura que condicionan el actuar del gerente de operaciones de la empresa y el comodoro de la Fuerza Aérea Argentina:

> Piñeyro y su copiloto vuelan a Mendoza. No tienen radio, por una falla eléctrica en el aeropuerto de Mendoza. Deciden aterrizar en Córdoba.[22]
> [Diálogo] (Frente al gerente de operaciones que le ordena disculparse ante al Comodoro de la Fuerza Aérea que viajaba en el avión):
> Gerente de operaciones: La empresa se está expandiendo y hay que poner el hombro.
> Piñeyro le señala al Comodoro las razones por las que tuvo que aterrizar.
> Comodoro: Estamos en la Argentina (Hojvat *et al.* 2008).

Este fragmento ilustra con claridad que la cultura "argentina" presupone, como criterio para actuar correctamente, no señalar los errores de los otros, sobre todo si se trata de un colega o un superior.

Hasta aquí hemos identificado los elementos de la cultura organizacional. Dichos elementos se han clasificado -en relación con la toma de las decisiones de sus integrantes- como relativos al ver, al juzgar y al actuar. Pero la descripción de la cultura organizacional no está completa si no analizamos, sobre la base de las ideas de Schein, los diversos niveles en los que se manifiesta la cultura. Es decir que debemos estudiar aquellos "lugares" con la finalidad de conocer la cultura propia de una organización en forma global, y no solo desde el punto de vista de la toma de decisiones de sus integrantes.

---

[22] Unos 500 kilómetros antes del destino.

2.3. Los niveles de manifestación de la cultura según Edgar Schein

Schein (1999: 13) se pregunta dónde reside la cultura. Entiende que esta es propiedad de un grupo, y se forma donde el grupo tiene una experiencia común, donde hay una historia compartida y por lo tanto, afirma que existe en toda la organización.

Ahora bien, en los departamentos o unidades organizacionales, donde hay una experiencia en común, también existen subculturas, y lo mismo ocurre en función de los distintos niveles jerárquicos en que se estratifica una organización. De este modo, el autor afirma que la cultura se manifiesta en diferentes niveles, pero el más relevante para el estudio etnográfico es el más profundo (Schein, 1999: 14).

En su análisis, Schein identifica tres niveles que pueden ser entendidos como tres "lugares" de la cultura que deben ser examinados y diferenciados unos de otros. A continuación, los describiremos y de manera progresiva llegaremos a identificar el tercer nivel de la cultura según Schein con nuestro concepto de mentalidad compartida.

1. En el primer nivel se encuentra lo que este autor denomina "los artefactos", esto es, las construcciones "visibles" de la cultura: las instalaciones de la empresa, su marca, la estructura organizativa y también los procesos observables (por ejemplo, un proceso de evaluación de desempeño de los empleados).

2. El segundo nivel de la cultura está compuesto por los valores declarados, expuestos, adoptados y explicitados por esa cultura. Ejemplos de estos son las declaraciones públicas de visión y misión de la empresa, su código de ética o su carta de valores. Schein afirma que solamente quienes viven esa cultura saben interpretar lo que estas declaraciones explícitas verdaderamente significan.

3. Por último, el tercer nivel de la cultura es el más profundo y es donde se encuentran las "presunciones básicas subyacentes" que identificaremos -de aquí en adelante- con la sigla PBS. En el texto original, en idioma inglés, se denominan *underlying basic assumptions*.[23] Una característica especial de las PBS es que son adquiridas históricamente, son validadas en forma compartida y no siempre son conscientes.[24]

---

[23] El vocablo original que usa Schein es *assumption* y nosotros lo traducimos aquí como presunción subyacente. Además, lo identificamos con supuesto implícito o también con presupuesto asumido.

[24] No implica que sean inconscientes. No-conscientes significa que no están presentes en forma explícita, por ejemplo, en las discusiones.

Schein afirma que las PBS se reflejan en el nivel de los artefactos, pero que usualmente no se manifiestan en los valores declarados del nivel 2. Del mismo modo, los valores expuestos en el segundo nivel no se fundan en lo que opera verdaderamente en el nivel 3 (Schein, 1999: 49). "Muchas veces los valores declarados (*espoused*) reflejan las áreas de la organización donde son particularmente inefectivos, porque operan desde presunciones culturales contradictorias" (Schein, 1999: 49).

Veamos cómo un ejemplo de inconsistencia entre niveles permite inferir las presunciones subyacentes. Si bien LAPA no contaba con un código de ética, debía regirse por los principios del Código Aeronáutico, vigente en la Argentina como Ley 17.285 (Congreso Nacional, 1967). Este código, que correspondería a los valores declarados de la cultura (nivel 1 de Schein), determina que es delito conducir una aeronave que esté inhabilitada por carecer de los requisitos básicos de seguridad (art. 219). Por otra parte, en el nivel de las construcciones visibles de la cultura, se ubican los procesos de selección y recompensa de los pilotos. En LAPA, los criterios de selección y recompensa de pilotos (nivel 1) contradicen lo declarado en el nivel 2 y revelan una presunción subyacente del nivel 3. Esta PBS, que aquí inferimos, rezaría: "no es necesaria la excelencia profesional porque no es reconocida por la empresa ni con ascensos ni escuchando la opinión de los pilotos".

Schein afirma que no es sencillo conocer estas PBS ya que no basta con observar el comportamiento de los miembros de la empresa. Para comprender esta dimensión "relativamente invisible" de la cultura, Schein propone pensar la organización históricamente. En efecto, las creencias y valores pasan a ser compartidos de modo gradual y se dan por sentados porque resultaron de un proceso de aprendizaje conjunto. Esto hace que los integrantes de la cultura no puedan describirlos exactamente (Schein, 1999: 20). "... si realmente usted quiere entender la cultura, tiene que llevar adelante un proceso que involucre tanto la observación sistemática como hablar con los *insiders* para ayudar a que se expliciten las presunciones tácitas" (Schein, 1999: 25).

Hasta aquí hemos clasificado los elementos de la cultura organizacional en aquellos que corresponden al ver, juzgar y al actuar. Luego, junto a Schein, recorrimos la cultura organizacional en tres niveles de profundidad. A continuación, ampliaremos el contenido del tercer nivel, que es donde se ubica el fenómeno que estudiamos.

2.4. El nivel más profundo de la cultura, lugar de la mentalidad compartida

Schein (1999) sostiene que el tercer nivel de la cultura es el más profundo, y ejerce mayor influencia, aunque es el menos visible de los tres. Este nivel de la cultura no se puede manipular o cambiar por pura voluntad.

¿Acerca de qué tratan las presunciones básicas subyacentes (PBS) del tercer nivel de la cultura? ¿Cuáles son sus contenidos? Recordemos que por ser subyacentes, es decir tácitas, no son conscientes. Por lo tanto, al estudiar una cultura organizacional, es necesario recurrir a indicadores que señalen a qué se refieren y sobre qué versan las presunciones básicas subyacentes. Schein (1999) afirma que giran alrededor de tres cuestiones:

1. el entorno externo a la organización;
2. la integración interna dentro de la organización y
3. la naturaleza de las relaciones humanas.[25]

Estas PBS del nivel más profundo de la cultura -donde están las premisas, las creencias y los valores aprendidos conjuntamente y compartidos- se combinan de modo diferente en cada organización, conformando una cultura que la distingue de otras organizaciones (Schein, 1999: 20-21).

Margaret E. Phillips (1994), por su parte, también estudia las PBS y expone cuáles son los indicadores concretos que se pueden encontrar en una empresa, y que permiten conocer sus PBS.[26]

a. PBS sobre el entorno externo a la organización

En primer lugar, dentro de este tercer nivel encontramos PBS acerca de cómo se ha de sobrevivir en el entorno externo. Estas contienen las creencias sobre la propia identidad de la organización, "quién" es y qué misión tiene, qué razón de ser justifica su existencia de acuerdo con la visión de sus fundadores y líderes, o cómo percibe su rol en su entorno.

Phillips afirma que es posible detectar estas PBS en la formulación racional de la misión, la estrategia y los objetivos de la empresa (declaraciones del nivel 2 de la cultura). También, se pueden encontrar en las estrategias comerciales y en la estructura organizativa, artefactos todos del nivel 1 de la cultura. Por ejemplo, si bien LAPA no contaba

---

25 Incluye cuestiones sobre el trabajo, la vida personal, el poder, etc.
26 Phillips, adaptando los conceptos de Schein, construye una categorización que titula *Schein's Typology of Cultural Assumptions with Issues for Uncovering Elements of the Assumption* (Phillips, M. 1994: 391).

con una declaración pública de su misión, visión y valores, es posible inferir que crecer y ganar participación en el mercado reemplazaba esa formulación.

b. PBS sobre la integración interna dentro de la organización

Otro tipo de presunciones que conforman el nivel más profundo de la cultura se refieren a la integración interna. Estas son las creencias acerca de cómo se ha de articular la empresa para que se logren sus objetivos. La organización interna es la que brinda estructura al trabajo, definiendo procesos (de producción o de comercialización, por ejemplo) y sistemas (por ejemplo, de información o de control) alineados con los fines de la institución. Ahora bien, son muchos los factores que influyen en esta integración interna, por ejemplo, la relación con la autoridad, el grado de confianza, la forma en que se reparten las recompensas y el estatus otorgado mediante símbolos, remuneraciones o beneficios (Schein, 1999: 47).

En LAPA, la estrategia comercial de precios bajos, el ejemplo de la autoridad y los "castigos" a quienes cuestionaban las políticas de la empresa, eran fuertes condicionantes del modo en que los empleados se articulaban para lograr los objetivos.

c. PBS sobre la naturaleza de las relaciones humanas

Hay un tercer tipo de PBS dentro de este tercer nivel de la cultura. Estas son compartidas con la cultura a nivel nacional o regional y se refieren a las cuestiones más profundas de la naturaleza humana: la realidad y la verdad, las tendencias innatas, la naturaleza de la actividad humana y de las relaciones interpersonales (Phillips, 1994: 391). De todas estas, las PBS más relevantes para este trabajo de investigación son las relaciones interpersonales.[27]

Para Phillips, las relaciones interpersonales laborales son relaciones de interdependencia en cuanto el individuo depende de la organización (o viceversa) y de sus pares. Pueden tener diferentes objetivos (distribuir poder e influencia o bien experimentar confianza). Pueden también diferir según el nivel jerárquico (por ejemplo, ser horizontal/colateral con el grupo o bien vertical/lineal en la cadena de mando o empleado-compañía).

---

[27] Como veremos más adelante, la relación es la dimensión ontológica que une a la empresa en tanto ente y por otra parte, el método etnográfico que presentamos para indagar la mentalidad compartida en una empresa hace foco en las relaciones.

Estas PBS sobre las relaciones interpersonales se reflejan en la manera en que un grupo describe lo que es un buen integrante de equipo y en los mecanismos que ese grupo valora para hacer cambiar el desempeño de la gente. También se evidencian en lo que el grupo percibe como la base más adecuada para construir una relación.

Según Phillips, estas PBS también se manifiestan en el modo en que el grupo estructura el trabajo y resuelve los conflictos: si enfatiza los derechos individuales o el consenso de grupo; o bien si enfatiza la jerarquía y la tradición o la innovación. En el caso de la empresa LAPA, se enfatizaba el consenso de grupo basado en "poner el hombro" para que la empresa crezca, en la no-denuncia, en el castigo frente al disenso.

Por otra parte, estas presunciones se van formando alrededor de cuestiones laborales y cuestiones sociales como la familia, el descanso, la política, etc., y se canalizan a través de la comunicación informal, operando en las múltiples interacciones cotidianas.[28]

Según Phillips, los tres tipos de PBS no siempre son compartidos por las distintas unidades o áreas de la organización, además es posible que a lo largo de la historia de la organización casi nunca sean discutidos en forma explícita. Estas PBS suelen generar sub-culturas alrededor de las funciones, los productos, los mercados y las diferentes geografías donde opera la empresa. Las diferencias son muchas veces apropiadas y, si son funcionales a la estrategia y misión general, serán consideradas culturalmente correctas.[29]

Hasta aquí entonces, hemos recorrido los tres niveles de análisis en los que Schein divide la cultura, desde lo manifiesto, es decir, los llamados "artefactos" (nivel 1) y las "declaraciones públicas" (nivel 2), a lo implícito, tácito e invisible (nivel 3), que son las presunciones básicas subyacentes compartidas por la organización. A su vez, en este nivel 3, se combinan tres tipos de presunciones profundas cuyo contenido se refiere a cuestiones del entorno, la integración y las relaciones de la organización. En este lugar esencial de la cultura, el nivel implícito, reside la mentalidad compartida. A nuestro parecer, podría completarse la descripción de Schein y Phillips con el análisis de un cuarto nivel de manifestación de la cultura organizacional, más implícito que las PBS o presunciones básicas subyacentes. En

---

28 Estas PBS son hipótesis que se podrían formular como proposiciones condicionales. Funcionarían como premisas de los razonamientos prácticos en la toma de decisiones.

29 Según Schein las culturas no son buenas o malas en sí mismas sino correctas desde el punto de vista de la estrategia (Schein, 1999: 21). En el capítulo siguiente, enfatizaremos la relación de la ética con la cultura y la mentalidad.

ese cuarto nivel, más profundo, ubicamos un constructo (ver tabla n° 2) que denominamos Comprensión Básica Compartida de la Organización (CCBO).

2.5. La Comprensión Compartida Básica de la Organización (CCBO)

La mentalidad compartida, o nivel implícito de la cultura organizacional, se compone de las PBS del tercer nivel de Schein y el constructo del cuarto nivel -que hemos agregado-, la "Comprensión Compartida Básica de la Organización". La llamaremos, de manera abreviada, con la sigla CCBO y la caracterizamos a continuación.

En primer lugar, esta comprensión es propia de los empleados que han estado dentro de la organización una cantidad de tiempo, y que les permite "entender" lo que pasa en ella. Resulta de la historia compartida y se denomina "básica" porque es primaria y experiencial.

La segunda característica es que es una comprensión "simultánea" de la organización y de sus integrantes. La comprensión integra al mismo tiempo cómo funciona la empresa y el rol del sujeto en ese funcionamiento. Es una comprensión holística que integra la parte y el todo, y cuyo sujeto son los integrantes de la organización.

Ahora bien, ¿qué contiene esta CCBO? Incluye el "cómo funciona" la empresa, el modo en que opera esencialmente y el lugar del individuo en ese funcionamiento. Contiene la "idea" de organización que posee el sujeto que la integra. Su contenido es "la empresa es así", o también, la empresa "funciona así". Contiene la comprensión del principio ordenador de la organización, la "idea de orden" que subyace, que explica y condiciona el actuar de sus integrantes. En esta idea de orden podremos encontrar algunos de los contenidos de las PBS en cuanto al rol de la organización en su entorno, a su integración interna o a la naturaleza de las relaciones humanas.

Por otra parte, la CCBO no posee un formato lógico, sino analógico o metafórico. No es una presunción básica subyacente (PBS) ya que no es una afirmación del tipo prescriptiva, como por ejemplo "las cosas han de ser así", ni tampoco condicional o hipotética, como por ejemplo, "si sucede A, entonces B". Es decir, no es una formulación analítica con formato lógico-proposicional. Es, por el contrario, sintética; es decir que compone diversos elementos a la vez y los ordena e integra aunque sean contrarios.

Asimismo, es subyacente, no consciente, acrítica y necesita ser elicitada. Así como las PBS necesitan de indicadores para ser conocidas, la comprensión que está en la mente de los integrantes de la empresa necesita ser elicitada, salir a la luz. Si bien la CCBO no es una presunción, de ella se pueden inferir presunciones y a la vez subyace a las presunciones. De la CCBO, los integrantes de la cultura infieren expectativas sobre los comportamientos de los otros que toman como base para decidir su futuro accionar.

La quinta, y última característica, es que esta comprensión se puede hacer surgir y representar mediante metáforas.[30] La CCBO es expresable en una o varias metáforas; es más abstracta que una imagen pero más concreta que un concepto. En la segunda parte de esta investigación, presentaremos un método -que hemos denominado Método Heurístico para la Elicitación de Metáforas Grupales (HEMG)- que permite elicitar esta CCBO.[31]

La comprensión de un principio ordenador que da forma y estructura la relación entre los sujetos y la organización de la que forman parte identifica cuál es la "medida mental" que rige los intercambios de las relaciones interpersonales. Es decir que así como el escultor cincela el mármol "a la medida" de la idea que tiene en mente sobre la estatua que realiza, los integrantes de la empresa actúan en sus interrelaciones según la idea de empresa que comparten, "midiendo" sus decisiones de acuerdo con el modo en que comprenden que, en el día a día, la empresa en verdad funciona. La CCBO "ordena" sintética y holísticamente el cómo funcionan las cosas habitualmente. Y al constituirse en una premisa (no-proposicional, sino analógica) de la toma de decisiones, va esculpiendo el "cómo es" la empresa en sí. Este rol en la constitución de la empresa será abordado, más profundamente, en el capítulo 3, referido a la ontología de la empresa. Baste por ahora esta primera aproximación.

---

30 En Argentina, por ejemplo, usando un lenguaje coloquial propio de ejecutivos de empresa, hay quien dice "tal empresa es una picadora de carne" haciendo referencia a su capacidad de maltrato y aprovechamiento de los colaboradores en corto tiempo, que no brinda una perspectiva de desarrollo de carrera. Ahora bien, los que trabajan en esa empresa así catalogada por otros, quizás no son conscientes de que esa metáfora, tan elocuente, explica esencialmente cómo funcionan las cosas en dicha empresa.

31 Su elaboración como constructo es resultado de la aplicación y justificación del método.

Tabla n° 2. Elementos de la cultura organizacional según la perspectiva abordada

Perspectiva				
Conocer la cultura de una organización		Identificar su contenido	Analizar la influencia de la cultura de la organización en la toma de decisiones	
Niveles de manifestación de la cultura		Elementos	Tipo de elemento de la cultura	
MANIFIESTO (=hábitos y prácticas explícitas)	1. ARTEFACTOS	Estructura y procesos	COMPORTA-MIENTO OBSERVABLE (exterior a los sujetos)	ACTUAR
	2. DECLARACIONES	Misión, visión, valores, código de ética.		
IMPLÍCITO (=mentalidad compartida)	3. PBS: presunciones básicas subyacentes (Schein)	a. Lugar en el entorno de la organización	COMPRENSIÓN Y REFLEXIÓN (interior a los sujetos)	VER Y JUZGAR
		b. Integración interna de la organización		
		c. Naturaleza de las relaciones humanas		
	4. CCBO: comprensión compartida básica de la organización (Preziosa)	Combina holística, sintética y ordenadamente los contenidos de las PBS. Es una "idea de orden" expresable en metáforas.		

Hemos identificado que el lugar de la mentalidad compartida es el nivel implícito de la cultura organizacional. En el nivel implícito encontramos las presunciones básicas subyacentes (identificadas por Schein y Phillips) y lo que hemos propuesto como "comprensión compartida básica de la organización". Estamos en condiciones ahora de definir la mentalidad compartida. (En la tabla n° 2 se presenta una síntesis de lo analizado hasta el momento).

3. La mentalidad compartida en las empresas

3.1. Caracterización

En los apartados que siguen conformaremos una definición del concepto de mentalidad compartida, basándonos en la literatura sobre estudios organizacionales y ética empresarial. Se presentarán a continuación las notas características de la mentalidad compartida de acuerdo con varios autores que la definen en forma directa sin necesidad de recurrir al concepto de cultura. Luego, propondremos una definición de mentalidad compartida.

Dave Ulrich (1989), experto en teoría de la organización y dirección de personas, define la mentalidad organizacional (*organizational mindset*) como el lugar donde, en toda organización, subyacen presunciones tácitas acerca de cómo las personas abordan y desempeñan sus tareas. A estas premisas tácitas las llama también "esquema cognitivo" (*cognitive schema*) o mentalidades compartidas (*shared mindsets*), y afirma que influyen de un modo determinante en la percepción e interacción de los individuos con los proveedores, clientes, competidores y empleados. Coincide este autor con Schein en su visión "determinista".

Para Ulrich, en una organización donde se necesita una nueva mentalidad, si no se comienza por hacer explícitas las presunciones implícitas (las PBS que propone Schein), es poco probable que pueda emerger esa nueva mentalidad que se busca.

Según este autor, el tradicional enfoque de "dirigir por objetivos" (*managing by objectives*) debería ser reemplazado por "dirigir por mentalidades" (*managing by mindsets*). Con cierto matiz voluntarista, Ulrich afirma que los directivos tienen la responsabilidad de identificar las mentalidades organizacionales existentes y, si es necesario, instalar nuevas. Para ello es necesario especificar las presunciones que deberían permear en el pensamiento de los empleados.

Por otra parte, Margaret E. Phillips se refiere a la existencia de un "orden ideacional" (*ideational order*) en las organizaciones. Este orden es un conjunto de presunciones, propiedad de los miembros del grupo, que la autora identifica con el concepto de "mentalidad compartida dinámica" (*dynamic shared mindset*) (1994: 384).

Para Phillips, esta mentalidad forma la base de la percepción, del pensamiento, de los sentimientos y del comportamiento de los integrantes de un grupo, y es distintivo de este. Sus presunciones sirven como guía y se desarrollan y evolucionan mediante la experiencia. Estas presunciones se aprenden al ser transmitidas a cada uno de los nuevos miembros del grupo. Según Phillips, se componen de "percepciones, pensamientos", pero también de "sentimientos y comportamientos aceptables" que se manifiestan en los valores, normas y artefactos del grupo.

Retomando el ejemplo del caso LAPA, no era un "sentimiento" aceptable el temor a una falla de seguridad, aunque los hechos podían ser una fuente razonable de temor a un accidente. La no aceptación de ese sentimiento evaluado como inaceptable, se transmitía desde los directivos -que, como pilotos, conducían sin seguridad- hasta el resto de los empleados, y se sostenía con las prácticas de RR. HH. y de mantenimiento.

Phillips coincide con lo expuesto por Schein en que estos elementos subyacen -de modos que no son obvios- para los mismos miembros o incluso para observadores externos al grupo.[32] Según Phillips, esta mentalidad provee un marco para encontrar diferentes sentidos y funciona como "una lente construida socialmente" a través de la cual los miembros de la organización perciben, procesan y estructuran la información. Esta última afirmación es análoga a la idea de significados compartidos de Van Maanen (2011).

Por su parte, Kenneth Goodpaster (2007) define a la mentalidad compartida en la organización (*organizational mindset*) como algo más complejo que los autores anteriormente mencionados. Para este autor, es un paradigma compartido que actúa como puente entre lo que está en el ámbito de la reflexión y los valores, por un lado, y lo que está en el ámbito del hacer y la acción por el otro. Es decir, es un puente entre el ver y el juzgar por un lado y el actuar por otro.

Goodpaster subraya que la mentalidad tiene orientación práctica, tanto de una persona como de un grupo, no solo en valores generales, sino en actitudes concretas cotidianas relacionadas con el trabajo.

> La idea de mentalidad incluye hábitos y prácticas que son guías de la acción y no simplemente guías del pensamiento [...]. Las diferentes mentalidades llevan los pensamientos y los valores a la acción, y este hecho las hace particularmente importantes para la conducción de personas y organizaciones. También las hace un fenómeno difícil de estudiar (Goodpaster, 2007: 35).

La mentalidad no es solamente el pensamiento sino que es algo que lleva a los pensamientos y valores a la acción. Es el puente que lleva al hacer, al comportamiento. Pero, advierte Goodpaster, "la mentalidad no es el comportamiento observable" (2007: 37).[33] Por otro lado, la mentalidad "no es puramente cognitiva" ya que involucra elementos comportamentales, actitudinales y cognitivos, así como también creencias.

---

32 La autora se ubica a sí misma dentro de la corriente cognitiva de la teoría sociológica y antropológica donde la cultura es vista como un conjunto de ideas, creencias y conocimientos.

33 Por ello la mantendremos dentro del ámbito del ver y el juzgar (juicios prácticos) y no del obrar y el hacer.

En síntesis, la mentalidad, tanto de una persona como de un grupo, contiene una visión del orden de la realidad y juicios –más o menos conscientes– que prescriben cómo actuar, guiando las acciones del sujeto que integra una organización. La visión y los juicios compartidos se esconden en percepciones, criterios, creencias, valores, sentimientos y hábitos que resultan de una trayectoria compartida.

3.2. Las "operaciones" de la mentalidad compartida

Así como Van Maanen (2011) sostiene que es más importante conocer aquello que la cultura hace –y no tanto definir qué es la cultura–, se intentará en este apartado describir cuáles son las "operaciones" de la mentalidad compartida. Recordemos también que –como afirma Goodpaster– la mentalidad es el puente entre los valores, la reflexión y el hacer.

En este nivel más profundo encontramos los tres tipos (a, b, c) de presunciones básicas subyacentes de Schein y Phillips (cuyo contenido son las cuestiones sobre el entorno de la organización, su integración interna y la naturaleza de las relaciones humanas) y lo que hemos denominado la *comprensión compartida básica de la organización* (CCBO). Por tanto, la mentalidad "realiza" tres tipos de "operaciones":

1. En cuanto al ver, describe: provee una lente, brinda una explicación de la realidad, describe cómo son, cómo están ordenadas o cómo funcionan las cosas.

2. En cuanto al juzgar, prescribe: provee significados e interpretaciones, valores, normas, establece cómo deberían ser u ordenarse o funcionar las cosas.

3. En cuanto al actuar, guía la acción: provee certeza acerca de cuál es el orden de la organización. La mentalidad tiende un puente hacia el actuar tanto al describir como al prescribir. La certeza que impulsa a actuar es fruto de haber encontrado un sentido, de haber establecido una jerarquización, luego de observar qué es lo valioso en ese contexto, y luego de haber inferido cierta predictibilidad. Este es el principal "aporte" de la mentalidad compartida a la decisión individual en ese contexto organizacional.

Ilustramos estos aspectos volviendo al ejemplo de la mentalidad en LAPA:

1. Ver (descripción): los propios directivos (G. A. Deutsch y R. Boyd) pilotan en forma personal vuelos con deficientes condiciones de seguridad.
2. Juzgar (prescripción): no se debe detener un despegue porque se active un pequeño sensor (dicho por el instructor del piloto Magide).
3. Guiar la acción (comprensión/certeza): esto es LAPA, si bien volamos de forma insegura, la empresa crece cada día más.

En el caso del instructor del piloto Magide, su prescripción señala que en LAPA es prioritario que el vuelo se realice y no que el vuelo sea seguro. Dicha prescripción postula la "correcta" jerarquización de valores en LAPA. En LAPA, la mentalidad compartida acarreaba la certeza (falaz) de que no había riesgos, mediante la negación del temor y la acusación de quien tuviera la osadía de señalarlos. La certeza que provee la mentalidad compartida no necesariamente tiene que ver con la realidad de lo que ocurre en la empresa. La anatomía lógica de la misma puede ser una falacia sostenida de forma acrítica -del tipo *petitio principii*- que brinda certeza psicológica.

3.3. LAPA es Ícaro

Marta Hojvat *et al.* (2008) realizan un análisis de los diálogos de la película escrita, dirigida y protagonizada por Enrique Piñeyro, ex piloto de LAPA. Hojvat establece una analogía entre la empresa aérea y el personaje mitológico Ícaro. A partir de sus ideas, profundizaremos en este análisis como ejemplo de síntesis holística y metafórica acerca de cómo es o cómo funciona una empresa.[34]

En la mitología griega, Ícaro es un joven que se crio encerrado en el laberinto de Creta, diseñado por su padre Dédalo. Para escapar de su vida como prisioneros del rey Minos en ese lugar, su padre construye alas (con plumas y cera) para que ambos pudiesen volar hacia su libertad. Antes de emprender el vuelo, Dédalo le advierte a Ícaro que no debe volar demasiado cerca del sol, puesto que sus alas se derretirían. Sin embargo, enceguecido y fascinado por el ascenso y la belleza del sol, Ícaro desoye los consejos de su padre. Así, desafía los límites y provoca su muerte, puesto que en efecto, la cercanía del sol derrite sus alas y en consecuencia, cae al mar, donde muere ahogado. Ícaro simboliza la ambición desmedida del hombre, que olvida los límites de su existencia.

Hojvat *et al.* (2008) citan el diálogo que Piñeyro mantiene en la película con una psiquiatra de la Fuerza Aérea Argentina. Luego de que Piñeyro hiciera una denuncia sobre cuestiones de seguridad por carta a las autoridades, es obligado por la empresa a realizarse un examen psiquiátrico:

> La psiquiatra agresiva intenta confundirlo. La entrevista expresa la violencia creciente a medida que avanza la película.
> Psiquiatra: Lo bajamos de vuelo inicialmente por seis meses y luego veremos.
> Piñeyro: ¿Por qué?
> Psiquiatra: Usted sabe que no está bien.

---

[34] En este caso, no ha sido elicitada de los propios integrantes de la empresa, sino que es una interpretación externa de lo que sería la CCBO de los empleados de LAPA.

Piñeyro: Yo estoy bien, lo que no está bien es la seguridad. Por otra parte, ¿qué hacía el médico de la compañía?
Psiquiatra: No cambiemos de tema, obviamente si usted escribe una carta agorera como la que escribió, está describiendo un temor.
Piñeyro: Exactamente tengo miedo que… se les caiga un avión.
Psiquiatra: ¿O tiene miedo que se le caiga a usted?
Piñeyro: No, no porque yo me cuido, si el avión no está para volar lo rechazo.
Psiquiatra: Usted sabe que vive escapándose de su melancolía.
Piñeyro: ¿Cuál es mi diagnóstico? Lo que se les está escapando es que los pilotos nos vemos en la disyuntiva de cumplir con la reglamentación y arriesgar el trabajo o bien violar la reglamentación y arriesgar la seguridad del vuelo para conservar el trabajo. Se da cuenta y ustedes son los representantes del Estado, deberían hacer algo, ¿no?
Psiquiatra: ¿Se da cuenta de que está totalmente querulante? (Hojvat, 2008).

Extendiendo las alusiones que provoca la analogía propuesta por Hojvat, se puede establecer el paralelismo entre LAPA e Ícaro. Es una empresa joven, en ascenso. Busca liberarse de la prisión de mercado regulado. Cuenta con alas deficientes como Ícaro, que fueron provistas por la riqueza de la familia Deutsch. LAPA es Ícaro. En LAPA no está permitido el miedo a la muerte, se idealiza la figura del piloto y se invita al heroísmo ("a poner el hombro") y a mantener al grupo unido de forma perversa, fundamentándose en que la empresa está creciendo, en pleno ascenso, en pleno vuelo ascendente. Ahora bien, aunque haya problemas de mantenimiento, nadie cree en la posibilidad de sufrir un accidente. Se desoyen las advertencias de inseguridad. Al igual que en Ícaro, en LAPA prevalece la ambición desmedida. Subyace la idea: "esto es LAPA, nadie tiene miedo, nadie tiene límites, nadie muere. Si soy comandante de avión de LAPA, vuelo, pongo el hombro para que me den las alas de Ícaro".[35] La mentalidad de la empresa, que niega la realidad de los límites, conduce al accidente confirmando varios de los elementos del mito.

Hoy, en 2015, tras la trágica muerte de Andy Deutsch, el dueño de la empresa y su esposa, en un accidente de un taxi aéreo que él mismo pilotaba en octubre de 2014, pareciera que –en el terreno simbólico– se da forma final al trasfondo mítico. Como señala la periodista Carla Quiroga (2014): "Murió en su ley. Él calculaba las distancias en tiempo de vuelo. Piloteaba su propio jet hasta los Estados Unidos, país en el que viven sus hijos. "Es mucho más económico que comprar los pasajes", justificaba esa locura, recuerda una de sus manos derecha en el desarrollo de cada uno de sus negocios en la Argentina" (Quiroga, 2014).

---

35 De hecho, el jefe de pilotos (Chionetti) vuela en condiciones *no go* y no ocurre nada grave.

En este caso no hemos "hecho surgir" (elicitar) la comprensión compartida básica de la organización (CCBO) a partir de lo que integrantes de la empresa tienen en mente, sino que es una interpretación externa realizada por una psicoanalista y ampliada en este trabajo. Sin embargo, la analogía entre LAPA e Ícaro nos muestra una primera aproximación a la tesis de esta investigación.

La CCBO, que sintetiza cómo es y cómo funciona la empresa, es representable mediante un conjunto de metáforas.[36] Esta representación simboliza el "orden ideacional" o la imagen de orden que sostienen los integrantes de la organización. Esta idea o imagen de orden es una compresión intuitiva y prerracional sostenida de forma acrítica que compone elementos que, incluso, pueden ser contradictorios. De este núcleo, se pueden inferir expectativas y presunciones que condicionan la toma de decisiones de los integrantes del grupo que lo comparten. En el caso de LAPA este "orden" era perverso y pareciera que pocos se sustrajeron de él.

4. Definición de mentalidad compartida

Luego de las diferentes aproximaciones a los conceptos de cultura y mentalidad organizacional que hemos presentado hasta aquí, definimos por extensión el fenómeno de la mentalidad compartida en relación con "cultura organizacional" como su concepto englobante o genérico (ver tabla n° 3 al final del capítulo).

La cultura organizacional es un conjunto de significados y de prácticas, es decir, un conjunto de fuerzas habituales que mueven -impulsan, motivan, limitan- a los integrantes de la organización e influyen en los hábitos de ver, juzgar y actuar de sus integrantes. La cultura organizacional contiene, en su nivel manifiesto, los hábitos y prácticas visibles en los procesos, estructuras, organigrama, recompensas, símbolos, relatos, declaraciones, normas, códigos, etc.

En cambio, la mentalidad compartida es el nivel implícito de la cultura organizacional, es lo no manifiesto, lo más profundo, lo más esencial y fuerte. La mentalidad compartida incluye las presunciones básicas subyacentes, generadas por la trayectoria compartida, que conducen a una forma particular de ver y juzgar la realidad organizacional. Esas presunciones básicas contienen significados, valores y creencias que los miembros de la organización poseen. La mentalidad compartida es la suma de las presunciones básicas subyacentes (PBS) y la comprensión compartida básica de la organización (CCBO).

---

36 Un mito puede contener varias metáforas.

Esta CCBO contiene la "idea de orden", la clave o el principio ordenador que explica cómo funciona esa organización según la mirada proyectiva de sus integrantes. Contiene el "orden ideacional" que enlaza la trama de la organización. La CCBO brinda una certeza y sentido tales que facilitan la ejecución. El sentido proviene de su consistencia y de su dispersión en la organización. De esta CCBO que acabamos de describir, pueden inferirse varias PBS ya que la CCBO es una comprensión más apretada y sintética, más experiencial, más intuitiva y menos racionalizada que las PBS. Por eso decimos también que subyace a ellas (en un nivel 4 de la cultura organizacional).

La mentalidad compartida actúa como una lente construida socialmente y es mayormente de naturaleza no-consciente o acrítica. También actúa como un conjunto de fuerzas motivadoras que prescribe un modo correcto de pensar, de percibir, de experimentar, de sentir, de comportarse, de hacer, de actuar, de reaccionar y de anticipar. La mentalidad compartida provee un marco para ver, reflexionar, juzgar, apreciar y jerarquizar que permite, luego, pasar a la acción.[37]

Ciertamente, podemos definir la mentalidad compartida como un puente entre el pensamiento y la acción personal de cada integrante de la organización. Es un conjunto de significados compartidos que permiten ver y juzgar con certeza. Su certeza no proviene de su verdad o falsedad, sino que se debe al consenso y a su cotidianeidad. Facilita contemplar diversas posibilidades para que el individuo decida actuar dentro de o en nombre de la empresa. Si bien puede variar según las diferentes subculturas de una empresa, la mentalidad compartida otorga sentido y significado a relaciones entre todos los miembros de la organización.

Síntesis y conclusiones del capítulo 1

La mentalidad compartida es un fenómeno profundo de la vida cotidiana de las empresas. No solo influye "hacia adentro" en las decisiones de sus integrantes, sino que también influye "hacia afuera" en la acción resultante de toda la empresa y su impacto en la sociedad. En este capítulo hemos descrito el fenómeno, delimitado el concepto y enunciado sus componentes.

Para ilustrar sus características y relevancia hemos presentado el caso del accidente aéreo del vuelo 3142 de la empresa LAPA, ocurrido en Buenos Aires (Argentina) en 1999, donde fallecieron 64 personas. El caso refleja un modo de pensar y actuar compartido

---

[37] En líneas generales, hay varias formas de acción: decir, afirmar, declarar, hacer (producir con un resultado externo) y obrar (decidir con un resultado interno).

que desconocía la importancia de la prevención en cuestiones de seguridad. Esa modalidad era compartida en todos los niveles organizacionales, desde los más altos directivos hasta los empleados de mantenimiento.

En el ámbito de los estudios organizacionales, el concepto de cultura organizacional está más difundido que el de mentalidad y muchas veces se suelen identificar. Por tanto, para definir mentalidad compartida hemos recurrido a distinguirlo de cultura organizacional.

Si analizamos la cultura de una organización según la influencia en sus integrantes, vemos que influye tanto en el ver y en el juzgar como en el actuar de sus miembros. Si la analizamos desde la perspectiva de "un extranjero" que la desea conocer, la cultura de una organización tiene un nivel manifiesto y observable de prácticas, declaraciones e interacciones, y un nivel implícito - interior a los sujetos- que es donde radican los valores que mueven las acciones de sus integrantes. La mentalidad compartida es lo más profundo, lo esencial de la cultura.

La mentalidad compartida, por tanto, es un concepto incluido en la cultura organizacional, pero se refiere solamente a este nivel implícito, al modo de ver y juzgar interior a los sujetos y compartido. Aunque influye en el actuar, no lo incluye. La mentalidad compartida debe ser sacada a la luz, ya que no todos sus contenidos son reconocidos por los propios integrantes de la empresa.

Además de su delimitación como concepto hemos identificado sus componentes. La mentalidad compartida está compuesta por una trama de presunciones básicas subyacentes (PBS). Estas son afirmaciones, juicios, prejuicios, creencias que explican la realidad cotidiana de esa organización y que ofrecen criterios valorativos y de jerarquización para tomar decisiones. Los temas de la PBS son la integración interna de la empresa, la relación de la empresa con el entorno y la naturaleza de las relaciones humanas.

Por debajo de estas PBS, subyace además lo que hemos denominado la "comprensión compartida básica de la organización" (CCBO). La CCBO no es una afirmación o juicio, sino una idea o una imagen sintética que compone al yo y a la organización. La CCBO explica cómo es y funciona la empresa y qué lugar tiene el sujeto en ella. Los empleados que han trabajado largos años en una empresa comparten un modo de comprender la empresa y de verse a ellos mismos dentro de ella con un determinado rol o espacio o con un determinado poder de influir en ella. La CCBO, por su carácter holístico, es representable en metáforas, lo que permite integrar elementos contradictorios y darle sentido a un patrón de comportamiento. En el caso de LAPA dijimos que esta CCBO se sintetiza en la imagen de Ícaro.

En definitiva, sea en las PBS o en la CCBO, la mentalidad compartida se compone de significados (i.e. valores, interpretaciones, explicaciones, atribuciones) habituales, que brindan a los integrantes de la empresa certeza y rapidez para actuar. Indagar en la mentalidad compartida de una empresa es descubrir cuál es el "puente" compartido que conducirá del modo más rápido, los pensamientos de los miembros a la acción concreta.

Veamos en el capítulo siguiente, la relevancia de la mentalidad compartida en la ética empresarial.

Tabla n° 3. Elementos que componen el alcance de los conceptos cultura y mentalidad compartida

CULTURA ORGA-NIZACIONAL	Qué es/qué contiene	Qué hace	Dónde lo encontramos
A. NIVEL MANIFIESTO ACTUAR (incluye hacer, obrar y decir) Son hábitos y prácticas explícitas y observables. Son interacciones sociales en las que se descubren patrones.	1. ARTEFACTOS Son procesos observables. Son estructuras y sistemas. Son símbolos, rituales o rutinas. Son historias, relatos y mitos.	Expresan, manifiestan, refuerzan, consolidan, producen y alteran el contenido del nivel implícito, sus valores, sus prioridades, sus premisas.	Historias sobre la fundación de la empresa. Festejos, rituales, símbolos. Historias sobre líderes pasados. Sistemas de recompensas. Estructura organizativa. Estructura de poder.
	2. DECLARACIONES Son expresiones explícitas sobre lo que se ha de valorar en la organización. Son comunicaciones, documentos, códigos.	Puede contradecir el nivel implícito. Puede reflejar los aspectos más débiles de la organización.	Códigos de ética. Manual del empleado. Visión, misión y estrategias explícitas.

B. NIVEL <u>IMPLÍCITO</u> (=**MENTALIDAD COMPARTIDA**) VER Y JUZGAR (incluye pensar, comprender, reflexionar, apreciar, valorar, estimar) Es interior a los sujetos. Es la esencia de la cultura. Es el puente compartido entre el pensamiento y la acción.	1. VER Es una lente social Es un conjunto de presunciones básicas subyacentes (PBS) Es un modelo mental o esquema cognitivo. Es un "orden ideacional" o paradigma compartido. Son ideas, conocimientos, creencias o teorías implícitas.	Describe y explica cómo son y cómo funcionan las cosas. Otorga una forma de interpretar los hechos pasados. Otorga un marco que da sentido Permite ver y entender eventos, acciones, objetos y repeticiones.	PBS sobre el entorno. PBS sobre la integración interna. PBS sobre las relaciones humanas.
	2. JUZGAR Es un conjunto de valores y normas que constituyen las fuerzas de la cultura. Es un sistema de significados convergentes y operativos aceptados por un grupo y sostenidos en común. Son motivos y creencias compartidos.	Prescribe un modo correcto o aceptable de pensar, de percibir, de experimentar, sentir, comportarse. Prescribe como deberían ser las cosas. Mueve, motiva, brinda sentido. Jerarquiza e interpreta eventos significativos.Guía la acción.	
	3. VER Y JUZGAR: COMPRENSIÓN COMPARTIDA BÁSICA DE LA ORGANIZACIÓN Combina contenidos de las PBS. Contiene el principio ordenador de la organización: cómo es y cómo funciona. Compone una visión de la empresa y del empleado a la vez.	Ordena, sintetiza, trama. Explica, otorga certeza. Asigna un rol al integrante de la organización en ese contexto. Se puede expresar simbólicamente en una o varias metáforas.	En la interioridad de los integrantes del grupo de forma acrítica o no-consciente. Puede ser elicitada.

2

La mentalidad compartida: su relevancia para la ética empresarial

Introducción

¿Es posible decir que algunas culturas organizacionales son mejores que otras? Según Edgar Schein no existe una buena o una mala cultura organizacional, sino una cultura correcta o incorrecta. Según el autor, el criterio para determinar esta corrección es que la cultura sea funcional a la estrategia de la empresa, y afirma que "la cultura correcta es tal, en función del grado en el que las presunciones tácitas compartidas crean la clase de estrategia y organización que es funcional al entorno de la organización" (Schein, 1999: 24).

En efecto, los dueños de LAPA implementaron una correcta estrategia de ingreso al mercado aéreo recientemente desregulado, ya que su propósito era competir con las dos aerolíneas que lo dominaban, y para ello la compañía sostuvo una estrategia de precios bajos. En ese momento, LAPA aumentó su flota de aviones Boeing, incrementó su participación en el mercado y llegó a cubrir varios destinos internacionales. La clave de ese crecimiento fue la fórmula de Andy Deutsch: costos de mantenimiento bajos, tarifas bajas, mayor participación en el mercado. Una persona cercana a Deutsch comentó, a 15 años del accidente, que

> había comprado siete aviones Boeing 767 mientras que Aerolíneas tenía una flota de la década del sesenta. Cuando le preguntabas por qué hacía semejante inversión, respondía que los números le cerraban, vendía pasajes más baratos porque esas naves consumían un 60% menos de combustible y llevaban muchos más pasajeros (Quiroga, 2014).

Esta política de tarifas bajas se acompañó de escasa inversión en seguridad y en mantenimiento y si aplicamos el criterio de Schein, la estrategia resultó correcta, ya que fue funcional al entorno de la empresa. En 1993, LAPA transportaba 164.000 pasajeros, logrando "quitarle" pasajeros a Aerolíneas Argentinas con sus tarifas bajas.

La idea era "subir al avión a quienes viajaban en micro" y de esa forma aumentar la cantidad de pasajeros potenciales. A diferencia de la ecuación actual de áreas de bajo costo, el proyecto de LAPA implicaba trabajar a pérdida durante los primeros años y luego, una vez que se completara el período de cacería de clientes, incrementar las tarifas.[1]

Sin embargo, como veremos con Goodpaster, el modo habitual de lograr los objetivos en una empresa puede ser también el modo de desvirtuarlos. Debido a sus malos hábitos, la empresa puede, en sus resultados, no cumplir con sus fines. En el caso LAPA, su focalización en ser rentable económicamente llevó a que no brindara un servicio de forma responsable. Luego del accidente en 1999, la empresa entró en concurso de acreedores. Tuvo diversos nuevos dueños -incluso tres a la vez- que no lograban llegar a acuerdos[2] e insistentes reclamos sindicales hasta que, finalmente, dejó de volar en abril de 2003 y fue declarada en quiebra el 18 de julio de ese año.[3] Mientras la empresa crecía y ganaba participación en el mercado no cumplía adecuada y responsablemente con la naturaleza misma de su objetivo social -el servicio aeronáutico de pasajeros- y finalmente dejó de existir.

Dado que la mentalidad compartida dispone, con su consenso y su certeza, más fácilmente a la decisión individual, tiene impacto moral. En este capítulo, subrayaremos cómo la mentalidad compartida condiciona la libertad individual, ampliando así el alcance de este concepto. Explicaremos la interacción entre sujeto y mentalidad compartida, desde el estilo cognitivo de los ejecutivos. El eje de la explicación estará en el proceso de racionalización, proceso que se opone a la virtud de la integridad.

Este capítulo conectará mentalidad compartida y ética empresarial mediante la explicación de diferentes fuerzas que operan en la cultura. Más específicamente explicando la tensión de fuerzas que puede establecerse en la conciencia del individuo: las fuerzas de la cultura y la fortaleza de la integridad personal. Esto permitirá brindar una explicación de cómo toda una empresa puede desviarse éticamente.

1. Cultura organizacional e integridad personal: fuerzas en tensión

Amanda Sinclair (1993) sostiene que las fuerzas culturales explican mejor que otros factores por qué la gente se comporta éticamente o no dentro de las organizaciones. Según esta autora, los integrantes de la empresa -en sus distintos roles- contribuyen a la creación

---

[1] Diario *El Cronista*, 13 de junio de 2004.
[2] Diario *Clarín*, 24 de abril de 2003.
[3] Diario *La Nación*, 6 de agosto de 2003.

de esa cultura, algunos de ellos resultan más influyentes que otros. Los valores de los individuos más influyentes pueden determinar algunas de las presunciones compartidas básicas (PBS), que luego se institucionalizarán de modo que influirán en el comportamiento y valores del resto de los miembros de la organización. Esto se vio reflejado, claramente, en los roles de Deutsch, Boyd y Chionetti como directivos de LAPA.

Por su parte, Geoff Moore (2005: 666) afirma que en la esencia de la "cultura organizacional" está la cuestión de la ética y de los valores. La cultura, para el autor, es importante para la ética empresarial, ya que "es el vehículo para transmitir y mantener los valores y principios morales, que animan la vida de la organización". De algún modo, la cultura es la que experimenta el desarrollo moral de la empresa, y así, para Moore, se constituye en el "sujeto" del aprendizaje que desarrolla una corporación (2005: 667). En este trabajo, hemos afirmado que la esencia de la cultura está en la mentalidad compartida, en un modo de ver y juzgar compartido. En cambio, la cultura también incluye la esfera del actuar: el obrar y el hacer.

¿Cómo se da esa influencia de la cultura sobre los integrantes de la empresa? Según Sinclair, las personas reciben influencias perdurables que moldean sus criterios éticos que están más allá de la organización. Pero, involucrados en el día a día de las actividades organizacionales, son inevitablemente influenciados por ella. Por lo que es razonable, para Sinclair, afirmar que algunas organizaciones modelan, dan forma, a la ética de los miembros de la organización. En consecuencia, sigue siendo válido conocer la cultura a fin de explicar algunos comportamientos no éticos y a fin de influenciarla para mejorar la ética de las personas en la organización.

Sinclair (1993: 65) afirma que, usualmente, se intenta influenciar la cultura reforzando la adherencia de los empleados, homogeneizando criterios, creando unidad y cohesión alrededor de valores centrales. Pero no necesariamente -según esta autora- una cultura fuerte y alineada supone mejores comportamientos éticos. Por el contrario, los problemas éticos pueden sobrevenir porque los *managers* se subordinan demasiado a la organización (Sinclair 1993: 67). Este alineamiento excesivamente leal puede crearles "un sentido de omnipotencia e invulnerabilidad, donde los individuos se sienten absueltos de la necesidad de sopesar consecuencias y responsabilidades" (Sinclair, 1993: 68).

Hoy las empresas corporativas buscan homogeneizar y cohesionar las conductas mediante los programas de *compliance* (esto es, políticas y procedimientos que incentivan y promueven el cumplimiento estricto de todas las cuestiones legales en todas las áreas del negocio). Dichos programas se componen de políticas y procedimientos que difunden, promueven e incentivan el cumplimiento estricto de todas las cuestiones normativas en la empresa con el fin de evitar los costos probables derivados de incurrir en riesgos excesivos de tipo legal, reputacional o ambiental.

Estas políticas internas priorizan la conformidad con la norma antes que la capacidad del directivo de tomar buenas decisiones. Los programas de *compliance* han sustituido la toma de decisiones éticas y evitan que los gerentes tomen decisiones con responsabilidad personal; fomentan, por el contrario, a que estos directivos se acomoden a la norma explícita y externa. Los programas de *compliance* llevan a que se deje de evaluar cuál es la mejor decisión según la experiencia y el conocimiento del entorno. Esto que relatamos y que hemos podido observar suele ocurrir en las filiales argentinas de empresas multinacionales y es consistente con lo que sostiene Sinclair: "Una cultura fuerte no garantiza el comportamiento ético en el *management* o en el nivel de los empleados, aunque pueda tener apariencia externa de cumplimiento alto ético. [...] De algún modo, una cultura organizacional fuerte se opone a la integridad individual" (Sinclair, 1993: 68).

La clave que proponemos en este trabajo para comprender la relación entre mentalidad compartida y ética empresarial es la tensión entre dos fuerzas: la fuerza de la cultura compartida y la fuerza de la integridad personal. Esta tensión entre la empresa y el "yo" (es decir, el sujeto que decide) se resuelve positivamente -a nivel personal- en la integridad personal y negativamente en el proceso de racionalización. Veremos a lo largo del capítulo, en qué consisten.

Por ejemplo, Sinclair sostiene que la fuerza de la mentalidad compartida puede alentar a las personas a comportarse en la organización de un modo en que no se comportarían si estuviesen fuera de ella. Afirma:

> Aunque popularizada en estos años, la cultura organizacional no es una nueva comprensión. Una tradición bien sólida de investigación administrativa ha demostrado que las organizaciones producen una mentalidad entre los miembros individuales (*produce a mindset amongst individual members*) que anima a la gente a comportarse de modos que no necesariamente son consistentes con las normas individuales o preexistentes, sino que aparentemente están inducidas por la pertenencia a la organización (Sinclair, 1993: 64).

Volvamos al caso LAPA para ilustrar este choque de fuerzas mediante un diálogo entre Piñeyro y un empleado de mantenimiento antes del despegue de un avión, extraído de la película *Whisky Romeo Zulú* por

Marta Hojvat *et al.* (2008). El intercambio es breve pero significativo y se inicia porque el comandante del avión observa que un matafuego no funciona:

> Al hacer el control habitual antes de levantar vuelo, Piñeyro encuentra el matafuego descargado. Le dice al encargado de mantenimiento que lo cambie:
> Encargado: "No hay repuestos, hace una semana que salimos así".
> Piñeyro: "Cargalo, no podemos salir así".
> El encargado simula arreglarlo (Hojvat *et al.*, 2008).

Se ve reflejado aquí que el encargado de mantenimiento actúa de acuerdo con las prescripciones acerca de cómo comportarse dentro de LAPA. Estas prescripciones tienen una "lógica" y una certeza tal que no las altera ni la autoridad del comandante ni su (débil) sentido personal de responsabilidad profesional. Las prescripciones de la mentalidad LAPA son la única premisa para actuar que el encargado de mantenimiento considera válida, aceptable y deseable. Sabe que esa comprensión básica es compartida por colegas de mantenimiento y por el gerente de operaciones. No le altera, tampoco, pensar que él podría alguna vez ser pasajero.

Esta tensión entre la fuerza de la cultura y la fuerza de la integridad personal está supuesta en la descripción de lo que Goodpaster (2007: 45) denomina proceso de "adaptación moral". En las personas que pertenecen a una empresa se va produciendo un fenómeno de adaptación social, se van integrando al grupo progresivamente. Este proceso de adaptación social incluye una adaptación o "ajuste moral". Goodpaster (2007: 48) afirma que es una expectativa razonable, ya que antes de ingresar a la empresa, ha ocurrido una mutua selección entre individuo y organización, por lo que se espera que con el tiempo haya una convergencia entre el *mindset* del individuo y el de la organización.

Por ejemplo, como señala Sinclair (1993), los especialistas en delitos corporativos atribuyen mucha importancia a la influencia del "clima" organizacional, porque la empresa moldea a sus miembros como cumplidores de la ley o no. En algunos casos, la fuerte presión de los altos directivos sobre los subordinados, que valoran tácitamente prácticas ilegales como necesarias para la supervivencia, es determinante (Sinclair, 1994: 64). Goodpaster destaca, en particular, la especial influencia del sistema de recompensas (2007: 48).

Este fenómeno de ajuste moral, según Goodpaster, es un aprendizaje de la persona en relación con la organización, que se va "asentando, encajando y adecuando a la organización mediante acuerdos y compromisos" (2007: 45). De este aprendizaje y ajuste resulta que algunos se quedan en la organización y otros se van.

Veremos ahora qué es la virtud de la integridad, a la que hemos puesto "en tensión" con la fuerza de la cultura compartida en el inicio de este capítulo.

1.1. La virtud de la integridad

Desde el punto de vista de la ética, "integridad" recibe muchas acepciones. El término "integridad" tiene su origen en el vocablo latino *integer* y "se puede traducir como intacto, entero, incólume, genuino, sano, puro, honesto, imparcial, no contaminado, sin prejuicios, racional" (Paladino *et al.*, 2005: 16-17). Por lo que, etimológicamente, la integridad alude -en primer lugar- a la cualidad de "completitud", totalidad y entereza en una persona. Por eso se puede decir que la persona íntegra es fiel a sus principios, auténtica y sin doblez. La entereza del íntegro resulta de la alineación de la conciencia, la deliberación, el carácter y la conducta moral (Paladino *et al.*, 2005: 21), es quien no está dividido -entre su vida privada y su vida pública, por ejemplo-. En aras del interés de esta investigación, y sobre la base de estos autores, señalaremos a continuación tres dimensiones de la virtud de la integridad: la autonomía, la objetividad y la justicia.

Integridad como autonomía

La integridad, entendida como autonomía, es la posesión consciente de uno mismo. Requiere fidelidad y respeto a uno mismo. La integridad es la calidad moral de la autonomía que se vincula a la conciencia y al discernimiento moral de lo bueno y de lo que no lo es. Se identifica con la capacidad de estar presente en el momento, de ser consciente de lo que se está haciendo (Paladino *et al.*, 2005: 21-25). Los autores afirman que

> la integridad requiere que las acciones y convicciones de una persona sean muy "suyas", lo cual demanda una cierta coherencia entre sus creencias, deseos, compromisos y acciones [Jody L.]. Graham (2001) resalta dicha coherencia cuando afirma que es esencial para el individuo ese sentido de "ser uno mismo", hasta el punto que, para ser una persona de integridad, debe haber algo que sea tan importante para el sujeto que, de perderlo, se perdería a sí mismo (Paladino *et al.*, 2005: 24).

Integridad como objetividad

La integridad, entendida como objetividad, es "la capacidad de razonar sin la influencia de intereses o sensaciones particulares". La persona íntegra hace caso omiso de las preferencias propias, de los temores, de las presiones emocionales o sociales, y no permite que ninguna consideración irracional ponga en riesgo sus convicciones racionales. Es leal a los principios y valores racionales en el actuar (Paladino *et al.*, 2005: 17-21). En resumen, es discernir de forma objetiva de modo de posibilitar la justicia.

Integridad como justicia

La autonomía y la objetividad disponen más fácilmente a ser justo y, a su vez, la justicia incluye la responsabilidad y el respeto. Afirman estos autores que la fidelidad y el respeto a uno mismo se da "en medio de los demás y junto con los demás". En este sentido, la integridad es la capacidad de ser consciente de cómo lo que se hace impacta en los demás. Es lo contrario a utilizar a los otros (2005: 21-25). La persona íntegra actúa con justicia y responsabilidad, tanto para consigo misma como para con los demás. Tiene un compromiso consistente en hacer lo que es mejor, especialmente en condiciones adversas; obra "a conciencia" y no elude sus responsabilidades (2005: 16-17).

Hasta aquí hemos dado una caracterización objetiva de la virtud de la integridad: la dimensión de autonomía y la de objetividad son sustanciales para entender, más adelante, el proceso de racionalización por el cual se pierden ambas. Pero antes debemos explicar qué puede suceder a nivel organizacional que favorece la ausencia de integridad personal.

2. Los desvíos éticos sostenidos por una cultura

En este apartado describiremos dos fenómenos donde la mentalidad compartida se desvía favoreciendo la realización mancomunada de acciones no éticas. Una mentalidad que favorece que lo moralmente erróneo sea realizado entre muchos y sostenido por la organización. El primer fenómeno, Irving Janis lo ha denominado "pensamiento de grupo" (*groupthink*) y el segundo fenómeno, Kenneth Goodpaster lo ha llamado "teleopatía". Ambos tienen elementos en común que nos permiten explicar el proceso de racionalización.

2.1. El concepto de "pensamiento de grupo" (*groupthink*)

Irving Janis (1997) postula este concepto en los años 70 para explicar que la decisión de John F. Kennedy y el gobierno de EE. UU. de aceptar la recomendación de la CIA de invadir Cuba fue una mala decisión. Para Janis, esta decisión fue resultado del *groupthink*, que podemos traducir como "pensamiento de grupo".

Janis describe cómo funcionan algunos grupos muy bien cohesionados que toman decisiones difíciles con mente débil. Esta mente débil, para Janis, consiste en realizar juicios rápidos y erróneos sobre otros, basándose en estereotipos. Gracias a la certeza que da este tipo de juicio estereotipado, logran un optimismo exagerado y sobre todo, toman decisiones "poco vigiladas". Según Irving Janis, el pensamiento de grupo es una mentalidad que las personas adquieren en un grupo cohesionado, donde lo más importante es el acuerdo, la unanimidad. Debido a esta premisa preponderante, el grupo "tiende a dejar de lado evaluaciones realistas de los diferentes cursos de acción alternativos". Janis crea el concepto de *groupthink* para nombrar una forma de perversión intencional del pensamiento. La perversión del pensamiento consiste en perder la capacidad de comparar la realidad con el juicio moral que resulta de las presiones endogrupales.

Janis (1997) resume el concepto de pensamiento de grupo afirmando que se caracteriza por la alta cohesión grupal como criterio prioritario para las decisiones individuales. Pero señala que la armonía grupal es, en verdad, ilusoria, porque se suprimen las dudas personales con presiones directas a los que piensan distinto, buscando siempre agradar al líder y protegiéndolo de "malas noticias". Resulta, de ello, no solo una ilusión de unanimidad, sino también de invulnerabilidad (Janis, 1997: 238).

Es importante señalar que no todo grupo cohesionado cae en el fenómeno de *groupthink* (Janis, 1997: 240). Si en el grupo hay roles bien definidos y hay procesos que impiden las presiones para que todos estén de acuerdo, es más difícil caer en este desvío. Cuando sí se cae, el pensamiento de grupo logra reemplazar el pensamiento crítico individual.

Michael J. Phillips (1995), por su parte, afirma categóricamente que la vida corporativa "altera la capacidad cognitiva de los miembros de la firma" a través de sus estructuras defectuosas. Afirma, también, que una adecuada estructura organizacional puede disminuir la posibilidad personal de cometer faltas, ya que algunos fenómenos psicológicos de la vida de la organización promueven la dilución de la responsabilidad individual.

Estos fenómenos psicológicos que Phillips menciona son el *riskyshift* (desplazamiento del riesgo) y *groupthink*. Ambos fomentan que los empleados menosprecien los riesgos asociados a determinadas decisiones. El desplazamiento del riesgo es para Phillips "una 'enfermedad intraorganizacional' (*intraorganizational malady*) que causa que la gente en grupo elija colectivamente acciones más peligrosas que la que ellos hubieran elegido individualmente" (Phillips, 1995: 568-9). Es decir que en ambos fenómenos hay pérdida de la objetividad, del sentido de la realidad y hay pérdida de autonomía y dominio de sí al ceder a las presiones de grupo. Por lo tanto, hay una menor fuerza de la integridad personal para oponerse a las presiones de lo grupal.

Ilustraremos estos fenómenos con un diálogo de la película sobre LAPA que versa sobre los "horizontes".[4] Según Piñeyro:

si vos no tenés horizontes, el avión puede estar dado vuelta sin que el piloto se dé cuenta. Si estás a oscuras o si estás adentro de una nube, no ves nada. No es como el auto, que tenés una sensación física, sino que te das cuenta que estás al revés porque se te caen las monedas del bolsillo, y en vez de ir al piso van al techo.[5]

De este modo Hojvat cita el diálogo de la película:

Piñeyro encuentra dos horizontes rotos y un giro "fuera de servicio", al iniciar un vuelo.
Encargado de mantenimiento: "No hay repuestos". "No hay otro avión".
Es de noche y de acuerdo con el manual Piñeyro se baja del avión.
El gerente de operaciones: Qué "hinchapelotas". ¿No hay otro piloto?" (Hojvat, 2008).

Esta breve cita ilustra que tanto el encargado de mantenimiento como el gerente de operaciones, es decir su superior, desestiman de igual forma la gravedad del riesgo de salir a volar con los horizontes rotos. Incluso culpan al piloto de ser molesto y no ser como los otros pilotos quienes, seguramente, realizarían el vuelo sin reclamar por los horizontes. La desestimación del riesgo (Phillips, 1995) y la ilusión de invulnerabilidad (Janis, 1997) son facilitadas por la pérdida de objetividad y de realismo -sostenidos grupalmente con el acuerdo en la cadena de mando-, y presionando a quien disiente diciéndole con desdén y de forma vulgar que es molesto.

Phillips (1995) explica que la elevación del riesgo resulta en que el individuo abdica de la responsabilidad personal, porque con ello gana la pertenencia al grupo. Esa pertenencia le da la seguridad que le provee realizar algo incorrecto entre todos. Es decir, el encargado de mantenimiento privilegia la aceptación del grupo de mantenimiento, que está bajo el ala del gerente de operaciones, por sobre su responsabilidad profesional en la seguridad del vuelo y la autoridad del comandante "distinto" a otros. Según Phillips, tanto en el *riskyshift* como en el *groupthink* la cohesión grupal se logra mediante cierto autoengaño o consenso forzado. Es en ese "lugar" del autoengaño donde le "gana" la fuerza de la cultura compartida a la débil integridad personal. Más adelante, profundizaremos esto.

---

4   Instrumento de medición de la aeronave.
5   Entrevista de Tomás Roitman a Enrique Piñeyro (sin fecha).

Para finalizar la cuestión del pensamiento de grupo, Janis señala dos tipos de antecedentes que pueden haber generado que en una empresa se consolide el *groupthink* (1997: 241). Respecto del entorno, los antecedentes pueden ser el aislamiento del grupo, una amenaza externa fuerte, una baja autoestima del grupo debido a errores o una realidad externa muy compleja. Respecto de la integración interna, los antecedentes pueden ser la falta de normas o procedimientos, la homogeneidad del grupo y la falta de liderazgos imparciales. De estos factores internos que señala Janis, en LAPA la falta de normas (o su incumplimiento) y de liderazgo imparcial eran evidentes.

Nos centraremos, ahora, en la descripción de otro concepto que explica cómo puede darse un desvío ético sostenido por toda la cultura de una organización, la teleopatía.

2.2. El concepto de teleopatía

Kenneth Goodpaster (2007: 28-30) define la teleopatía como la búsqueda desbalanceada de un propósito que puede tener tanto una persona como una organización. Recordemos que *telos* se traduce del griego como fin y en este caso lo traducimos como objetivo. *Pathos,* por su parte, hace referencia a un desorden o a una enfermedad. Entonces, para Goodpaster, la teleopatía es una enfermedad o desbalance en la búsqueda de un objetivo por parte de una persona u organización. Esta se reconoce por tres "síntomas": la fijación, la desconexión emocional y la racionalización.

La fijación es la actitud de aferrarse "sin moderación" a objetivos bien tangibles y suele excluir fines más amplios y consideraciones morales, por ejemplo, acerca de qué medios se deben usar para lograr esos objetivos tangibles. La fijación permite negar deberes y obligaciones. De este modo, el objetivo a lograr se convierte en una especie de "ídolo" que desplaza a otros valores verdaderos, o bien los reduce o les quita peso. Por ejemplo en LAPA, "poner el hombro" para apoyar el crecimiento de la empresa y no señalar errores, permitía negar la obligación de cuidar la seguridad de los pasajeros. La idolatría del crecimiento desplazaba y minimizaba los valores de la seguridad.

Según Goodpaster, la determinación en lograr el objetivo lleva a que se rechacen aquellos puntos de vista que amenazan esta devoción al objetivo perseguido. En LAPA, la evaluación psiquiátrica a la que fue sometido Piñeyro por denunciar fallas de seguridad ilustra el intento de disuadir a quien disiente.

La desconexión emocional resulta del síntoma anterior, de separar la ética de los objetivos del negocio. Las decisiones "amorales" conllevan un distanciamiento de lo emocional (*emotional detachment*) que se traduce en la negación de las consecuencias.

Para Goodpaster, de la teleopatía grupal resulta una "suspensión" de la conciencia moral. En la empresa se distorsiona el modo de juzgar las acciones, apelando para justificarlas a virtudes como la perseverancia, la lealtad, la dedicación y el entusiasmo en lograr los resultados propuestos. En consecuencia, al sustituir la conciencia por el objetivo de ganar a cualquier precio, la toma de decisiones se hace miope. No se ven claros los fines y los medios, y se ve al entorno solamente como un recurso a utilizar.

Tanto la fijación como la desconexión emocional son variantes de la falta de objetividad que señalamos como una de las tres características de la integridad (autonomía, objetividad y justicia) y además la desconexión emocional, al alejar a aquel otro que puede ser destinatario de las consecuencias de mis acciones, me facilita la injusticia.

Pero la teleopatía no queda completa en su descripción sin el tercer síntoma: el proceso de racionalización que es relevante por ser el proceso personal que facilita que un grupo sostenga actuaciones inmorales en forma mancomunada. También es el proceso donde el individuo incorpora las presunciones y prescripciones de la mentalidad compartida (no todas, sino aquellas que justifican la acción incorrecta) como justificación de su actuación irresponsable. Es el "gozne" entre integridad personal y mentalidad compartida. Es donde se realiza el choque entre las fuerzas de la cultura y la fuerza de la integridad personal.

3. El proceso de racionalización y la banalidad del mal

Veremos a continuación en qué consiste este proceso de racionalización que completa la caracterización de la teleopatía, pero que la excede en su importancia. A continuación lo explicaremos con algunas ideas de Hannah Arendt y sus aplicaciones al mundo del *management*.

Arendt, en su obra de 1963 *Eichmann en Jerusalem: Un estudio sobre la banalidad del mal*, pone luz sobre las crueldades colectivas del siglo XX. Según Arendt, quien actuó como corresponsal del diario norteamericano *New Yorker* en el juicio llevado a cabo en Jerusalem al criminal de guerra Adolf Eichmann, las atrocidades y crímenes de lesa humanidad se realizaron gracias a la colaboración banal de muchas personas que hacían su trabajo ordinario y que no necesariamente estaban identificadas con el mal que se estaba realizando colectivamente. ¿Cómo pudo suceder esto?

La descripción que Arendt hace de la figura del criminal ilustra la idea de la banalidad del mal. Eichmann, director de la logística de transporte de campos de concentración, no era un hombre monstruoso, sino terriblemente normal. Arendt afirma que Eichmann no odiaba a los judíos. El joven Eichmann había elegido las SS, en lugar de una empresa, como el espacio ideal para crecer y llegar a "ser alguien". Eichmann no era una persona decidida a hacer el mal; su objetivo era ser reconocido. De hecho, admiraba a Hitler por haber logrado ascender.

Arendt describe con crudeza en el siguiente párrafo cómo "razonaba" Eichmann, es decir, cómo Eichmann justificaba su participación en el exterminio sistemático:

> Eichmann, a diferencia de otros individuos del movimiento nazi, siempre tuvo un inmenso respeto hacia la "buena sociedad"; y los buenos modales de que hacía gala ante los funcionarios judíos de habla alemana eran, en gran medida, el resultado de reconocer que trataba con gente socialmente superior a él. Eichmann no era, ni mucho menos, como un testigo le motejó, un *Landsknechtnatur*, un mercenario, que quería huir a regiones en las que no se observaran los Diez Mandamientos y en las que un hombre pudiera hacer lo que quisiera. Hasta el último instante, Eichmann creyó fervientemente en el éxito, el criterio que mejor le servía para determinar lo que era la "buena sociedad". [...] Eichmann dijo que Hitler "quizás estuviera totalmente equivocado, pero una cosa hay que no se le puede negar: fue un hombre capaz de elevarse desde cabo del ejército alemán a *Führer* de un pueblo de ochenta millones de individuos... Para mí, el éxito alcanzado por Hitler era razón suficiente para obedecerle". La conciencia de Eichmann quedó tranquilizada cuando vio el celo y el entusiasmo que la "buena sociedad" ponía en reaccionar tal como él reaccionaba. No tuvo Eichmann ninguna necesidad de "cerrar sus oídos a la voz de la conciencia", tal como se dijo en el juicio, no, no tuvo tal necesidad debido no a que no tuviera conciencia, sino a que la conciencia hablaba con voz respetable, con la voz de la respetable sociedad que le rodeaba (Arendt, 2001: 191-2).

Es decir, Eichmann idealizaba pertenecer y ascender. Ese ideal era el argumento por el cual "racionalizaba" su participación en la llamada Solución Final. Idolatrar el ascenso, realizable cumpliendo órdenes y las expectativas de sus superiores, le facilitaba el proceso de racionalización que distorsionaba su juicio ético sobre su participación en la logística de las atrocidades. Afirma Arendt: "Según Eichmann dijo, el factor que más contribuyó a tranquilizar su consciencia fue el simple hecho de no hallar a nadie, absolutamente a nadie, que se mostrara contrario a la Solución Final" (Arendt, 2001: 178).

Por su parte, otros autores en Estados Unidos estudiaron también en los años 60 y 70 la acción de personas en grupo. Autores como Stanley Milgram (1963) y Albert Bandura (1978) investigaron desde la psicología social y organizacional cómo algunas personas podían realizar acciones moralmente malas de un modo fácil en grupo, mientras que personal e individualmente jamás las habrían realizado.[6]

Algunos de estos autores realizaron experimentos -criticados por su crueldad- sobre la obediencia. Los más famosos son los experimentos de Stanley Milgram reflejados uno en la película *I... comme Icare* (Verneuil, 1979) y otro en la película *Das Experiment* (Hirschbiegel, 2001). En ellos se refleja cómo, en nombre de la obediencia a la autoridad o la pertenencia a un grupo, se abdica de la responsabilidad personal de evaluar si una acción es buena o mala moralmente para satisfacer las expectativas de la autoridad o del grupo y obtener los beneficios que se derivan de dicha satisfacción.

Stelios C. Zyglidopoulos *et al.* (2008) afirman que es el proceso de racionalización lo que posibilita la dilución de la conciencia y la colaboración al mal realizado colectivamente. Explican que realizar un acto que se sabe que es malo provoca una "disonancia" interna.[7] Para evitar esta disonancia, se realiza una justificación frente a la consciencia y esta justificación busca restablecer el equilibrio interno en el que la persona deja de dudar o de sentirse culpable. Aunque este equilibrio es falso, permite que la persona vuelva a estar en "consonancia" consigo misma, al menos superficialmente. Según estos autores, el falso equilibrio alivia la ansiedad moral[8] y es lo que explica por qué los individuos corruptos tienden a no a verse a sí mismos como corruptos.

Según Zyglidopoulos *et al.* (2008), varias realidades cotidianas pueden convertirse en una racionalización: la pertenencia y supervivencia en la organización, el modo en que se hacen los negocios en esta empresa, la presión de los directivos o la de los incentivos. Es decir todas ellas pueden ser "excusas" con las que se justifica la realización de un acto malo.

Definamos ahora, en función de lo analizado, qué es la racionalización y cómo se caracteriza. La racionalización es el proceso que un sujeto lleva a cabo en su conciencia mediante el que juzga como buena una acción realizada (o a realizar) que sabe que es moralmente mala y cuyo resultado es la falta de reproche de la conciencia. El proceso se caracteriza del siguiente modo:

1. es un paso que va de la disonancia interna a una consonancia superficial;
2. implica abdicar de la responsabilidad personal;

---

6 Así como Philip Zimbardo o Larry May o Irving Janis.
7 Este concepto es, originalmente, de Leon Festinger.
8 Los autores citan un giro que revela este alivio: *"better safe than sorry"*, que podemos traducir como "mejor tener seguridad que lamentarse".

3. facilita la dilución de la conciencia del mal y de sus consecuencias;
4. conduce a atribuir la inclinación de la voluntad a una fuerza superior a ella misma (por ejemplo, la autoridad, el grupo, los deseos de superación, la necesidad de seguridad, el logro de los objetivos, etc.);
5. se sustenta en la obtención de un beneficio.

De este modo, la racionalización diluye la responsabilidad individual porque antes diluye el riesgo que toma quien decide mantenerse íntegro resistiendo a las presiones de la cultura en la que está inserto. En el siguiente epígrafe seguiremos profundizando este proceso para mostrar cómo la mentalidad compartida grupalmente provee al sujeto de certezas que le facilitan la racionalización.

4. La moralidad de los ejecutivos

4.1. El autoengaño de los ejecutivos de empresa

La reflexión sobre la banalidad del mal de Arendt y las muchas reflexiones sobre la racionalización han buscado explicar, en la literatura de *management*, la colaboración de ejecutivos en daños realizados colectivamente por bancos o corporaciones (Brief *et al.*, 2001; Nielsen, 1984). A la luz de ciertos escándalos corporativos resonantes en las últimas décadas (como el fraude de Enron, en 2002, o la crisis de las hipotecas *sub-prime* en 2008), se ve cómo algunos individuos realizan en grupo acciones inmorales que nunca harían individualmente[9] o que antes de ingresar a una organización las consideraban moralmente incorrectas (Sinclair, 1993).

Ahora bien, ¿es posible pensar que los directivos y empleados de empresa sean más propensos a diluir su integridad en aras de los beneficios de la organización? Mencionaremos algunas características de su modo habitual de considerar los aspectos éticos en la toma de decisiones.

Según Treviño (1992), los ejecutivos utilizan un mínimo nivel de razonamiento moral para resolver dilemas empresariales de contexto. Por su parte Max Bazerman y Ann Tenbrunsel (2011) afirman que, en líneas generales, los gerentes de negocios tienen un sesgo cognitivo particular que -algunas veces- les impide ver el comportamiento poco ético.

---

[9] La película *The Reader* (Daldry, 2008) trata, conceptualmente, la banalidad del mal vista por Arendt. La aparición de este concepto en películas permite subrayar la relevancia social que tiene para explicar realidades sociales difíciles de asumir o de superar desde el punto de vista de la memoria colectiva.

Centrémonos ahora en las características de lo que, esencialmente, es la falta de objetividad -según lo definimos anteriormente en las dimensiones de la integridad- y que estos autores denominan de forma general "autoengaño" en sus dos consecuencias específicas: la "decoloración ética" y la "ceguera motivada".

Tenbrunsel y Messick (2004) definen la decoloración ética (*ethical fading*) como el resultado de un proceso de autoengaño (*self-deception*) que nos permite hacer lo que queremos y, a la vez, justificarnos. Por su parte, Bazerman y Tenbrunsel (2011) afirman que este proceso consiste en un desvanecimiento de los matices morales que produce lo que ellos llaman "ceguera motivada". El fenómeno de "decoloración ética" es subjetivo, pero está externamente ocasionado por los sistemas de incentivos organizacionales. Las decisiones son realizadas interiormente pero en un "punto ciego" (*blind spot*), allí donde el razonamiento acerca de las cuestiones éticas está sesgado por los aspectos emocionales subyacentes.

Según Tenbrunsel y Messick (2004), en el proceso de decoloración ética las personas "no ven" los componentes morales de esas decisiones poco éticas; no porque carezcan de una adecuada educación moral, sino porque hay un proceso psicológico que "decolora" la ética. Es decir, los "colores"[10] morales de una decisión se blanquean, vaciando la decisión que se debe tomar de implicaciones morales. Tenbrunsel *et al.* (2004) afirman que no se puede saber cuán consciente o inconsciente es este proceso, pero que permite que las personas se comporten de una manera egoísta y al mismo tiempo mantengan la convicción de que son personas éticas.

Bazerman *et al.* (2011) lo sintetizan diciendo que, de este modo, no se es honesto con la realidad. En este trabajo, nosotros diremos que se debilita la integridad porque se pierde la racionalidad, el realismo y la objetividad que permiten ser justo.

En las empresas, entonces, parece abundar esta posibilidad de autoengaño, racionalización y negación de la realidad. De hecho, esto provoca para Tenbrunsel *et al.* (2004) el fracaso de los "entrenamientos éticos".[11] Para los autores estos entrenamientos no son útiles ya que se basan en la presunción -errada- de que, si se subrayan los componentes morales de una decisión, es más probable que los ejecutivos los elijan.

---

10 La metáfora de "color" usada por Tenbrunsel es acertada, porque es usual en el lenguaje cotidiano usar los colores o la luz como metáforas éticas. Por ejemplo, en Argentina, se dice "poner blanco sobre negro" para distinguir cosas que han de verse claramente; o que hay que "blanquear" a un empleado, cuando este tiene un sueldo "en negro", es decir que no tiene un empleo formal. La luz indica transparencia, claridad, certidumbre; lo negro simboliza lo ilegal, lo oculto; lo transparente indica lo que resiste el análisis público; lo gris, señala aquello que no se ve claramente si es bueno o malo.

11 Estos entrenamientos éticos se refieren a la capacitación, en línea, acerca del código de ética o acerca de las normas de *compliance*. Nos referiremos a ellos con detalle en la segunda parte de esta investigación.

La razón del fracaso de este enfoque es que "se falla en reconocer la tendencia psicológica innata de las personas a autoengañarse" (Tenbrunsel *et al.*, 2004: 224).

En el sujeto, el entrenamiento ético "compite" con el autoengaño, que opera anulando el marco ético racional que brinda la educación ética y reduce la decisión a lo meramente económico o de negocio (2004: 233). Pero Tenbrunsel *et al.* señalan que el autoengaño en los individuos tiene varias "capas gruesas" (*thick layers*). Como ejemplos de estas capas señalan los prejuicios (*bias*), las negaciones y racionalizaciones o la división entre vida personal y vida laboral (Tenbrunsel *et al.*, 2004: 235).

Es decir que el autoengaño es también un proceso de racionalización típico de los ejecutivos.

4.2. La moralidad prerreflexiva de los ejecutivos

Para explicar la existencia de un modo habitual de considerar los aspectos éticos en la toma de decisiones de los ejecutivos, en sus razonamientos morales, utilizaremos el abordaje de Eduardo Schmidt (1993).[12]

Schmidt aplica su experiencia en la enseñanza de la ética de los negocios para afirmar que los ejecutivos corporativos se acostumbran a tomar decisiones con un razonamiento que él denomina "a-moral" y de un tipo de moralidad que llama "prerreflexiva".

Schmidt comienza siempre el dictado de sus cursos de ética profesional preguntando a sus alumnos cuál, de una serie de siete opciones, les parece la mejor definición de "lo ético". Las opciones son: lo que hace bien al mayor número de personas; lo que está de acuerdo con el refrán "haz a los demás lo que quieres que te hagan a ti"; lo que está de acuerdo con mis sentimientos de justicia; lo que la sociedad acepta como normal; lo que está de acuerdo con mis convicciones religiosas; lo que es legal, y lo que corresponde a mi propio interés. La razón de este ejercicio es, según Schmidt: "determinar con qué asocian este concepto [lo ético] en un primer momento, porque es probable que esta asociación tenga un papel muy importante en su comportamiento ético" (Schmidt, 1993: 28).

Schmidt también realizó estas preguntas en una encuesta a ejecutivos de Perú, Bolivia, Uruguay y Venezuela. El resultado muestra que un 40% sostiene que "lo ético" es "lo que está de acuerdo con mis sentimientos de justicia". Esta cifra se eleva al 50% cuando la encuesta se hace a profesionales de mayor edad y con más responsabilidades. Schmidt lo evalúa del siguiente modo:

---

12 Conocí al Pbro. Dr. Eduardo Schmidt S. J. en 1999 en la reunión que ALENE (Asociación Latinoamericana de Ética, Negocios y Economía) hizo en Buenos Aires y debo reconocer que influyó mucho en mi forma de preparar los cursos de ética empresarial.

A veces, este parecer espontáneo da como norma de acción algo bastante aceptable a la luz de principios morales objetivos. Pero, en otras ocasiones, revela la presencia de antivalores o la ausencia total de determinados valores morales que deben ser incorporados a la toma de decisiones. Sus "sentimientos de justicia" le permiten a una persona salir rápidamente de su apuro cuando tiene que enfrentar algún dilema moral. Pero, si no examina esta moralidad prerreflexiva a la luz de los principios morales claramente entendidos, corre el riesgo de dejarse llevar por sentimientos provocados por valores morales distorsionados en la sociedad; o por su propio egoísmo, que se esconde detrás de lo que él percibe como sus "sentimientos de justicia" (1993: 31).

Schmidt explica cómo los profesionales que, al iniciar la profesión comenzaron con buenos propósitos humanistas (e incluso motivos religiosos),

cuando les toca pasar por algunas experiencias dolorosas, poco a poco aprenden a prescindir en buena medida de su valores morales al tomar sus decisiones. Con el tiempo llegan a asumir una postura como profesionales que es básicamente amoral. [...] En su esfuerzo por encontrar sentido en todo eso, llegan a convencerse de que se han equivocado al intentar llevar sus propios valores morales, que ahora perciben como muy "subjetivos", a un mundo profesional donde es necesario ser "objetivo" (Schmidt, 1993: 39-40).

Pero con el tiempo, el dualismo y la amoralidad se vuelven algo incómodo[13] y el ejecutivo desea acabar con el dualismo, pero no sabe cómo formular sus principios, ni cómo aplicarlos en la resolución de problemas cotidianos (Schmidt 1993: 41). Schmidt afirma que hay motivos para pensar que esto es un fenómeno universal. Su conclusión es que "al querer ayudar a las personas a ser más éticas, habrá que partir de un análisis crítico de sus sentimientos de justicia" (1993: 37). Por ello, propone que en el curso de ética para profesionales de las ciencias económicas y administrativas, no solo se les enseñen teorías sobre sus deberes morales, sino que se les ayude a "fortalecer su propio código personal de conducta". Dice:

Partiendo de un análisis crítico de sus sentimientos de justicia, habrá que ayudarle a formular y aplicar buenos principios morales. Mediante este proceso, se le puede ayudar a pasar de una moralidad prerreflexiva a una moralidad reflexiva con referencia a su actual o futura profesión (Schmidt, 1993: 37).

---

13 Esta sería la disonancia cognitiva que explicaba Zyglidopoulos pero que Schmidt buscar equilibrar en una consonancia no falsa, sino con el código personal de conducta.

El elemento en común que se puede encontrar en Bazerman, Tenbrunsel y Messick -así como en Schmidt- es que los ejecutivos tienden a la falta de objetividad motivada por el egoísmo y los intereses que buscan obtener. Pero así como los primeros consideran que frente al entrenamiento ético siempre va a ganar el autoengaño que anula la racionalidad de la ética, por el contrario Schmidt sostiene que la educación ética debe conectar a los ejecutivos con su moralidad más profunda y reflexiva, ayudándolos a dar ese paso mediante un análisis crítico de lo que sostienen acríticamente.[14]

5. La racionalización y la mentalidad compartida

Volveremos ahora a la relación entre cultura organizacional y sujeto, a la tensión de fuerzas entre la cultura y la integridad personal, para preguntarnos: ¿en qué medida es el entorno de la organización el que contribuye al autoengaño o a la amoralidad?

La mentalidad compartida radica en el interior de cada uno de los sujetos que integran la empresa y circula en sus conversaciones, juicios, sentimientos, descripciones y prescripciones, y se cristaliza en procesos, símbolos, etc. Pero, al ingresar a la empresa, la mentalidad compartida allí es algo exterior al sujeto, quien se irá ajustando moralmente a ella -si la comparte en alguna medida- y, si no la comparte, el sujeto abandonará la organización.

Entonces, porque es compartida por muchos, porque brinda certezas que guían la acción, es posible encontrar en la mentalidad compartida elementos que el sujeto puede utilizar como excusas para su proceso de racionalización.

En la mentalidad compartida encontramos un conjunto de presunciones básicas subyacentes (PBS) que se sostienen en forma acrítica, es decir, sin revisión racional, y que se fundamentan o relacionan con una idea de orden (CCBO)[15] de la organización que es no-consciente y más profunda que las PBS. Su falta de explicitación las hace funcionales a los procesos de racionalización; es decir, las PBS y la CCBO pueden ser utilizadas como elementos del entorno que el ejecutivo usa en su proceso de racionalización personal. Como señalamos antes, a estas excusas obtenidas del entorno se les atribuye tal "fuerza superior" o peso que logran inclinar la voluntad del sujeto. Algunos ejemplos son: la decisión

---

14 Esta intencionalidad está presente en el espíritu de este trabajo de investigación.
15 Una lógica esencial acerca de cómo es esa empresa y cómo se ordenan las cosas allí para que funcionen.

de una autoridad, la presión del grupo para pertenecer, la ambición o codicia, los excesivos deseos de superación, la extremada necesidad de seguridad y protección.

Todas son rendiciones de la propia autonomía, precedidas por una rendición de la objetividad y continuadas con probables actos injustos. El "ver y el juzgar", cegados por los beneficios, sustituyen, con una certeza ilusoria, una honesta relación con la realidad.

En la racionalización personal se invoca una debilidad de la propia autonomía, del dominio de sí, de la integridad, y se atribuye un poder extremo a las fuerzas del entorno diluyendo la responsabilidad personal en el actuar.[16] En la racionalización personal ganan las fuerzas de la cultura, los valores de la mentalidad compartida. Y esto sucede porque el sujeto les atribuye ese poder al ceder el gobierno de sí mismo.

6. La mentalidad compartida a la luz de la noción de hábito

Para profundizar la relación entre la mentalidad compartida y la ética empresarial, incluiremos la noción de hábito, propia de la ética de tradición aristotélico-tomista. Estos elementos nos permitirán el puente al siguiente capítulo, donde trataremos la corrección de los desvíos de la mentalidad compartida.

Según Ángel Rodríguez Luño (1983) se debe distinguir entre virtudes morales y hábitos-costumbre. Las virtudes morales otorgan a las potencias operativas una inclinación hacia el bien moral. Adquirida esa inclinación, mediante elecciones, se convierte en una segunda naturaleza y, de este modo, la acción virtuosa procede fácilmente de la inclinación virtuosa. Pero que esta sea una inclinación que facilita la acción no implica que sea un proceso automático. Un acto de justicia resulta libremente de la inclinación virtuosa. Como dice el autor, "su operación buena resulta más fácil y agradable, pero esto no autoriza a pensar que las obras virtuosas son realizadas de modo semiautomático, sin deliberación..." (Rodríguez Luño, 1983: 211).

Por otra parte, el autor distingue dos significados en el concepto de hábito-costumbre, uno objetivo y otro subjetivo: "En sentido objetivo, hábito es el mero hecho de repetir una determinada conducta; en sentido subjetivo, implica además 'la facilidad que se adquiere por larga o constante práctica en un mismo ejercicio'" (Rodríguez Luño, 1983: 212).

---

16 Incluso, se pueden convertir en racionalizaciones colectivas, como afirman Brief et al. (2001). Y que podríamos inferir son las propias del fenómeno de *groupthink* de Janis. La racionalización colectiva podría también estar en la perversión grupal que diagnostica la psicoanalista Hojvat (2008) en LAPA, donde toda una cultura organizacional sostenía una negación de la realidad y el riesgo sobre la base de la fijación en un objetivo: sostener el ascenso de Ícaro.

El hábito-costumbre, parafraseando a Rodríguez Luño, comporta una facilidad con la que se realiza una determinada conducta debido a la constante práctica, y dicha facilidad conlleva una especie de semiautomatismo. En cambio, en la virtud, tanto la acción como la inclinación se dan por elección y por ello la virtud requiere el máximo empeño de la libertad personal. La virtud es una disposición estable que no quita libertad al sujeto que la ha adquirido, sino que -por el contrario- la aumenta por inclinar al sujeto al bien moral.

Si bien, como dice el adagio latino *actiones sunt suppositorum*, las acciones se predican de las sustancias, podemos predicar por analogía la idea de aprendizaje a un grupo. Lo que afirma Rodríguez Luño de los hábitos-costumbre del sujeto, análogamente, lo podemos decir de la organización.[17] Nuestro objeto de estudio, la mentalidad compartida, está en la categoría de hábito-costumbre con la característica de ser semi-automática si no se la revisa crítica y grupalmente.

Kenneth Goodpaster afirma que así como la persona tiene su personalidad y su carácter, una empresa tiene una cultura. Goodpaster (2007: 32-38) establece una analogía entre la psicología individual y la organizacional. Se refiere a la empresa como poseedora de un carácter, una psicoestructura, una personalidad o un *state of mind*.[18] Goodpaster (2007: 42-43) afirma que las organizaciones burocráticas son diseñadas para tener una "mente" propia independientemente de quien sea su funcionario. Esta característica de las organizaciones permite que se mantengan en el tiempo, a pesar del ingreso y egreso de los individuos que la conforman.

Se puede decir, entonces, que la empresa tiene una mentalidad y eso permite relacionar cultura organizacional y ética empresarial. Según Goodpaster:

> Si las instituciones pueden compartir las características de la mentalidad (*mindset*) no-moral de sus arquitectos humanos (por ejemplo, innovación y eficiencia) también pueden compartir las características de su mentalidad moral. La disciplina "ética empresarial" se basa en esta simple verdad (Goodpaster, 2007: 44).

---

[17] A lo largo de esta investigación, presentamos varias de estas analogías mediante las cuales características de las personas las predicamos análogamente de la organización.

[18] *State of mind* se traduce como el estado de los procesos cognitivos, como estado de ánimo, o también su idiosincrasia. Una canción de Billy Joel (1976) habla del *New York state of mind* como el modo de ser o de pensar de un neoyorquino.

Este autor afirma que las organizaciones aprenden, por lo que ubica la mentalidad compartida en el terreno de los hábitos. Goodpaster dice que "la mentalidad son los hábitos y las prácticas que guían la acción (no solamente el pensamiento). La mentalidad lleva los pensamientos y los valores a la acción" (2007: 32).

Podemos afirmar, entonces, que "pensamientos" y "valores" son análogos al ver y juzgar. En esta línea, el fenómeno de la mentalidad compartida que hemos definido es un hábito-costumbre compartido, un modo de "ver y juzgar" (Cardijn, 2011) compartido por sus integrantes. Los elementos de la mentalidad compartida (las PBS y la CCBO) son hábitos-costumbre propios del ver y el juzgar, que -de forma acrítica, subyacente o no consciente- disponen fácilmente a actuar. Es decir, son más cercanos al semi-automatismo de Rodríguez Luño o a lo que Schein y otros autores de la cultura organizacional referirán como aquello de la cultura "que se da por sentado".

Sin dudas, la relación entre ver, juzgar y actuar es mutuamente influenciable. El juzgar tiene un aspecto valorativo, de apreciación de la realidad que puede modificar el ver si este no se atiene a la objetividad. Ambas, a su vez, son influenciadas por el actuar habitual que puede conducir a cambiar lo que se ve o se juzga o a confirmarlo.

6.1. La mentalidad compartida como condicionamiento de la ética personal

La mentalidad compartida ofrece al sujeto premisas para su comportamiento. Aunque los contenidos de la mentalidad compartida no tengan carácter ético en su origen, tienen influencias en la ética del sujeto. De la mentalidad compartida abreva sentidos y significados sobre la realidad organizacional y obtiene también motivos y valores jerarquizados que, en la medida que el sujeto sea consciente de ellos, los reconozca y los distinga, sus decisiones serán más libres. Si no los hace conscientes, la otra alternativa es la racionalización y la pérdida de integridad por la que diluye su conciencia opacada por sus beneficios.

La mentalidad compartida contiene descripciones y prescripciones, que no son normas morales pero que -por ser hábitos-costumbre o usos y costumbres- adquieren algún tipo de fuerza social. Un ejemplo de esto podría ser la mentalidad propia de un grupo de la mafia. En esa mentalidad, si no se es leal, se corre peligro de muerte. Esta no es una normativa ética sino que es una normativa de ese grupo social[19] que dista de ser socialmente buena, pero que en el nivel de la mentalidad compartida por esa banda, constituye una forma de pensar, una identidad y una regla a seguir en ese contexto.

---

19 Cf. Soaje Ramos (1969).

Como se dijo, la fuerza del condicionamiento se debe a su certeza, a su semiautomatismo, a que es no-consciente, a su característica de ser a-crítica y, principalmente, porque si el sujeto que decide no la reconoce, no la hace consciente, esta lo condicionará reduciendo su libertad. Si el empleado no distingue conscientemente las premisas y principios de la mentalidad compartida por el entorno en el que trabaja de las suyas propias, "automatiza" el modo de ver y juzgar la realidad antes de tomar sus decisiones en ese entorno.

La mentalidad compartida funciona como un "mecanismo" tácito, que -casi- sin mediar la criticidad de la razón, se da por certero. Seguir esta regla puede ser muchas veces "razonable" en términos de la adaptación del empleado al entorno organizacional, porque evita el "costo" de pensar y actuar diferente. Sin embargo, no todos los empleados actuarán del mismo modo a pesar de la influencia de la mentalidad compartida. Algunos pilotos renunciaron como Piñeyro, y otros, como Weigel, volaron irresponsablemente sin oponerse a la "mentalidad LAPA".

Asimismo, no todo en la mentalidad compartida tiene implicancias morales negativas. Inducirá también a ver y juzgar bien en algunos aspectos. Aquí hemos subrayado más los aspectos negativos, porque son los que pueden ser más preocupantes desde el punto de vista de las consecuencias.

La aceptación acrítica de las presunciones tácitas ofrecidas por la mentalidad compartida condiciona[20] la intencionalidad y voluntariedad del que decide, así como la objetividad con la que evalúa el objeto de sus acciones. Las prescripciones que se infieren de la CCBO así como de las PBS no son normas morales sino prescripciones sociales, frente a las cuales el individuo puede elegir "ver y juzgar" antes de actuar. Si el empleado no realiza una reflexión moral que ilumine cuáles son sus condicionantes y cuál es su margen de libertad, el dejarse determinar por el condicionamiento de la mentalidad compartida puede conducir, como condujo a los pilotos de LAPA, a graves errores morales. Sin embargo, todo individuo es capaz de pasar de la moralidad acrítica y prerreflexiva que se funda en la certeza que brinda mentalidad compartida, a una libertad madura y consciente.

Consideramos, entonces, que estos hábitos-costumbre compartidos a nivel del ver y del juzgar son condicionamientos de la decisión libre y responsable del sujeto que integra la organización. Al contrario de Schein, quien afirma que la cultura organizacional "determina" el comportamiento individual y el colectivo (Schein, 1999: 14), en este trabajo consideramos que los hábitos-costumbre grupales son un condicionamiento fuerte para la decisión individual pero no implican

---

[20] Puede haber otros condicionantes que disminuyan la voluntariedad, como la ignorancia.

una determinación que anule la libertad personal que tiene el empleado de ver y juzgar aquello en que la mentalidad compartida sea incorrecta o inmoral.

Síntesis y conclusiones del capítulo 2

Luego de la descripción y definición del alcance del fenómeno de la mentalidad compartida en el primer capítulo, en el segundo capítulo hemos realizado una valoración ética de la misma. En este capítulo subrayamos cómo influye la mentalidad compartida en los ejecutivos de empresa, dado su estilo cognitivo y moral, y cómo podría contribuir a crear una cultura moralmente desviada.

En líneas generales, para un ejecutivo, "alinearse", seguir la "cadena de mando" es visto como una obligación. Incluso, las empresas que operan en muchos lugares geográficos y culturales saben de la necesidad de homogeneizar criterios de decision, de modo que el resultado de toda la empresa sea el mismo (por ejemplo en cuanto a imagen de marca o a comportamiento ético). Por ello, las empresas siempre buscan influir en la mentalidad y en el comportamiento de sus miembros.

Como se ha dicho, la mentalidad compartida contiene presunciones y apreciaciones sobre la realidad organizacional aceptadas por muchos en la organización. Este consenso y propagación de la mentalidad le da peso tanto a sus descripciones como a sus prescripciones. Es decir, la mentalidad compartida señala algunos imperativos a los que muchos consideran que el individuo debe ajustarse.

Algunos de los contenidos prescriptivos pueden ser buenos desde el punto de vista ético o del logro de los objetivos comunes. Sin embargo, algunos otros contenidos no conducen a la consecusión del fin común. Por ejemplo, en LAPA la mentalidad compartida prescribía apoyar siempre y de cualquier forma a la empresa en su crecimiento y a la vez, no ser muy exigente con el cumplimiento de las normas de seguridad. Estos contenidos de la mentalidad, contrarios o contradictorios al fin común, pueden provocar una tensión en el individuo que desea actuar éticamente. Según sea la mentalidad de una empresa, entre el deber de estar "alineado" y el deber de actuar bajo la virtud de la integridad, puede darse una tensión u oposición. El consenso de las prescripciones de la mentalidad compartida diseminadas en la organización puede conducir a muchos a actuar de un modo diferente si actuasen solos.

Así como la integridad personal presupone autonomía, objetividad y disposición a ser justo, se explicó que mediante el proceso de racionalización se pierden estas características. La racionalización personal facilita que un grupo sostenga una mentalidad con criterios inmorales en forma mancomunada. Definimos la racionalización como un proceso por el cual un individuo mitiga la disonancia interna que le produce hacer un acto que no considera ético, justificándolo dentro de los parámetros de la mentalidad compartida de la organización a la que pertenece. En dicho proceso, el sujeto sabe que realiza algo moralmente malo, pero abdica de su responsabilidad personal, atribuyendo la razón de su actuación a una fuerza superior a su voluntad (el grupo, el director, su supervivencia). De este modo, restablece superficialmente su equilibrio interno -que se había visto amenazado por la duda moral-, y se convence de que actúa moralmente bien, satisfecho con la obtención del beneficio que le reporta la acción no ética.

La racionalización es facilitada por el estilo cognitivo y moral propio de los ejecutivos de empresa. Se caracterizan por el "autoengaño", la "decoloración ética", así como por una moralidad prerreflexiva. La falta de objetividad lleva a mirar objetivos intermedios por encima de objetivos finales. La moralidad prerreflexiva necesita ser revisada para aumentar la conciencia y la responsabilidad. Este estilo puede hacer fracasar los entrenamientos éticos que son puramente racionales y no ahondan en lo profundo.

La mentalidad compartida puede ofrecer elementos funcionales al proceso de racionalización de los individuos. Pero que la mentalidad compartida funcione como un cuasi mecanismo tácito que condiciona la decisión individual, no implica que anule la libertad personal de ver y juzgar las fallas que esta pueda tener. Toda persona es capaz de ser íntegra y no racionalizar, y siempre conserva su libertad. El desafío de los entrenamientos éticos es elicitar el contenido de la mentalidad compartida, para poder criticar y discernir los contenidos afines al bien común de los que lo contradicen.

Hasta aquí hemos destacado la influencia de la mentalidad en las decisiones de sus integrantes y su relevancia ética. Ahora bien, la influencia de la mentalidad es relevante también porque influye en muchos de los sujetos que integran una organización, dando forma a la acción colectiva resultante de todo el accionar de la empresa. La mentalidad compartida le confiere a la empresa una identidad, un modo de ser y actuar en la sociedad. Esta influencia de la mentalidad en la constitución del ser de la empresa nos conduce a indagar en la relevancia ontológica del fenómeno de la mentalidad compartida.

Por ello, en el capítulo que sigue analizaremos con categorías de la metafísica aristotélico-tomista el estatuto ontológico de la empresa. En ese análisis podremos comprender la relación entre la mentalidad compartida, el fin común, el liderazgo y las acciones de todos los empleados como causalidades mutuas. Luego de ese *excursus* metafísico, retomaremos la perspectiva de ética empresarial y la cuestión de los entrenamientos éticos como un modo del liderazgo de influir en la mentalidad compartida, para realizar un aprendizaje que corrija posibles desvíos éticos de la mentalidad compartida.

3

La mentalidad compartida y su lugar en la estructura ontológica de la empresa

Introducción

Como hemos podido constatar con el análisis del caso LAPA, su mentalidad condujo a la desaparición de la empresa y a muchas víctimas fatales. Es decir que la mentalidad compartida no solo influye en la acción personal de cada miembro de la organización, sino que influye en la acción colectiva que resulta de toda ella e impacta en la sociedad.

Ciertamente, los escándalos o tragedias que resultan de comportamientos corporativos no éticos de sus integrantes suelen revelar que la empresa había interpretado que su fin era exclusivamente generar ganancias. Es decir, es observable que es posible interpretar el fin de la empresa, o bien de un modo más estrecho o parcial, o bien de un modo más integral que incluya el lucro en un fin más amplio. Esta concepción mental del fin puede variar según se pertenece a un área u otra de la empresa. Esta "interpretación" del fin se da en la mente de los integrantes de la empresa y los conduce a la acción.

Entonces, hay relación causal entre la concepción mental del fin de la empresa y la consecución del fin de la empresa. Sin embargo, en el dinamismo de la empresa se dan otras y diversas relaciones causales o de influencia en las que interactúan también el liderazgo, todos los integrantes de la empresa, sus procesos, estructura y políticas así como la mentalidad compartida. Todos confluyen en una acción colectiva resultante.

Estas interacciones, relaciones, causas y el efecto que resulta de la sinergia nos conducen de la cuestión ética a la cuestión ontológica. Es decir, nos conducen a explicar la naturaleza de la acción realizada por muchos de forma organizada y con un objetivo común. Como se dijo en la introducción general de la tesis, lo resolveremos en el marco de la filosofía aristotélico-tomista, siguiendo a Guido Soaje Ramos (1969), quien realiza un análisis ontológico del grupo social y que, aplicado sobre la empresa, echa luz sobre las causalidades mutuas que unen a la empresa como un todo.

En la primera parte del capítulo (epígrafes 1-3) se analiza qué tipo de ente es el grupo social, como está unido, qué es lo que hace que la acción sinergizada de sus integrantes sea una realidad distinta a ellos. Seguimos el manuscrito de Soaje y se irá aplicando el análisis a la empresa en la medida que sea pertinente.

En la segunda parte del capítulo (epígrafes 4-8), se analiza qué es lo que hace que un grupo social sea tal y no otra cosa, mediante el análisis causal aristotélico. Lo mismo realizamos para la empresa, considerada un grupo social, para identificar qué la distingue ontológicamente de otros grupos sociales. A su vez, en esta segunda parte, se establecerá cuál es el lugar de la mentalidad compartida en la estructura ontológica del ente empresa.

1. La unidad del grupo social y su aplicación a la empresa

Soaje atribuye mucho valor a las descripciones fenomenológicas de lo social, ya que le interesa ser realista y no partir de un enfoque normativo para definir lo social. Según el autor, esta es una tarea ardua, porque definir es buscar un fundamento, por tanto hay que salir "a la caza de la definición" (Soaje, 1969: 4) como si se emprendiera la búsqueda de algo elusivo que requiere de paciencia para ser atrapado. Si lograr la definición esencial de un ente no es sencillo, se dificulta todavía más si intentamos definir algo como el grupo social, que es dinámico y depende de la libertad de sus integrantes (1969: 6). En definitiva, la búsqueda de la definición del grupo social, según Soaje, apunta a identificar su naturaleza.

Desde el punto etimológico señala que el vocablo latino *societas* significa la conjunción o unión de varios. Allí están contenidos dos aspectos: una cierta pluralidad y una cierta unidad. A su vez, *societas* viene del verbo latino *sequor* (seguir), que se define como el acto que cumplen los hombres que siguen a un *dux*, el conductor o líder (Soaje, 1969: 7).

Para definir al grupo social recurre a la definición de sociedad que da Santo Tomás de Aquino *adunatio hominum ad aliquid unum communiter agendum*, que Soaje traduce como "unión de los hombres para realizar algo uno en común"[1] (1969: 8). A simple vista, podemos ver que una empresa puede ser ubicada dentro de esta definición, ya que se necesita

---

[1] Soaje sigue y critica el análisis que hace el dominico Ignatius Theodore Eschmann (1898-1968) de la definición de sociedad de Tomás de Aquino, expuesta por el Aquinate en su *Liber contra impugnantes Dei cultum et religionem*, parte II, capítulo 2.

que varias personas se unan y trabajen juntas, para diseñar, fabricar y comercializar un producto. Pero en esta línea, lo más difícil de explicar es la unión, porque no se ha de caer en la afirmación de que la sociedad es un organismo o una persona, haciendo una "hipostatización o sustantivación de lo social" (1969: 9). La pluralidad de sus integrantes se unen en el obrar, mas no en el ser.

Ahora bien, en la definición de Tomás de Aquino aparecen tres vocablos que se refieren a la unión. El primero es *adunatio*, que se refiere a la unión de los integrantes. Luego está el *unum*, que hace referencia al objeto que produce el grupo. Y finalmente, *communiter*, que según Soaje es el vocablo que claramente revela la unión de los sujetos en cuanto que realizan en común o mancomunadamente, algo uno. Por tanto, se puede hablar de dos tipos de unidad. Unidad objetiva, es decir, los integrantes realizan algo uno; y unidad subjetiva, es decir, la unidad de los agentes que actúan articuladamente entre sí. Analicemos a continuación ambas en detalle.

1.1. Unidad objetiva

Soaje (1969: 11) afirma que la unidad objetiva del grupo social consiste en la unidad de las acciones de sus integrantes al realizar algo en común. Se necesita de muchos (*plures adunati*) para realizar, por ejemplo, la fabricación de un producto. Cada uno trabaja en una parte diferente del proceso productivo de un automóvil, que es un mismo objeto, por lo que los trabajadores de la planta cuentan con una unidad objetiva de producción.

Pero deben cumplirse mayores requisitos para que, según Soaje, haya unidad objetiva en el grupo social. Primero, es necesario que los objetos de la acción-en-común no sean contradictorios para que haya sociedad. En segundo lugar, los integrantes del grupo deben actuar bajo la motivación del fin al que tienden. Este fin es el objeto de la acción en común. Es ese algo uno que va a ser realizado por todos ellos. En este sentido el objeto a realizar por el grupo social se podría llamar el bien de varios o bien común, pero no en sentido normativo, sino tan solo entendido como un objetivo social común (Soaje, 1969: 13).

En el caso de la empresa LAPA, podríamos considerar que algunas de las acciones de sus integrantes contradecían directamente el orden que debía tener la prestación del servicio de transporte aéreo de pasajeros (su objetivo social común a realizar), cuya naturaleza incluye la seguridad. Trabajar en función de la rentabilidad a corto plazo era intrínsecamente contradictorio con prestar el servicio de modo seguro.

1.2. Unidad subjetiva

En el grupo social, dado que el mismo objeto se realiza en común, mancomunadamente "por un cierto concurso, por una cierta composición o por un ligamen o articulación de sus actos", de ello resulta que sus integrantes están unidos subjetivamente (Soaje, 1969: 12). La unidad subjetiva se realiza "de tal modo que las acciones de los singulares compongan como partes una acción única y total, la cual, como acción social, relativamente una se dirige a obtener un bien común". Soaje define como acción social del grupo a dos tipos de actividades. Por un lado, la acción social constitutiva del grupo y por otro, la acción social que procede del grupo ya constituido y que Soaje llama acción colectiva (Soaje, 1969: 13).

Por ejemplo, varias personas leyendo en una biblioteca tendrían un mismo objetivo, pero no lo realizan en común. Del mismo modo, varias personas que trabajan sobre el mismo problema no necesariamente constituyen un grupo. Para que sea grupo social "se trata de que lo realicen en común cumpliendo cada uno la acción parcial respectiva". Cada uno cumple con una parte de la acción sinérgica del grupo, se suman esfuerzos y se articulan, y se comunican los resultados. Cada miembro contribuye a la acción colectiva resultante del grupo como tal (Soaje, 1969: 14).

En esta sinergia y coordinación, adquieren relevancia las normas para regular las acciones de sus miembros a fin de que la acción colectiva cumpla con los objetivos sociales. Las normas y los valores permiten priorizar las acciones o bienes que están relacionados positivamente con los objetivos del grupo, según Soaje.

En el caso de la empresa, las normas y valores son explícitos e implícitos. Los explícitos se encuentran en muchos documentos declarados públicamente, los implícitos se encuentran en la mentalidad compartida. Los mismos contribuyen a la unidad objetiva y subjetiva de la empresa. Estas normas serán tratadas ampliamente al referirnos a la causa ejemplar del grupo social.

2. El grupo social como todo práctico y todo análogo. Aplicación a la empresa

Ahora bien, para Soaje la explicación de la unidad del grupo social no está completa si no se explica dónde se da la unidad y cómo. Para ello, analizaremos al grupo social como un todo, es decir, una unidad que supone partes, que se da en las acciones de sus integrantes y como un todo que no subsiste en sí. Estudiemos esto en detalle.

2.1. El todo práctico

Las realidades no son todas iguales, los entes tienen el ser o la perfección de ser en distintos grados. Por ejemplo el color de una manzana no existe por sí solo, sino que existe en ella, aun así afirmamos que el color tiene ser, pero tiene ser en otro. Soaje afirma que el grupo social se mantiene unido en el obrar y no en el ser. El obrar no existe por sí solo, no es un ser en sí, sino que inhiere en las personas que actúan, por tanto existe "en otro" (Soaje, 1969: 8-9). ¿Dónde se da entonces la unidad del grupo social? Se da en las acciones de sus integrantes.

El ser en sí,[2] como la sustancia persona (por ejemplo, ser un tal José), es un todo más perfecto, más acabado y más subsistente que el "ser en otro", por ejemplo, el grupo de amigos de José o la empresa donde trabaja. Sin embargo, esto no lo hace menos importante, sino más frágil. La unidad del grupo social es frágil porque su realidad depende de la libertad de las personas. El grupo social existe "en otros", en los integrantes de la empresa. Específicamente existe -inhiere- en su obrar: es decir, en sus acciones, sus interacciones, sus relaciones.

Soaje llama a la unidad del grupo, unidad práctica (1969: 5).[3] Práctica viene del griego *praxis*, que resulta un concepto muy rico en el uso que le da este autor. Soaje lo utiliza para referirse al actuar humano concreto, como sinónimo de acción.[4] No lo usa según la tradición platónico-aristotélica, en la que *praxis* (hacer) se contrapone a *póiesis* (crear o fabricar). Por eso caracteriza al grupo social como un "todo práctico", donde la noción de "todo" incluye la noción de partes, y práctico porque radica en las praxis de sus integrantes.

La unidad práctica del grupo se da en acciones personales y en acciones colectivas y en conductas exteriores del sujeto así como en conductas interiores. Todo aquello que sufre la impronta del psiquismo intelectivo-volitivo es praxis humana. Estudiemos estas distinciones que hace Soaje.

En el grupo social, la praxis no es solo personal, sino que también es colectiva. Por ejemplo, en la empresa las acciones organizadas para la producción, al realizar algo uno en común, son actividad colectiva. Dice textualmente:

> Cada persona, cada militar, cada obrero, cumple acciones individuales, porque no hay una acción colectiva al modo de un universal platónico, como dice el efato tomista: *"actiones sunt suppositorum"*. Pero, con todo, dichas acciones no son meramente individuales, en el ejemplo de la fábrica o en el de la unidad militar hallamos una actividad colectiva, o sea la realización de algo uno en común (1969: 23-24).

---

2   El todo subsistente, el que existe en sí, es sujeto de su acto de ser (*esse*) y es principio de sus operaciones.
3   También la denomina unidad accidental, que es la denominación aristotélica para el "ser en otro". La empresa, por tanto, es un todo práctico y un todo accidental.
4   Esto parecería que fue usual en cierta tradición que menciona el filósofo tomista Jorge Vicente Arregui (1980), donde se usa "praxis" para referirse al ámbito del hacer humano concreto en oposición a la contemplación.

Asimismo, la praxis humana del grupo social incluye tanto las acciones y las conductas externas al sujeto como las acciones internas, los procesos interiores de la intención y la afectividad. Nos detendremos ahora en una larga cita textual del manuscrito debido a que esta formulación es de interés para trabajar el tema de la mentalidad:

> Al hablar de acciones no solo me refiero a conductas externas, pues el grupo no se da solo en acciones exteriores, también puede darse en una serie de procesos interiores. Por ejemplo, el fallecimiento de un amigo, compañero de curso, puede hacerme experimentar una reacción afectiva individual, pero, también, como miembro del grupo. En una unidad militar que admira a su jefe, la muerte de este trae aparejado un fenómeno afectivo de tristeza en el miembro del grupo, en cuanto miembro del grupo. Aquí está presente el grupo. El grupo puede estar presente en amores, alegrías, tristezas, odios, indignaciones, etc. Con todo esto queremos hacer notar que, aunque sin acciones externas no habría grupo, también en el dominio volitivo de las intenciones y en el de las afecciones, se da el grupo. Además, está presente el grupo en las mismas apreciaciones que tenemos de las cosas, de los hechos, etc., en nuestros juicios, en nuestros conceptos, etc. Por ejemplo, en el caso de Romeo y Julieta, en las familias de ambos, Capuleto y Montesco, no solo se daba el odio recíproco, sino que la apreciación del respectivo valor estaba condicionada por el grupo. En el Estado nacional, la filosofía, con todo lo abstracta que puede ser, exhibe un cierto estilo nacional; un racionalista francés como Descartes no es lo mismo que un racionalista inglés. Aun en el pensar que parece tan individual está presente el grupo; el pensamiento de un filósofo difiere del de otro filósofo extranjero por la coloración que, en parte, le da el estilo nacional. Entonces, al hablar de praxis no debemos restringir su sentido, en la medida en que praxis humana no es solo la acción externa. Por lo tanto praxis humana "es todo aquello que en el psiquismo humano puede sufrir la impronta del psiquismo intelectivo-volitivo [sic]" (Soaje, 1969: 23-24).

Glosemos ahora este párrafo en los términos de la realidad de la empresa y de su cultura. La empresa está presente en las acciones externas: sus decisiones de producción y comercialización, sus piezas comunicacionales, así como en sus artefactos y declaraciones públicas (Schein, 1999). Sin estas acciones externas no habría empresa. Pero también la empresa como grupo está presente en las alegrías por los logros conseguidos en equipo, o también en el resentimiento o indignación porque un subgrupo obtiene más ganancias que otro. La empresa está presente en las apreciaciones que sus integrantes tienen de las cosas y de los hechos ocurridos, y estas apreciaciones se basan en la historia compartida por toda la organización.[5] La empresa está presente en los juicios y prejuicios de sus integrantes, en sus conceptos; también en la apreciación del valor de otros condicionada por el grupo: de los

---

5 O se basan en la subcultura compartida (por ejemplo, la subcultura de los que trabajan en la fábrica es diferente a la de los que trabajan en la parte comercial).

gerentes, siendo operario o en la apreciación que se tiene de los operarios, siendo gerente. Aun en el ver y juzgar, que parece tan individual, está presente la empresa.

Por todo esto, podemos decir que la mentalidad compartida[6] pertenece al orden de las conductas interiores o acciones internas al grupo social empresa y contribuye a la unidad práctica de la misma, contribuye a su articulación e inhiere en sus integrantes. Esta unidad conforma un todo frágil en la medida que depende de la libertad de las personas. Asimismo, inhiere tanto en conductas externas de sus miembros (acciones articuladas por las que se realiza "en común" el objetivo social de la empresa), como en conductas internas (valores, prejuicios, afecciones, mentalidad compartida).

Sinteticemos las distinciones de Soaje en una tabla:

Tabla n° 1. Las praxis en el grupo social según Soaje y el lugar de la mentalidad compartida

PRAXIS = acción concreta (también la llama "praxis social" o "praxis humana")	Que *constituye* al grupo = acción individual o personal que compone la sinergia que resulta en acción colectiva	Conducta *individual* exterior = acción externa (observable)
		Conducta *individual* interior = acción interna (afectos, valores)
	Que *emana* del grupo constituido = acción colectiva que resulta de varios que realizan algo en común coordinadamente	Conducta *grupal* exterior = acciones articuladas en vistas del fin común reguladas por normas y por usos sociales recurrentes (acción y omisión) = praxis objetivas
		Conducta *grupal* interior = afectos, valores, prejuicios = usos sociales recurrentes (acción y omisión) = praxis subjetivas = MENTALIDAD COMPARTIDA

---

6   Hay una mentalidad que proviene de la región o del país donde opera la empresa, pero también hay una mentalidad que es fruto y resultado de las vivencias en común en esa empresa y son válidas en ese contexto, así como la mentalidad de los Montesco y Capuleto no era necesariamente la mentalidad de toda la ciudad de Verona, aunque tuviera elementos de ella.

2.2. El todo análogo

Soaje pretende explicar la unidad del grupo social sin negar la sustancialidad de las personas individuales y sin substancializar el grupo social. Al grupo social solo se lo puede llamar organismo o persona por analogía[7] metafórica (Soaje, 1969: 9). Aun así se pregunta:"El grupo no es un todo sustantivo; los únicos todos sustantivos son las personas, pero ¿en qué consiste la realidad del grupo?, ¿se agota en la realidad de los miembros?, o ¿hay algo real que sea propio del grupo en cuanto tal?" (Soaje, 1969: 15).

Según García López (1974), analogía, en su sentido etimológico griego, significa "comparación o relación entre varias razones o conceptos". Y en el sentido latino, ya que se tradujo la palabra por *proportio*, significa proporción o semejanza. Si bien hay diversos tipos de analogía, la analogía es una semejanza imperfecta y por eso contiene desemejanzas y diferencias (1975: 196).

Como ya mencionamos, Soaje advierte sobre el peligro de sustantivar lo social, es decir, de convertirlo en un todo subsistente. Pero también subraya que la acción colectiva surge de la sinergia de las acciones individuales de los todos subsistentes, y esta no es igual a la suma de las acciones individuales. La sinergia no es reductible a los individuos y remite a "algo más que, en rigor, concierne al grupo formalmente considerado", es decir, a un todo análogo que es práctico y no de un todo subsistente.

> Es necesario recordar que la acción colectiva que emana del grupo como tal, es una acción que, si es cumplida por los miembros en una proporción determinante, no es una acción que proceda de un todo subsistente singular, sino de distintos todos subsistentes singulares en la medida en que dichos todos coordinan y articulan sus praxis individuales. La acción colectiva no procede de un todo subsistente real, sino de un todo de orden, un todo relacional. Para el grupo, recuérdese, solo valen metafóricamente los términos "persona", organismo y sustancia (o todo sustantivo) (Soaje, 1969: 48).

Entonces, la empresa no es un todo sustantivo. Sin embargo, su realidad no se agota en sus integrantes. Hay algo real que es propio de la empresa en cuanto tal, y esa realidad no solo es práctica, fruto de la sinergia organizada, sino que es análoga. La empresa es un todo práctico y un todo análogo.

---

[7] La analogía también dice relación con la realidad metafísica y no es una mera cuestión de cómo se piensan las esencias (García López, 1974: 203). De hecho, la analogía suele permitir al intelecto ganar en precisión. Según García López (1974: 214) la analogía permite acceder a la abstracción de un todo, que llama potestativo, que no es ni la esencia (el todo universal abstracto), ni un todo integral, que se pueden subdividir en partes como un cuerpo viviente o una máquina. El grupo social de Soaje podría incluirse dentro de este todo potestativo de García López.

3. El grupo social como todo relacional y todo de orden. Su aplicación a la empresa

Ahora bien, para comprender en profundidad por qué es un todo análogo, es decir, por qué el grupo social (o la empresa) no es reductible a la suma de las acciones de sus integrantes, Soaje propone estudiar para una mayor precisión, la noción de relación y la noción de orden, que presentamos a continuación.

3.1. El todo relacional

"Cuando se discute si el grupo tiene o no realidad, o si toda la realidad social consiste en la de las personas, todo el problema radica en si hay o no relaciones reales" (Soaje, 1969:15). Esta afirmación del filósofo argentino plantea la cuestión clave de resolución del estatus ontológico del grupo social y -para nosotros- de la empresa.

La relación es una "realidad muy tenue y en parte enigmática" (Soaje, 1969: 14). Al igual que el color de la manzana o el obrar de las personas, es una realidad que existe en otro.[8]

La relación se da entre un sujeto y un término, pero cuatro son sus elementos importantes: el sujeto, el término, el fundamento de la relación y la relación misma. El fundamento de la relación es "la razón por la cual el sujeto se refiere al término". Por ejemplo, Juan es padre de Pedro, por tanto tienen una relación de paternidad. Juan es el sujeto y Pedro el término de la relación de paternidad. El fundamento de la relación es el acto de generación que hizo concebir a Pedro.[9]

De este modo, según Soaje, la realidad de la relación es tenue porque siempre remite o refiere a otro. La relación es un ser para otro, apunta a otro y se detiene en el otro. Pero este apuntar del sujeto al término de la relación da forma al sujeto, lo informa. Es decir que, cuando Juan se hace padre, adquiere una nueva perfección a causa del acto de generación y a causa de Pedro. Él está realmente modificado por la paternidad, no es él mismo antes y después de ser padre. Por tanto, "todo accidente informa a su sujeto de inherencia". La relación se agota en un ser con respecto a otro, y a diferencia de otros accidentes, la relación requiere de un fundamento para su realidad mínima y poco firme (Soaje, 1969: 14-15).

---

8   Aristóteles denominó categorías o accidentes los nueve modos de ser "en otro". La décima categoría es el modo de ser substancial, el ser en sí. Los modos de ser en otro, no son menos importantes, se llaman perfecciones segundas y toman su realidad de la substancia en la que inhieren. Los nueve accidentes contienen distintos grados de perfección que se suman o agregan a la sustancia. Algunos de ellos son, por ejemplo, la cualidad, la cantidad, la relación (Alvira et al., 1989).

9   Si hablásemos de una relación de filiación, Pedro sería el sujeto y Juan, el término. El fundamento sería el mismo.

Ahora bien, hay diferentes tipos de relaciones reales y Soaje afirma que el grupo social está conformado por relaciones reales, esto es, relaciones que realmente modifican a los sujetos que lo integran. Soaje afirma que todo el problema de la unidad del grupo social o de qué tipo de ente es, se basa en que las relaciones entre sus miembros sean reales y no de razón.

Las relaciones que no son reales se denominan relaciones de razón. La relación real se da independientemente de si un intelecto la aprehende; en cambio, en las relaciones de razón, alguno de los cuatro elementos solamente está en la mente de quien predica la relación y esta no modifica al sujeto. La relación de razón no pone nada real en el sujeto y el fundamento es la consideración misma de la mente[10] (Soaje, 1969: 14). "En la relación real se da un orden, respecto, o habitud, que realmente afecta al sujeto del cual se afirma. Ejemplos de relación real tenemos en la de paternidad, en la fabricación de un artefacto, etc." (Soaje, 1969: 15).

Nos detendremos en detalle en los dos tipos[11] de relaciones reales que se dan en un grupo social (Soaje, 1969: 16).

1. *Relaciones de interacción.* Soaje también las denomina relaciones de acción recíproca y se basan en el accidente acción-pasión. Estas pueden ser naturales, como la paternidad o artificiales, como la siembra de un campo.
2. *Relaciones de adecuación.* Soaje las denomina con la expresión latina relaciones *"secundum commensurationem esse et veritatem"*. Esta expresión, se propone traducirla como: *"según la adecuación o mutua medición del ser y la verdad"*. Soaje brinda tres ejemplos muy claros: la relación de conocimiento, la relación de mando y obediencia y la relación entre la causa ejemplar y lo que se realiza a la manera de esa causa ejemplar. Estas últimas son las más interesantes para analizar la mentalidad compartida en la empresa.

En el grupo social también se dan relaciones de razón. Pero poder constatar que se den estas relaciones reales que modifican a los sujetos es constatar la ontología del grupo social, es decir que el grupo tiene una realidad distinta a la de sus miembros. Pero no es una realidad sustantiva sino análoga, accidental, práctica y relacional. Así lo afirma Soaje: "Formalmente el grupo está constituido por relaciones y si todas fueran de razón, el grupo formalmente en cuanto grupo no tendría una realidad distinta de la de los miembros" (Soaje, 1969: 15).

---

10 Los que niegan que la empresa sea un ente distinto de sus integrantes consideran que atribuir entidad a la empresa es una atribución metafórica sin fundamento *in re*.
11 Hay un tercer tipo de relación real, las relaciones de semejanza fundadas en la cualidad. Según Soaje, son las menos importantes y pueden crear condiciones para la unidad pero no radica en ellas la unidad.

Apliquemos estos dos tipos de relaciones reales a la empresa. Las relaciones de interacción son muchísimas en la empresa. Se dan en la vida cotidiana del trabajo y modifican a las personas. Estas incluyen las ya mencionadas praxis objetivas y subjetivas, tanto las acciones sociales que constituyen internamente la empresa así como la acción colectiva resultante que impacta en el entorno (cf. tabla n° 1).

Las relaciones de adecuación nos exigen una explicación más detallada que no está realizada de forma acabada en el manuscrito de Soaje. Expliquemos cómo hemos traducido su denominación con la ayuda del filósofo tomista Josef Pieper (1974). ¿Qué es la mutua medición del ser y la verdad? ¿Cómo es la relación entre la verdad y la cosa? En la gnoseología tomista, la inteligencia se adecúa a la realidad, la inteligencia se hace otro (diferente), se hace el objeto cuya realidad es independiente de la consideración del intelecto. Es decir, en el tomismo es posible el conocimiento objetivo y alcanzar la verdad de la realidad. El objeto deja una huella en el intelecto, pero sigue siendo otro, algo distinto al intelecto. El objeto no es modificado por el conocimiento, aunque sí es modificado el sujeto, que ahora conoce. Tomás de Aquino define la verdad como *adaequatio intellectus et rei*, es decir, la verdad es una relación de adecuación entre el intelecto y la cosa. "Adecuación" significa etimológicamente hacerse igual.

Las relaciones identificadas por Soaje para el grupo social son muy interesantes para fundar la unidad de la empresa en la relacionalidad, es decir, para considerar la relación como base de su constitución en un ente práctico y accidental, y del rol de la mentalidad compartida en dicha constitución ontológica. En la empresa pueden observarse dos relaciones de mutua medición o adecuación:

1. *Relaciones de adecuación* entre las normas de la empresa y los comportamientos individuales de los integrantes del grupo social. En una empresa, por ejemplo, se espera que sus integrantes tomen decisiones en el marco de su código de ética. El empleado es modificado por la norma y si muchos empleados no la cumplen, modifican la norma en letra muerta. Además de las normas explícitas están las normas implícitas o informales o costumbres (como la mentalidad compartida), que también conforman una medida para los comportamientos individuales.

2. *Relaciones de adecuación* entre las órdenes de las autoridades de la empresa y los comportamientos de los integrantes. Soaje considera que las órdenes de la autoridad caben dentro de una consideración amplia de las normas. En la empresa, no solo las órdenes directas miden los comportamientos, sino también los avales implícitos de la autoridad a ciertas prácticas que se dan por omisión, por la ejemplaridad de su comportamiento o por los mecanismos de incentivos diseñados por ellos o el diseño del trabajo (Preziosa, 2012b).

Tanto las normas explícitas, como las órdenes de las autoridades, como las pautas implícitas de las costumbres y la mentalidad son medida con la que los integrantes de la empresa ven y juzgan la realidad cotidiana para tomar decisiones en ella. Algunas de estas medidas tendrán más preponderancia que otras. En algunas organizaciones prima el verticalismo de la autoridad por sobre las normas escritas, o priman las pautas informales de los grupos de pertenencia por sobre la autoridad formal. Todas estas relaciones de conmensuración establecen relaciones reales que conforman la empresa como ente distinto de sus integrantes, pero inherente a ellos.

Se puede afirmar entonces que en la empresa hay algo real que es propio de la misma en cuanto tal, que inhiere en sus integrantes y que ontológicamente son relaciones reales, es decir que modifican a los sujetos en los que inhiere. Sin embargo, para completar esta caracterización ontológica de la empresa, siguiendo a Soaje, es necesario profundizar en la noción de orden. Aun más, la noción de orden nos permite explicar la interacción entre la mentalidad compartida, el agente y el fin.

3.2. El todo de orden

Las nociones de relación y de orden están mutuamente implicadas. Expliquemos esto desde el punto de vista etimológico y de un modo deductivo, según lo realiza Soaje.

Etimológicamente, la palabra "relación" está emparentada con el latín *re-fero* que significa "llevo hacia" y con el vocablo español *respecto*[12] que viene del latín *re-spicio* y que se puede traducir como "miro hacia". De la etimología, Soaje infiere que la relación es una realidad con respecto a otro, referida a otro, que mira hacia otro, que lleva hacia otro, que es para otro y finalmente que la relación es un orden a otro (*ordo ad*) (1969: 14).

Soaje afirma que la noción de orden es previa a la noción de relación, es una noción más genérica. Ahora bien, ¿cuáles son los elementos de un orden? Soaje lo explica con el ejemplo de una biblioteca. Si los muchos libros se relacionan con un orden alfabético (un principio de orden) queda constituida una biblioteca. Si no hay un principio ordenador común, no hay biblioteca, sino que solo hay un montón de libros. El montón de libros es también un todo, pero "un todo por yuxtaposición"; en cambio la biblioteca es un todo de orden. La noción de orden tiene estos componentes: una base plural de elementos, un principio de orden y una relación de los elementos con dicho principio de orden. Por lo tanto, la noción de orden implica, a su vez, la noción de relación. Relación y

---

12 Respecto: en *DRAE*, razón, relación o proporción de algo a otra cosa.

orden son nociones que se implican mutuamente. Soaje define el orden como la "unidad que resulta de la referencia de los elementos del orden a su principio" (1969: 16).

En la empresa, los integrantes interactúan ordenados por el objetivo social común a realizar. La naturaleza productiva y económica de la empresa ordena los distintos procesos para producir de modo eficiente, con calidad y generando ganancias. La naturaleza de la tarea exige ciertos roles y funciones. Los directivos también organizan las interacciones de sus integrantes mediante normas explícitas e implícitas, mediante el diseño del trabajo y el sistema de información y de recompensas.

Ahora bien, ¿qué es primero?, ¿la naturaleza de la tarea, el fin común o los motivos de los directivos?, ¿cuál es el orden? Para explicar más acabadamente cómo se influyen mutuamente estos elementos del todo y cómo se conforma la empresa como ente, se ha de profundizar en el análisis causal aristotélico y aplicarlo a la empresa.

4. El análisis causal de un todo análogo

Explicar por las causas es propio de la filosofía aristotélico-tomista y es central en la búsqueda del fundamento completo de un ente. Pero esto no está exento de dificultad, sobre todo si hemos de definir algo que es fruto de la libertad de las personas y que por tanto, su entidad no es sustancial sino análoga.

Debido a que se aplica a un todo análogo, Soaje afirma que el resultado del análisis causal puede ser menos completo que si se aplica a un todo subsistente, pero igualmente permitirá conocer mejor el objeto analizado (el grupo social, la empresa). Advierte, de todos modos, que hay que realizarlo con flexibilidad y sin pretensiones racionalistas, y sin encasillar rígidamente el dinamismo de la realidad social. "... no estamos, repetimos, ante un todo subsistente y, por lo tanto, dicha causa tiene que ser entendida de una manera flexible, que valga para algo que no es un todo subsistente" (Soaje, 1969: 18).

Desde el punto de vista de la empresa, nuestro propósito será entonces conocer más acabadamente el lugar de la mentalidad compartida en la constitución de la empresa como un ente distinto a sus individuos. Es decir, nos interesa indagar el alcance ontológico de la mentalidad compartida en el ente análogo empresa.

Ahora bien, ¿qué es una causa? Soaje la define como "lo que influye en la realidad de algo". Existen diferentes tipos de causa y cada una tiene "su peculiar causación", su modo de influir (Soaje,

1969: 18). Introduzcamos a continuación y de forma breve las causas aristotélicas y su aplicación al todo sustancial con una recreación del ejemplo aristotélico de la estatua.

El origen y fundamento de la existencia de la estatua de Apolo se pone en marcha con la intención del escultor de hacer una obra de arte que agrade a su dios Apolo. Quizás, también, porque ganará algún dinero con ella. En su imaginación y de acuerdo con su concepto de ese dios, el escultor va perfilando en su interior, una forma, un modo propio y distintivo de esculpir a Apolo. A la vez que va eligiendo la pieza de mármol y su mejor cincel, diseña la figura de Apolo de modo que no lo confundan con otros tantos dioses y semidioses del Olimpo. También desea que ese Apolo sea "su Apolo" dejando su huella como escultor. Siguiendo esa idea o imagen va cincelando y sacando piezas del mármol. A veces modificando un poco esa idea original, sobre la base de las posibilidades que le va dando la piedra, y corrigiendo también sobre algún que otro acierto y desacierto en los golpes del cincel.

Identificamos a continuación los distintos elementos que componen este análisis:

1. El mármol sobre el cual trabaja el escultor es la causa material de la estatua. Soaje define causa material como la "causa intrínseca en lo cual y de lo cual se hace algo" (1969: 20).
2. El escultor es la causa eficiente, es el agente. Específicamente, es la causa eficiente principal. Soaje define la causa eficiente como el principio del cambio (sea este un cambio sustancial o accidental), aquello de donde se deriva o se origina el cambio (1969: 42). Los martillos y cinceles constituirían la causa eficiente instrumental, aunque Soaje no se refiere en todo el manuscrito a la causa instrumental. Lo seguiremos en ello.
3. La idea e imagen de Apolo que está en la mente del artista es la causa ejemplar. Soaje define la causa ejemplar como "aquello a la manera de lo cual algo es o se hace" (1969: 19). También la denomina la causa formal extrínseca.
4. El escultor tiene un fin, una razón más o menos trascendente para realizar la estatua que constituye la causa final. Soaje define la causa final como "aquello para lo cual algo es o se hace" (1969: 19).
5. El artista esculpe una figura de Apolo, busca hacer que en ese mármol se reconozca y venere a ese dios y no a otro. Esa figura es la causa formal intrínseca. Soaje define la causa formal intrínseca como la que tiene "una causación especificativa, configurativa, estructurante y articuladora" (1969: 18).

Estas cinco causas se pusieron en marcha gracias a una. Si el escultor no hubiera deseado agradar a su dios, o al menos ganar dinero, no habría comenzado a pensar cómo sacar del mármol la figura de Apolo. Por eso se afirma que las causas interactúan y se causan mutuamente entre sí, según la fórmula escolástica *"causae ad invicem sunt causae"*. Analicemos a continuación cada una de las causas del grupo social y su aplicación a la empresa.

5. La causa material del grupo social

La causa material es la causa intrínseca en lo cual y de lo cual se hace algo. Para el grupo social esto significa que "los hombres son piedras de un edificio del cual también son ellos los obreros" (1969: 21). En el grupo humano, las personas integrantes del grupo son tanto su causa material como, al mismo tiempo, son su causa eficiente.

Señala Soaje que, para el grupo social, dentro de la noción de causa material hay que hacer una distinción. Por un lado, se puede señalar que la persona humana o los miembros del grupo son la "causa material radical" del grupo (los hombres son "piedras" de un edificio).

Por otro, se puede identificar como "causa material inmediata" a lo que Soaje denomina "la pluralidad de las praxis humanas" o, lo que es lo mismo, el "dominio humano en el cual y del cual se constituye el grupo social" (1969: 21).

Ahora bien, una característica de la causa material es su indeterminación, su carencia de forma. Por ello, Soaje descarta que la causa material inmediata sean las praxis sociales que constituyen al grupo y que emanan del grupo. Las primeras no lo son porque ya están articuladas por la reciprocidad. Las segundas tampoco porque la sinergia las organiza y coordina, por lo que carece de la indeterminación necesaria para considerar causa material inmediata del grupo social a la misma (Soaje, 1969: 20).

Por tanto, la causa material radical del grupo social es la persona, y la causa material inmediata es el conjunto de praxis no articuladas. Ahora bien, para aplicarlo a la empresa distingamos varios matices.

5.1. La causa material de la empresa

La primera cuestión es: ¿cómo se distingue la causa material inmediata de la empresa de la de otros grupos sociales? En el ejemplo de la estatua no podríamos haber especificado que su causa material inmediata es "un mineral" a secas, sino dentro de los minerales, uno más cercano e indeterminado respecto de una estatua, como lo es el mármol (que en sí ya es una combinación específica de minerales).[13]

Dado que la empresa es algo más específico que el grupo social, habrá más determinación en la causa material inmediata de la empresa que en la del grupo social, pero debemos elegir cuidadosamente cuál. ¿Qué es de la persona humana y sus acciones lo más indeterminado respecto de la empresa, y a lo que la empresa luego dará forma? Comparemos primero con lo que dicen otros autores para luego responder con otra propuesta.

1. Malloy y Lang (1993) afirman que la causa material de la empresa son los integrantes de la organización, pero no distinguen los dos tipos de causa material de Soaje.
2. Mirabella (2005) afirma que la causa material de la actividad económica -no específicamente de la empresa- "son las disposiciones naturales del mundo físico, psíquico y biológico, gratuitos por el don de Dios, e intencionalmente perfectibles y desarrollables" (2005: 95). Es más abarcativa que la de Soaje porque incluye aquello que después puede constituirse en materia prima para producción en la empresa. De algún modo, subraya la indeterminación.
3. Cruz Cruz (1995) afirma que la causa material de la empresa es el trabajo operativo y el capital. Cruz Cruz identifica el trabajo operativo con la mano de obra, y el capital como los bienes económicos aplicados a la producción. Soaje objetaría que ya están determinados por la finalidad productiva y por la organización del trabajo. Aunque conservan su indeterminación respecto de las decisiones del trabajo directivo.
4. Rodríguez Penelas (1986) identifica la causa material con los factores de la producción -capital, tierra, trabajo y empresario-. Al considerarlos factores de la producción -como lo hace la economía- ya están siendo considerados articulados y ordenados bajo la formalidad de la finalidad productiva.

Pensando metafísicamente, y no físicamente, la respuesta que demos a cuál sea la causa material inmediata de la empresa debe superar la objeción que haría Soaje, a saber, que es una acción

---

13 Según Gómez Lobo (1996), la estatua es un ente subsistente "derivado" pero de utilidad explicativa. La estatua misma es un todo, un compuesto; el bronce constituye su materia, aquello de lo cual está hecha la escultura; y su configuración exterior, lo que permite identificarla como una estatua de Apolo (y no de Poseidón), constituye su forma. No hay que olvidar que este es solo un ejemplo y que un producto artesanal, según Aristóteles, es una sustancia en un sentido derivado.

humana que ya tiene forma articulada, pero a su vez, debe ser algo que conserve una indeterminación respecto del ordenamiento que le dará la empresa. Se encuentran dos respuestas posibles.

La primera es que no hay que buscar una causa material inmediata de la empresa, porque justamente por ser indeterminada, debe ser la misma para todos los grupos sociales (la empresa, las OSC,[14] el Estado). De este modo la respuesta sería la de Malloy y Lang (1993), la causa material son los integrantes de la empresa.

La segunda, y en el contexto de esta investigación, es que podemos intentar identificar de entre las praxis sociales, cuáles son aquellas que favorecen la creación y continuidad de las empresas o que favorecen que las personas deseen incorporarse y trabajar en ellas. Es decir, de esas praxis cuáles predisponen a la interacción y reciprocidad[15] en el ámbito económico, de modo que sea un "dominio humano" más apto para que se inicien y crezcan empresas.

En efecto, considerando la segunda alternativa, se propone como la causa material inmediata de la empresa el capital social, concepto que proviene del ámbito de la economía. Según Toh K. Ahn y Elinor Ostrom (2002):

> El capital social refleja una forma de conceptualizar cómo los aspectos culturales, estructurales e institucionales de los pequeños a los grandes grupos de una sociedad, interactúan y afectan el cambio político y económico. Es el concepto central de un modelo sintetizador que puede ser aplicado siempre que los esfuerzos colectivos de los individuos sean críticos para lograr un objetivo colectivo (Ahn *et al.*, 2002: 3-4).

Es decir que en su historia una sociedad acumula en sus valores y relaciones un modo de ser tal que funciona como un "capital" que favorece más o menos el desarrollo económico de esa sociedad. Las tres formas básicas de capital social que pueden ser traídos al presente para solucionar colectivamente problemas sociales son, según Ahn *et al.*, la confiabilidad, las redes y las instituciones. Cuanto más confianza, disposición a asociarse y a cooperar "aun en la ausencia de incentivos estructurarles o institucionales para hacerlo", más capital social, y, por lo tanto, más desarrollo económico. La reciprocidad y la confianza (*trustworthiness*) acumulados son lo central del capital social (Ahn *et al.*, 2002: 5). Esta acumulación o *stock* la describe Francis Fukuyama:

---

14 OSC es un acrónimo de "organizaciones de la sociedad civil", también llamadas ONG (organizaciones no gubernamentales).

15 Soaje las había descartado como causa material inmediata por tener un grado de determinación, pero como dijimos, aquí subimos el nivel de especificidad.

Emplearé mi propia definición: el capital social son normas o valores compartidos que promueven la cooperación social. Dentro de esta perspectiva, el capital social es una manera utilitaria de mirar la cultura. La cultura tiende a considerarse como un fin en sí misma, lo que es innegable, o como una forma de expresión creativa. Pero también desempeña un papel funcional muy importante en toda sociedad, ya que es el medio por el cual grupos de individuos se comunican y cooperan en una gran variedad de actividades. Si bien nos resulta difícil juzgar la cultura como un fin en sí mismo, la funcionalidad de la cultura en términos económicos es algo mucho más mensurable. Por cierto que no todas las normas y valores, y por tanto no todas las culturas, son creadas iguales en lo atinente a su capacidad de fomentar el crecimiento económico. O, para decirlo en una jerga más economicista, no todas las sociedades tienen la misma reserva (*stock*) de capital social (Fukuyama, 2003: 37).

Por otra parte, tanto Soaje como Mirabella caracterizan la causa material con la noción de "causa dispositiva" para la conformación de grupos sociales (Soaje, 1969: 10). En este sentido, se puede considerar que el capital social es una causa dispositiva para la conformación de empresa. Así por ejemplo, se suele mencionar el norte de Italia como una región cuyo capital social favorece la creación de empresas familiares muy competitivas internacionalmente por oposición al *"uncivic"* sur de Italia (Putnam, 1993). O lo mismo dicho del sur de Brasil, en comparación con el norte.

Por tanto, se propone considerar al capital social de la región en la que está inserta la empresa como la causa material inmediata de la empresa. Dicho en los términos de Soaje, el capital social son prácticas o praxis subjetivas (confiabilidad) y objetivas (redes e instituciones) recurrentes que actúan como causa dispositiva de (favorecen) la creación de empresas y emplearse en ellas.

Por ejemplo, el marco jurídico en el que se hacen negocios es un aspecto de lo institucional que puede considerarse un incentivo o un emergente del capital social. El Banco Mundial desarrolló un "Índice de facilidad para hacer negocios".[16] El mismo clasifica a las economías del 1 al 189. Una calificación alta (1 es la mejor) significa que el ámbito regulador es propicio para hacer negocios. Por ejemplo, España está en el lugar 33 y Argentina en el 124. Si se considera que las leyes son un emergente de la historia y cultura de una sociedad, podemos decir que son un emergente de su capital social que puede ser o no, favorable a los negocios.[17]

---

16 http://goo.gl/9Q2TIf [acceso: 16 de febrero de 2014].
17 Asimismo, la opinión pública en la Argentina no es favorable a las empresas y empresarios. Según la investigación de la periodista Laura Mafud (2014) solo el 23% de la población tiene mucha o bastante confianza hacia las grandes firmas privadas y "hay permanentes referencias

6. La causa eficiente del grupo social

La causa eficiente es la noción de causa más inmediata y sencilla para la mente humana. Es el principio del cambio, aquello de donde se deriva o se origina el cambio (Soaje, 1969: 42). Para el grupo social, ya se dijo que los hombres son piedras de un edificio del que ellos también son obreros (1969: 21). Por tanto, según Soaje, la causa material (piedras) y la causa eficiente (obreros) coinciden en ser las praxis, las acciones concretas, la conducta interior y exterior, voluntaria y libre (1969: 33). También se puede denominar "agente" al sujeto que actúa como causa eficiente.

La causa eficiente interviene en el origen del grupo social, en su continuidad (persistencia) y en su disolución (extinción). Esto se da en formas muy variadas según cada individuo y grupo. Sus integrantes eligen crear, ingresar o continuar en un grupo social con diversos grados de conciencia. Asimismo, se relacionan con los objetivos del grupo también con diversa intensidad y voluntariedad, donde algunos contribuyen más que otros a conseguir el fin, o a la integración interna, etc. De todos modos, siempre "el grupo resulta de una influencia humana con cierta participación voluntaria" (Soaje, 1969: 32-33).

Un grupo social es algo distinto de los miembros aislados, pero no se conserva por sí solo. El grupo no existe fuera de ellos. Carece de un "dinamismo inmanente" por lo que si perdura, es gracias a la libre intervención de sus miembros. Soaje afirma:

> Frente a las pretensiones de un exagerado realismo social para el cual el grupo aparece con una subsistencia propia [...] el grupo tiene su especificidad y es algo distinto de los miembros aislados, e incluso, distinto de la mera suma de los miembros, pero, no obstante ello, no es un todo subsistente. El grupo persiste y dura como un todo práctico en las vidas de sus miembros (Soaje, 1969: 34).

Soaje señala dos formas de pertenecer a un grupo. Por ejemplo, al nacer se pertenece a una nación de una forma no voluntaria; por otro lado, se pertenece a una empresa trabajando en ella de forma voluntaria y libre. En ambos tipos de pertenencia, Soaje propone identificar lo que denomina una "voluntad habitual no revocada" (1969: 34-35).

Esta voluntad es una "intención habitual" reiterada por la costumbre salvo que sea revocada, es decir, deliberadamente interrumpida. Es la voluntad mínima que garantiza la persistencia del grupo.

---

a que una de las causas de que la Argentina no encuentre un sendero sostenido es por la falta de un núcleo empresarial que lleve adelante un motor para lograr este desempeño". Incluso, las empresas son mejor valoradas que los empresarios (Torino, 2013).

Asimismo, el autor distingue una "intención habitual consciente" y una "no-consciente" de pertenencia al grupo, nociones muy interesantes para aplicar luego a la empresa, y por eso citamos sus palabras:

> Hay una acción colectiva a la que todos, o por lo menos un número determinante de los miembros, de alguna manera concurren, y las motivaciones individuales pueden ser muy distintas y el modo como estos objetivos son perseguidos, puede ser diverso; a esto, hay que agregar el carácter consciente o subconsciente de muchas motivaciones y la función de las intenciones habituales. Es muy improbable que un miembro del grupo esté reiterando una intención actual a cada momento, a raíz de una intención habitual (Soaje, 1969: 42).

Para que un grupo persista tiene que haber una reiterada voluntad de adhesión al proyecto de grupo. Esta adhesión puede tener distintos grados: se adhiere con convicción a los objetivos del grupo o simplemente se adhiere a sus normas o pautas de funcionamiento mediante la voluntad habitual no revocada consciente o no consciente. Si no existe, por lo menos, este segundo tipo de adhesión, no puede decirse que haya grupo.[18]

6.1. La causa eficiente de la empresa

En la empresa, podría identificarse rápidamente como causa eficiente el trabajo. Si bien es lo correcto, desde el punto de vista de esta investigación nos interesa subrayar cómo la causa eficiente (el trabajo de directivos y de todo tipo de empleados) contribuye con sus acciones en el origen, persistencia y extinción de la empresa.

Si pensamos en la creación de una empresa, encontraremos en el comienzo, quizás, a un fundador, que tuvo la intuición de cómo satisfacer con un producto una necesidad insatisfecha en el mercado o un servicio que aún no existía ni siquiera como necesidad. A él se pudo sumar un inversor, luego un técnico y así sucesivamente hasta ir conformando una empresa. O también encontramos el caso de Andy Deutsch, quien se inicia en el negocio de transporte aéreo porque como parte de pago por un campo le dan unos aviones, aunque su experiencia de negocios era el rubro textil. Cada uno de los que intervienen en el origen de la empresa lo hace por diversos motivos y diversos grados de conciencia. Algunos lo acompañaron porque eran sus amigos, otros porque tenían un interés en la paga, otros porque querían embaucarlo. En el caso de los

---

18 Aquí estamos parafraseando a Soaje, cuya mayor preocupación es dar ejemplos referidos a la nación o al Estado.

empleados, unos ingresan porque admiran a la empresa, otros porque es el único trabajo que consiguieron, otros se van porque no pueden crecer y otros se quedan porque les gusta su trabajo.

Los miembros de la empresa, fundadores, directivos y empleados, se relacionan de modo muy distinto con los objetivos de la misma. Pero a nivel de constitución de la empresa como un ente, como un todo, podemos decir que la decisión libre de pertenecer a la empresa, trabajar en ella y realizar una trayectoria laboral se convierte (hasta que la persona en cuestión decida irse o lo despidan) en una intervención deliberada más o menos consciente, o una "voluntad habitual no revocada". Es decir que algunos comparten en la empresa esa vida colectiva con afán de obtener prestigio, otros con afán de ganar dinero, y otros porque ingresaron allí como primer trabajo y se fueron quedando. Hay grupo y hay empresa que persiste porque, sea por convicción y adherencia a sus fines, sea porque no dejan la empresa, los integrantes siguen actuando en ella.

Esta "voluntad habitual no revocada" es de relevancia desde el punto de vista ético de las decisiones tomadas en contexto de la empresa a la luz de los muchos escándalos corporativos del siglo XXI. Por ejemplo, recordemos el caso Enron, donde en el año 2002 estalla una defraudación a los accionistas que se venía gestando tiempo atrás. Muchas personas pertenecían al sector que lideraba Andrew Fastow, el máximo directivo de Enron, que fue encontrado responsable de convalidar durante tres trimestres la falta de veracidad de la información contable. Seguramente, algunos pertenecerían al sector porque hacía muchos años que trabajaban allí, otros porque fueron trasladados allí, otros porque querían trabajar con Fastow. Algunos de ellos colaboraban y asesoraban a Fastow en sus decisiones, otros solamente las implementaban. Según Sherron Watkins (ex vicepresidenta de Nuevos Negocios de Enron), se escondían detrás de la máscara del líder (Hala, 2003). Con diversos tipos de voluntariedad y conciencia, diversos integrantes del área financiera de Enron colaboraron voluntariamente en el fraude, sea de forma consciente o de forma banal, y contribuyeron a la debacle de lo que en ese momento era la séptima empresa de más tamaño en EE. UU. Es decir, contribuyeron a la acción colectiva resultante al menos con una voluntad habitual no consciente y no revocada.

El caso Enron es un caso de teleopatía, tal como la definimos con Goodpaster anteriormente, donde los incentivos y la evaluación de desempeño influían más en las decisiones de directivos y empleados que las normas para actuar (Hala, 2003). Si bien la justicia encontró responsables a los máximos directivos, desde el punto de vista de la causa eficiente de un grupo social como es la empresa, el fraude pudo realizarse gracias a todos los que trabajaban en esa área con sus distintos grados de voluntariedad y conciencia por acción o por omisión. En Enron, los fines de la empresa no fueron cumplimentados, ni la prestación de su servicio ni los compromisos de su organización económica, porque directivos y empleados se concentraron en el lucro veloz y deshonesto. De este modo, sus integrantes contribuyeron directa e indirectamente a que la empresa no persistiera, pasando de tener 7500 empleados en el momento del escándalo a 300 en 2006 antes de ser liquidada (Smith, 2006).

6.2. La causa eficiente principal de la empresa

La empresa es una obra colectiva que resulta de la sinergia de todos sus integrantes, en sus distintos roles. La sinergia y los roles nos llevan a la cuestión del liderazgo y de la organización del trabajo, que asigna diferentes acciones a diferentes personas en función del fin a realizar entre todos.

Por otra parte, para Malloy y Lang (1993) el liderazgo es la causa eficiente –a secas- de la empresa. El liderazgo "cataliza" la cultura organizacional y guía el comportamiento de sus miembros en forma individual o colectiva, según estos autores. Por esta misma razón aquí, sin embargo, lo consideraremos como la causa eficiente principal, siguiendo a Soaje. La autoridad o el líder está más cerca del objetivo social de la empresa, del fin que ha de ser realizado entre todos y puede orientar, dirigir hacia el fin.

> Aquí, es necesario volver a insistir en el distinto modo en que puede influir el fin en los miembros del grupo. Por ejemplo, los miembros de un grupo dirigido pueden tener una conciencia general y a veces oscura de los objetivos sociales, pero pueden también no tener ninguna conciencia del objetivo concreto al que apunta una conducta. Por ejemplo, un miembro del grupo recibe una orden, pero no siempre sabe para qué la cumple. Un técnico que ordena al obrero que aumente o atenúe el calor de una caldera, le brinda explicaciones finalistas al respecto. Aquí debemos tener en cuenta la realidad concreta, y discernir las diversas formas de influencia del fin sobre la causa eficiente principal del grupo, que es el que lo dirige, y sobre los demás miembros, que son también causas eficientes del grupo (Soaje, 1969: 42).

Sin embargo, Carlos Llano (1987), quien distingue entre trabajo directivo y trabajo operativo, afirma que ambos se pueden dar en una misma persona en mayor o menor proporción. El trabajo directivo se caracteriza por la incertidumbre, no tiene reglas fijas. En cambio, el trabajo operativo se caracteriza por tener más certeza, ya que sigue reglas intrínsecas al objeto. El trabajo directivo tiene mayor impacto en la persona del directivo y los sujetos que dirige. En cambio, el trabajo operativo impacta más en el objeto producido. La regla del trabajo directivo es ser quien determina la regla, la regla del trabajo operativo es sujetarse a ella. Por tanto, todas las personas que integran una empresa hacen trabajo directivo y operativo en diferentes proporciones.

> En los niveles de mayor responsabilidad de la empresa, el trabajo directivo prevalecerá sobre el operativo: pero también en esos niveles ha de haber trabajo operativo, porque hay en ellos acciones que no pueden eximirse de toda regla, como ya dijimos. En los niveles de menor responsabilidad -me resisto a llamarlos niveles inferiores- el trabajo operativo, en cambio, prevalecerá sobre el trabajo directivo. Pero por muchas reglamentaciones a las que haya de doblegarse el trabajo operativo -y será bueno que se doblegue, pues esta es la ley de la operación-, por muchas normas a las que deba ajustarse, siempre quedará un espacio, un margen de hecho, que ha de ser reconocido de derecho, para la directividad del propio trabajo, el cual se realiza así al modo del sujeto y no solo al modo del objeto (Llano, 1987: 12).

En síntesis, el trabajo de todos es la causa eficiente que contribuye a la fundación de la empresa, a su crecimiento, a su extinción, y en la que cada uno tiene diferentes grados de voluntariedad y consciencia en su contribución a la acción colectiva resultante. Desde la voluntariedad habitual no revocada, al compromiso. La causa eficiente principal es la autoridad, el liderazgo porque se encuentra más cerca, en su concepción del fin en común a lograr. Esto no significa que el resto solamente ejecuta lo que la autoridad ordena. Todos pueden en sus diferentes roles realizar trabajo directivo y operativo, y la autoridad se subordina al orden que es apropiado para lograr el fin.[19]

7. La causa final del grupo social

Tal como se explicó anteriormente, las causas tienen una cierta reciprocidad, es decir, se influyen mutuamente y actúan asociadas. La causa final es la que atrae, y el agente (causa eficiente), que se siente atraído por ese fin, incorpora el fin a su intención convirtiéndolo en su motivo para actuar. En el ejemplo de la estatua, la causa final (agradar a Apolo) pone en movimiento a la causa eficiente (el escultor) y así se dinamiza el resto de las causas: aparece la causa formal intrínseca (la figura de Apolo) en la causa material (el mármol), a la medida de la causa ejemplar (la idea de Apolo de ese escultor). De este modo "la acción es fruto de la sinergia

---

[19] Soaje no hace referencia a la causa eficiente instrumental en su manuscrito, por ello lo obviaremos. Mirabella identifica el capital y la tecnología como instrumentos de la causa eficiente de la actividad económica, subrayando que son bienes producidos que se destinan a una ulterior producción (2005: 107-108).

causal del fin y de la causa eficiente. Pues la causa eficiente no podría actuar a menos que influya la causa final, la que ejerce su causación en cuanto atrae a la causa eficiente" (1969: 42).

A continuación, establecemos tres distinciones en el modo de relación entre el fin y el agente. Aquí no solo seguimos a Soaje, sino también a dos autores tomistas (Alvira y Mirabella) que realizan distinciones análogas. Las tres distinciones se explican formuladas como tres pares de conceptos paralelos.

Fin por poseer – fin por crear

Partamos primero de un ejemplo. Recordemos la fábula de Esopo "La zorra y las uvas". Una zorra muy sedienta se encuentra en el medio del bosque con una parra de la que cuelgan dulces y jugosos racimos de uvas. La zorra se motiva por las uvas como por un fin a poseer. Las uvas están disponibles, hay que atraparlas. Al no poder saltar a su altura, desiste justificando que están verdes. En cambio, en el ejemplo de la estatua, el escultor se motiva por la estatua como un fin a crear. La estatua no existe, hay que crearla, hay que esculpirla. Estos ejemplos ilustran la distinción que hace Alvira *et al.* (1989: 220-228) entre el fin entendido como algo por crear, que no tiene realidad "actual" (en latín, *factivae finis*) –la estatua–, y el fin que atrae como algo bueno y conveniente (en latín, *adeptivae finis*) –las uvas que calman la sed–.

Fin como objetivo social – fin como bien común

Esta segunda distinción está presente en todo el manuscrito de Soaje (1969: 13) y ya nos hemos referido a ella. El fin entendido como objetivo social del grupo no tiene carácter normativo, es el mero objetivo común de un grupo. Por ejemplo, una banda de delincuentes tiene un objetivo social en cuanto se organiza y realiza mancomunadamente las tareas que les permiten delinquir eficientemente. Incluso tienen valores sociales como la lealtad. Estos valores les permiten la cohesión en función de su fin u objetivo social (1969: 5). En cambio, el fin entendido como bien común tiene carácter normativo, en cuanto el fin se considera un bien participable por muchos y que perfecciona a quienes contribuyen a él. En el caso del "crimen organizado", su objetivo social no puede convertirse en un bien común, porque no permite el perfeccionamiento de sus miembros, ni tampoco permite extender el bien; por el contrario, son antisociales y realizan daños en contra de los individuos y la comunidad. Por tanto el fin como objetivo social del grupo puede o no, llegar a ser un bien común.

… aun en términos de bien común, este en cuanto fin no es una suerte de espejismo, de ideal ilusorio siempre lejano y nunca accesible. Si el grupo actúa efectivamente para el bien común, tiene, en la medida en que actúa eficaz y adecuadamente para el bien, una cierta apropiación del bien común por la que este se torna inmanente. Habrá así una serie de perfecciones que se incorporan a la vida del grupo, tal es el bien común *"per informationem"* (Soaje, 1969: 55).

De acuerdo con la explicación de Soaje, el bien común (el normativo) es un fin por crear que se irá incorporando en las interacciones internas del grupo y del grupo con la sociedad.

Fin término – fin meta

Mirabella (2005: 104, 110) aplica esta distinción a la actividad económica en general. El fin-término de la misma consiste "en el descubrimiento, mantenimiento o producción cooperativa y comunitaria de la obra útil y necesaria que mantiene, acrecienta u otorga utilidad objetiva a los dones naturales intencionalmente perfectibles". Por tanto, el fin-término es un objetivo concreto que funciona como una causa final inmediata.

En cambio, el fin-meta de la actividad económica consiste en el sentido de la actividad económica. El sentido es entendido por Mirabella, no como el incremento de productos, ni el lucro, ni la posición dominante que se obtiene de la acumulación del capital monetario, sino como el buen servicio que les presta a los pueblos y a las sociedades. Es decir, la actividad económica a través de la producción, oferta y comercialización de bienes –urgentes, necesarios y convenientes según un tiempo y espacio determinados– sirve a la sociedad satisfaciendo variadas necesidades. Por tanto, el fin-meta es el sentido trascendente o la motivación fundamental por la que se intenta lograr los objetivos concretos y que funciona como una causa final mediata.

Mirabella aporta una reflexión sobre el bien común de la actividad económica: el bien común, mirado desde su efecto objetivo en las personas, tiende a desarrollar la naturaleza humana en todas sus dimensiones. Cuanto más participable, comunicable y abundante, más correlativo es a la perfección posible de la naturaleza humana. Si bien la persona individual, en materia económica, tiene como fin-término la aproximación, apropiación y uso de bienes abundantes o escasos que permitan su subsistencia mediante la satisfacción de sus necesidades y conveniencias físicas y biológicas, dado que este sujeto también vive en comunidad familiar, y su bienestar está incluido en el buen vivir (más integral que el mero bienestar), su fin-meta o su causa final mediata es la perfección de la vida humana (Mirabella, 2005: 112-113).

Para sintetizar las distinciones en la relación entre el fin y el agente presentamos la tabla n° 2, donde se observan sus analogías a pesar de que se refieren al tema en distintos ámbitos de la realidad.

Tabla n° 2. Relación entre el agente y el fin

Relación entre el fin y el agente, según diferentes autores.	Ámbito sobre el que escribe el autor	Fin más concreto, más cercano, más asequible, más inmediato.	Fin más transcendente o aspiracional, mediato, más participable, más comunicable a otros.
1. Alvira *et al.*	Dinámica del ente	Fin por poseer.	Fin por crear.
2. Soaje	Grupo social	Fin como objetivo social.	Fin como bien común.
3. Mirabella	Actividad económica	Fin término o causa final inmediata.	Fin meta o causa final mediata.

7.1. La causa final de la empresa

Estas distinciones realizadas en la relación agente-fin son inspiradoras para conocer más la empresa desde el punto de vista de su estructura ontológica. Particularmente, nos interesa explicar el fin desde la perspectiva de la unidad de la empresa, de la empresa como un todo (práctico, análogo y relacional), de aquello que la mantiene unida como ente y hace distinta a sus integrantes. En este epígrafe nos ceñiremos al concepto de función social de la empresa, propio de la doctrina social de la Iglesia.[20]

Fin por poseer y fin por crear en la empresa

El fin por crear se refiere a algo inacabado, a un todavía-no. En este sentido, la causa final influye "desde el futuro" por atracción. El producto o servicio que se va a ofrecer a la sociedad es un fin por crear así como también la ganancia. Asimismo, el impacto social que resulta de la actividad de la empresa en su entorno -generando empleo y desarrollo para la sociedad- también es un fin por crear. Ninguno (producir, lucrar y desarrollar) tiene realidad previa a la actuación de la

---

20 Se evita la abundante literatura sobre responsabilidad social empresaria y sustentabilidad, que si bien están muy relacionadas con lo tratado, no son tema de discusión aquí. Sobre esto hemos trabajado en otro lugar (Preziosa, 2005).

empresa y todos crean algo que no existía y solamente es posible por la sinergia de varios. En este sentido, la empresa manifiesta poder y capacidad de innovación.

En ese intento creativo, también la empresa busca apropiarse de lo que considera bueno y conveniente para sí, de los fines "por poseer" (*adeptivae finis*). Por ejemplo, ingresar en un nuevo mercado o nuevo canal de distribución, ganar participación en el mercado, acumular ganancias, lograr posicionamiento en la mente del consumidor, convertirse en una marca memorable, atraer nuevos inversores, repartir dividendos, etc. En la perspectiva de este análisis, el fin por crear es más participable y brinda más sentido que el fin por poseer, que resulta instrumental respecto del primero.

Fin como objetivo social y fin como bien común en la empresa

El fin entendido como objetivo social de la empresa es lo que la empresa se propuso realizar mediante la organización de sus actividades, por ejemplo, producir alimentos o proveer un servicio de reparación de automóviles. En cambio, el fin entendido como bien común le permite perfeccionarse a una persona singular y a otros a la vez. En la empresa, el bien común será no solo la consecución del objetivo social común, sino que sus integrantes participen de ese logro, así como también, la sociedad en donde está inserta la empresa.

Ahora bien, esta distinción supone que construir el bien común es éticamente[21] mejor, más perfecto, más acabado que solamente cumplir el objetivo social. De acuerdo con Soaje, el bien común, entendido en sentido normativo ético, es el que perfecciona a sus integrantes y se impregna en el orden de sus interacciones sociales (1969: 55). El bien común "en cuanto fin no es una suerte de espejismo, de ideal ilusorio siempre lejano y nunca accesible. Si el grupo actúa efectivamente para el bien común, tiene, en la medida en que actúa eficaz y adecuadamente para el bien, una cierta apropiación del bien común por la que este se torna inmanente" (Soaje, 1969: 55).

Parafraseando a Soaje,[22] con Sison y Fontrodona (2013), el bien común es un bien del que se van apropiando los miembros en el sentido de que van adquiriendo perfecciones subjetivas (habilidades, virtudes). De este modo, el bien común va informando al grupo, va dando

---

21 El hombre es naturalmente social, sin embargo la libertad humana no busca necesariamente el bien común. El hombre puede contradecir su naturaleza o elegir lo que lo perfecciona. En esta perspectiva iusnaturalista propia del autor, un ente se realiza cabalmente según su naturaleza, realizando u obteniendo sus fines naturales. Para el caso del grupo social este será el bien común.

22 La parte del manuscrito de Soaje donde se trata el bien común es confusa en cuanto a la distinción de sus argumentos y los del autor con el que discute.

renovadas formas, más perfectas, que quedan de manera inmanente en la vida del grupo. Estos son bienes participables que surgen del trabajo colaborativo y hacen mejor la vida en común. "Por ejemplo, dos universidades. En una se trabaja de manera idónea para alcanzar su bien común, que es conquistar y enseñar la verdad por modo de saber. En la otra hay desorden, mala disposición de profesores y alumnos. La vida de esta será muy distinta de la primera" (Soaje, 1969: 55).

Sison y Fontrodona (2013: 613) afirman el perfeccionamiento de los sujetos que integran la empresa gracias al bien común. Definen el bien común como el trabajo colaborativo y participativo: "el bien común de la firma es el trabajo colaborativo que permite que los seres humanos no solo produzcan bienes y servicios (la dimensión objetiva), sino que, aun más importante, permite desarrollar habilidades técnicas, artísticas, intelectuales y virtudes morales (la dimensión subjetiva)" (2013: 613).

Ahora bien, ¿en qué lugar queda la búsqueda de la ganancia como fenómeno propio de la empresa? Sison y Fontrodona (2013: 613) distinguen lo formal y lo material del bien común. Por ejemplo, las ganancias (*profits*) son la parte material del bien común de la firma porque el dividendo (*share*) que va a un miembro no se le puede dar a ningún otro. Ahora bien, en la empresa también hay bienes indivisibles (esto es lo formal del bien común), como el sentido del honor y el orgullo frente a un reconocimiento por un logro realizado entre todos.

Desde el punto de vista legal, en Argentina se considera que el lucro es el fin de la organización económica de la empresa. Ahora, bien el lucro puede buscarse mediante un objeto lícito, que se denomina "objeto o finalidad social" de la empresa y que es la actividad que realiza para lucrar. O bien, el lucro puede buscarse mediante una "asociación ilícita", que se organiza económicamente sin un objeto lícito, es decir, sin un objeto o finalidad social[23] (Gozzi, 2010). Esto es, se pueden obtener ganancias sin empresa, sin embargo no hay empresa sin ganancias.

Desde el punto de vista ontológico, por tanto, hemos de considerar que el lucro -si bien es esencial a la organización económica de una sociedad- es parte de su ordenamiento interno, pero es instrumental respecto del cumplimiento del objetivo social y este a su vez se puede convertir en bien común haciéndolo participable.

Como vimos, el fin en tanto está en la intención del agente -que en la empresa son muchos- provoca que sus acciones se organicen para que, entre todos y mancomunadamente, se logre el fin. Allí, en la intención del agente, es donde puede ser confundido y ubicado el lucro en el lugar del objetivo social común de la empresa.

---

[23] Según afirma Gozzi (2010), para identificar una asociación ilícita, "el elemento de la finalidad social es determinante, pues mientras en la asociación ilícita el objeto exclusivo de la sociedad es delinquir, en la sociedad lícita que delinque, su objeto es perfectamente legal".

Asimismo, si bien Soaje afirma que el bien común de un grupo social es en su expresión mínima la búsqueda de la persistencia y durabilidad del objetivo social común (en la empresa, sería su duración), desde el punto de vista del bien común de la sociedad, y dada la factible identificación del objetivo social de la empresa con el lucro en sí, no hay nada que indique que este sea un mandato moral absoluto, ya que en nombre de la durabilidad de la empresa se pueden realizar actos contrarios al bien común.[24]

Fin como término y fin como meta en la empresa

Para aplicar esta distinción que Mirabella hace sobre la actividad económica en general a la empresa, establecemos una analogía con la distinción entre misión y visión de la empresa. Visión de la empresa sería el fin-término (concreto, inmediato) y la misión de la empresa, su fin-meta (mediato, trascendente). Citamos textualmente: "Se entiende por visión aquella percepción clara y compartida sobre lo que la empresa desea llegar a ser en el mediano o largo plazo. No se refiere a lo que una empresa aporta a la sociedad, sino, más bien, a lo que ella se propone ser y hacia dónde quiere llegar en el futuro" (Ballvé *et al.*, 2006: 28).

Lo que una empresa aporta a la sociedad es su misión (fin-meta) y se puede identificar con la "función" social de la empresa de acuerdo con las enseñanzas de la Iglesia. El Compendio de la Doctrina Social de la Iglesia (PCJP, 2005) define la función social de la empresa en su acápite 388:

> La empresa debe caracterizarse por la capacidad de servir al bien común de la sociedad mediante la producción de bienes y servicios útiles. En esta producción de bienes y servicios con una lógica de eficiencia y de satisfacción de los intereses de los diversos sujetos implicados, la empresa crea riqueza para toda la sociedad, no solo para los propietarios sino también para los demás sujetos interesados en su actividad. Además de esta función típicamente económica, la empresa desempeña también una función social creando oportunidades de encuentro, de colaboración, de valoración de las capacidades de las personas implicadas.

---

[24] "Si la sociedad tiene una naturaleza debería tener un fin, aunque más no sea la conservación, la persistencia de la sociedad, etc. Esto es estar admitiendo implícitamente que hay fines sociales naturales" (Soaje, 1969: 41). El tema del finalismo en lo social y el bien común es largamente discutido en el manuscrito, inclinándose este en favor del finalismo.

Además, en un documento más reciente sobre la vocación del líder de negocios (PCJP, 2012), la función social de la empresa se reescribe de este modo en los acápites 34 y 35:

> 34. Los bienes comunes surgen cuando los seres humanos actúan juntos con un objetivo compartido [...] Existen bienes comunes, porque somos seres relacionales: nuestros objetivos no son exclusivamente individuales, ni crecemos solo individualmente...
>
> 35. Las empresas producen muchas de las condiciones que contribuyen al bien común del conjunto de la sociedad. Sus productos y servicios, los puestos de trabajo que generan, los superávits económicos y sociales que ofrecen a la sociedad son fundamentales para la vida buena de una nación y para la humanidad en su conjunto. [...] Por lo tanto, las empresas son esenciales para el bien común de cada sociedad y para el orden global en su conjunto. Contribuyen mejor cuando sus actividades se orientan y son plenamente respetuosas con la dignidad de las personas en tanto que fines en sí mismas, inteligentes, libres y sociales.

Sintetizando entonces: ¿cuál es la causa final de la empresa? La empresa se organiza económicamente para lograr un fin inmediato que es producir bienes y servicios. Esta producción se realiza bajo un ordenamiento económico, lo que significa que incluye inversión, financiamiento, ganancia, un proceso productivo, comercial y de distribución, así como materias primas, y sobre todo, personas organizadas en distintos roles en un trabajo colaborativo y participativo. Este fin inmediato de producir económicamente adquiere sentido y moralidad en la perspectiva que le da el bien común participable. La causa final de la empresa, tanto en lo mediato como en lo inmediato, no es algo que está ahí para ser apropiado, un beneficio a ser capturado, sino que mayoritariamente sus acciones apuntan a algo que aún está por ser creado. Confundir la causa final produce la teleopatía, el desequilibrio que sobreviene de focalizarse solo en un objetivo intermedio, como es el lucro.

Dada la interdependencia natural de los seres humanos en su promoción y desarrollo, lo bueno, lo mejor es lo difundible y participable por muchos. Porque, como afirma Soaje, "... pensemos lo que sería el hombre, material o culturalmente, sin el concurso de los otros" (1969: 22). La empresa contribuye a ese desarrollo mediante la producción de bienes y servicios buenos, útiles y necesarios[25] que se realizan mediante una acción cooperativa, comunitaria y sinérgica de sus integrantes. Asimismo sus integrantes incorporarán el fin a su intención y tenderán a él de diversas maneras.

---

[25] No bienes aparentes (Sison y Fontrodona, 2013).

En la actividad humana el fin atrae realmente al agente y esa es su influencia, en cuanto está en la intención del agente, la que supone el conocimiento y una cierta, primera, orientación del sujeto hacia el fin. [...] Recordemos que hablamos de una actividad humana y en tal caso el fin mueve en cuanto presente en la intención, según la fórmula escolástica: *finis prout est in intentione* (1969: 19).

Pero dado que esa acción sinérgica tiene como forma organizativa la organización económica, no todos entienden de igual modo lo cooperativo o lo comunitario de la empresa. Expliquemos a continuación el rol de la causa formal para finalizar con el análisis ontológico de la empresa.

8. La causa formal del grupo social

En línea con su advertencia de no caer en un exceso de racionalismo o en la sustantivación para explicar lo social, Soaje afirma que no es posible definir la "esencia" del grupo social sino que la pregunta correcta es: ¿qué es "formalmente" el grupo social?

De acuerdo con Soaje, dentro del campo tradicional tiene más sentido preguntarse por la causa formal del grupo social que por su esencia. Soaje (1969: 47-55) se propone con esta pregunta identificar qué es aquello que hace que el grupo social sea tal y no otra cosa, es decir, identificar cuál es la forma que lo distingue de otros entes y por la que el grupo social es lo que es.

El autor va a encontrar su respuesta en el concepto de orden, que ya abordamos justificando la unidad del grupo social. Su tesis es que la causa formal del grupo social es el orden y lo fundamenta discutiendo argumentos con cinco autores.[26] De dicha discusión, subrayamos solamente aquellos elementos que podremos aplicar a la empresa.

Soaje introduce una distinción dentro de la misma causa formal: una es la causa formal intrínseca y otra, la causa formal extrínseca. En el ejemplo de la estatua de Apolo ya las habíamos mencionado. La figura de Apolo es la causa formal intrínseca de la estatua, es la forma o perfección que la hace ser Apolo y no otro dios. La idea de Apolo que el escultor tiene en su mente es causa formal extrínseca[27] o causa ejemplar. La llamaremos ejemplar para distinguirla más fácilmente. Siguiendo el orden de la

---

26 Georges Renard (1934/1939), Theodore Meyer (1885), Arthur F. Utz (sin referencia), M. Benoit Schwalm (1910) y W. Brüger (sin referencia). Las referencias del editor del manuscrito de Soaje sobre estos autores son: D. Renard, "Filosofía de la Institución", París, 1934 y 1939 (el autor sería G. Renard y no "D."); T. Meyer, *Institutiones juris naturalis*, tomo I, Págs. 314-318 (Herder, 1885); y M. B. Schwalm, suponemos que sigue la obra *Leçons de philosophie sociale*, ya que solo indica la fecha París, 1910.

27 La causa ejemplar es extrínseca respecto del ente analizado (la estatua), porque está fuera del ente y en la mente del agente.

argumentación de Soaje, expliquemos primero la causa ejemplar y luego la formal intrínseca. Dado que las causas "son mutuamente causas", Soaje recurre a veces a las otras causas en el desarrollo de la argumentación.

8.1. La causa ejemplar del grupo social: las normas

Soaje afirma que la causa ejemplar del grupo social son las normas sociales (1969: 47). Soaje define la norma como "una pauta, una medida, una regla" (1969: 51). Asimismo, hay variados y diversos tipos de normas: algunas están "formuladas" (sic) explícitamente y otras son costumbres que funcionan como normas. Las normas surgen tanto de la autoridad como del mismo grupo (1969: 54). Por ejemplo, las normas jurídicas son obligatorias, en cambio los usos sociales -como la moda en el vestir o los modales en el trato- tienen diversos grados de coerción social (1969: 48).

La razón para considerar a las normas sociales como la causa ejemplar del grupo social es que las normas son las que gestan el orden del grupo. Por ejemplo una banda de delincuentes, para seguir constituida como tal, tiene normas y valores sociales que ordenan sus acciones de modo apropiado para el objetivo de delinquir. Por tanto, sin normas, afirma Soaje, no hay grupo:[28] "… de un grupo de gánsteres diremos que persistirá como tal en la medida en que sus miembros ajusten la conducta a ciertas pautas, como el no delatarse, cierta camaradería, determinada disciplina, etc." (1969: 48).

A las normas implícitas, Soaje no las llama costumbres sino "usos sociales recurrentes", y tienen carácter normativo. En verdad, tienen dos dimensiones para Soaje: una dimensión fáctica, por la que se puede constatar que se repiten por un número significativo de miembros del grupo (lo que los hace usos socialmente relevantes) y una dimensión normativa, por la que los integrantes del grupo consideran que estos usos comportan una cierta exigencia a la cual hay que adaptarse o adecuarse. Estos usos son praxis que incluyen acciones como omisiones recurrentes. Asimismo, los usos sociales recurrentes incluyen tanto la conducta exterior (praxis objetivas) como la conducta interior (praxis subjetivas) de los integrantes del grupo (Soaje 1969: 47-48).[29] Por conducta interior recurrente, Soaje entiende que son los sentimientos, afectos, valoraciones y prejuicios sostenidos –de forma acrítica- por los integrantes de un grupo.

---

28 Las que provocan el orden o las uniformidades recurrentes no son normas "puramente ideales" (1969: 48).
29 Cfr. tabla n° 1.

Estos usos sociales o praxis recurrentes comportan una cierta exigencia sobre los miembros, que deben ajustarse a ellas debido a que están vigentes para la mayoría de los miembros del grupo y confieren expectativas probables sobre la conducta de los otros.[30] Por ejemplo, los usos pueden indicar qué es ser un buen ciudadano, un buen profesional o un mal compañero de equipo. Un fenómeno interesante que destaca Soaje es que las normas formuladas muchas veces no coinciden con los usos sociales, e incluso, el uso social recurrente tiene más fuerza para ordenar las acciones del grupo que las normas explícitas.

Ahora bien, ¿de qué modo los integrantes del grupo se adecuan a la causa ejemplar? La causa ejemplar es difícil de explicar para el grupo social, afirma Soaje. Funciona como una "medida" de las acciones de sus integrantes, estableciendo una relación real de mutua medición (1969: 16). Lo ilustra de este modo:

> En la realización del Moisés [de Miguel Ángel], no tenemos un proceso caprichoso, ni inconexo, ni arbitrario, o con etapas meramente yuxtapuestas. Es un proceso de alguna manera ordenado, que dará como resultado esta estatua de Moisés. Este proceso es regulado, dirigido por la idea artística presente en Miguel Ángel; de estar ausente tal idea, no hubiese resultado este Moisés. A la idea artística no es necesario tenerla desde el principio enteramente perfilada, puede perfilarse en el curso del proceso, puede irse modificando [...]. La idea del artista regula el proceso, y de no estar ella, el proceso sería distinto o no sería (Soaje, 1969: 19).

Para continuar explicando la causa ejemplar, Soaje detalla cómo es la influencia de la causa final sobre la causa eficiente. En el caso de la estatua, el escultor (causa eficiente) se siente movido a rendirle culto a su dios (causa final). En el caso del grupo social, el fin atrae y mueve a los integrantes del grupo social, en tanto lo entienden y lo quieren. El fin entendido y querido está presente en los agentes en el orden intencional.[31] Lo que los integrantes del grupo tienen en la mente (*intentio*), aún se ha de ejecutar y llevar al orden real. Es decir que el fin regula la ejecución en tanto está concebido en las subjetividades de los integrantes. El fin actúa presente en la intención (Soaje, 1969: 19).

Volviendo a la causa ejemplar, la concepción mental que los integrantes de la empresa tienen del fin que ha de ser realizado implica una serie de normas (de todo tipo) que ordenan las interacciones.

---

30 "Con la conciencia siquiera confusa de que deben ajustarse al uso" (Soaje, 1969: 48).
31 "Intencional" vs. "real": intencional o intención (de *intentio*, en latín), dentro de la gnoseología tomista, se refiere a la captación que el intelecto hace de su objeto de conocimiento, a lo que está en la mente, a lo subjetivo. Se opone a "real", en cuanto real es lo objetivo, lo que está fuera de la mente.

El grupo se va constituyendo en la línea de la operación sobre ciertas pautas que son causa formal ejemplar extrínseca, y que son, en la génesis del grupo, pautas colectivas. Gracias a esta eficiencia en relación con pautas, que pueden ser establecidas en parte, por los dirigentes o por el grupo mismo (las costumbres mismas pueden influir), se va invisverando [sic] en las vidas de los miembros un orden... (1969: 54).

Por tanto la causa ejemplar son las normas explícitas e implícitas. Son pautas sociales que surgen de concebir y desear el fin del grupo social y que ordenan y miden las acciones de sus integrantes en vistas del objetivo que se proponen lograr. Las normas causan (extrínsecamente, desde la mente de los integrantes) el orden real (intrínseco) de las interacciones del grupo. Miden, desde la interioridad de los miembros, los golpes del cincel social.

8.2. La causa ejemplar de la empresa: las políticas y la mentalidad

Comenzando la aplicación a la empresa de la noción de causa ejemplar, identificamos dentro de sus elementos señalados para el grupo social dos relevantes. La causa ejemplar de la empresa "se compone" de las políticas corporativas (una de todas las posibles normas explícitas) y de la mentalidad compartida (praxis subjetivas y uso social recurrente de la conducta interior que actúa como norma implícita). Hagamos el recorrido para demostrar cómo llegamos a esta identificación de la causa ejemplar de la empresa.

Aplicando la distinción de Soaje acerca de los variados tipos de normas que constituyen la causa ejemplar, podemos decir que la causa ejemplar de la empresa incluye tanto normas explícitas como implícitas. Entre las normas explícitas se encuentran las normas jurídicas aplicables a lo económico, las normas explícitas propias de la empresa, como sus contratos, sus políticas corporativas (que ordenan distintas funciones y procesos), manuales de procedimientos, su estructura organizativa, el organigrama que establece relaciones jerárquicas y el diseño del trabajo y los procesos productivos, de comercialización, de distribución, etc. Muchos de estos elementos han sido mencionados como elementos que componen el nivel manifiesto de la cultura organizacional. De toda esta variedad de normas explícitas, se elige resaltar a continuación las políticas corporativas, que son de relevancia para esta investigación por la experiencia realizada en capacitación en políticas de ética y *compliance*.

Las normas explícitas: políticas corporativas

Las políticas corporativas son un tipo de norma explícita que está vigente en la misma empresa que las diseña. Las mismas suelen diseñarse como una forma de institucionalizar la empresa a medida que va creciendo e ir poniendo orden en distintas cuestiones, como la dirección de personas, las comunicaciones, la seguridad de los trabajadores, el medioambiente, etc. Con el correr del tiempo suelen conformar, sobre todo en empresas de gran tamaño y dispersión geográfica de sus operaciones, una burocracia.

Peter French (1997) denomina a la burocracia corporativa o sistema de decisiones interno a la corporación "estructura CID" (en inglés, *corporate internal decision structure*). Dicha estructura suele contener un diagrama de flujo organizacional que delinea roles, puestos, niveles y responsabilidades dentro de la estructura de poder y algunas reglas para decidir en esa estructura en representación de la empresa.

Ahora bien, uno de los objetivos de las políticas corporativas es reducir la discrecionalidad de la toma de decisiones a fin de evitar los sesgos personalistas y dar objetividad a las decisiones. Estas políticas de empresas son diseñadas por los directivos, sin embargo ellos pueden esconderse detrás de ellas, quedando estas "libradas a sí mismas". Como afirma Robert Jackall: "… los gerentes son la quintaesencia del trabajo burocrático; ellos no solo dan forma a las reglas burocráticas, sino que están limitados por ellas. Normalmente, ellos no solo *están en* la organización, ellos *son de* la organización" (Jackall, 1983: 119).[32]

Es decir, burocracia y directivos suelen estar mutuamente implicados en su existencia, dándole a la burocracia una fuerza propia. Por ello, en las empresas muy grandes con filiales en diferentes lugares del mundo, sus directivos estiman que en verdad no deciden, en el sentido prudencial del término, sino que solamente acatan las normas. Esto suele suceder también hoy y a menudo en el ámbito de las políticas de ética y *compliance*.

A la luz de la conceptualización del trabajo directivo de Carlos Llano (1987), podemos afirmar que las políticas corporativas suelen ser creadas por los directivos para influir en sus colaboradores. Estas políticas tienen un efecto subjetivo en quienes las asumen y las cumplen (las políticas de ética o las de seguridad fomentan buenos hábitos) además de modificar la concreción de los objetivos (hacen más transparentes las operaciones o bajan el riesgo de accidentes de trabajo). Por ello se pueden considerar como una extensión operativa del trabajo directivo.

Sin embargo, una premisa subyacente de las políticas corporativas es reducir la incertidumbre y el riesgo. Se confía menos en la decisión prudencial de la persona y más en la directiva explícita de la política corporativa. Justamente, al contrario de lo que afirma Llano (1987) acerca de que el trabajo directivo se caracteriza por no seguir reglas muy fijas y por ser incierto.

---

32 La traducción es propia pero la cursiva es del texto original.

Por tanto, dado que son pautas ordenadoras de la toma de decisiones, y dado que convierten lo directivo en algo más operativo, reglado y predecible (Llano 1987: 5-6), es correcto considerar que las políticas corporativas constituyen la causa ejemplar de la empresa. Es decir, los comportamientos o conductas exteriores o praxis objetivas de directivos y empleados estarán sujetos a estas normas explícitas. Serán medidos por las pautas contenidas en dichas políticas y se dejarán medir por ellas, en la medida que los integrantes de la organización las acaten. Desarrollemos a continuación las normas implícitas que también componen la causa ejemplar y le otorgan el lugar al objeto de esta investigación.

Las normas implícitas: la mentalidad compartida

Además de las normas explícitas, la causa ejemplar del grupo social contiene los que Soaje denomina usos sociales recurrentes de la conducta interior o praxis subjetivas que constituyen el grupo a un nivel no racional sino afectivo y acrítico. Como uso recurrente, tiene el carácter de prescripción vaga o confusa a la que los integrantes del grupo consideran que tienen que adaptarse. Citemos a Soaje y luego lo aplicamos a la empresa:

> Pensemos en nuestros juicios o conceptos. ¿Cuántos han sido precedidos por un examen crítico riguroso de nuestra parte? ¿Cuántos son frutos de una reflexión personal conducida con acribia metódica? Hay pocos, pues muchos de ellos, sean de tipo teórico o de tipo práctico, nos los hemos incorporado ya prefabricados. Podríamos dar cantidad de ejemplos sobre esto. Muchos de nuestros juicios son prejuicios, no en sentido despectivo, sino en cuanto son juicios prefabricados, es decir, juzgamos como juzga la gente y no nos detenemos a criticar. En nuestra memoria encontramos una gran cantidad de marcos sociales. Por lo general nuestros recuerdos, salvo unos pocos, están ligados a situaciones sociales. […] Lo mismo sucede con nuestros fenómenos afectivos. Por ejemplo, la situación real planteada entre las familias de Romeo y Julieta. Un Capuleto en cuanto tal debía odiar a un Montesco y viceversa. Cada miembro de este grupo daba como probable, de parte del miembro del grupo hostil, una respuesta afectiva de odio, y era esta la esperada (Soaje, 1969: 53).

Glosemos este párrafo en los términos de la cultura y mentalidad compartidas en la empresa. ¿Cuántos de los juicios o conceptos con los que los directivos y empleados ven y juzgan la realidad laboral cotidiana han sido precedidos por un examen crítico riguroso? Muchos de ellos los integrantes de la empresa los incorporan "prefabricados" de los rumores, pasillos y reuniones formales e informales. Es decir, los empleados ven y juzgan, muchas veces, como juzgan sus colegas o sus jefes, o como juzgan los de su área de trabajo y en líneas generales, no se detienen mayormente a revisar sus criterios. Los recuerdos vividos y compartidos en la empresa, en el equipo o en el área tienen el mismo marco social: los despidos del año tal, la crisis del año cual. Lo mismo pasa con lo afectivo, por ejemplo la hostilidad entre diferentes subculturas de la empresa (los de *marketing* frente a los de auditoría interna). De este modo, se prejuzgan y se esperan las respuestas y comportamientos más probables y se actúa de acuerdo con ello.

Como ya se ha establecido en el primer capítulo, la mentalidad compartida incluye presunciones básicas subyacentes (PBS) sobre la integración interna, la relación de la empresa con el entorno y la naturaleza de las relaciones humanas. Esta noción proveniente de los estudios organizacionales es asimilable a la fenomenología que hace Soaje de las praxis subjetivas recurrentes de un grupo. Asimismo hemos incluido una dimensión sintética subyacente a las PBS que denominamos CCBO, la comprensión básica compartida de la organización. Esta imagen de orden acerca de cómo está organizada la empresa, que incluye un rol para el individuo en ese todo.

La mentalidad compartida resulta de la trayectoria compartida en la empresa e influye en el individuo por la fuerza prescriptiva que le da el hecho de ser compartida por un número significativo de integrantes de la empresa. Influye tanto en el nuevo integrante de la empresa que debe ajustarse a ella y en todo el resto para consolidar ciertas prácticas. La mentalidad compartida es un tipo de pauta, medida o regla de las que componen la causa ejemplar que también otorga una medida a las interacciones de los integrantes de la empresa. Por ejemplo, la mentalidad compartida puede explicar el rechazo a una nueva política de ética y *compliance*, ya que la mentalidad prescribe otro tipo de comportamientos con los que ya se viene trabajando, quizás exitosamente en algunos aspectos del negocio.

La mentalidad compartida emana de la empresa ya constituida e influye en las acciones individuales que día a día van constituyendo la empresa. La mentalidad compartida es un elemento implícito de la causa ejemplar del grupo social que mide las acciones de sus integrantes. Al medir regula, pauta, ordena. La medida de la mentalidad compartida sobre la decisión individual puede ser, a veces, más convincente que la de la política corporativa si esta no es avalada por el comportamiento directivo, por la evaluación de desempeño, por las comunicaciones explícitas o por las recompensas. La mentalidad compartida funciona como algo que ordena, como una medida mental, e influye en el ver y juzgar previo al actuar. La mentalidad compartida no es lo único que ofrece un orden a las interacciones de sus integrantes. También están las normas explícitas, las directivas de las autoridades o las sanciones. Sin embargo, la mentalidad compartida adquiere relevancia o tiene más fuerza donde hay menor grado de institucionalización, es decir, donde prima la organización informal por sobre la organización explícita y formal.

Sintetizándola en los términos de Soaje, afirmamos que la mentalidad compartida es un conjunto de praxis subjetivas o conductas interiores que se sostienen, en su mayoría, de forma acrítica, que tienen carácter prescriptivo por el hecho de ser adoptadas por un número significativo de sus integrantes, que pueden tener más fuerza para ordenar las interacciones que las normas escritas. Las praxis subjetivas recurrentes conforman una trama o tejido de presunciones y visiones acerca de cómo funciona la empresa. Estas influyen en la estimación de las probables conductas de los otros.

Si bien están en el orden intencional (*intentio*), son un puente sencillo que une pensamiento y acción rápidamente. La mentalidad compartida tiene carácter normativo difuso, pero siempre el individuo sigue siendo libre de ella, en la medida en que la reconoce, profundiza en su interioridad y discierne sus elementos influyentes. Es decir, si bien los contenidos de la mentalidad compartida siempre son revisables, muchos no hacen ese esfuerzo ya que al ser sostenidas por muchos y por largo tiempo sus prescripciones parecen incuestionables. Sus contenidos pueden cambiar, si, en primer lugar, sus integrantes los reconocen.[33]

Las prescripciones implícitas de la mentalidad compartida (junto con las normas explícitas) gestan el ordenamiento real de lo que sucede en la empresa. El desafío del líder es que las normas implícitas no contradigan las normas explícitas. Ambas presentan un orden, una medida para las acciones que han de ser apropiadas de modo que, al ejecutarse, permitan lograr el objetivo social común. Señalemos a continuación el rol de los directivos.

La causa ejemplar y los directivos de la empresa (causa eficiente principal)

Desde el punto de vista fáctico, el liderazgo de la organización influye en la construcción de las premisas básicas subyacentes, influye creando normas y políticas, así como con sus órdenes explícitas, sus omisiones y el aval explícito e implícito a las acciones de sus colaboradores. Sin embargo, no todos los líderes comprenden el fin de la empresa del mismo modo, por lo que sus normas, políticas y órdenes no siempre están alineadas con el objetivo social común, como hemos comprobado con el caso LAPA.

Desde el punto de vista del análisis causal aristotélico-tomista, el líder como causa eficiente principal está más cerca de la comprensión del fin de la empresa (Soaje, 1969: 42). Además, como explica Llano, el líder debe presentar el fin a los otros, influyendo en los otros. En esta

---

[33] El método que proponemos en la segunda parte tiene como uno de sus objetivos reconocer algunos contenidos de la mentalidad compartida.

cuestión, Llano introduce otra causa, denominada la *causa consilians*.[34] La *causa consilians* es la causa que *"dat formam et finem"* (Llano, 1987: 15-16). Es la que propone al agente la causa ejemplar y la causa final. En concreto, significa que el líder (agente o causa eficiente principal) motiva a sus colaboradores (agentes o causas eficientes) presentándoles el fin que se ha de lograr y el ordenamiento previsto para que se pueda lograr ese fin. Presentar la eficiencia, el modo de hacer las cosas, su ordenamiento asociado al fin que se busca lograr, es más eficaz desde el punto de vista directivo, que motivar al otro mediante órdenes y prescripciones. Mediante ellas muchas veces el colaborador no comprende su finalidad y se convierte en un mero ejecutor. Así lo sintetiza Llano:

> El trabajo directivo será eficaz, y aceptado por el operativo, en la medida que se revista de las cualidades que han de exigirse al *consilians*, esto es, al que mueve por medio de la prudencia, más que al *praecipiens* (que se menciona como otro modo de causa eficiente en *De Malo* q.3 a.3), el cual, si se agudiza, puede pretender algo no inevitable, sino evitable: que haya trabajos solamente operativos.

El líder *consilians* mueve por medio de la prudencia y el líder *praecipiens*[35] mueve mediante órdenes y prescripciones. En esta línea, podemos decir que un abuso en el uso de estas estructuras para ordenar y articular las interacciones de directivos y empleados no ayudan a la autonomía[36] necesaria en todo trabajo, es decir, a la dimensión directiva de la propia tarea que tiene todo puesto de trabajo en todos los niveles, como propone Llano (1987). Más aun si el abuso de la burocracia es para ordenar y articular las conductas éticas que no dejan lugar a la integridad personal.

8.3. La causa formal intrínseca del grupo social: el orden

En este apartado, nos referimos al orden real del grupo, aquel que con las acciones ejecutadas constituye su interacción. Ya no estamos aquí en el ver y el juzgar sino en el actuar. Sin embargo, para explicar la causa formal intrínseca, vuelve Soaje sobre la causa final.

El orden del grupo social no es cualquier orden, sino un medio proporcionado y adecuado para lograr el fin. Por tanto, para determinar la forma adecuada, primero hay que establecer el fin. Ahora bien, este

---

34 Llano afirma que es el primer tipo de causa que Tomás de Aquino define en el comentario a la Metafísica de Aristóteles.
35 Se podría traducir como el que se adelanta, el que advierte, el que prescribe, el que instruye (cf. http://goo.gl/64kUxp).
36 Estas estructuras de decisión pueden verse también a la luz del principio de subsidiariedad, en el sentido de que el nivel superior otorga más o menos autonomía al nivel inferior para que la toma de decisiones sea más o menos humana (cf. Preziosa, 2012).

fin del cual se sigue un orden de interacciones, ¿es el objetivo social o es el bien común? ¿La organización del grupo se sigue del fin término o del fin meta?

El orden del grupo social se sigue de la búsqueda del fin término, del objetivo social y no del bien común. El orden da fundamento a las interacciones y a la reciprocidad entre los miembros y hace ser al grupo. En cambio el bien común es lo que lo mejora. El bien común no es un fin que atrae, sino que es un bien que se da *"per informationem"*, es el bien que se va incorporando "a la vida de sus miembros como repertorio de perfecciones inmanentes" (1969: 55).

En síntesis, la causa formal intrínseca del grupo social es el orden de las interacciones sinérgicas de sus miembros, establecido por sus miembros, que buscan lograr en común un objetivo social concebido y deseado. El orden del grupo social surge de las exigencias del objetivo social que atrae al grupo. En esas interacciones, cada miembro ocupa un rol o jerarquía que se han de subordinar (incluso la autoridad)[37] al orden que se considera adecuado o proporcionado para llegar al fin. Para finalizar este apartado citamos la definición de Soaje de orden:

> [Es un] plexo de relaciones que se funda ónticamente sobre las operaciones y a la vez está inviscerado (sic) en estas. [...] O ese orden es efectivamente encarnado en la conducta de los miembros con el concurso de ellos, o no hay grupo, porque el grupo es una obra colectiva. En un plano de realidad lo que hace de un grupo, un grupo, es el orden inviscerado en las vidas o praxis de sus miembros (Soaje, 1969: 55).

El orden es la formalidad que distingue al grupo social de otros entes. Parafraseando estas últimas palabras de Soaje teniendo en cuenta sus vocablos "plexo"[38] e "inviscerado",[39] el orden en cuanto "figura" del grupo social se puede definir como un entretejido vital de relaciones que tienen raíz y existen solamente en las acciones de los miembros del grupo. Pues bien, ¿cuál es la formalidad que distingue a la empresa de otros grupos sociales?

---

[37] Dado que el orden se sigue del fin, la autoridad (causa eficiente principal) no ha de imponer órdenes arbitrarias sino aquellas que permitan la consecución del objetivo social. En consecuencia, el orden no deviene de la autoridad sino que la autoridad deviene del orden (Soaje, 1969: 55).

[38] *DRAE*. Plexo 1. M. Anat. Red formada por varios filamentos nerviosos y vasculares entrelazados.

[39] En *DRAE* no figura "inviscerar". Solamente encontramos "eviscerar" como extraer las vísceras. Pero en un diccionario online de portugués-español, encontramos "inviscerar" definido como "meter en las entrañas" y en sentido figurado "arraigar".

8.4. La causa formal intrínseca de la empresa: el orden económico realizado en comunidad

Lo que distingue a la empresa de otros grupos sociales es que su organización tiene un orden económico realizado en comunidad.[40] Eso la distingue de una organización de la sociedad civil (OSC) que no tiene fines de lucro, o del Estado. Su ordenamiento le viene de su objetivo social (fin término) y no del bien común (o fin meta). Desandemos el camino hasta esta conclusión.

En primer lugar, Mirabella (2005) especifica cuál es la "formalidad" de la actividad económica en general:

> … lo que hace que una actividad humana sea actividad económica es su ordenamiento a la producción operativa eficiente de aquellos bienes, natural o históricamente escasos, que siempre forman parte del dinámico, variable y subjetivo bienestar humano, a través de los tiempos (Mirabella, 2005: 98).

Parafraseando a Soaje, la empresa es un plexo de relaciones, un entretejido vital de relaciones ordenadas económicamente a la producción operativa eficiente de bienes o servicios para la sociedad.

Ahora bien, como afirma el iusnaturalista Tomás Casares[41] (1967: 31-33), la empresa se distingue de otras actividades económicas por su magnitud y su tendencia a crecer. Se distingue también por el modo en que usa y promociona la tecnología para multiplicar la producción y la prestación de servicios, abaratando los precios y acrecentando la ganancia. Otra distinción fundamental es que la empresa es una actividad económica "bajo forma de comunidad", por ello señala que en ella los llamados "factores" económicos, a saber trabajo, capital y organización, adquieren una forma especial en la sinergia común.

Casares (1967) considera que la empresa es una "real unidad social" que, frente a las fuerzas del mercado, puede conducirse en una dirección u otra. Es "una comunidad de hecho" que tiene poder y es el centro vital de la economía. Sin embargo, dada la abundancia y el crecimiento de la producción de bienes y servicios y de las ganancias del productor, Casares señala que es necesario que el interés particular del lucro esté subordinado a la producción, que es el fin objetivo primario de la actividad económica (que es de interés general).

---

40 Existen distintos tipos de empresas corporativas de capital abierto, familiares de capital cerrado, cooperativas, etc. Aquí solamente nos referimos a lo común a ellas.
41 Jurista argentino, ex presidente de la Corte Suprema de la Nación y difusor del neotomismo en Argentina a principios del siglo XX, uno de los fundadores de la Pontificia Universidad Católica Argentina.

Según Casares (1967: 12-19 y apéndice 2), el "espíritu de comunidad" (sic) de la empresa puede ser capaz de oponerse vitalmente, desde dentro de ella y *ab-initio*, a la voluntad de dominio y al egoísmo propio del interés meramente económico. La empresa tiene una capacidad positiva de producir efectos en la línea del bien del hombre, la economía y la sociedad, y de neutralizar los efectos negativos del poder económico librado a sí mismo. La insubordinación de la economía implica "actuar como si los valores económicos no fueran instrumentales sino valiosos por sí mismos y más aun determinantes de la obtención y plenitud de cualesquiera otros, que se darían 'por añadidura'" (Casares, 1967: 21).

De este modo Casares atribuye a la empresa una entidad real distinta a la de sus integrantes y atribuye a su acción colectiva la capacidad de actuar de un modo o de otro, es decir, atribuye agencia moral a la empresa (aunque no use esas palabras). A esta atribución de agencia a la empresa -análoga a la persona- Goodpaster y Mathews (1982) la denominan proyección moral de la empresa: no solo existe la mano invisible del mercado o la mano del gobierno, sino también la mano del *management*, que hace que en un mismo mercado, con las mismas oportunidades y amenazas, distintas empresas se comporten de distinta manera.

Por ello, se puede concluir que la causa formal intrínseca de la empresa es el ordenamiento económico de sus interacciones realizado bajo la forma de comunidad. Que el ordenamiento sea económico no significa que el lucro sea el fin de la empresa, aunque este sea esencial. El ordenamiento económico permite producir de forma eficiente (que implica inversión, lucro, innovación tecnológica, volumen de producción) bienes y servicios que sean útiles y buenos para la sociedad.

8.5. Corolario: la mentalidad que no sigue al fin

Como afirmó Soaje, el orden que organiza las interacciones se sigue de la intención del fin. Por tanto, es factible que la empresa se organice solamente alrededor del lucro y no del objetivo social. Incluso, esto se puede dar mucho más al nivel de las pautas o normas implícitas o informales, como hemos comprobado con el caso LAPA.

Como decía Soaje, en un grupo social también se dan omisiones recurrentes. Algunas no son socialmente significativas. Pero en LAPA, lo que el fiscal Rívolo denominó "una cultura de inseguridad" constituía un uso social u omisión recurrente (Soaje, 1969: 47). Por tanto, es posible afirmar que en la causa ejemplar, que mide las interacciones y las articula entre sí para cumplir con el fin, puede haber elementos contradictorios. Estas contradicciones se dan o bien entre lo declarado y las prácticas usuales, o bien se dan por una diferente interpretación de cuál es el fin, del que, a su vez, se debe seguir el orden apropiado para cumplirlo.

Incluso estas pautas implícitas están favorecidas por formas legales explícitas que subordinan el objetivo social al lucro, o por la educación de los profesionales que trabajan en ella, donde siempre se enfatiza el lucro como único fin de la empresa. Sin embargo, más allá de lo contractual y la naturaleza jurídica de la empresa, o de la mentalidad de sus profesionales, está la naturaleza ontológica de la empresa como comunidad ordenada económicamente. La prueba fáctica más importante de esto es la interdependencia necesaria entre los integrantes de la empresa para lograr el objetivo social. Si los directivos solo insisten en el lucro, las acciones de la empresa se vacían de sentido, y se puede gestar un caso Enron o un caso LAPA.

El caso LAPA ilustra cómo una mentalidad compartida por muchos concibe desequilibradamente el orden que conduce al fin de la empresa compartida. Esa mentalidad era compartida por directivos, pilotos y personal de mantenimiento. Sin embargo no coincidía con el logro eficiente del objetivo social de la empresa y mucho menos aun coincidía con el bien común. Cambiaron el objetivo social del transporte aéreo (negocio cuya naturaleza incluye que sea seguro) por el objetivo de mayor rentabilidad y participación de mercado al menor costo, incluso al menor costo en la seguridad.

Parafraseando a Goodpaster (2007: xvi) diría que la relación entre el objetivo social y el lucro es una cuestión de equilibrio y que si bien la empresa tiene una "primera naturaleza" que es económica, puede adquirir una "segunda naturaleza" atenta a lo social. Según Goodpaster, es posible desarrollar el hábito de una conciencia corporativa, el hábito de ser pensante y considerada, de modo que la empresa no quede atrapada en la focalización en un solo objetivo (el lucro) y se desequilibre olvidando otros fines de la empresa más amplios (teleopatía).

Habría también un desequilibrio en la empresa si esta solo se ocupase de producir y no de comercializar, o si solo se ocupase de distribuir ganancias y no de reinvertir. Volviendo sobre la clave, la cuestión es el reconocimiento de la interdependencia social de sus integrantes, la dependencia del concurso de los otros en la vida social. Interdependencia que también se denomina solidaridad.

De acuerdo con este análisis, podemos afirmar que la mentalidad compartida tiene alcance ontológico. La mentalidad compartida, como un conjunto de reglas implícitas, constituye la forma de la estructura relacional del ente empresa junto con las normas explícitas. Ambas ordenan las interacciones de sus integrantes; ambas conciben el fin de un determinado modo. Ahora bien, puede haber coincidencia entre las normas explícitas y las implícitas en el orden concebido y puede no haberlo. Asimismo, según el grado de institucionalización de la empresa, puede tener más fuerza una que otra. Por tanto, la mentalidad compartida contribuye con un orden (o desorden) tanto a la persistencia como a la dilución de la empresa.

Tanto en el caso de que impere un orden pertinente al fin, como en el caso del desorden, la influencia del liderazgo es importante, tanto por acción o por omisión. El líder puede orientar la acción focalizándose exclusivamente en un aspecto instrumental (por ejemplo en las ganancias), o bien puede orientar la acción desconociendo el fin legalmente registrado. El líder debe orientar la empresa hacia fines más amplios y con sentido, haciendo que el orden de las interacciones coincidan con el fin. De este modo, en la medida en que la mentalidad coincida con el objetivo social y este se vaya perfeccionando por el bien común, la mentalidad será causa de la unión de la empresa y de un bien participable a la sociedad.

Síntesis y conclusiones del capítulo 3

En el capítulo dos, habíamos destacado la relevancia del fenómeno de la mentalidad compartida subrayando su influencia en las decisiones individuales de los integrantes de la empresa condicionando su libertad. Ahora bien, como muchos comparten las creencias y presunciones de la mentalidad compartida, vimos necesario indagar si la mentalidad compartida tiene alcance ontológico, es decir si, al promover un modo compartido de actuar, moldea la entidad de la empresa, el ser de la empresa.

Para responder esa inquietud hemos estudiado, en este capítulo 3, la ontología de la empresa. Entonces, recurrimos a la filosofía aristotélico-tomista aplicada al análisis del grupo social según el manuscrito del filósofo argentino Guido Soaje Ramos (1969). Sin pretensiones racionalistas, el ejercicio de buscar la "esencia" de la empresa como grupo social nos ha permitido conocer mejor la empresa y establecer el alcance de la mentalidad compartida en su constitución. La realidad de la empresa no se agota en la existencia de sus integrantes, sino que su realidad es relacional y modifica a sus miembros creando un ente distinto. Esta afirmación no implica que sea un ente que exista por sí solo, sino que su existencia inhiere en las acciones e interacciones de sus integrantes y su persistencia depende de que estas sean las adecuadas.

La mentalidad compartida es un conjunto de conductas interiores recurrentes en los integrantes de la empresa. Es un conjunto de hábitos interiores semi-automáticos que llevan a ver, juzgar y actuar de un modo que caracteriza especialmente a esa organización.

La mentalidad compartida resulta de la empresa ya constituida porque se genera a partir de la trayectoria compartida en el trabajo cotidiano. Pero también, contribuye a la persistencia de un "modo de ser" de la empresa porque no solo explica cómo funcionan las cosas en esa organización, sino que también prescribe cómo se ha de ver, juzgar y actuar en esa organización. Las apreciaciones, los valores, las creencias y los prejuicios acríticos sostenidos por la memoria social del grupo moldean y miden las interacciones que conforman su unidad. Los nuevos integrantes de la empresa se van ajustando a ella.

Estas conductas interiores recurrentes habituales y compartidas actúan como reglas, como prescripciones informales que resultan del uso y la costumbre. A veces, son más fuertes que las reglas formales. Las normas (formales e informales) funcionan en los integrantes de la empresa, como una medida o molde para sus acciones. Del mismo modo funcionan las directrices de las autoridades. Es decir, los integrantes de la empresa son condicionados en su libertad para ajustarse a las prescripciones de los directivos, de las normas formales explícitas y de las normas implícitas informales que componen la mentalidad compartida.

Las normas (formales e informales) resultan de cómo los integrantes de la empresa conciben que tengan que ordenarse, organizarse para lograr el fin. Por tanto, las normas son "ejemplares" en el sentido que son concebidas mentalmente como ideas rectoras que deben ejecutarse para que el fin -a lograr entre todos- se consiga. Al ejecutarse, las normas imprimen en las relaciones de sus integrantes la forma intrínseca de la empresa, constituyendo su modo de ser especial como empresa. Las normas imprimen un orden, una organización, un sello que la distingue de otras empresas que actúan en el mismo sector o geografía.

La esencia de un grupo social es su orden, su organización, su modo de articular y hacer concurrir las acciones de sus integrantes en relaciones que conduzcan a la realización del fin común. El orden no es cualquier orden, sino el proporcionado y adecuado para lograr el fin. El orden articula las interacciones, las organiza, y se impregna en la red de relaciones de la organización. Ese orden en la empresa es económico, lo que implica –con cierto volumen y escala- la producción, comercialización, inversión, financiación, distribución, etc. Pero es una actividad económica realizada mancomunadamente, bajo la forma de comunidad, que está unida no solo objetivamente por la realización de algo uno en común, sino también subjetivamente por las conductas interiores y exteriores de los sujetos por las que esos mismos sujetos se van modificando y adquiriendo perfecciones (o vicios).

Ahora bien, concebir el fin entre muchos conlleva no pocas dificultades. En la empresa, aspectos importantes pero relativos o instrumentales pueden convertirse en fines últimos y absolutos. Por ejemplo, el lucro o los contratos que han de ser buscados y respetados son instrumentales respecto de la dimensión social de la unidad de la empresa. La empresa es una actividad económica que, por su forma de organización, exige la consideración de un fin social más amplio que le da sentido. El fin, que aúna el accionar mancomunado de los integrantes de la empresa, puede recibir una atención más estrecha o más amplia. Puede concentrarse en el lucro o en la creación de valor más participativa y más llena de sentido para sus integrantes y para la sociedad.

Los directivos son los que, al estar más cercanos a la comprensión del fin, influyen más que otros integrantes de la empresa. Influyen en la mentalidad compartida, presentando a sus integrantes cuál es el fin y la forma de organizarse, el orden para lograrlo. Influyen con sus directrices y con su aval implícito, que pueden, a veces, contradecir la naturaleza de la empresa y conducir con la colaboración de muchos a una tragedia como la de LAPA. Los directivos pueden malinterpretar el fin de la empresa e instrumentalizarla para cumplir objetivos personales y no de bien común (por ejemplo defraudando a los accionistas).

Esto no significa en absoluto que el resto de los empleados sean meros ejecutores, ya que todos, por sus virtudes, pueden dirigir su propia actividad de modo íntegro. Cada integrante de la empresa actúa y pertenece a ella con distintos grados de voluntariedad, y elige el modo en que las reglas formales y las reglas tácitas de la mentalidad compartida "midan" sus acciones. Ambos tipos de normas conforman la idea de orden, el modelo mental que "hay que" llevar a cabo. Las normas formales y las prescripciones informales de la mentalidad compartida conforman la causa ejemplar, o paradigma, a la luz de la cual la empresa se construye. Según el grado de institucionalización de la empresa, tendrán más fuerza las reglas formales o las informales.

Ese excursus metafísico nos ha permitido destacar el tipo de influencia que la mentalidad compartida ejerce en la constitución de la empresa como un ente relacional distinto de sus integrantes. La mentalidad compartida ordena, en la intencionalidad de los agentes, el modo de interrelacionarse para lograr el fin entre todos. Asimismo, nos ha permitido subrayar que esa influencia de la mentalidad puede ser destructiva de la comunidad y la consecución de su fin. Es decir, en caso de que la mentalidad compartida no presente el orden apropiado para la naturaleza de esa organización, o en caso de que los directivos no influyan adecuadamente en la percepción del fin que tienen los colaboradores, el peso de la articulación informal en la empresa puede ser destructivo del fin social que la misma se propone realizar en la sociedad.

En el siguiente capítulo, volvemos a la perspectiva de la ética empresarial y analizaremos cómo se puede influir en la mentalidad compartida de una cultura empresarial desviada mediante las políticas corporativas de ética y *compliance*.

Tabla n° 3. Las causas aristotélicas aplicadas a la empresa

CAUSAS	CAUSA MATERIAL		CAUSA EFICIENTE		CAUSA FORMAL		CAUSA FINAL	
	Aquello en lo cual y de lo cual algo se hace.		Aquello en donde se origina el cambio.		Aquello a la manera de lo cual algo es o se hace.		Aquello para lo cual –o en vista de lo cual– algo se hace.	
	Causa material radical	Causa material Inmediata	Causa eficiente	Causa eficiente principal	Causa ejemplar	Causa formal intrínseca	Causa final inmediata	Causa final mediata
Del grupo social	La persona humana	-La pluralidad de acciones (praxis), conductas exteriores (objetivas y observables). -Conductas interiores (subjetivas).	La persona humana	La autoridad	Normas explícitas e implícitas -Surgen de la concepción y deseo del fin. -Conciben un orden apropiado para lograr el fin. -Orden pensado.	Orden real (inviscerado) que articula las interacciones -Asigna roles, jerarquías y prioridades. -Orden ejecutado.	-Fin término. -Fin por poseer. -Fin como objetivo social.	-Fin meta. -Fin por crear. -Fin como bien común.
De la empresa	Todos los integrantes de la empresa	Capital social regional -Stock acumulado de reciprocidad, asociatividad, colaboración y confianza en una región que favorece la creación y crecimiento de empresas y otras instituciones para desarrollo económico.	El trabajo de todos los integrantes de la empresa. Incide en la persistencia y disolución de la empresa.	El fundador Los directivos -Incide en la creación, persistencia y disolución de la empresa. -Causa consilians.	-Explícitas: políticas corporativas. -Implícitas: los usos sociales recurrentes subjetivos (= mentalidad compartida).	Organización económica que se realiza bajo la forma de comunidad.	Producir un bien o un servicio mediante una organización económica.	Producir un bien o servicio mediante una organización económica que contribuya: -a que sus integrantes desarrollen virtudes y bienes participables -a que la sociedad donde está inserta se perfeccione. Función social de la empresa.

4

La mentalidad compartida y la capacitación en ética empresarial

Introducción

¿Hubiera sido posible cambiar la mentalidad LAPA? ¿Qué hubiese sucedido si todos los pilotos se agrupaban y se negaban a volar? ¿Qué hubiera pasado si se realizaba un cambio de directivos? ¿Habría sido posible crear un entorno cotidiano diferente que facilitara a las personas como Piñeyro tomar decisiones responsables sin ser amenazadas?

Los hábitos-costumbre de la mentalidad compartida tienen implicancias morales una vez que "se cruza el puente" hacia la acción. Debido a la historia compartida, la mentalidad facilita el cruce de ese puente por la certeza que brinda que muchos en la organización vean lo mismo. Hacer una revisión crítica de la mentalidad compartida permite reconocer hábitos miopes, no realistas, negadores de las consecuencias morales de las decisiones.

Desde la perspectiva del empleado, si este sabe que su decisión es moralmente mala en un entorno organizacional moralmente desviado, tiene dos alternativas: o bien se justifica atribuyendo razones de su decisión a fuerzas mayores a su voluntad, o bien decide realizar una acción responsable y justa. En el primer caso, diluye su conciencia y su responsabilidad, a cambio de los beneficios que obtiene de no ser diferente al resto en su organización; en el segundo caso, desarrolla su integridad.

Desde la perspectiva de la empresa como un todo y el cumplimiento de su función social, la unidad subjetiva de los integrantes de la empresa es consecuente o contraria al fin institucional. Los empleados no solo conciben una idea del fin de la empresa sino que también conciben una forma ordenada de lograr ese fin. Esa forma de orden concebida mide y articula las interacciones. Sin embargo, hemos visto que mentalidad y fin pueden ser contrarios.

Ahora bien, desde la perspectiva del líder, es un desafío pensar e instrumentar un cambio, un nuevo aprendizaje o la creación de un entorno organizacional que sea favorable a aquellos que se quieran comportar de forma íntegra.

Veremos en este capítulo cómo es posible conceptualizar e implementar la corrección de una cultura organizacional desviada éticamente, mediante las políticas organizacionales. Una de ellas es la instauración de un código de ética y/o un programa de *compliance*,[1] por lo tanto nos centraremos en los criterios para crear un entorno organizacional que corrija o eduque la mentalidad compartida, mediante la capacitación ejecutiva en el marco de una política corporativa de ética y *compliance*. Nos basamos en la literatura y en la experiencia personal.

1. El rol de directivos y empleados

Dirigir una empresa incluye, por acción o por omisión, consolidar una cultura organizacional, una forma de ver y juzgar, así como una forma de actuar. Es también contribuir a crear un entorno más o menos favorable a la toma de decisiones éticas. En esta línea, Domenec Melé (1997) explica que los directivos de empresa tienen responsabilidad en cómo inducen a las acciones ajenas. De acuerdo con Melé, los superiores influyen en sus subordinados de diferentes modos: mediante el ejemplo de su conducta, mediante peticiones explícitas o mandatos, y a través de persuasiones. En el caso de la persuasión, el directivo logra la influencia sobre el empleado a través de consejos, recompensas, evaluaciones, capacitación, promoción y también mediante el diseño de carreras profesionales (Melé, 1997: 67-69). En el caso LAPA hemos visto cómo sus directivos permitieron que se creara un entorno laxo en cuestiones de seguridad justamente a través de su ejemplo, de sus promociones (el ascenso de Weigel) y de sus disuasiones -como la entrevista psiquiátrica realizada a Piñeyro-.

Por su parte, Arthur Brief, Robert Buttram y Janet Dukerich (2001) señalan que las malas prácticas corporativas realizadas colectivamente, como por ejemplo, un fraude -como el caso Enron- o la corrupción de una oficina de aduanas, se logran gracias a un complejo tejido intraorganizacional en el que se pueden distinguir tres instancias; la primera es el aval de los directivos; la segunda, el acatamiento de los empleados;

---

1 El término inglés *compliance* significa cumplimiento o conformidad (*to be in compliance with* significa "estar de acuerdo con").

y la tercera, la rutinización e institucionalización de dichas prácticas corporativas. Veremos aquí las dos primeras y dejaremos para el próximo epígrafe la tercera.

Según estos autores, no es necesario que el aval de los directivos sea explícito, puede ser que sea implícito. Por ejemplo, en LAPA el gerente general, y el dueño y presidente de la empresa comandaban personalmente vuelos con deficientes condiciones de seguridad. Ello demuestra el aval implícito de los directivos a la "cultura de la inseguridad" que permeaba toda la empresa. Por ello, Geoff Moore (2005) afirma que, para que la empresa desarrolle hábitos virtuosos y de excelencia, primero hay que tratar de influenciar a las personas más influyentes dentro de la organización.

La segunda instancia, según Brief *et al.* (2001), para crear una cultura moralmente errónea es el acatamiento u obediencia de los empleados. Sin ellos, no sería posible conformar una cultura de inseguridad, o corrupta o fraudulenta. Estos autores analizan por qué las personas que trabajan en una organización obedecen. ¿Qué es lo que lleva a un empleado a acatar órdenes, obedecer mandatos, seguir reglas, colaborar en una organización desviada moralmente?

El acatamiento de los empleados a estas normas implícitas puede deberse a cuatro factores. En primer lugar, porque los empleados reconocen legitimidad en la autoridad que los dirige. En segundo lugar porque tienen un cierto temor a la autoridad. Pero estos autores también sugieren un tercer factor: los beneficios del acatamiento. Es decir que cuanto mayor sean los incentivos ofrecidos a los subordinados, mayor será el espectro de órdenes que los subordinados encontrarán aceptables. Un cuarto factor, que influye en que la gente colabore u obedezca en una cultura moralmente equivocada, es la división del trabajo. Según los autores, se ha constatado que en una organización donde los roles de trabajo están estrechamente definidos y altamente estandarizados, existe la posibilidad de irregularidades a gran escala. Debido a la división de las tareas, los empleados pueden cumplir más fácilmente con la tarea asignada, pero desconociendo el encadenamiento de las mismas y el resultado añadido final. De este modo, los empleados se pueden justificar a sí mismos pensando que solo están cumpliendo con su trabajo y no que están haciendo algo moralmente malo. Pueden racionalizar de esa manera debido a que la naturaleza segmentada de las tareas provoca una ceguera que impide ver las consecuencias de sus acciones (Brief *et al.*, 2001: 478-480).[2]

---

2 Schmidt (1993: 401) denomina a este proceso "colaboración al mal pasiva", porque el sujeto no participa de la ideación del mal a realizar colectivamente, pero colabora.

La tercera y última instancia necesaria para la consolidación de una cultura moralmente errónea que señalan Brief *et al.* (2001: 480-484) es la rutinización o institucionalización de las prácticas en la empresa. Explicaremos a continuación esta instancia, añadiendo otros autores.

2. La institucionalización

Para Brief *et al.* (2001) la rutinización o institucionalización de malas prácticas consiste en que estas se conviertan en el procedimiento estándar. Cuando la mala conducta colectiva se da en forma repetitiva y prolongada en el tiempo, esta se institucionaliza. Esto es favorecido por la racionalización que no solo es personal. Como hemos visto, el proceso de racionalización del sujeto es el que realiza la justificación -frente a la conciencia- de la acción moralmente mala. Cuando son muchos los que en una organización racionalizan del mismo modo motivados por los mismos beneficios, se podría hablar de una racionalización o interpretación colectiva (*collective interpretation*, Brief *et al.*, 2014: 484). Al pasar a ser el modo en que opera la institución generan un impacto gradual acumulativo y devastador.

Dirigir una empresa responsablemente incluye la idea de responsabilidad entendida como un cuidado anticipatorio. Este sentido preventivo de la responsabilidad -al contrario de la atribución de un hecho ya ocurrido a una persona- se sintetiza en el concepto de *responsiveness*, vocablo inexistente en español. Lozano (2001: 61) incluye en el concepto los procesos que facilitan la pro-acción y la anticipación de los integrantes de la empresa. "La responsividad social se refiere principalmente al desarrollo de los procesos de decisión organizacional [...] mediante los cuales, los tomadores de decisiones se anticipan, responden y gestionan los problemas que puedan surgir con los diferentes *stakeholders*" (Lozano, 2001: 61).[3]

En LAPA, el gerente de operaciones, Valerio Diehl, uno de los únicos dos directivos que está en prisión, no promovía ni había creado ningún tipo de proceso de decisión en orden a prevenir los riesgos de un accidente. Hemos vistos varios ejemplos acerca de cómo no se cumplían los manuales y protocolos. Tampoco lo hizo Nora Arzeno, gerente de Recursos Humanos de LAPA -quien fue imputada pero sobreseída-, en cuanto a la creación de procesos de desarrollo de carrera basados en la excelencia profesional.

---

3 Traducción propia. Lozano critica que se focaliza mucho en responder y no tanto en el contenido de la respuesta.

Esta anticipación responsable en los procesos es lo que hoy en las empresas corporativas multinacionales proponen los "programas de *compliance*". Mediante estos programas dichas empresas impulsan el cumplimiento de normas y pautas de comportamiento que reducen la aparición de incidentes de riesgo a nivel reputacional, legal o ambiental.

Si bien Schein y otros autores insisten mucho en la fuerza de la cultura compartida, que no se cambia fácilmente, sobre todo si se la diagnostica desde indicadores superficiales, Goodpaster (2007) sostiene que es posible corregir los desvíos que puede tener una mentalidad organizacional en su apreciación de la realidad de la empresa. Este autor considera que puede institucionalizarse una conciencia corporativa. Lo veremos en profundidad a continuación.

2.1. La conciencia corporativa

La idea de conciencia corporativa (Goodpaster, 2007: 48) es paralela al concepto de teleopatía de este autor. Por un lado, la teleopatía es un tipo de mentalidad perversa que no favorece que la empresa cumpla sus fines; y, por otro, la conciencia corporativa es la capacidad que tiene la empresa de corregir esa mentalidad desviada.

La conciencia de la corporación es análoga a la de las personas, según Goodpaster: así como las personas son capaces de advertir interiormente el bien y el mal, de evaluar sus acciones, evaluar sus motivos y revisar su carácter, Goodpaster dice que la empresa puede tener conciencia. Este autor afirma que "es apropiado no solamente describir las organizaciones y sus características por analogía con los individuos, sino que también es apropiado normativamente buscar e impulsar atributos morales en las organizaciones por analogía con aquellos que buscamos e impulsamos en los individuos" (Goodpaster, 2007: 20).

Afirma, también, que la empresa puede tener "una mentalidad consciente". En el texto, utiliza la palabra inglesa *thoughtfulness*, que nosotros traducimos como la característica de tener una mentalidad considerada, pensativa y atenta (Goodpaster, 2007: 50).

Estas características de empatía contradicen lo propio de una cultura integrada por personas cegadas a las implicancias morales. Para Brief *et al.* la institucionalización de un proceso moralmente problemático llega a consolidarse gracias a "la conversión de seres humanos en figuras sin rostro" (2001: 486).

Por el contrario, para Goodpaster las empresas pueden contar con "conciencia operativa" (*operating consciousness*) cuyos hábitos sean la consideración y la atención al ser humano de modo que los juicios morales de esta conciencia operativa queden esparcidos e imbuidos en toda la organización. Ahora bien, el calificativo de "operativo", ¿implica que la ética dentro de una organización deja de ser una cuestión personal y pasa a ser un mero proceso organizacional? Goodpaster afirma que si un líder desea institucionalizar u operacionalizar la conciencia en una empresa debe mostrar conciencia ética personal, pero a la vez debe orientar y sostener la conciencia operativa.

La tesis de Goodpaster es que "la conciencia corporativa es una segunda naturaleza, si la primera naturaleza de la corporación es económica" (Goodpaster, 2007: xiv). Esta idea de Goodpaster es análoga a la idea de hábito virtuoso, de la filosofía aristotélico-tomista, entendida como segunda naturaleza.

De este modo, la conciencia operativa de Goodpaster supone la idea de hábito, implica que la conciencia debe ser adquirida como hábito propio de la organización. Por lo tanto, esta conciencia corporativa no se refiere solo a cumplimientos externos, sino a instalar -dentro de la organización- la capacidad de evaluación. Goodpaster propone que se institucionalice una conciencia operativa, de modo que pueda conducir a que en la organización los juicios morales se difundan y permeen en todos los niveles más allá de las decisiones personales (2007: xiv).

Por su parte, Geoff Moore (2005) afirma que una empresa puede lograr desarrollar un carácter virtuoso sobre la base de la cultura de la organización, que -como hemos visto- son hábitos-costumbre y no necesariamente virtudes.

En síntesis, una empresa puede desarrollar un aprendizaje de buenos hábitos, corrigiendo su mentalidad, principalmente mediante procesos que mantengan a los empleados vigilantes y atentos a una posible búsqueda de resultados económicos sin mirar el impacto moral de los mismos. La conciencia corporativa evaluará si existe un desbalance entre los objetivos económicos y sociales de la empresa.

Ese aprendizaje puede realizarse, por ejemplo, analizando la brecha entre los valores declarados (Schein, 1999) y los valores que de hecho priorizan las estructuras organizativas, los procesos y las políticas corporativas.

La noción de "brecha" identifica la diferencia entre lo deseable y lo real, entre lo que sucede y lo que debería suceder, o entre lo que hasta hoy se ha logrado y el objetivo a cumplir. Por ejemplo, ¿están alineados el valor "trabajo seguro" con los incentivos que premian las acciones en seguridad en la planta? O bien, ¿está alineado el valor "transparencia" con los controles y los canales de comunicación? ¿Está alineada la integridad a las recompensas variables? Se trata de identificar los instrumentos, procesos o políticas organizacionales que no favorecen los valores que ordenan éticamente las acciones de la empresa, en un adecuado balance en la búsqueda de los objetivos.

Veamos a continuación dos modos de crear conciencia en las organizaciones: los códigos de ética y los programas de *compliance*.

2.2. Integridad y *compliance*: dos abordajes para institucionalizar la conciencia

Los códigos de ética y los programas de *compliance* son una forma concreta con la que las empresas buscan institucionalizar el ver y el juzgar corporativo para influir en la toma de decisiones. La explicación que sigue sobre ambos tiene dos objetivos: (a) ilustrar la institucionalización de la conciencia operativa de Goodpaster (2007), (b) explicar la naturaleza del contexto donde hemos desarrollado un método para representar la mentalidad compartida en una empresa y que será abordado en la segunda parte de esta investigación.

Los programas de *compliance* y los códigos de ética tuvieron un crecimiento significativo luego de que en 1991, la *United States Sentencing Commision* promulgara las *Federal Sentencing Guidelines for Organizations* (Paine, 1994: 109), que promovían criterios de reducción de penas y multas para las empresas que colaboraban en una investigación o que demostraban prácticas de prevención de acciones ilícitas. Los códigos de ética y los programas de *compliance* se difundieron enormemente en todo tipo de empresas corporativas en esa década.

El discurso en relación con los códigos acompañaba el paso de las desregulaciones y privatizaciones, al menos visto desde América Latina, donde unas 1500 empresas públicas fueron privatizadas o disueltas en América Latina entre 1974 y 2000 (Estache y Trujillo, 2004: 70). Al promover la apertura y caída de las fronteras para una competencia libre, global y equitativa, se hacía necesario incentivar tanto la iniciativa emprendedora como el autocontrol de la ética empresarial. Entre otros motivos debido a la presión de EE. UU. para ingresar en un marco de competencia leal a la ola de privatizaciones que se daba en aquellos años en los denominados "mercados emergentes".

Lynn Sharp Paine (1994) diferenciaba dos caminos que una empresa podía tomar: o una estrategia de integridad o una de *compliance*. La estrategia de *compliance* enfatiza demasiado la amenaza de detección y castigo para canalizar el comportamiento en la dirección de la ley. El modelo subyacente para esta estrategia es la "teoría disuasoria", la que visualiza a las personas como maximizadores racionales del interés personal, que responden rápidamente a los costos y beneficios de sus elecciones, aunque son indiferentes a la legitimidad moral de esas decisiones (Paine, 1994: 110).

Paine se inclinaba por una estrategia de integridad más que por una de *compliance*. Decía:

> Para impulsar un clima que estimule el comportamiento ejemplar, las corporaciones necesitan un abordaje comprehensivo que vaya más allá de la actitud punitoria frecuente del cumplimiento legal. Un enfoque de la

gestión ética basado en la integridad combina la preocupación por la ley con el énfasis en la responsabilidad general por el comportamiento ético (Paine, 1994: 105-6).

Una estrategia de integridad es complementaria a una estrategia de *compliance* ya que se refuerzan mutuamente. Para poder explicar la estrategia de integridad que propone Paine abordaremos también qué es un código de ética según Patricia Debeljuh (2004).

2.2.i. Los códigos de ética

Según esta autora, el código de ética debe ser comprendido de manera positiva y convocante ya que va "educando" la libertad de los integrantes de la empresa y permitiendo que se comporten de forma virtuosa. Para esta autora, los códigos de ética tienen un sentido aspiracional y son una condición de posibilidad de la cultura ética en una organización empresarial.

A su vez, el código puede constituirse en un elemento aglutinante de la organización que va moldeando la personalidad de la empresa. Los códigos de ética, según Debeljuh, actúan como una instancia de institucionalización, cohesión y pertenencia. Son necesarios y convenientes para promover la dignidad de las personas, que son destinatarias de las actividades de la empresa y de la economía. El código puede ser factor de unidad sin anular, por ello, las autonomías individuales.

No se trata de que el código imponga sus valores sino de que cada persona reconozca en esos ideales del código, su propio objetivo personal. El código, según la autora, permite al empleado internalizar las normas, conservar su autonomía y adherirse a ellas mediante su racionalidad. De este modo, el código permite una única y auténtica manera de dirigir a las personas, basada en una autoridad real: "Aquella que logra que el subordinado quiera lo que la empresa desea porque él mismo descubre que lo que pretende alcanzar como persona coincide con lo que la organización espera de él" (Debeljuh, 2004: 111-112).

De acuerdo con Debeljuh, la empresa tiene su responsabilidad en la creación de una cultura que influirá en el desarrollo de las personas y la sociedad, es decir, promoviendo un ambiente propicio para el desarrollo de los valores propuestos en el código, porque la empresa es un ámbito social, que de algún modo, modela la existencia de las personas.

Por ello la autora propone ver a la empresa como una "estructura de virtud", es decir, como una estructura que condiciona la posibilidad del desarrollo moral de los integrantes de la organización.

Esta idea es análoga a la conciencia operativa de Goodpaster, ya que el medio que propone Debeljuh para que la empresa desarrolle esa cultura favorable a la ética y sostenga la estructura de virtud, es el código de ética. Es decir, así como la conciencia operativa de Goodpaster instala en la organización la evaluación y distinción de decisiones que pueden generar un desbalance en la búsqueda de objetivos en la empresa, el código de ética es una estructura que permite hacer esas evaluaciones y distinciones, promoviendo la integridad personal y la integridad organizacional al cumplir una función aspiracional, reguladora y educativa de la organización.

2.2.ii. Los programas de compliance

De acuerdo con Paine (1994: 113), la diferencia entre una estrategia de integridad y una de *compliance* es que la primera se basa en la idea de autorregulación de la conducta de acuerdo con estándares libremente elegidos, mientras que *compliance* se basa en la conformidad a estándares impuestos externamente. Según Paine, una política de integridad se basa en la responsabilidad y no en el incentivo externo, que en el caso de *compliance* sería el posible castigo al incumplimiento de la norma.

Paine (1994: 113) afirma que una estrategia de *compliance* corporativa busca prevenir delitos corporativos y suele estar dirigida por abogados; se basa en entrenar a los empleados, restringir o reducirles su margen de discrecionalidad en las decisiones, auditar y controlar así como reportar comportamientos contrarios a las normas y castigarlos. Sus estándares son los de la ley y no los de la integridad.

En la actualidad, *compliance* funciona como un área dentro de las empresas corporativas destinada a una actividad o función independiente que busca identificar, evaluar, alertar, asesorar, monitorear, verificar y reportar sobre los riesgos de cumplimiento en las organizaciones. Los riesgos que busca prevenir son, entre otros, recibir sanciones, sufrir pérdidas económicas o de reputación por faltar al cumplimiento de leyes, regulaciones, códigos de conducta y estándares de buenas prácticas aplicables a la misma.[4]

El punto fuerte de la política de *compliance* es que se especifican las consecuencias de cierto tipo de decisiones no éticas o ilegales. Esta claridad vuelve más difícil, para el integrante de una empresa,

---

4   Al evaluar, clasifica los riesgos según su mayor o menor grado de ocurrencia y severidad. Los riesgos de cumplimiento se identifican siguiendo los componentes del modelo C.O.S.O (*Committee of Sponsoring Organizations of the Tradeway Commision*, USA, septiembre 1992). *COSO Report*, 2012: 45-47.

aducir "obediencia debida"[5] en un incumplimiento; es decir, es más difícil argumentar que está exonerado de su responsabilidad por haber actuado mal debido a que cumplía órdenes de su superior.

Muchos de los programas de *compliance* instalan canales de denuncias (personales o anónimas) para que los empleados puedan reportar incumplimientos normativos. Este aspecto operativo ilustra la afirmación de Goodpaster acerca de que la idea de conciencia corporativa "es defendible si nos preparamos para poner límites al deber de lealtad" (Goodpaster, 2007: xv). Los canales de denuncia anónimos (teléfono o correo electrónico) permiten que el denunciante no sienta la presión de la lealtad a un superior si debe denunciarlo por estar implicado en acciones moralmente malas, temiendo una represalia.

Desde el punto de vista ético, *compliance* cambia el incentivo para la conducta esperada y afecta negativamente al desarrollo de la ética como competencia para la toma de decisiones, porque no busca el aprendizaje personal del directivo sino que busca solamente que un "sistema" alerte frente al posible castigo externo.

Veinte años atrás, los códigos de ética proponían aspirar a la excelencia y a elevar los estándares de conducta para el comportamiento de la empresa y de sus integrantes. Pero luego de los escándalos empresariales de los años 2001-2002 (Enron y otros) y la crisis de las hipotecas *subprime* (2008-2009), los programas de *compliance* se vieron fortalecidos.

Hoy el discurso en favor de la ética corporativa está ligado mayormente a la gestión de riesgos (*risk management*) y su objetivo es minimizar -de manera anticipada- posibles daños ambientales, costos operacionales, reputacionales o legales que estén directa o indirectamente ligados a las operaciones de la empresa, incluyendo la cadena de proveedores. De una moral de aspiraciones se pasó a una ética legalista, temerosa y mínima (Preziosa, 2012).[6]

---

5 En la Argentina, se llamó "Ley de obediencia debida" a la Ley 23.521 sancionada en 1987, que establece la no imputabilidad de delitos cometidos por miembros de las Fuerzas Armadas y policiales, en tanto hayan actuado por obediencia debida a sus superiores. "Las personas mencionadas obraron en estado de coerción bajo subordinación a la autoridad superior y en cumplimiento de órdenes, sin facultad o posibilidad de inspección, oposición o resistencia a ellas en cuanto a su oportunidad y legitimidad" (art. 1).

6 Por otra parte, se podría afirmar que el discurso sobre los códigos corporativos de los años 90 consideraba implícitamente a la empresa como un agente responsable. En cambio, las políticas de *compliance* hoy sustentan otro modelo de empresa: una empresa en red, con una cadena de valor global, que opera en contextos cada vez más regulados y con más sanciones previstas en la ley para los ejecutivos.

Esta preeminencia de las estrategias de *compliance* por sobre las estrategias de integridad la confirma Peter Verhezen (2010). En la mayoría de las empresas del ranking *Fortune 1000* predomina el enfoque del cumplimiento:

> A pesar de la presumible superioridad de las empresas que hacen un abordaje basado en valores, la mayoría de las empresas *Fortune 1000* combina ambos enfoques aunque el enfoque *compliance* predomina por sobre el basado en valores en más de la mitad de todas las firmas, parcialmente influidas por las *US Sentencing Guidelines* (implementadas en 1991) que se focalizan en el cumplimiento de reglas (Verhezen, 2010: 194).

3. Integridad y *compliance*: el proceso de capacitación como concientización

3.1. La capacitación en ética y compliance

Ahora bien, tanto una estrategia de integridad como una de *compliance* son funcionales a la instalación de una conciencia operativa que permita evaluar la mentalidad organizacional. Si bien es más completa una estrategia de integridad, ambas son útiles para un ejercicio de capacitación que busque lograr la concientización de todos los empleados de la empresa. Esto será de particular interés para directivos de empresas multinacionales que se enfrenten a situaciones donde las políticas corporativas de ética y *compliance* sean más exigentes sobre los comportamientos de los ejecutivos que las pautas propias de la mentalidad de algunos de los países donde operan. Veremos ahora las ideas de Verhezen (2010) sobre capacitación en ética y *compliance*, para luego presentar nuestra experiencia.

Verhezen afirma que una estrategia de *compliance* es propia de una cultura que solo está orientada a resultados, en cambio una estrategia de integridad es parte de un buen gobierno corporativo que fomenta la excelencia moral. Según este autor, *compliance* es legalista, en cambio integridad implica una actitud de mejora inspiradora, porque "integridad es hacer lo correcto siempre" (Verhezen, 2010: 198).

Para Verhezen, la paradoja de *compliance* se produce cuando la empresa opera en muchos países, ya que es entonces cuando comienzan las distorsiones y relativizaciones que ponen en peligro la consistencia de los principios; y, dado que las políticas de *compliance* no son discutibles, la imposibilidad de analizar diferentes caminos termina por generar y favorecer lo que Verhezen llama "el silencio moral" (2010: 191). Este silencio consiste en no señalar abusos, violaciones o mala conducta, no disentir abiertamente acerca de las políticas de la organización que pueden incluir comportamientos moralmente discutibles, no proponer el debate de decisiones cuya moralidad no es clara, no hablar de los ideales morales personales, no negociar duramente acerca de lo que amenaza los valores, e incluso no proveer *feedback* a los superiores o pares.

En un entorno de *compliance*, Verhezen señala que puede aparecer un temor a comprometerse en una discusión ética en donde haya riesgo de mostrarse débil o sin solvencia en la argumentación. También puede suceder que la gente solo quiera encontrar la respuesta correcta, resolver el problema y seguir adelante. Afirma que

> si el problema básico es de comunicación moral frustrada o bloqueada, entonces la solución debe ser buscada en un enfoque interactivo. No todos en la organización son versados en expresar sus preocupaciones y visiones, especialmente si estos están relacionados a valores éticos o principios. Los *managers* regularmente usan formas del discurso que oscurecen más que revelan estas preocupaciones (Verhezen, 2010: 192).

En este punto se hace relevante la educación, ya que la responsabilidad moral se eleva al concienciar con *"training"* (2010: 196). Lo que en inglés se suele denominar "entrenamiento ético" (*ethics training*), en Argentina se conoce como capacitación en ética *y compliance*. Para este tipo de tareas, dice Henk van Luijk: "Un académico tiene mejores cualidades para hacer consultoría en ética empresarial porque tiene la distancia óptima necesaria para ser confiable y está entrenado en el análisis de conceptos, razonamientos y en detectar las motivaciones no evidentes" (ISBEE, 2002: 4).

Para Verhezen, la capacitación en ética debe crear un nivel de concientización que obre como conocimiento tácito y que surja cuando la situación lo requiera. Sin la concientización instalada no es posible la institucionalización de prácticas (2010: 196). Es decir, se tiene que hacer parte de la mentalidad compartida. Según Verhezen, los directivos pueden cambiar lo que es considerado un comportamiento aceptable dentro de la cultura corporativa; para ello son importantes las capacitaciones donde se habla de forma realista (*real-context training sessions*) para mejorar la conciencia acerca de las cuestiones morales del negocio y superar el silencio moral (2010: 197). Afirma Verhezen que

> para ser realmente efectivos y para hacer que la gente se sienta segura de hablar cuando sea necesario, se necesita hacer una transformación más profunda de la mentalidad o del *ethos* cultural en sí mismo. Esta debe ser conducida por el liderazgo, esto es, el directorio y el máximo nivel gerencial. Es posible esperar que los líderes creen la atmósfera de

apertura y honestidad. Tenemos que entender que nosotros construimos nuestra cultura, no nos es dada; por tanto, podemos transformarla (Verhezen, 2010: 198).

Recapitulemos lo expuesto hasta aquí: para Verhezen una cultura organizacional donde es posible plantear el lado ético de las decisiones empresariales es una cultura donde los directivos impulsan un estrategia de integridad que supera el *compliance*, donde además de cumplir se puede disentir con apertura y honestidad, donde el entrenamiento y la capacitación contribuyen a que todos sean más conscientes de sus decisiones y a que todos puedan expresar mejor sus preocupaciones éticas con el lenguaje y discurso adecuado. Sin el impulso de los directivos no es posible la institucionalización de buenas prácticas basadas en una conciencia operativa -embebida en la mentalidad compartida- atenta y empática que considere el impacto moral de las decisiones de sus empleados.

Esta conciencia operativa estará mejor fundada si se aborda desde el fomento de una actitud de integridad, de mejora ética continua, que si solo se aborda desde el cumplimiento legal. Pero como hemos señalado, en entornos de laxitud del cumplimiento legal, ambos abordajes son oportunidades inestimables de concienciar tanto sobre integridad como sobre *compliance*. Incluso de concienciar sobre su interdependencia, debido a que si el contexto laxo no castiga el incumplimiento, se necesita una motivación de ética e integridad para el cumplimiento de la ley.

3.2. La experiencia personal en la capacitación en ética y *compliance*

De acuerdo con van Luijk (ISBEE, 2002: 4) la consultoría en ética empresarial consiste en tres tipos de actividades: actuar como consejero o supervisor en el desarrollo de un código (de una empresa, una filial, una profesión o un cuerpo administrativo); desarrollar y proveer un programa de entrenamiento en competencias morales hecho "a medida"; y supervisar el proceso de implementación y monitoreo del código una vez que se ha introducido en la organización.

En este apartado utilizaremos nuestra experiencia personal -desarrollada entre los años 1998 y 2012- diseñando e impartiendo diferentes programas de capacitación en ética y *compliance*. Para una mayor claridad, primero presentaremos el recorrido realizado por diversas empresas multinacionales. En segundo lugar, nos detendremos en el rol que juega la mentalidad compartida en los grupos a los que se les imparte este tipo de capacitación. En tercer lugar, se hará una valoración de la experiencia desarrollada. A la luz de la literatura analizada, se señalarán los aciertos y dificultades en la concientización de los asistentes de la dimensión ética de sus decisiones. Para concluir, explicaremos por qué gracias a esta experiencia y en este contexto hemos desarrollado un método para reconocer la mentalidad compartida por un grupo.

3.2.i. El recorrido

Ahora nos centraremos en presentar el tipo de capacitaciones realizadas en ética y *compliance*, sus objetivos y características generales y los motivos por lo que estas empresas iniciaron los programas.

El tipo de empresas en los que se realizó la capacitación y consultoría ética eran filiales sudamericanas de empresas multinacionales de diferentes orígenes. Las filiales correspondían, en su mayoría, a Argentina pero también a Chile, Paraguay y Uruguay. El origen de los inversores de esas empresas era de seis países diferentes.

Los sectores económicos a los que pertenecen dichas empresas también fueron diversos; dentro de los sectores primario, secundario y terciario: industria farmacéutica, óptica, producción de semillas, servicios de transporte de energía, industria petrolera, alimentos y bebidas, cadena de ventas minorista -en inglés, *retailing industry*- y servicios de comunicaciones. En la tabla n° 1 se presenta la cronología. El nombre real de las empresas se ha ocultado tras nombres de fantasía que elegimos fueran colores en inglés.

Este recorrido resulta en la capacitación de un total de 4280 empleados y directivos pertenecientes a siete empresas diferentes y de un grupo de empresas, algunos de ellos capacitados varias veces.

Tabla n° 1. Empresas en las que se realizó capacitación en ética y *compliance*

Período	Empresa	Sector y origen del capital	Cantidad de participantes[7]	Nivel jerárquico
1998-2002	*Orange* Argentina, Chile y Paraguay	Sector secundario. Europea.	500 aprox.	Gerentes y mandos medios.
1999	*Grey*	Sector secundario. Capitales norteamericanos y argentinos.	20 aprox.	Equipo gerencial y mandos medios.
2002-2004	Grupo *Brown* Argentina y Uruguay	Sector secundario y primario. Europea.	700 aprox.	Todos.
2003-2004	*Red*	Sector terciario. Capitales norteamericanos y argentinos.	$700 + 700^8$ aprox.	Todos.
2004	*Yellow*	Sector secundario. Europea.	50 aprox.	Mandos medios.
2004-2006	*Violet*	Sector terciario. Norteamericana.	300 aprox.	Mandos medios.
2005	Grupo *Brown* (se suman dos nuevas empresas al grupo)	Sector secundario y primario. Europea.	90 aprox.	Todos.
2005-2006	*Red*	Sector terciario. Capitales norteamericanos y argentinos.	700 aprox.^{9}	Todos.
2010-2011	*Green*	Sector secundario. Europea.	131 exacto	Todos, excepto los operarios de planta.
2011-2012	*Blue*	Sector secundario. Europea.	192 exacto	Todos, incluidos los operarios de planta.
Totales	7 empresas + 1 grupo empresario	9 tipos de industrias. 6 países de origen.	4280 aprox.	Todos los niveles jerárquicos.

---

7   Se indica si es el número exacto o aproximado.

El formato de estas capacitaciones ha sido siempre "a medida", como se denomina en la jerga de la capacitación *in company* a un proceso de enseñanza en una empresa que se realiza teniendo en cuenta las necesidades de la empresa. Usualmente es diferente a un curso "enlatado" que se repite sin variaciones en todas las empresas, o diferente a la clase magistral o al aula universitaria, ya que tiene como objetivos específicos el desarrollo de habilidades y contenidos generados por la misma empresa. Por ejemplo, en estas capacitaciones se utilizaron documentos internos y públicos de la empresa: el código de ética, el manual del empleado, el *internal control environment*, las políticas de conflicto de intereses, las políticas de seguridad de la información, las políticas de regalos, las políticas de compras, los manuales para realizar denuncias y los manuales para identificar riesgos.

Un programa de capacitación en estos temas está más cerca de un programa de gestión del cambio o, en las palabras de Richard Guerette, del desafío de "resetear el *ethos* corporativo" para reordenar el sistema de valores de la corporación (Guerrette, 1988: 375). Aunque no sea una actividad realizada en un ámbito académico, es importante conservar el rigor y la fundamentación conceptual, aunque se debe aumentar la pertinencia de los contenidos respecto de los objetivos de la empresa. Guerrette afirma que

> el conocimiento de las ciencias del *management* y de la ética filosófica usualmente no es suficiente para cumplir esta misión. [...] Un consultor en ética corporativa debe saber cómo entretejer en forma indirecta los temas referidos a valores y trabajar de forma desapercibida los principios éticos laborales en la capacitación ejecutiva, tanto a través de una planificación curricular con los mismos responsables de capacitación o mediante el diseño y dictado de cursos interdisciplinarios, talleres, seminarios en *management* y ética corporativa realizados por el mismo (Guerrette, 1988: 378).

Estos programas pueden comenzar a implementarse por factores relacionados con el entorno de la empresa o por una causa interna, y comprometen a todo el personal. En cuanto a los factores del entorno que pueden llevar a implementar estos programas, por ejemplo, durante la década del 90 en las filiales sudamericanas de empresas de capitales extranjeros, fue la presión por elevar los estándares éticos para mejorar el entorno competitivo. Luego del caso Enron, en la primera década del siglo XXI, la ley norteamericana *Sarbanes Oxley Act*[10] del 30 de julio de 2002, lideraba las motivaciones para iniciar estos programas, ya que afecta a todas las empresas que cotizan en la Bolsa de Valores de Nueva York.

---

8   Los mismos empleados asistieron dos veces.
9   Los mismos 700 empleados de la capacitación de 2003-2004. En total recibieron tres capacitaciones en ética a lo largo de cuatro años.
10 Ley de Reforma de la Contabilidad Pública de Empresas y de Protección al Inversor.

En cuanto a los factores que se dan dentro de la misma empresa estos programas pueden surgir como una reacción por algún escándalo ocurrido o para sanear la organización si está en proceso de *Chapter 11*[11] o para reducir los costos que devienen de prácticas de *marketing* no éticas y así poder ser proveedor del Estado; aunque el motivo más repetido en los procesos que he participado fue inculturar los principios de un nuevo dueño de la empresa o un nuevo grupo mayoritario de accionistas.

El objetivo de la capacitación, usualmente, es el de habilitar a los empleados para comprender y cumplir con sus políticas globales de ética y facilitar la comunicación en estos temas. El contenido de la capacitación ha sido principalmente y en todos los casos el código de ética, y, en algunos, las diversas normas de *compliance*. Los valores y principios de conducta están explícitos o implícitos en las normas. El contenido de la capacitación siempre ha enfatizado los comportamientos esperables o deseables por parte de la empresa sobre los integrantes de la organización, y en algunas empresas, también promueven que los participantes hagan cumplir a sus colegas de trabajo, las conductas esperadas.

Las empresas en las que trabajé también habían desarrollado o estaban creando canales de comunicación explícitos para situaciones problemáticas referidas a la ética. Estos canales son: un correo electrónico, un número de teléfono, un oficial o funcionario de ética o *compliance* o un *ombudsman*. A través de estos canales se puede solicitar asesoramiento ante una duda o bien denunciar -en forma anónima- una situación no ética.

Por otra parte, el objetivo de la capacitación era ampliar la conciencia en la toma de decisiones. Más allá de lo que ponga en marcha el proceso de capacitación, sea la "moda" de los códigos de ética o de *compliance,* siempre es posible re-significar, en los talleres, el motivo que llevó a la capacitación y a dar la oportunidad a los empleados de una empresa a hablar de estas cuestiones, a concienciarlos y sensibilizarlos sobre los aspectos éticos del comportamiento en la empresa.[12] Como afirma van Luijk: "La discusión mejora la sensibilidad y competencia moral [...] y entrena en consultarse mutuamente registrando tanto las posibilidades como los obstáculos para el comportamiento ético dentro de la estructura y cultura de su organización" (ISBEE, 2002: 5).

Como dijimos anteriormente, la señalada reducción de la integridad al mero cumplimiento no cambia las posibilidades que tiene un entrenamiento ético, en cuanto a que sigue siendo una oportunidad de diálogo y debate dentro de la empresa. En su proceso, es posible complementar la visión aspiracional y la legalista, equilibrarlas en letra y espíritu, no solo

---

11 Auditoría y revisión de una corporación en proceso de quiebra en los EE. UU.
12 No todos los directivos involucrados en el inicio de proceso de capacitación comparten este objetivo de mayor alcance.

para que puedan ser mejor recibidas y conectadas con la subjetividad de cada participante, sino también para que respondan más acabadamente a la realidad integral de las personas.[13]

3.2.ii. Aciertos y dificultades en el proceso de capacitación

En una primera etapa de experiencia personal en capacitación en ética empresarial, entre 1998 y 2004 (cf. tabla n° 2), confeccionaba los talleres para "entrenar" empleados en la toma de decisiones éticas por medio de la discusión de casos. Utilizaba casos cortos, sobre la base de entrevistas con gerentes de la empresa que iba a ser capacitada, o reformulaba algún caso tomado de un libro, adaptándolo al contexto donde se iba a dictar el taller. Para diseñar el proceso de capacitación a medida realizaba, al inicio, entrevistas en profundidad con gerentes o empleados clave, elegidos por la empresa, y analizaba todos los documentos y políticas a instrumentar en la capacitación. Las entrevistas permitían tomar conocimiento de aquello que en la empresa había disparado la necesidad de hacer una capacitación sobre ética y solía comprometer a algunos de ellos para escribir juntos un caso.

En líneas generales, el proceso de capacitación consistía en talleres presenciales con grupos donde se brindaba, primero, una parte conceptual introductoria, luego se realizaba una discusión de caso en equipos, y se finalizaba con la explicación del código o normas a la luz de lo explicado en la primera parte. Este esquema, de unas tres horas de duración, se utilizó en las empresas *Orange, Grey* y *Grupo Brown* (ver tabla n° 2).

Pero la discusión de casos comportaba no pocas dificultades, en parte porque los ejecutivos no están versados en el lenguaje propio del análisis ético (Verhezen, 2010) o bien porque tienden a la decoloración ética de las decisiones (Tenbrunsel, 2004 y 2011), y por otra parte debido a la propia experiencia obtenida hasta ese momento.

El método del caso se basa en una discusión racional y en un debate argumentativo aplicado a situaciones concretas. Se cuenta con información limitada -o incluso información sobreabundante y des-informante- con la que el ejecutivo debe tomar una decisión en tiempo y forma. El objetivo es, mediante casos, desarrollar la habilidad para tomar decisiones trayendo -en la medida de lo posible- la realidad concreta al taller. De acuerdo con lo que afirma David A. Garvin (2007) sobre los programas de educación para ejecutivos:

---

[13] Asimismo, es importante aclarar a las personas que participan del taller, el origen y el sentido de las normas escritas, las motivaciones para su institucionalización y poner en un contexto global las razones de una empresa para brindar y exigir estas pautas a los empleados.

Aunque hoy los programas cada vez más enfatizan un enfoque de *action-learning*, el método del caso todavía es usado fuertemente en la educación ejecutiva. Los casos proveen ejemplos prácticos y relevantes que pueden ser conectados con las experiencias previas de los ejecutivos; permiten anclar conceptos y marcos teóricos de una forma accesible y análoga; proveen relatos coloridos que mejoran la atención y la retención; estimulan el involucramiento en la participación en clase; y acoplan la adquisición de conocimiento con la toma decisiones y la acción (Garvin, 2007: 364).[14]

La conexión que señala Garvin entre el marco teórico y la toma de decisiones se suele conducir en el debate sobre el caso, impulsando una toma de riesgo en los estudiantes mediante preguntas como: ¿qué haría usted?, ¿por qué?, ¿qué lograría con esa decisión? Una pregunta que siempre me pareció que podía permitir una discusión ética más profunda era la de inquirir sobre el fundamento de la decisión que el ejecutivo decía que tomaría. Sin embargo, esta pregunta casi nunca llevaba a buen puerto.

Si fuera posible reconstruir con la memoria el tipo de fundamentación "promedio" de las respuestas, se podría decir que trasuntaban faltas de reflexión habitual, inmediatez o superficialidad y no toda la coherencia que se hubiese esperado entre una respuesta y otra dadas por un mismo participante.

Entre los objetivos a cumplir con el debate de los participantes siempre estuvo el poder hacer que cada persona pudiera dar razones de su pensamiento y que pudiera advertir las consecuencias posibles de sus criterios de decisión en el entorno y en su propia persona. Ese objetivo buscaba interactuar "mayéuticamente" para conducir al asistente hacia una mejor fundamentación de su respuesta o hacia la detección de un mejor comportamiento posible o simplemente a detectar la inconsistencia entre lo que la persona dice valorar y el comportamiento que dice que adoptaría. El mismo objetivo se repite hoy en el dictado de los cursos de ética empresarial.

Desde el punto de vista de las encuestas, la discusión de casos en líneas generales fue relativamente exitosa. Lo que interpreto como fracaso era no poder llegar a aquello que estaba por debajo de las respuestas "racionales" y seguramente hubiera explicado las contradicciones.

Incluso, desde el punto de vista del "ánimo" generado en las discusiones, sobre todo entre argentinos, las discusiones perdían objetividad. Se personalizaban rápidamente los debates, impidiendo ver la racionalidad y objetividad de lo que se estaba discutiendo. Cuando el ánimo se "sensibiliza" de modo negativo, con comentarios cínicos o pesimistas, se torna difícil el diálogo y el aprendizaje.

---

14 Se refiere a programas ejecutivos y la enseñanza en los *Master in Business Administration*.

154 • La mentalidad compartida en la empresa

Si explicamos esta experiencia de fracaso, diríamos que la discusión de casos tenía presunciones y creencias que influían en el diálogo, sin que se lograra que fueran explicitadas (Brown, 2002). Estas presunciones y creencias eran desconocidas para quien conducía el taller y quizás desconocidas para los mismos participantes; eran de orden no-consciente o cuasi-emocionales ya que no se explicitaban verbalmente en la discusión, pero actuaban en el ánimo "detrás" de la discusión. O también, quizás eran conocidas por los participantes, pero eran "no confesables" o "políticamente incorrectas", con lo que dificultaban la discusión, al no hacerse explícitas, e incluso el aprendizaje, al crear barreras para una franca interacción.

Asumiremos que estas "premisas" personales no explicitadas en la discusión por parte de los participantes estaban cargadas de frustraciones, decepciones, temores y otras emociones negativas que pueden aparecer en la vida cotidiana laboral. En el debate, estas aparecían bajo un manto de sarcasmo o también de "argumentos defensivos" (Argyris, 1993). De este modo, las discusiones de casos no resultaban verdaderamente racionales y objetivas, ni conducían a entender mejor las pautas éticas, sino más bien a rechazarlas y desconfiar de ellas. De este modo nos estábamos "enfrentando" en la discusión no a los argumentos, sino a la mentalidad subyacente de los integrantes de ese grupo con el que discutía un caso.

4. La mentalidad compartida y su conducción mediante la capacitación

4.1. El conocimiento de la mentalidad de los ejecutivos en la experiencia docente

Una particularidad de la mentalidad compartida es su dimensión no-consciente, es decir, puede ser mayoritariamente "desconocida" por los grupos que la sostienen. Los contenidos que componen la mentalidad compartida por el propio grupo no son siempre evidentes para los integrantes de ese grupo.

La forma espontánea para conocer la mentalidad de un grupo es tener un trato cotidiano con esa mentalidad; por ejemplo, en una empresa, un ingeniero gerente de planta, encargado de las compras técnicas de la fábrica, lidia cotidianamente con los integrantes del área de control y de finanzas. A pesar de las diferentes mentalidades, aprende a comunicarse en los términos y criterios que los otros tienen para lograr una comunicación más efectiva y lograr un acuerdo. Reconocer las diferentes mentalidades aumenta las posibilidades de mutua comprensión y de que se levanten las barreras comunicacionales.

Tanto las diferencias como los aspectos comunes son observables para un "extranjero" a la cultura de esa empresa. Se pueden percibir, por ejemplo, cuando uno ingresa a trabajar a una organización diferente de la que estaba antes, o también cuando un grupo tiene que lidiar con la mentalidad de otro grupo dentro de la misma empresa. Haciendo una simplificación exagerada: la "creatividad" de los integrantes del área de *marketing* tiene que enfrentarse y lograr acuerdos con la actitud "conservadora" del equipo de finanzas. Pero si la misma relación *marketing*-finanzas la observamos en sentido contrario, podríamos decir que el "realismo" de los de finanzas tiene que lidiar con la "impulsividad" de los del área de *marketing*.

Esta forma de conocer la mentalidad de un grupo, que podríamos llamar "connatural" en el trato cotidiano, se da también en la enseñanza. Un docente, que por ejemplo está habituado a dictar cursos de ética profesional a graduados en Administración de Empresas, ha aprendido a reconocer un "patrón" o una tendencia en las respuestas o argumentaciones de un grupo de esa clase de profesionales. El docente, como un "extranjero", puede observar con más facilidad que los comentarios y razonamientos que hacen los ejecutivos de *marketing* son muy diferentes a los de los ejecutivos de finanzas.

La enseñanza de la ética aplicada a la empresa, y a las diferentes profesiones de los que trabajan en empresas, nos confronta ineludiblemente con la mentalidad del grupo que tenemos delante. Esta mentalidad se cuela en el debate, en la fundamentación de la toma de posición de cada alumno frente a los temas que se plantean. Sobre todo esto sucede si es un curso de posgrado, donde los alumnos tienen -en promedio- unos 30 años de edad, y ya tienen una "mentalidad" profesional que, en muchos aspectos, es compartida con los colegas de la misma profesión y/o compartida por sus compañeros en la empresa.

Hemos observado en la experiencia de la capacitación en ética a ejecutivos de empresa, cómo el fenómeno de la mentalidad se manifiesta subyacente a la racionalidad explícita. Mentalidad que puede estar incluyendo justificaciones, racionalizaciones propias del ámbito donde se desempeñan profesionalmente y que por sostenerlas en forma acrítica se contradicen con los valores explícitamente declarados que se dice sostener.

A continuación, sintetizaremos las tendencias observadas[15]en el estilo de "ver y juzgar" las cuestiones morales de personas que trabajan en empresas o que estudian carreras afines a esa perspectiva profesional.

---

15 Se basan en la experiencia docente. Esta incluye, además de la experiencia en la capacitación *in company*, la experiencia universitaria, ya que dicto clases en la universidad desde 1989, pero desde 1996 dicto ética de los negocios en cursos de posgrado. Desde 1998, dicto cursos *in company*. Desde el 2000, ética de los negocios en cursos de grado.

1. Tendencia a debatir situaciones concretas con una carga emocional escéptica, pesimista o cínica.
2. Tendencia al pensamiento dicotómico, "maniqueo". Este puede realizar una variación pendular que va desde considerar que "ser ético" es ser perfecto, rígido e intransigente hasta el extremo del que toda decisión es válida y relativa a cada persona.
3. Tendencia a una clase de "impotencia omnipotente" que se podría caracterizar con la premisa: "no puedo hacer nada y no haré nada para cambiar esta realidad porque no puedo cambiar todo".[16]
4. Tendencia a no distinguir entre incentivos externos y motivaciones internas a la hora de atribuir causalidad de las propias decisiones. Por ejemplo, se confunde lo que se quiere obtener por medio de la decisión con el objeto de la decisión en sí.
5. Tendencia a no distinguir entre el juicio que proviene de la mirada de los otros y la mirada de la propia conciencia.
6. Tendencia a juzgar con certeza sobre la base de las primeras impresiones en el análisis de situaciones concretas.

Estas observaciones señaladas son, principalmente, las negativas. Por supuesto que esto no implica que no haya características positivas en la mentalidad de los administradores de empresas y ejecutivos. Pero las negativas son las que promueven la mejora en la pertinencia de las herramientas didácticas del docente. Veamos cómo esta experiencia nos permite hacer una propuesta acerca de cómo encarar un proceso de capacitación que tenga como objetivo hacer de la mentalidad compartida una conciencia operativa.

4.2. Criterios de capacitación para la institucionalización de una conciencia operativa

En el segundo capítulo habíamos caracterizado el estilo cognitivo y moral de los ejecutivos: en ellos priman los "sentimientos" éticos (moralidad acrítica y prerreflexiva), les resulta difícil formular con claridad las cuestiones éticas, buscan salir del dualismo mediante la amoralidad, el autoengaño les permite quitar la implicación moral a la decisión y estar en consonancia -superficial- con la propia conciencia, deciden en un punto ciego, o bien decoloran las implicancias éticas de una decisión bajo el deseo del incentivo y la recompensa.

---

16 Esta observación también surgió de los intercambios con el Pbro. Dr. Alejandro Llorente, con quien compartimos el dictado de cursos de ética de los negocios en una empresa (*Violet* según la tabla n° 1) y en el MBA.

En definitiva, en la toma de decisiones éticas, la racionalidad puede quedar disminuida si está influida por sentimientos, prejuicios, emociones, egoísmos, autoengaños o justificaciones.

Según nuestras observaciones, el cinismo y escepticismo, así como el pensamiento dicotómico y la que denominamos "impotencia omnipotente", no conducen a una realista y adecuada evaluación de las alternativas de acción. La no distinción entre incentivos externos y motivaciones internas es un camino directo al autoengaño y a la justificación. Lo mismo sucede cuando no se distingue el juicio de la propia conciencia de lo que opinarán los demás o la justicia de la propia decisión. El sentimentalismo o la impulsividad tampoco contribuyen a una racionalidad atenta y empática como características de una conciencia equilibrada (Goodpaster, 2007).

Como bien dice Schmidt (1993), en la enseñanza se trata de llevar hacia una madurez reflexiva a aquella moralidad prerreflexiva. La dimensión prerreflexiva está "teñida" de emociones o "blanqueada" de dilemas morales, lo cual lleva a caer en un sentimentalismo que solo da estrechez[17] en la toma de decisiones. También Tenbrunsel *et al.* (2004) explicaban que una capacitación acerca de cuestiones éticas meramente racional lograba que en la competencia interior que se da en el sujeto entre las razones que brindan los incentivos económicos y las razones éticas tuvieran preeminencia las primeras.

Siguiendo esta línea proponemos los siguientes objetivos, que surgen de la experiencia personal, y que sugerimos debe plantearse quien conduce un proceso de capacitación en ética empresarial que busque incrementar el nivel de conciencia acerca de la dimensión moral de los actos de cada integrante de la empresa y que a su vez esto sea parte del entramado de la mentalidad compartida.

Los objetivos están relacionados con promover hábitos del ver y del juzgar mediante el diálogo capacitador-alumno. El primer grupo de objetivos busca contrarrestar la posibilidad de autoengaño (Tenbrunsel *et al.*, 2004); el segundo grupo, promover una moralidad reflexiva madura (Schmidt, 1993).

Para contrarrestar el autoengaño

1. Distinguir las motivaciones extrínsecas de las intrínsecas.
2. Identificar problemas éticos donde antes no se los observaba.
3. Reconocer que es posible elegir entre la responsabilidad o la victimización respecto del entorno.

---

17 En *Caritas in Veritate*, 2007, Benedicto XVI dice que el sentimentalismo otorga estrechez a la caridad, en cambio la razón amplía su horizonte y fundamento.

4. Reconocer la propia libertad como algo más ligado a la interioridad que a los condicionamientos externos.
5. Distinguir lo descriptivo de lo normativo.
6. Fomentar el autoconocimiento de sí mismo y del grupo al que pertenece.

Para una moralidad reflexiva madura

1. Descentrar a los participantes de sí mismos y mostrarles su impacto en la vida de otros a través de su actividad económica y laboral.
2. Fomentar el ser responsable de la autoría de los propios actos.
3. Reconocer que en la actitud de servicio, se puede encontrar motivación y sentido.
4. Promover en los participantes una reflexión introspectiva y prospectiva de su rol y responsabilidad.
5. Promover fortaleza y coraje basados en el realismo, la humildad y la esperanza.

Un proceso de capacitación debe facilitar, acercar, despejar el camino hacia una aceptación racional de la norma, que es lo que permite una adhesión libre y voluntaria a ella (Debeljuh, 2004). Todo lo que debilite o "desdibuje" la racionalidad, consciente o inconscientemente, impide una libre adhesión a valores y principios éticos. Despejar el camino de lo que obstaculiza la aceptación racional necesita de una modalidad didáctica apropiada. Veámoslo a continuación.

4.3. Una nueva herramienta didáctica para la capacitación en ética y compliance

Debido a las dificultades didácticas experimentadas en el uso de la discusión de casos para la capacitación (período 1998 a 2004) y gracias a la lectura del libro de Gareth Morgan *Imaginización* (1999), se diseñó y se puso a prueba, en 2004, una nueva herramienta didáctica basada en la creación e interpretación de dibujos grupales (cf. tabla n° 2).

Dadas las mencionadas dificultades propias de los ejecutivos para verbalizar y debatir las cuestiones éticas ligadas a la vida profesional, el objetivo pedagógico de los dibujos grupales era que los participantes pudieran "hablar" de la relación con la empresa entre ellos. Conocer esa relación del grupo con la empresa antes de explicar el código ayudaría a conocer el contexto donde iban a ser "recibidas" las normas. No parecía apropiado hablar de ello con preguntas directas sino abordarlo en forma elíptica; los dibujos permitían esta "elipsis".

En el período comprendido entre 2004 y 2006 se comprobó la fecundidad didáctica de esta herramienta. Los dibujos allanaban el campo emocional del aula y se lograban explicitar prejuicios, creencias, escepticismos e incomodidades que facilitaban, a continuación, la explicación de los contenidos éticos y normativos sin mayores resistencias. La herramienta cumplió acabadamente con los objetivos pedagógicos "para contrarrestar el autoengaño". Asimismo, permitió crear un contexto de *action learning* (Garvin, 2007) y remover algunas de las gruesas capas de autoengaño (Tenbrunsel *et al.*, 2004 y Bazerman *et al.*, 2011) para realizar una comprensión más racional de los aspectos normativo-éticos (del código o de *compliance*) a institucionalizar.

Ahora bien, además de la pertinencia didáctica, se experimentó la repetición de algunos de los dibujos e interpretaciones. Algunas repeticiones muy llamativas condujeron a pensar que podía haber algo de universalidad en la metaforización utilizada por distintas personas y grupos. Por tanto, la herramienta didáctica se amplió y completó de modo que se convirtió en una herramienta de investigación. Sus procesos se explicarán en la segunda parte de esta tesis.

Lo que hemos denominado Método HEMG permite confeccionar un mapa de metáforas que representa rasgos de la mentalidad compartida. Esta herramienta -que hoy llamo herramienta de investigación- fue aplicada como dispositivo didáctico en el proceso de capacitación en ética y *compliance* (período 2010-2012) en dos empresas, *Green* y *Blue*.

En los capítulos 5 a 10 presentamos el HEMG como un método que promueve el aprendizaje y que permite reconocer rasgos de la mentalidad compartida por un grupo y construir un mapa representativo de la misma. Se presentan la descripción del proceso de investigación, la fundamentación científica y el caso de aplicación.

Tabla n° 2. Empresas y participantes por empresa que fueron capacitados con método del caso o bien con método HEMG

Período	Empresa	Cantidad de participantes[18]		Método
1998 -2002	Orange	2620 aprox., de 3 empresas y 1 grupo empresario, en 6 años.		Herramienta didáctica: casos.
1999	Grey			
2002-2004	Grupo Brown			
2003-2004	Red			
2004	Yellow	1140 empleados aprox.	= 1460 aprox. En 5 empresas y 1 grupo empresario, en 8 años.	Herramienta didáctica: dibujos grupales[19]
2004-2006	Violet			
2005	Grupo Brown			
2005-2006	Red			
2010-2011	Green	131 exacto		Herramienta de investigación-aprendizaje: (ahora llamada) Método HEMG
2011-2012	Blue	192 exacto		
Total	7 empresas + 1 grupo	4280 aprox.		3

Síntesis y conclusiones del capítulo 4

Hasta aquí hemos destacado la relevancia de la mentalidad compartida en la ética empresarial. La mentalidad compartida es un conjunto de hábitos-costumbre, semi-automáticos, que conducen a los integrantes de una empresa a ver y juzgar la realidad organizacional de un modo propio. La mentalidad compartida es lo más profundo de la cultura organizacional y se compone de un conjunto de presunciones (explicaciones, interpretaciones, valores, prejuicios) que no siempre son reconocidas por los que las sostienen. Estas presunciones versan sobre cómo integrarse dentro de la empresa, cómo relacionarse con el entorno y cómo lidiar con el poder, la motivación, la comunicación, es decir, las cuestiones propias de las relaciones humanas en el ámbito laboral.

---

18 Se indica si es el número exacto o aproximado. Incluye los 700 empleados de la empresa RED que fueron capacitados tres veces.
19 Corresponde al método HEMG, Fase II, Paso (b).

Además, hemos identificado los elementos de la mentalidad compartida. La misma "contiene" una comprensión básica común compartida, un modo de explicar el funcionamiento esencial de la empresa de un modo sintético y holístico que le otorga al individuo un lugar, una cuota de poder, un rol, un espacio para influir en ella. Esta comprensión básica es representable en una imagen o un conjunto de metáforas, lo que permite articular en esa representación incluso los elementos contradictorios del ordenamiento de las interrelaciones con las que funciona la empresa. Para el caso LAPA, y las contradicciones de sus directivos con la naturaleza del servicio prestado por la empresa, la imagen de Ícaro resulta representativa de la "lógica irracional" de su funcionamiento negligente y culposo.

Asimismo, hemos explicado cómo la mentalidad compartida influye en las decisiones de los integrantes de la empresa. Al ser un modo -consensuado y diseminado en la organización- de ver y juzgar de modo práctico la realidad organizacional, se impone como criterio para las decisiones personales, sin restar libertad individual. Debido a su certeza, permite estimar cómo se comportarán los otros y se constituye es un puente compartido -fácil de cruzar- entre el pensamiento y la acción.

Hemos explicado que en toda organización se da una tensión entre las fuerzas de la mentalidad compartida y la fuerza de la integridad personal. En el caso de una cultura y mentalidad empresarial moralmente desviadas, la resolución de la tensión puede ser evaluada como "menos riesgosa" para el ejecutivo si, en lugar de mantener su integridad, se adecúa a los criterios perversos compartidos y diseminados en la organización. Esto es facilitado por el estilo moral prerreflexivo de los ejecutivos, que también –como señalamos– hace fracasar los entrenamientos éticos.

Asimismo, hemos analizado cómo la mentalidad compartida tiene un rol normativo, prescriptivo de tipo informal y tácito que, junto con las reglas explícitamente formuladas, conforma un orden al cual los integrantes de la empresa consideran que deben ajustarse para cumplir el fin común. Sin embargo, hemos visto cómo el orden que propone la mentalidad compartida a veces es diferente al orden de las reglas formales o al orden que surge de la naturaleza de la actividad que se realiza. La mentalidad "mide" las acciones de los integrantes, quienes consideran que deben ajustarse a ellas (por distintos motivos y con distinto grado de voluntariedad), conformando el ser de la empresa.

La mentalidad compartida influye en la unidad de los sujetos que integran la empresa presentando "en la mente" de sus integrantes un modo de ordenarse, de organizarse, de articularse para lograr aquello que se ha de realizar en común. Es una idea o imagen de orden compartida que puede ser apropiada para que la organización cumpla sus fines, o incompatible con los fines de esa organización. Los fines de la empresa, pueden recibir distintas interpretaciones o ser mentalmente concebidos de forma diferente. Los directivos y/o sus empleados pueden focalizarse en fines instrumentales o intermedios, en lugar de intentar la consecución del bien común que integra y subsume los fines intermedios, dando sentido y trascendencia social a los mismos. Es decir, la mentalidad compartida puede tener mucho peso cuando hay un bajo nivel de institucionalización en la organización.

Por ello, entender la mentalidad compartida por un grupo, y su carácter profundo e influyente, es relevante para influir en ella y conducirla a sus fines más verdaderos y de sentido. En el capítulo 4, último de la primera parte, hemos tratado la intervención en una cultura organizacional moralmente desviada mediante las políticas organizacionales, un tipo de norma explícita que puede influir en las normas implícitas de la mentalidad compartida.

Varios factores del comportamiento de directivos y empleados conducen a que las malas prácticas se instalen en la cultura organizacional, mediante una institucionalización o rutinización de las mismas. Frente a esto, señalamos que los programas corporativos de capacitación de empleados pueden impulsar hábitos positivos de conciencia y *responsiveness* que "instalen" una conciencia –habitual y operativa– pensante y atenta a los aspectos sociales del negocio.

Para institucionalizar tales hábitos virtuosos destacamos que existen dos tipos de abordajes: los códigos de ética y los programas de *compliance*. Los primeros sirven como elemento de cohesión y pertenencia en tanto promueven que cada empleado reconozca sus propios ideales dentro de las normas del código. Estos códigos invitan a la integridad de cada individuo a adherir libremente a la ética de la empresa. Los segundos, los programas de *compliance*, imponen una ley que impera dentro de la organización previendo y castigando posibles delitos. No se espera un aprendizaje personal para la toma de decisiones, sino un sistema que guía, condiciona y monitorea la toma de decisiones para prevenir que la empresa incurra en costos derivados de actos riesgosos. Estos programas pueden promover el silencio moral, en lugar de la integridad.

Nuestra experiencia en la consultoría en ética empresarial nos condujo a valorar que ambos abordajes son oportunidades inestimables para inducir un aprendizaje en la mentalidad compartida. Por ello, hemos detallado las estrategias empleadas en los programas de capacitación cuyo objetivo fue remover las "capas" propias de un estilo cognitivo tendiente al autoengaño o a la decoloración ética de las decisiones empresarias, y profundizar en las presunciones de la mentalidad a fin de realizar un análisis crítico de los motivos en la toma de decisiones.

Hemos precisado la línea de tiempo y el tipo de empresas en las que se realizaron entrenamientos éticos. Se ha puntualizado cómo la discusión de casos fue una herramienta utilizada en una primera etapa de trabajo, pero que no resultó efectiva a la hora de hacer explícitas las presunciones acríticas de la mentalidad compartida que se colaban en la discusión "racional" de los casos.

Asimismo, se ha explicado cómo esta experiencia nos condujo a desarrollar una nueva herramienta didáctica. Esta herramienta didáctica utiliza dibujos grupales para que los empleados de una empresa asistentes a un taller, representen en ellos su idea o imagen de orden de la empresa en la que trabajan. Esta imagen o idea de orden integra, de algún modo, al sujeto dentro de ella. La base experiencial del taller viene dada por la reflexión con los participantes sobre la lógica imperante en la vida cotidiana de la empresa y el lugar que ellos se autoasignan para poder influir en ella. Sobre ello, luego se puede reflexionar sobre las pautas de conducta que proponen el código de ética o las políticas de *compliance*. Se puede contextualizar la reflexión contrastando las conductas exigidas por las reglas explícitas con las conductas exigidas por las reglas implícitas representadas metafóricamente en los dibujos.

En la segunda parte de esta tesis, se explicará cómo esta herramienta didáctica, convertida en un método de investigación-acción de la empresa, es fidedigna, es decir, se justificará en diversas disciplinas como un método válido para que un grupo reconozca su comprensión básica compartida de la organización, y pueda reflexionar y aprender a partir de ello. Asimismo, se justificará que es un método valido de investigación que permite representar con metáforas la trama mental compartida que explica -según sus integrantes- su comportamiento en la organización. El método se denomina HEMG, Método Heurístico para la Elicitación de Metáforas Grupales.

Segunda parte.
Propuesta de un método para reconocer y representar la mentalidad compartida en la empresa

5

Método HEMG: descripción del proceso

Introducción

El hecho de que la mentalidad compartida en una organización sea considerada por sus miembros como una especie de "orden natural" que guía sus interacciones no significa que los integrantes reconozcan sus rasgos. Puede parecerles que no hay otra forma de hacer las cosas, ya sea porque trabajan hace tantos años allí o bien porque han trabajado en un único lugar y no tienen cómo comparar experiencias de culturas organizacionales diferentes. Ahora bien, esto no significa que sea imposible indagar de forma profunda en esta mentalidad.

En esta segunda parte (capítulos 5 a 10) presentaremos una herramienta de investigación para reconocer y representar la mentalidad compartida grupalmente en el contexto organizacional. La hemos denominado Método Heurístico de Elicitación de Metáforas Grupales (método HEMG).

El contexto de generación del método HEMG fue la experiencia personal de capacitación en ética y *compliance* en empresas, descrita y valorada en el capítulo anterior. Allí se mencionó el uso de una herramienta didáctica de dibujos grupales que, dadas las repeticiones observadas en las metáforas utilizadas por los participantes de los talleres para referirse a la empresa y al sujeto dentro de ella, se vio conveniente convertirla en un método de investigación que permitiera reconocer patrones propios de una cultura o una subcultura organizacional. Es decir, la herramienta que tuvo efectos didácticos positivos (al permitir que los participantes de los talleres expresaran -sin tamices racionales- sus presunciones acerca de la "lógica" que mueve a la empresa, y acerca de su capacidad de tomar decisiones dentro de ella) también mostró recurrencias en la forma de metaforizar esa "lógica".

De este modo, proveyendo un fundamento en alguna disciplina científica, se podría llegar a confeccionar un método para indagar en una empresa la mentalidad compartida. Este debía ser un método generalizable que permita reconocer las presunciones y comprensiones compartidas por un grupo, y representarlas de un modo que les permita a los mismos integrantes de la organización, revisarlas críticamente, y a los de fuera de la organización conocer la trama que da sentido a sus comportamientos.

En este capítulo 5 se describe detalladamente el método HEMG, de tal modo que pueda ser replicado en una organización. En la descripción se destacan las pautas, reglas y procesos generalizables y se dividen en cuatro fases. Para cada fase se detallan las tareas o actividades, quiénes las realizan, cuánto tiempo insumen, qué tipo de datos se obtienen y qué objetivos se cumplen. La descripción corresponde a cómo se aplicó lo que hoy llamo HEMG en las empresas *Green* y *Blue* (2010-2012), excepto la última fase, que gracias a la fundamentación científica realizada en este trabajo, alcanza resultados más acabados que no se presentaron a dichas empresas (solo de modo incipiente). Estos resultados son el mapa de metáforas grupales (MMG) y el sentido subjetivo de integridad (SSI), que constituyen representaciones de la singularidad de la mentalidad compartida en la empresa estudiada

Desde el punto de vista de la línea de tiempo de desarrollo del HEMG, en primer lugar se diseñó y se utilizó la herramienta didáctica de dibujos grupales (años 2004-2006). Luego se realizó la capacitación en *Green* y *Blue* (años 2010-2012), experiencia sobre la cual se conforma la herramienta de investigación que ahora denominamos HEMG (año 2015). Esta herramienta, a su vez, incluye la didáctica de dibujos grupales.

Desde el punto de vista de la descripción y justificación se ha optado por presentar la herramienta de investigación (el método HEMG) y, subsumida en ella, la herramienta didáctica. Es decir, la herramienta didáctica constituye ahora una fase de las cuatro fases del HEMG; si bien, como dijimos, temporalmente fue desarrollada con anterioridad, sigue siendo lo central del método.

La herramienta de investigación es conformada -de forma acabada- en esta segunda parte de la tesis, donde se le da un contexto de justificación teórica (capítulos 6 a 8) y se muestran los resultados de su aplicación (capítulos 9 y 10).

Las cuatro fases del método

El HEMG es un proceso de "intervención organizacional" que surge de una necesidad de cambio en la empresa (de normas y de conducta). Los actores que intervienen en el HEMG son los empleados de una organización de diferentes niveles jerárquicos y un consultor al que llamaremos investigador,[1] que es "extranjero" a la cultura de esa empresa. El investigador conduce talleres, entrevistas, registra datos y presenta informes. Los empleados, sean directivos, gerentes, mandos medios u operarios participan en entrevistas y talleres.

El método HEMG cumple con dos objetivos: (1) posibilita un autoconocimiento por parte de los grupos en el ámbito de una organización, y (2) permite la confección de un mapa de metáforas que representan la mentalidad compartida grupalmente en esa organización. Este mapa puede ser de interés para la empresa o científico.

El método se describe en cuatro fases que hemos denominado: (I) Entrevistas, (II) Metáforas, (III) Normas y (IV) Etnografía, según veremos en la tabla nº 1. Las referencias realizadas en tiempo pasado remiten a la aplicación a las empresas. Los ejemplos de implementación se brindan para que el lector pueda recrear el proceso a nivel descriptivo, pero en este capítulo aún no se brinda su fundamentación.[2] Asimismo, la exhaustiva descripción permitirá que el método se pueda aplicar a situaciones similares donde se busque realizar un reconocimiento de la mentalidad y fomentar un aprendizaje.

---

[1] Quien puede contar con un asistente de investigación.
[2] No se ofrece toda la fundamentación e interpretación posible de los ejemplos, para preservar el orden de la exposición.

Tabla n° 1. Fases del método HEMG: actividades, actores y tiempos

Fase	Momento	Actividades			Actores	Tiempos[3]
I. Entrevistas	Diálogo	1. Ingreso a la empresa e intercambio de expectativas. 2. Entrevistas con informantes clave. 3. Informe de entrevistas. 4. Validación con autoridades y plan de intervención.			Gerentes. Informantes selecciona- dos. Investigador.	2-4 meses
II. Metáforas	Autoaprendizaje y elicitación de metáforas	1. Brechas: taller para gerentes.	Brechas de la cultura.		Gerentes. Investigador.	2-8 meses
		2. Metáforas: taller para todo el personal.	Paso a) *Quiz*.		Todo el personal.	
			Paso b) Dibujos grupales.		Investigador.	
			Paso c) Espejo.			
III. Normas	Concientización	1. Taller gerencial sobre ética y *compliance*. 2. Taller para todo el personal sobre ética y *compliance*. 3. Materiales comunicacionales sobre ética y *compliance*.			Gerentes. Todo el personal. Investigador.	2-8 meses
IV. Etnografía	Análisis e interpretación	Mapa de metáforas grupales.			Investigador.	Al finalizar

I. Fase "Entrevistas"

La fase I, denominada "Entrevistas", es un momento de diálogo entre el investigador y la empresa (más específicamente, con los directivos que han convocado al investigador), que finaliza con la presentación de un plan detallado de intervención en la empresa. Se realizan 4 tipos de actividades consecutivas.

---

3   Los tiempos asignados para cada etapa se basan en las experiencias reales de la empresa *Green* y *Blue*. En *Green* el proceso duró 20 meses y en *Blue*, 6 meses.

I.1. Ingreso en la empresa e intercambio de expectativas

La primera actividad de la fase Entrevistas es el intercambio de expectativas. El inicio de la intervención comienza con una decisión de la empresa de convocar al investigador. El investigador comienza con la escucha de las expectativas de la empresa y las necesidades de capacitación. La primera entrevista puede ser con directivos del área de RR. HH. o de auditoría o el gerente general.

Es importante conocer la motivación inicial que provoca el comienzo de un proceso como este y conocer la idea de los directivos sobre el proceso, para poder acotar expectativas mutuas. Usualmente, en filiales locales de empresas multinacionales, el motivo era una decisión política de la casa matriz de implementar una capacitación que mentalice sobre los criterios éticos a aplicar en las conductas de los empleados y sobre los riesgos del no-cumplimiento.

En la entrevista se debe clarificar qué cambio desea llevar adelante la empresa. Estos pueden ser, por ejemplo, más controles o la instalación de una línea de denuncia o mayor compromiso y autoevaluación de la propia conducta, etcétera. Por otra parte, en esta entrevista es el momento donde pueden salir a relucir las ideas previas de los directivos sobre, por ejemplo, capacitar en línea a través de la intranet, o realizar una capacitación presencial, o hacer talleres donde haya participación de los empleados, o donde solamente se expliquen las normas, etcétera.

Una vez que se intercambian expectativas, es importante solicitar a los directivos que seleccionen entre 5 y 10 empleados para realizar una entrevista. Los criterios para seleccionarlos ofrecidos por el investigador es que pertenezcan a distintos niveles y a distintas áreas de la organización. A continuación explicaremos el desarrollo de las entrevistas con informantes clave y un modelo de las preguntas que pueden realizarse.

I.2. Entrevistas con informantes clave

A los empleados seleccionados por la empresa los denominaremos informantes (James Spradley, 1980). La segunda actividad de esta fase son las entrevistas con los informantes, que persiguen dos objetivos principales. En primer lugar, conocer las expectativas que puede haber frente al proceso de aprendizaje que se va a iniciar. En este sentido, es importante indagar sobre los posibles obstáculos al proceso de cambio-aprendizaje que se ha de emprender (por ejemplos, diferentes culturas que se acaban de fusionar), o sobre alguna circunstancia especial que está viviendo la empresa y que luego se verá reflejada en el transcurso del proceso de intervención en la organización (por ejemplo, el proceso de sindicalización del *call center*). En segundo lugar, las entrevistas con informantes tienen el objetivo de delinear un primer perfil de la mentalidad de la empresa.

Para lograr estos dos objetivos es importante trabajar con preguntas abiertas, de modo que surjan espontáneamente las descripciones de los informantes. Es importante aclarar con el informante tanto el objetivo de la entrevista como la garantía personal del anonimato del entrevistado, el tipo de información que se va a revelar, y qué tipo de informe se hará a las autoridades al finalizar las entrevistas.

Una pauta importante para realizar las preguntas abiertas es que todas deben indagar acerca de "cómo son las cosas" y "cómo deberían ser". Esta pauta surge de la caracterización que hacen Chhokar *et al.* (2007: 4) de la cultura organizacional que, según estos autores, se manifiesta en las consideraciones del grupo acerca de "cómo son las cosas" y "cómo deberían ser".

Los que siguen son algunos ejemplos de preguntas abiertas que pueden utilizarse:

1. ¿Cuáles son las virtudes y defectos de la forma de trabajo en esta empresa?
2. ¿Qué expectativas tiene respecto a...? (por ejemplo, la capacitación en ética y *compliance*).
3. ¿Qué temas le parecen más relevantes para ser tratados en el proceso de aprendizaje?; ¿por qué?
4. ¿Qué asuntos le parece que no se deberían abordar?; ¿por qué?
5. ¿Cómo cree que la empresa debe desarrollar un aprendizaje en estos temas?
6. ¿Cuál sería la situación ideal respecto a...? (por ejemplo, el cumplimiento de las normas del código de ética).
7. ¿Cómo se reacciona cuando ocurre...? (por ejemplo, una falta de cumplimiento del código de ética), ¿cómo se debería reaccionar?

Es importante que la actitud del entrevistador sea de escucha atenta, sin emitir opiniones ni juzgar lo que dice el entrevistado. Puede durar entre 40 minutos hasta una hora. El entrevistador-investigador solo hace repreguntas sobre las respuestas del entrevistado y toma notas[4] de las expresiones de los entrevistados, tal como fueron dichas, en la medida de lo posible. Estas repreguntas pueden buscar aclaración o ampliación para conocer los aspectos de la forma de pensar que pueden ser un obstáculo o una resistencia

---

[4] No se ha utilizado la grabación porque puede hacer que las respuestas sean menos espontáneas y lleva a que se esté más atento al aparato que a la persona.

al proceso de aprendizaje que se va a realizar en la institución; o también para permitir que se exprese la brecha -señalada arriba- entre cómo las cosas son y cómo deberían ser. Al señalar cómo deberían ser las cosas, manifiestan sus valores.[5]

I.3. Informe de entrevistas

La tercera actividad de la fase I "Entrevistas" es realizar un informe de las mismas para validar con los directivos y hacer una primera propuesta a la empresa sobre cómo trabajar. Para realizar este informe, luego de las entrevistas, se analizan las notas tomadas en el transcurso de las mismas, buscando los puntos en común y las divergencias entre los diferentes entrevistados.

Para que este informe sea una primera semblanza de la mentalidad de la organización, lo registrado en ellas debe ser sintetizado alrededor de los puntos en común que se encuentren en las respuestas. Específicamente, la pauta es que estos puntos en común deben ser los que se refieran a los criterios reales con los que se toman las decisiones, el "cómo funcionan las cosas allí". También, aquellos elementos que explican o describen las interacciones entre los integrantes de la empresa, y de ellos con la empresa.

El investigador etiqueta las palabras exactas de los entrevistados, bajo una categoría creada por el mismo investigador y que considera que permite agrupar información. Por ejemplo, las respuestas de cinco informantes entrevistados en la empresa *Green se* agruparon alrededor de tres etiquetas o "constructos". Estos fueron: (a) "el control en la toma de decisiones", que agrupó expresiones sobre la burocracia y las normas; (b) "el reconocimiento", que agrupó expresiones sobre la comunicación y la equidad interna y (c) "la empresa", que agrupó frases sobre la reputación de la empresa y el sentido de pertenencia de los empleados a ella.[6]

Si uno compara estos constructos con las preguntas se observa que el contenido de los constructos no son respuestas directas a las preguntas. Gracias a la apertura de las preguntas se pueden categorizar en constructos que atraviesan todas las respuestas. El material registrado en las entrevistas es analizado en forma transversal y no lineal, es decir, ni en la línea de cada pregunta ni en la línea de cada entrevista. Las construcciones del investigador se sustentan en lo común y lo repetido transversalmente a las preguntas y a

---

5   Los resultados de estas entrevistas fueron consistentes con la información de la mentalidad de la empresa elicitada en las metáforas suscitadas por los dibujos grupales, sobre todo en cuanto a los temas a y b del epígrafe siguiente.

6   Zaltman (2004: 187) denomina constructo a la etiqueta puesta por el investigador, que no es ni el pensamiento, ni la conducta real, sino la interpretación del investigador.

los entrevistados. Se tiene en cuenta lo dicho y se infiere lo no dicho. La pauta generalizable importante a destacar aquí es que las preguntas sean abiertas, que haya repreguntas para ampliar o aclarar, que indaguen el "cómo es" y el "cómo debería ser".

I.4. Validación con directivos y plan de intervención

Una vez finalizadas y analizadas las entrevistas con los informantes, se presentan sus resultados a los directivos de la institución, especíﬁcamente a quienes impulsan internamente la capacitación, y se busca que ellos validen los resultados de las entrevistas -sobre las que se preserva el anonimato-, es decir que confirmen si representan el "cómo funcionan las cosas en la empresa".

De acuerdo con la información obtenida se anticipa a los directivos cuáles pueden ser los posibles temas conflictivos que surjan en los talleres y afecten la receptividad a la explicación de las normas de ética y *compliance*. Se subraya qué se puede esperar -y qué no- del plan de trabajo. Luego se establece una agenda de talleres, los objetivos a cumplir en los talleres y el contenido que tendrá el "informe de cultura" final que se entrega a la empresa.

A modo de ejemplo, estos pueden ser algunos de los objetivos a establecer:

1. revisar la institucionalización[7] de las normas de ética y *compliance*;
2. comunicar a todo el personal las instancias de institucionalización del programa de *compliance*;
3. analizar los valores de la cultura organizacional, identificando la brecha entre cuáles son y cuáles deberían ser, según los integrantes de la empresa; lograr reflexión prospectiva; realizar un informe de cultura;
4. identificar en dicha brecha las amenazas y oportunidades para una cultura de ética y *compliance*;
5. capacitar en las normas para lograr una comprensión reflexiva de las mismas y para que puedan conversar y discutir apropiadamente la aplicación de dichas normas a situaciones concretas.

---

[7] Revisar qué instancias institucionales de comunicación y control favorecen la toma de decisiones éticas. Por ejemplo comités, *ombudsperson*, línea de denuncia, código de ética, clasificación de incidentes de riesgo, información disponible para consulta de empleados, etc.

II. Fase "Metáforas"

La fase II, denominada "Metáforas", es la más importante del método HEMG, cuya sigla, recordemos, quiere decir "Método Heurístico para la Elicitación de Metáforas Grupales". Esta fase cuenta con dos actividades diferentes: un taller para el equipo gerencial y una serie de talleres para todo el personal donde se trabaja con dibujos grupales. Veamos ahora cada actividad en detalle.

II.1. Taller "Brechas" para el equipo gerencial

Es significativo para el resto del personal que el primer taller sea con el equipo gerencial. Esto permite que todos los empleados sepan que los gerentes también participan del proceso.

El objetivo de este primer taller es provocar una reflexión de los directivos de la filial local acerca de la brecha[8] que podría existir entre las conductas que son favorecidas por los procesos, estructuras y políticas internas actuales de la organización y las conductas que promueve el nuevo código de ética y la política de *compliance*. Otro objetivo es identificar los valores que provocan detenimiento en la empresa y los instrumentos organizacionales que no favorecen la superación de las brechas. Es decir hay valores impulsores y valores detractores del movimiento en la empresa. Esta caracterización del valor (*driver*, en inglés) que hacen Jagdeep Chhokar *et al.* (2007: 3) como una fuerza que impulsa y mueve una cultura empresarial se contrapone con la que tiene Gareth Morgan para quien el valor es algo que puede producir "atascamiento" (1999: 61), provocar inercia, evitar el cambio o el aprendizaje necesario. En ambas perspectivas, los valores son considerados como fuerzas.

En el taller gerencial llevado a cabo en *Green*[9] se explicó, para comenzar, el contexto mundial en las tendencias éticas y de *compliance* y se analizaron las características del propio código de la empresa, comparándolo con otros códigos de otras empresas. Luego,

---

8 Recordemos que de acuerdo con Schein (1999) las estructuras organizativas, los procesos y las políticas corporativas acarrean valores implícitos que muchas veces contradicen los valores declarados explícitamente por la organización. La concientización sobre estas brechas, ya explicadas en el capítulo 4, puede ser impulsora de un cambio o una mejora.

9 Se hace una breve referencia al taller gerencial realizado en *Green* con los trece gerentes, pero que no resulta generalizable. Además, de este taller no quedaron registros (por motivos referidos a la política de confidencialidad) y no se completaron todos los objetivos en el taller, por cuestiones de administración del tiempo. Al conformar el método para esta investigación establecemos dos talleres gerenciales: uno en la fase metáforas y otro en la fase normas sobre la base de la experiencia en *Green* y *Blue*. En *Blue* el proceso duró solo seis meses, se realizó un solo taller gerencial donde se privilegió la presentación de contenido normativo.

se hicieron dos dinámicas grupales para indagar y reflexionar sobre los valores de la mentalidad y cultura de la organización. Una de esas dinámicas se inspiró en algunas preguntas que plantea Edgar Schein para conocer la cultura de una organización (1999). Este trabajo se realizó con metáforas, pero de una forma diferente al más importante y central que presentaremos en el siguiente epígrafe. Asimismo, permitió –de un modo indirecto– referirse a presunciones importantes de la cultura de *Green*: los temas ambientales son el punto débil de la empresa y la burocracia de la casa matriz es una fuerza contraria al crecimiento productivo de la empresa. Se discutió cómo las nuevas políticas de ética y *compliance* contribuirían más a la inercia que al crecimiento y a que los gerentes no tuvieran poder de decisión. La discusión vivaz no permitió el análisis de todo lo surgido en las dinámicas. Al finalizar, se explicó cómo se iba a trabajar con las metáforas en el resto de los talleres para todo el personal, y lo desarrollamos a continuación.

II.2. Metáforas: taller para todo el personal

Esta es la actividad central de todo el HEMG y es la que recaba la información más rica y más profunda sobre la mentalidad compartida en la organización y en la que participa la mayor cantidad de personas de la empresa estudiada. La herramienta didáctica denominada "dibujos grupales" utilizada en el período 2004-2008 es el paso (b) de esta fase II.

Tabla n° 2. Taller de metáforas en el HEMG: pasos, tareas y duración

HEMG Fase II Metáforas	Taller para todo el personal		
Pasos	Tarea n°	Tarea nombre	Duración mínima
–	–	Explicación de objetivos y asignación de tareas.	15 min.
a) Quiz	1.	Quiz	15 min.
b) Dibujos grupales[10]	2.	Realización dibujos o collage.	45 min.
	3.	Dos lecturas de los 4 pósters realizadas por todos los participantes.	45 min.
	4.	Elaboración de la síntesis del investigador	15 min.
c) Espejo	5.	Análisis y síntesis de los participantes de lo registrado en el paso (a).	45 min.
	6.	Presentación de la síntesis del investigador	15 min.
	7.	Reflexión dialogada donde se contrastan (5) y (6). Espejo y autoconciencia del grupo.	30 min.
Total: 3 pasos	Siete tareas.		4 horas

Preferentemente, los grupos que participarán en los talleres deben componerse de veinte empleados que trabajen en la misma área de la empresa, aunque sean de diferentes niveles jerárquicos.[11] En Green, exceptuando los talleres gerenciales, se realizaron en total ocho talleres con grupos de veinte personas.[12]

---

10 La herramienta didáctica incluía el paso (b) y las tareas 6 y 7 del paso (c).
11 A veces hay áreas muy pequeñas, si la filial es pequeña, por lo que se mezclan con áreas afines por cuestiones logísticas.
12 La mayor parte de las veces; algunas veces podían ser más.

Al comenzar el taller se explican las razones que tiene una empresa para capacitar a su personal en ética y *compliance*, así como el contexto –una nueva legislación o nuevas políticas– que haya motivado externamente a la empresa para realizar la capacitación. Luego se explican los motivos internos de la empresa (usualmente esto lo hace un gerente o director, del área de RR. HH., del área de Asuntos Legales o del área de Auditoría). Luego, se explica cómo la capacitación involucra el compromiso y la reflexión personal sobre estas cuestiones y el carácter de marco o de guía del código de ética o de las políticas de *compliance*. Por último, se explica a los participantes que participarán de dos talleres.

El primer taller, Metáforas, comienza con un *quiz*, sigue con un ejercicio de dibujos grupales y finaliza con un ejercicio de reflexión grupal que contrasta la información obtenida del *quiz*, con la información obtenida de los dibujos grupales.

II.2.a. Paso "Quiz" (tarea 1)

La palabra *quiz* en inglés tiene varios significados y no hay un vocablo equivalente en español. Aquí se utiliza como "cualquier conjunto de preguntas rápidas destinadas a probar el conocimiento". Pero no es un simple cuestionario, o test, sino que se caracteriza por ser veloz. Este *quiz* es un conjunto de preguntas que se hacen a todo el grupo a la vez. Es similar al *quiz* que usamos para el taller de gerentes pero con preguntas más profundas.

Para realizar el mismo se necesitan unas 10 fichas de cartulina de tipo bibliográfico (5 cm x 8 cm) para cada participante (una ficha por cada pregunta a realizar), y dura, aproximadamente, unos 20 minutos. Todos los participantes numeran cada ficha del 1 al 10. Los participantes responderán escribiendo a mano a las preguntas que el investigador haga en voz alta, en la ficha numerada correspondiente al número de pregunta que se realiza. Veamos a continuación cuales son las preguntas, que, además de leerlas en voz alta, es bueno que estén proyectadas mediante un *PowerPoint*:

1. ¿Qué es lo que me gusta/adoro/me encanta de mi trabajo?
2. ¿Qué es lo que odio/detesto de mi trabajo?
3. *Llene los espacios en blanco*: "Soy consciente de que estoy a cargo de..." o bien, "Lo que está bajo mi cuidado es...", o bien, "Lo que yo cuido y me importa es...".
4. *Llene los espacios en blanco*: ¿Qué sucede si no cumplo con...?, o bien, ¿Qué sucede si no llevo a cabo...?
5. ¿Qué estoy dispuesto a dar/ofrecer/proveer?
6. ¿Qué precio estoy dispuesto a pagar?

7. ¿Qué no estoy dispuesto a perder?
8. ¿Cómo sería la mejor versión de mí mismo?
9. ¿Cómo sería la peor versión de mí mismo?
10. ¿Cuál sería la mejor versión de nuestro trabajo en equipo?

Cada pregunta ha de responderse al instante con las primeras asociaciones que les surgen al escuchar las preguntas. Las preguntas tienen un cierto carácter exagerado para evitar un exceso de reflexión y promover una respuesta también contundente y sintética. En lugar de preguntar ¿qué es lo que lo motiva en su trabajo?, se pregunta ¿qué adora usted de su trabajo?, ¿qué le encanta de su trabajo?, o ¿qué odia de su trabajo?

Estas preguntas persiguen el propósito general de obtener información registrable, rápida y agrupable sobre aspectos de la mentalidad del grupo esperando que se manifieste la primera asociación que viene a la mente. Las preguntas son realizadas por el investigador sin brindar ejemplos de respuestas para evitar el sesgo o influencia. Solamente se insiste en que los participantes deben escribir "lo primero que viene a la mente" al escuchar la pregunta. Esta "técnica" del *quiz* está inspirada en lo que es un concepto propio de la mercadotecnia, denominado *top of mind*, y es utilizada en forma análoga.

Tal como lo explica Roldán Z. (2010), en las acciones de *marketing* se busca que un producto encuentre un lugar, una posición en la mente del consumidor. Es una máxima de la mercadotecnia, para Roldán Z., que es mejor ser el primero que penetra en la mente de otro que ser el mejor (2010: 112). Este autor define el *top of mind*, como "el proceso de inducir en la mente de los consumidores una marca que esté de primera en sus mentes. Esa marca brotará de manera espontánea, tendrá la característica de ser la mejor posicionada y será probablemente la que más se compre" (Roldán Zuluaga, 2010: 112).[13]

Análogamente, así como una marca es recordada por ser la primera asociada con ese producto (por ejemplo la antigua marca *Birome* con bolígrafo) y no por ser la mejor, se podría suponer que las primeras ideas que se asocian a cuestiones éticas, son las más usadas. Es decir, la idea que llegó primero a la conciencia es la que está más arraigada; no necesariamente es la mejor, ni la más reflexionada, pero está ahí, y quizás es la que más influye en la conciencia o en el proceso de racionalización y justificación de la conducta.[14] Se citan a continuación las respuestas a la pregunta número cinco (¿qué estoy dispuesto a dar/ofrecer/proveer?) de un grupo de la empresa *Blue*:

• Crear soluciones
• Mi experiencia

---

13 Dentro del ámbito de las disciplinas aledañas al *management*, los estudios de mercado son los que más precisión buscan sobre la conducta humana para poder vender mejor. Su intencionalidad de ser eficaces y las técnicas que han desarrollado nos ayudan en esta búsqueda de lograr conocer la mentalidad compartida por los grupos.
14 Cf. la idea de "sentimientos de justicia" de Schmidt, 1993, ya referida en capítulos anteriores.

- Tratar de trabajar lo más eficientemente posible y la sinceridad
- Mi trabajo que lo hago con responsabilidad y trato de hacerlo lo mejor posible
- Honestidad, esfuerzo, conocimiento y experiencia
- Mi inteligencia y creatividad
- Conocimiento, experiencia, esmero, empeño
- Capacidad de resolver
- La prevención de situaciones difíciles
- Compromiso y actitud
- El compromiso para lograr el objetivo
- La paciencia
- Lo justo y necesario
- Nada
- Satisfacer los requerimientos de mis compañeros
- El valor es importante para mí

Volviendo al desarrollo del *quiz*, una vez respondidas, las fichas completadas con las respuestas personales y anónimas se colocan en un sobre vacío numerado con el número de la pregunta correspondiente. El anonimato de las respuestas es preservado debido a que las fichas se mezclan en el sobre junto con las de los otros participantes del taller (20 fichas en cada sobre). Más adelante explicaremos cómo el grupo utilizará esta información para conocer más sobre su propia mentalidad bajo la guía del investigador.

II.2.b. Paso "dibujos grupales"

Esta es la actividad central donde se realizan dibujos grupales que permiten hacer surgir (elicitar) metáforas con las que el grupo representa algunos aspectos de su mentalidad compartida. Aquí comienza la descripción de la herramienta didáctica con dibujos grupales que motivó las cuatro fases de la herramienta de investigación. La herramienta didáctica contenía el paso "dibujos grupales" y dos tareas del paso "espejo", según son denominados ahora.

El paso "dibujos grupales" consta de las tareas 2 y 3 (ver tabla n° 2). Describimos a continuación los principales aspectos operativos y sus pautas generalizables que son esenciales para que el método produzca los resultados esperados.

Primero, se presentan las pautas sobre la confección de los dibujos; en segundo lugar, las pautas para la lectura de los dibujos; y en tercer lugar, el registro de lo verbalizado y la síntesis de metáforas elicitadas. Estas pautas se presentan como reglas que permiten el acceso a rasgos de la mentalidad compartida, cuya fundamentación se hará en el capítulo 6.

II.2.b.1. La realización de los dibujos (tarea 2)

Los podemos llamar dibujos, *collage* o póster y siempre son grupales. Consisten en una hoja de papel tamaño A1 donde un equipo de cinco personas dibujó, entre todos, una relación. Por dibujar entenderemos, en sentido amplio, dibujar, pintar, recortar, pegar papeles o elementos del entorno (monedas, azúcar, té) o todo eso junto.

Desde el punto de vista logístico, los veinte empleados participantes se dividirán, para esta actividad, en cuatro pequeños equipos de cinco personas. Los materiales necesarios en el aula son, además de cantidad suficiente de hojas tamaño A1 (hojas de rotafolio o papelógrafo), marcadores de colores, papeles de colores primarios (amarillo, rojo, azul), tijeras, pegamento, cuatro mesas grandes para poder dibujar en equipo cómodamente alrededor de ella y pizarrones o alguna superficie donde exponerlos frente a todos.

El contenido de los dibujos

A cada equipo se le asigna una tarea de dibujo diferente a la de otro grupo. Esta explicación de los objetivos y consignas a cada uno de los equipos insume unos 15 minutos. La mayor parte de las veces el investigador asigna la tarea de dibujar "relaciones". Las relaciones a dibujar son invariablemente tres:

1. ¿Cuál es mi relación con la empresa? ¿Qué implica este vínculo? (yo-empresa)
2. ¿Cuál es el vínculo entre la empresa y yo? ¿Qué constituye el vínculo? (empresa-yo)
3. ¿Cómo es mi relación con los demás y de los demás conmigo? ¿Qué implica este vínculo? (yo-otros)[15]
4. Una cuarta relación es "variable" (por ejemplo la relación empresa-sociedad o la relación entre el pasado y el presente, o la relación yo-dinero o la relación entre diferentes áreas)

Explicaremos cómo se asigna la tarea que se conversa con cada equipo (que llamaremos A, B, C y D). Al primer equipo, llamado equipo A, se le asigna qué debe dibujar, por ejemplo, la relación "yo-empresa", es decir, debe focalizarse en esa "dirección" de la relación (desde el yo hacia la empresa). Se le avisa que otro grupo va a dibujar la misma relación pero en el sentido contrario. No se le comenta, en cambio, qué dibujará el resto de los grupos para

---

15 Puede darse que por algún imprevisto de la empresa haya que conformar uno o dos equipos más. En algunas ocasiones, el investigador puede decidir que dos grupos dibujen la misma relación, otras veces se puede agregar otra relación. Algunas veces he agregado: ¿cuál es la relación entre la empresa y la sociedad? ¿Qué constituye el vínculo? (Empresa-sociedad). Se ha propuesto también, alguna vez, o bien dibujar la relación con otra área, o una relación que ellos elijan. Muy contadas veces se ha propuesto que realizaran dibujos, no de relaciones, sino de una evolución temporal o una metáfora que también se puede considerar algo abstracto, por ejemplo, que dibujen el nacimiento de la empresa o su futuro.

no condicionarlos. La pregunta habitual que suelen hacer los participantes es "¿quién es *yo?*". Se aclara que no es el investigador, sino todos y cada uno de ellos que integran el equipo. Se le pide que conversen para encontrar los elementos comunes entre los cinco integrantes del grupo.

Con el póster n° 1 ilustramos la relación "yo-empresa" dibujada por un primer equipo, llamado A, de operarios de la empresa *Blue*.[16] La relación es representada de modo circular indicando la repetición del proceso productivo así como la paridad de la relación entre ellos.[17]

Imagen n° 1. YO-EMPRESA

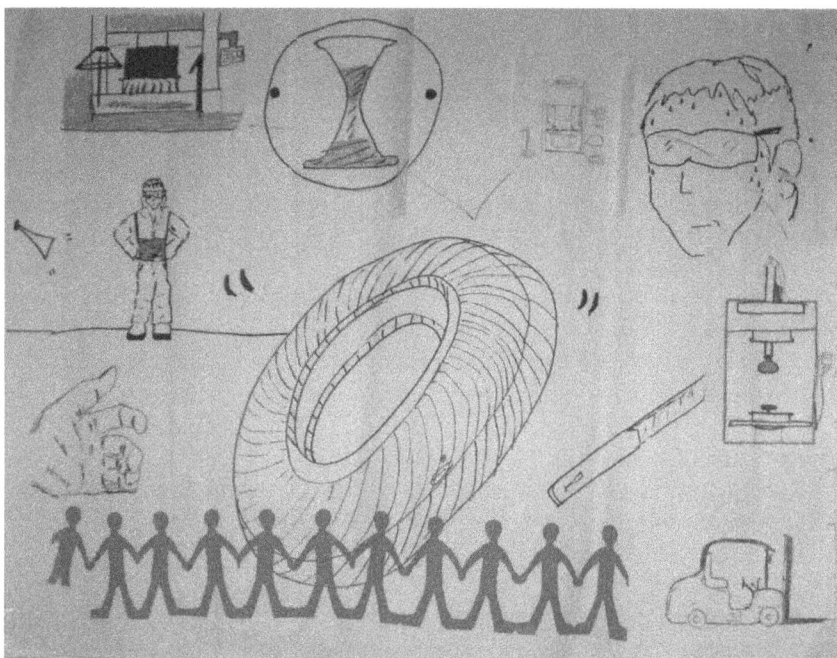

El segundo equipo, llamado B, debe dibujar la relación "empresa-yo". El comentario o duda habitual es acerca de que lo que dibujarán de la empresa en relación con ellos es lo que ellos

---

16 En esta empresa además de los marcadores, se entregaron papeles de colores primarios (rojo, azul y amarillo) para usar en el *collage* grupal. Los colores, a veces, pueden ser relevantes en la lectura de los dibujos.

17 Como veremos en capítulos posteriores, los operarios representan a menudo sus relaciones en formas circulares, mientras que los mandos medios y gerentes, en forma piramidal.

piensan que la empresa "piensa". Se aclara que justamente se trata de eso. Aquí, en general no se ven dificultades para identificar a quién se refiere el "yo".

Con la imagen n° 2 ilustramos esta relación "empresa-yo", que para el grupo de empleados de la fábrica *Blue*, implica una división importante entre la vida familiar y la vida laboral que "deja en el camino" al que sobrelleva ambas responsabilidades.

Imagen n° 2. EMPRESA-YO

Al tercer equipo, llamado C, que debe dibujar la relación "yo-otros", además de las explicaciones similares a los dos grupos anteriores, se les aclara que ellos deben elegir quién es el "otro" o los "otros". Esta tarea asignada al grupo C se ilustra con dos pósters. Por ejemplo, en la imagen n° 3 el "otro" son los de nivel gerencial, y en la imagen n° 4, "los otros" son los que no son operarios. Esta relación se asigna a un solo equipo y en esta única dirección "yo-otros".

Nótese que el póster n° 4, de la misma empresa *Blue*, tiene en común con el póster n° 1, tanto las formas circulares como los elementos "cortantes" hacia afuera de la ronda de obreros (un *cúter* en el póster n° 1, y unas "alas dentadas" en el póster n° 4).

Imagen n° 3. YO-OTROS

Imagen n° 4. YO-OTROS

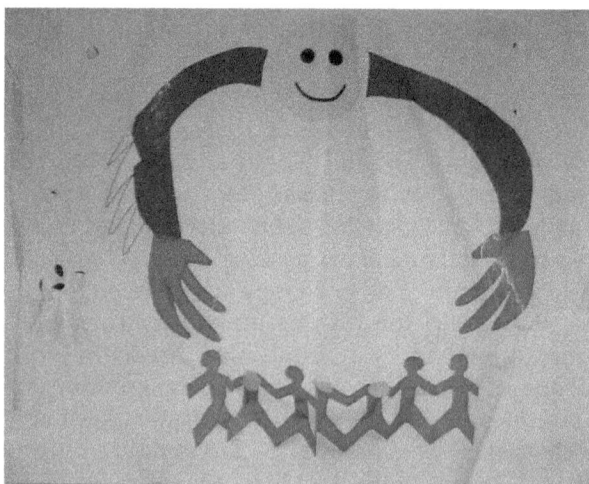

Al cuarto equipo, llamado D, se le puede variar la tarea de dibujar una relación, según evalúe el investigador en el momento las características especiales del grupo de participantes que corresponden a ese día. En algunas ocasiones, el investigador puede decidir que dos grupos dibujen la misma relación en la misma dirección, otras veces se puede agregar otra relación.

Imagen n° 5. Relación entre áreas

En el póster n° 5 se ejemplifica cómo un equipo representó, en la empresa *Blue,* la relación entre áreas. Es un equipo del área productiva, aunque son mandos medios y también conservan el esquema básico circular.

Este tipo de tarea asignada -dibujar en grupo una relación- al principio es desconcertante para los participantes del taller debido a su nivel de abstracción, pero esa misma dificultad lleva a un interesante esfuerzo grupal en imaginar y dibujar, creando imágenes que representan eso tan abstracto que es la relación. La confección de un póster como los presentados hasta aquí insume unos 45 minutos.

Cuanto más abstracta la consigna, se obtienen dibujos que elicitan metáforas que se refieren a cuestiones más profundas de las relaciones humanas o reciben más interpretaciones, es decir, tienen más "riqueza" simbólica. Una vez finalizada la asignación de tareas por equipo, se explican a todo el grupo las reglas ineludibles a seguir para confeccionar los dibujos.

Reglas para la confección de los dibujos

El seguimiento de las reglas favorece el objetivo perseguido: que la relación a dibujar se represente metafóricamente con dibujos muy creativos y muy propios de ese grupo, que permitan interpretaciones más significativas. Se busca que los participantes no recurran a alegorías muy difundidas en la cultura (por ejemplo la balanza que representa la justicia), que dicen muy poco de quien dibuja. Estas reglas son:

1. No se deben incluir en el dibujo signos tales como: palabras, logotipos (por ejemplo de la institución donde trabajan), números, signos matemáticos (más, igual, $, %, etc.). El objetivo de esta regla es que no realicen "atajos" en el dibujo utilizando signos de uso muy extendido en la sociedad. La consigna que se da es que, si en el grupo surge la idea, por ejemplo, de dibujar una "flecha" para indicar una dirección, deben reemplazar la "flecha" por un dibujo o reemplazar la suma (el signo "más" con un dibujo). Esta consigna ha sido muy efectiva para crear dibujos metafóricos de mayor intensidad que dan lugar a más interpretaciones. Todas las ideas, conceptos, sentimientos que quieran representar deben ser expresados por dibujos.

2. El póster debe ser consensuado pero no debe ser resultado del voto de la mayoría aquello que se dibuja. Todo lo que quieran expresar los integrantes del equipo debe estar representado en el conjunto, tanto lo común a todos como la visión divergente. Deben estar presentes las propuestas de dibujo de todos los integrantes del grupo. No deben censurar ninguna idea de los integrantes y puede ocurrir también que haya alguien que no quiera aportar nada y solo quiere observar. El tamaño del póster y la dinámica lo permiten.

Material que se dejó usar

En 2004, cuando se comenzaron a usar los dibujos grupales como herramienta didáctica, se buscaba algo que permitiera que los participantes hablaran -antes de explicar el código de ética- de su situación en la empresa. De ese modo se quería desplazar la necesidad habitual de los participantes de decir "lo que verdaderamente pasa" en la empresa y evitar que se colara en la discusión racional del método del caso o en el debate sobre la aplicación de los principios del código de ética.

Lo que me inspiró el uso de los dibujos fue la lectura del libro *Imaginización* de Gareth Morgan, que cuenta con más de 200 imágenes. Uno de sus capítulos se titula, por ejemplo, "El poder de las ilustraciones".[18] Entre ellas, hay imágenes de animales (abeja, araña, colibrí, jirafa, león, oveja, perro, pulpo, víbora, etc.), de objetos (silla, mesa, martillo, cuchillo, paraguas), de vegetales (árbol, manzana, etc.), y aparecen también algunos personajes (bombero, pintor, mago, director de orquesta, cowboy, el César, etc.). En un contexto lúdico, se ofrecieron imágenes análogas a los participantes en el aula.

Una vez asignada la tarea al equipo (por ejemplo dibujar la relación yo-empresa), los participantes elegían individual y libremente -y en la cantidad que quisieran- imágenes para dibujar la consigna asignada. Luego lo conversaban y consensuaban con el grupo y allí comenzaba el proceso del dibujo-*collage* grupal sobre la relación que se le había indicado dibujar. Tenían libertad de pintarlas, unirlas con otros dibujos, cortarlas, pegarlas, etc.

Por ejemplo, un grupo de médicos directivos de una empresa de salud, al dibujar la relación yo-empresa, se dibujaron en el centro de la organización (simbolizados con el busto de un prócer) y amenazados por el creciente poder del paciente (el león). O bien, en la empresa de nombre ficticio *Red*, integrantes de un grupo simbolizaron la relación empresa-yo mediante la imagen de un "hombre con sombrero y hacha" y de un "bombero". Imágenes a las que les agregaron dibujados: sangre, agua, fuego y una canilla y un brazo derecho para conectar los dibujos que eligieron. En este collage la empresa tiene un poder que se simboliza mediante el cuchillo y la capacidad de abrir o cerrar la canilla, y el "yo" del empleado apaga incendios, dependiendo de los recursos que la empresa le habilita.[19]

Se tomó la idea de Morgan de que el dibujo fuera grupal, ya que permitía que nadie se expusiera personalmente frente a la mirada del grupo. De este modo, se puede expresar libremente cómo la empresa se relaciona con sus empleados o cómo se visualiza a los otros. Por ejemplo,

---

18 Página 295 y ss.
19 Esta "interpretación" del dibujo es fruto del proceso de "lectura" que se explica en el epígrafe siguiente.

según se dibuje la empresa como un campo de concentración o como un árbol lleno de frutos, implicaría dos ideas diferentes de empresa, que pueden condicionar "al modo de un recipiente" la asimilación de las normas del código de ética.

Si bien, como dice Morgan, usar imágenes predeterminadas y dadas por el investigador no condiciona lo que los participantes quieren decir ya que siempre van a decir aquello que quieran, en 2005 se abandonó el uso de las imágenes predeterminadas y se comenzó a pedirles a los participantes que crearan a partir de la hoja en blanco sus dibujos-collage. Se mantuvo el resto de las reglas y se incorporó el uso de marcadores de diferentes colores y papeles de colores primarios.

II.2.b.2. La lectura de los dibujos (tarea 3)

Al finalizar, todos los pósters se exponen en las paredes o pizarras disponibles, a la vista de todos. Sentados frente a las imágenes, durante una hora aproximadamente se realiza el proceso de lectura. Llamamos "lectura" al proceso por el cual los participantes comparten lo que ven "dicho" en el póster acerca de la relación que el grupo tenía como tarea dibujar. Es en la lectura de los dibujos donde los participantes verbalizan las metáforas que representan el cómo funcionan las cosas en esa empresa.

Usualmente, la expectativa de los participantes es explicar inmediatamente lo que quiere decir el dibujo que realizaron. Pero el proceso es, en verdad, al revés: la primera "lectura" de las imágenes no la hace el mismo grupo que dibujó el póster, sino el resto. Esta regla es muy importante y veremos a continuación por qué.

Como se dijo, en un grupo de veinte personas hay cuatro equipos y por lo tanto cuatro pósters (A, B, C y D). Antes de que el grupo A diga qué quiso dibujar, los integrantes de los demás grupos "leen" lo que dice el póster sobre la relación que tuvo que dibujar el equipo A. Se enfatiza mucho que no se debe tratar de "adivinar" o acertar lo que quiso decir el grupo A, sino expresar lo que ven acerca de la relación que se dibujó. Al finalizar lo que todos leen del póster del equipo A, en ese momento el grupo A explica qué quiso decir. Así se procede sucesivamente con los cuatro equipos.

Esta forma de "lectura" facilita el surgimiento de metáforas e interpretaciones, donde se conjugan las diferentes subjetividades de los participantes. La lectura proyecta las propias ideas y los sentimientos experimentados por cada participante acerca de la relación simbolizada. Las propias ideas, presunciones y creencias se atribuyen lúdicamente al dibujo realizado por otros y motivadas, suscitadas, elicitadas por ese dibujo.

Es decir, el equipo A proyecta sus significados propios en las imágenes que elige. Los equipos B, C y D (los que no dibujaron la consigna de A, sino otra) leen el dibujo del equipo A completando las proyecciones de los integrantes de A con sus propias proyecciones,[20] agregando significados que los que dibujaron quizás ni siquiera imaginaron. Los que no dibujaron hacen una lectura de los dibujos sobre la base de lo que ellos imaginan o sienten o piensan frente a esos dibujos. En los que no dibujaron, los dibujos del otro grupo "hacen eco" y "resuenan" muchas veces con matices diferentes a los que quisieron imprimir los que dibujaron.

En síntesis, cada póster colectivo recibe tres lecturas sucesivas, en este orden:

1. la de todos los participantes que no dibujaron el póster,
2. la del mismo grupo que dibujó el póster,
3. la lectura del investigador al finalizar.

Durante el proceso de lectura-interpretación, todos tienen la "libertad de expresión" que da hablar de lo compartido en la empresa, mediatizados por un dibujo pero, a veces, el investigador debe intervenir para evitar la dispersión. El tiempo de lectura grupal insume entre 45 a 60 minutos.

Intervención en la lectura

Las intervenciones que realiza el investigador durante la lectura grupal tienen tres motivos:

1. Hacer avanzar al grupo si estaba atascado o disperso. Por ejemplo, en el momento en que el equipo A verbaliza lo que quiso dibujar, se aclara que no es necesario "defender" el dibujo de las interpretaciones que hicieron el resto de los equipos. A veces, se discuten las diferentes interpretaciones intentando dar "la correcta", pero el instructor fomenta que no discutan con el otro, sino que expresen la ambigüedad o las contradicciones propias de las diferentes miradas, para no interrumpir la proyección de todas las personas que quieran expresarse.[21]

---

[20] Esta cuestión de la proyección es deudora de un interesante intercambio de ideas con el Pbro. Dr. Alejandro Carlos Llorente, director -en ese momento- del Programa Investigación y Docencia en Ética y Empresa de la Pontificia Universidad Católica Argentina, con quien compartí el dictado de los talleres en la empresa *Yellow* y *Violet*. Estos fueron los únicos que dicté en forma compartida en empresas.
[21] Estas suelen reflejar las diferencias entre lo que es y lo que les gustaría que fuera, o bien entre lo valioso y lo imperfecto que encontramos en toda realidad.

2. Ubicar al yo, a la empresa y a los "otros" en el póster. Por ejemplo, luego de un rato en el que han leído diversas ideas sobre la relación, se puede preguntar: *¿dónde está el "yo" en ese dibujo?*; o bien *¿dónde está la empresa?* Allí podrían contestar: "el yo está en las manos"; o "el yo no está, solo aparece la empresa" o "la empresa es el árbol y nosotros los frutos", etc.

3. Hacer surgir metáforas más profundas. Por ejemplo, a veces comienzan la lectura describiendo superficialmente el dibujo, sin interpretar. Si este es el caso, se pregunta *¿cómo es la relación empresa-yo según ese dibujo?* Podrían contestar, por ejemplo, "cortante", "distante", "no hay", etc. Otra pregunta de intervención apunta a verbalizar *¿qué sienten frente al dibujo?* Esta pregunta conduce a veces a respuestas más profundas, como: "creatividad", "libertad", o bien "angustia", "dureza". También por último, se puede preguntar *¿qué dibujo iban a incluir y no incluyeron?*

II.2.b.3. La síntesis del investigador (tarea 4)

El investigador toma notas[22] de las dos lecturas que realizan los participantes del taller. Debe ir registrando lo dicho a medida que va sucediendo durante los 45-60 minutos que dura el proceso de ambas lecturas. Lo que debe registrar, en la medida de lo posible, es la verbalización que se hace al mirar los dibujos. Los participantes del taller "leen" en el dibujo cómo son las relaciones en esa empresa.

El investigador debe registrar toda expresión significativa que explique el "cómo funcionan las cosas en esa empresa". Se han de registrar, en forma literal, sus expresiones, frases, chistes, interpretaciones, metáforas que se refieren a la relación dibujada. Debe prestar atención y tomar nota velozmente, sin detenerse a analizar; pero sí estar atento a lo significativo y a si es necesaria una intervención para profundizar. En cada taller de veinte personas se llegan a registrar unas 700 palabras[23] durante las dos lecturas de los cuatro pósters.

Identificar una expresión significativa no tiene reglas que se puedan establecer en forma anticipada, salvo la de considerar la reacción del grupo a la misma (un gran silencio, una aclamación). La reacción positiva o negativa puede ser un indicador de que uno de los participantes

---

[22] La grabación no es una alternativa viable debido a que se vuelve inaudible por la superposición de voces. Lo ideal es que tomen nota dos personas.

[23] De este modo resultó en *Green* y en *Blue* donde se ha hecho un registro ordenado de todas las fases del proceso.

expresó una clave interpretativa de la mentalidad y cultura que ellos viven. Sin la reacción del grupo, el investigador puede identificar frases significativas en función de su experiencia.[24]

Imágenes n° 6 y 7[25]

---

[24] En general, los docentes habituados a conducir clases participativas están acostumbrados a distinguir y considerar el impacto de lo que se dice en los asistentes.

[25] Detalle de un póster donde la fábrica es vista como un campo de concentración (según la verbalización de los participantes) y un póster completo que simboliza la relación empresa-yo para personal de la fábrica (con operarios no sindicalizados) y donde la empresa es una torre acumuladora de lingotes de oro.

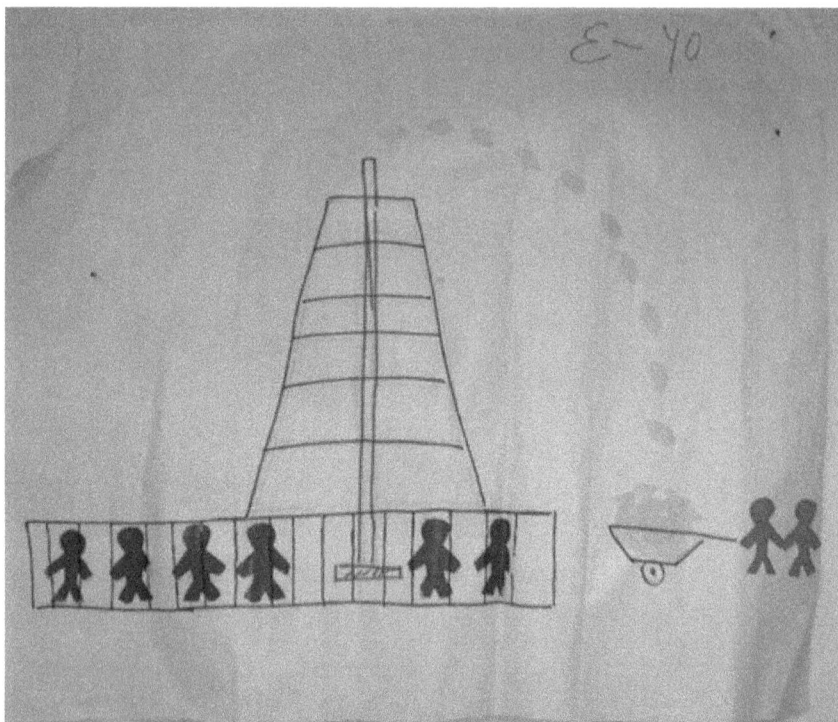

Al finalizar el proceso de lectura, el investigador debe revisar las notas (durante unos 20 minutos) de todas las palabras y frases registradas buscando un orden. A la vez que se revisan las notas en busca de este orden, debe ir mirando los pósters. Se puede hacer una síntesis, que gire alrededor del yo, la empresa y la relación; o bien del yo, los otros y la empresa. La síntesis resulta en un listado de aproximadamente unas 50 a 100 palabras agrupadas en estos ejes. Esta síntesis subraya las metáforas con las que se describe la relación yo, otros, empresa (en sus variadas direcciones). La síntesis contendrá las características del yo (por ejemplo, su tamaño, su ubicación, su medida de poder, entre otras); las características de la empresa (por ejemplo que es un campo de concentración, que acumula dinero -ver imágenes 6 y 7-, que crece y da frutos, etc.); los rasgos de la relación (si es de colaboración, de ayuda mutua, de uso mutuo, de aplastamiento, de protección, de interdependencia, etc.).

Es importante respetar en la síntesis las palabras que ellos utilizaron en sus lecturas.[26] A continuación citaremos como ejemplo ilustrativo la síntesis realizada por el investigador para un taller de veinte personas

---

26 La síntesis del investigador pudo haber estado influenciada o sesgada por alguna interpretación significativa que hizo una sola persona, que si es pertinente y clara, nadie la discute.

que realizaron cuatro pósters en la empresa *Green* (*Sede Interior*). Se cita la parte de la síntesis que se refiere a uno de los cuatro pósters que representa la relación yo-empresa (imagen n° 8):

Imagen n° 8. Relación YO-EMPRESA[27]

Los participantes expresaron que habían dibujado un hombre protegido por la sombra del árbol, pero luego decidieron taparlo pegando un trozo de papel (a la izquierda del tronco).

- Individualidad pequeña y desprotegida (Yo=hojas del árbol).
- No hay diálogo ni comunicación.
- Aislamiento. Tristeza.
- Deseos positivos, frescura.
- Muy buen tamaño de la empresa y su productividad. Derroche.
- Asignación de recursos ineficiente y desigual.

27

La lectura e interpretación del investigador se basa en las dos lecturas que realizan los empleados. La diferencia entre la lectura del investigador y la de los empleados es que la del investigador realiza una categorización sobre lo dicho (sobre la base del yo y de la empresa principalmente) y compara con otros grupos. Confeccionada con las palabras que los empleados usaron para "leer" sus dibujos, el investigador les brindará (en el paso Espejo) una imagen-espejo que se armó por pequeñas partes durante el proceso de "lectura".

II.2.c. Paso "Espejo"

El nombre "Espejo" se inspira en Morgan, quien afirma que la metáfora permite conectar lo objetivo con lo subjetivo y que explorar e indagar las imágenes compartidas es una tarea que permite una revisión crítica de los propios puntos de vista.

El tercer paso (c) del taller de metáforas consta de las tareas 5, 6 y 7. Consiste en realizar un trabajo de contraste o confrontación de lo que el grupo dice de sí mismo en el paso (b) -a través de la lectura de los dibujos grupales- y lo que el grupo dijo de sí mismo en el paso (a) -a través del *quiz*-.

Una vez que el investigador elaboró la síntesis de las metáforas (tarea 4),[28] espera a que el grupo finalice la síntesis del *quiz* (tarea 5) para poder presentarla (tarea 6).

II.2.c.1. Análisis y síntesis de las respuestas del quiz (tarea 5)

Para la síntesis del *quiz*, los participantes se dividen en los mismos cuatro equipos que conformaron al realizar los dibujos. Cada equipo recibe dos sobres con las fichas de las respuestas del *quiz*. Es decir, recibe

---

28 En el caso de los talleres 2004-2006 (empresas *Yellow*, *Violet*, *Brown* y *Red*), donde solo se realizaba el paso "dibujos grupales", una vez finalizado el diálogo sobre la síntesis de las lecturas de los dibujos se daba la explicación del código de conducta y demás políticas de *compliance*. En la explicación de las normas se incluía una conexión entre los valores grupales reflejados en los dibujos que reforzaban algunas conductas esperadas por las normas de ética y aquellos valores que disminuían la probabilidad de cumplir con alguna regla. El mismo esquema, es decir, solo realizar el paso dibujos grupales, se utilizó en los cursos y posgrados para ejecutivos (Máster en Administración de Empresas [MBA], Curso de Posgrado en *Marketing* y Curso de Posgrado en Finanzas). Aunque solamente se conservan registros (fotografías y notas) de algunos grupos de MBA. Al finalizar, en lugar de hablar del código de ética, se dialogaba acerca del éxito, los deseos de superación, los temores y ambiciones y de la integridad en la vida profesional. El contexto es diferente al de la empresa, en primer lugar porque los alumnos pertenecen a distintas empresas, y en segundo lugar porque no hay un código institucional que se deba conocer obligatoriamente en el transcurso de la enseñanza. Usualmente se extiende durante 3 horas (el total de la materia ética empresarial del MBA en la Universidad Católica Argentina tiene 9 bloques de 3 horas). Las tareas asignadas varían levemente. Además de las relaciones yo, empresa, otros, sociedad se les propone dibujar la vida laboral como un viaje.

las respuestas de todo el grupo sobre dos preguntas. Cada grupo debe sintetizar lo que la totalidad de los integrantes del taller respondió al escuchar cada pregunta. Son unas veinte fichas-respuestas sobre cada una de las diez preguntas.

Las reglas a cumplir por los participantes para hacer una buena síntesis son: 1) que señalen la frecuencia de las respuestas al clasificarlas; 2) que no cambien las palabras que fueron escritas en las fichas y 3) que interpreten, al presentarlo verbalmente, cuál es la tendencia del grupo.

El equipo A analiza las respuestas a la pregunta n° 3 (*Llene los espacios en blanco*: "Soy consciente de que estoy a cargo de…" o bien, "Lo que está bajo mi cuidado es…", o bien, "Lo que yo cuido y me importa es…") y la pregunta n° 4 (*Llene los espacios en blanco*: ¿Qué sucede si no cumplo con…?, o ¿Qué sucede si no llevo a cabo…?), bajo el constructo "el sentido de responsabilidad de este grupo".

El equipo A analizará y luego sintetizará lo que todo el grupo (las veinte personas) siente que tiene a cargo y su conciencia sobre las consecuencias de dejar de hacer algo. Por ejemplo, algunos responden, "no pasa nada, otro lo hace", mientras que otros responden "recargo de trabajo a mis compañeros" o "el cliente no recibe la mercadería".

El equipo B analiza tres preguntas n° 5 (¿Qué estoy dispuesto a dar/ofrecer/proveer?), n° 6 (¿Qué precio estoy dispuesto a pagar?) y n° 7 (¿Qué no estoy dispuesto a perder?) bajo el constructo "el sentido del límite de este grupo". Las respuestas brindarán información sobre aquello que viene primero a la mente acerca del límite para ceder, sacrificarse, protegerse, aceptar o negarse y lo agruparán bajo el constructo "el sentido del límite de este grupo".

Por ejemplo, algunos responden "no estoy dispuesto a perder nada" o, muy frecuentemente, el límite es "lo que afecte a mi familia". Estas respuestas permiten hacer una reflexión dialogada sobre la integridad como conservación de la autonomía en los criterios éticos de decisión (cf. capítulo 2), autonomía racional que no excluye una sana lealtad y cumplimiento de normas. Permite dialogar sobre la medida interna o punto de equilibrio entre dos extremos en tensión: la presión de la empresa y la fuerza de los valores personales.

El equipo C analizará y sintetizará la pregunta n° 1 (¿Qué es lo que me gusta/adoro/me encanta de mi trabajo?) y n° 2 (¿Qué es lo que odio/detesto de mi trabajo?). Las respuestas a estas preguntas indagan sobre los valores -en sentido amplio- que le resultan atractivos al grupo para moverlos a actuar: motivaciones internas, impulsores en la vida cotidiana del trabajo. Incluye -por oposición- los desmotivadores de la vida laboral. Por ejemplo, algunos responden en esos pocos segundos: "me gusta poder aplicar la creatividad en mi trabajo"; o "detesto el calor que hace en la fábrica".

Finalmente, el equipo D indagará las respuestas a la pregunta n° 8 (¿Cómo sería la mejor versión de mí mismo?), n° 9 (¿Cómo sería la peor versión de mí mismo?) y la n° 10 (¿Cuál sería la mejor versión de nuestro trabajo en equipo) bajo el constructo "cómo debería ser este grupo". Estas respuestas se referirán al ideal de persona y de equipo. Tal como señalamos antes, la mentalidad de una cultura se manifiesta también en la descripción de "cómo deberían ser las cosas". En este caso, sobre el sujeto y el equipo. Por ejemplo, algunos responden, "ser más calmado"; y otros, "mejor comunicación". Una vez finalizada esta categorización de las respuestas del *quiz*, con las categorías que le propuso el investigador, este presenta la propia lectura-síntesis de los dibujos.

Los participantes analizan y sintetizan las preguntas recibidas en una hoja A1, confeccionando un nuevo póster (imagen n° 8). De esta manera, los participantes leen y reconocen las respuestas verbales de sus colaboradores y ven con objetividad las tendencias (o frecuencias) de opinión de todo el grupo. Luego, los grupos explican lo que caracteriza al grupo de acuerdo con la síntesis expuesta en los pósters. Esta síntesis es de gran impacto en los participantes que ven reflejadas sus creencias y presunciones –de forma anónima- en el papel.

La clasificación de las respuestas del *quiz* (tarea 5) se hace en función de los constructos asignados por el investigador que apuntan a identificar el sentido de integridad del grupo. Por "sentido de integridad" no nos referimos a la virtud de la integridad en sí misma, sino al sentido "subjetivo" por el cual una persona se siente una persona íntegra. Los cuatro constructos que delinean el sentido de integridad del grupo son:

1. el sentido de la responsabilidad,
2. el sentido del límite,
3. la motivación interna,
4. el ideal de sí mismo.

Las preguntas del *quiz* abordan de modo indirecto este "sentido subjetivo" de integridad, indagando sobre lo que mueve a actuar, la responsabilidad y el límite. Son preguntas abiertas y por tanto son proyectivas y el desafío es clasificar lo que se respondió en forma tan abierta. En este caso, más que captar lo compartido (como hacen los dibujos), se capta la tendencia del grupo por la frecuencia de sus respuestas (verbales).

Imagen nº 9

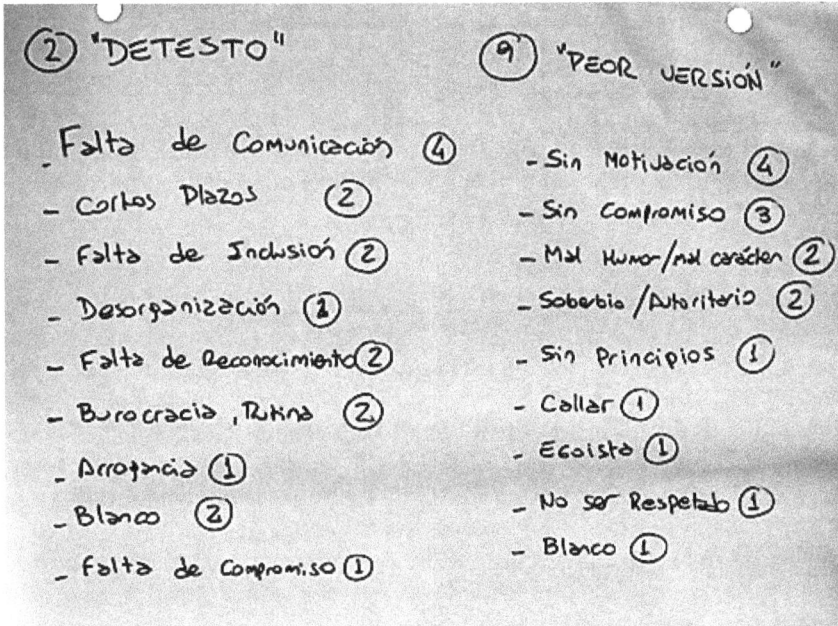

No se intenta postular aquí que estas preguntas sean las únicas que puedan captar el sentido de integridad, pero son las que de hecho promovieron un diálogo en el taller sobre esta virtud y sus resultados fueron usados como material para el informe sobre su cultura presentado en la empresa *Blue*.[29]

II.2.c.2. Presentación de la síntesis del investigador (tarea 6)

Una vez concluida la explicación de los pósters del *quiz* por cada grupo, el investigador presenta la síntesis de las metáforas alrededor de las ideas de yo, de otro, de la empresa y sus interrelaciones, según se manifestó en la lectura de los dibujos grupales. La presentación es de gran impacto y origina un diálogo muy rico con el grupo.

El investigador puede utilizar la síntesis para subrayar los valores "en uso" del grupo, mostrando sus puntos fuertes (como por ejemplo, su alta valoración de la búsqueda de la superación personal) y sus puntos débiles (como, por ejemplo, una marcada instrumentalización de la empresa para sus fines personales). También se puede, gracias a la

---

[29] En estas preguntas se obtienen respuestas que tienen diversos grados de riqueza y profundidad. Este concepto merecería mejorar el dispositivo de preguntas o hacer otro ejercicio que no sea un *quiz*.

receptividad que genera en el grupo la tarea realizada, conversar sobre la "ambigüedad" de esos valores. Por ejemplo, si el grupo valora y se ve a sí mismo como muy cooperativo, organizado y de estrechos lazos de interdependencia mutua, esta "virtud" del grupo, llevada a su extremo -dejando de ser virtud- podía implicar una falta de respeto para una persona de otra área de la empresa, por no ser como los de su "clase". Lo visto a través de los dibujos y metáforas provoca una excelente posibilidad de reflexión consciente y de autoconocimiento del grupo.

II.2.c.3. Reflexión dialogada (tarea 7)

Luego, el investigador va señalando los contrastes entre lo manifestado a través de las metáforas y a través del *quiz*. Esta comparación entre una y otra manifestación se hace según lo que surge en el momento y no queda registro. A veces aparecen contradicciones; a veces, coincidencias. Es un momento donde el grupo se va observando como en un espejo, y validando o discutiendo las inconsistencias o brechas entre lo manifestado verbalmente en el *quiz* y lo manifestado simbólicamente en los dibujos.

Por ejemplo, de la síntesis de los dibujos puede aparecer la idea de un yo agazapado y atemorizado previendo un conflicto mientras que en el *quiz* aparece que los valores morales son irrenunciables. Este "contraste" lleva a una reflexión, cuya conexión se establece en el mismo momento y es validada por el diálogo grupal. El grupo puede dar ejemplos o explicaciones de esta dualidad o ambivalencia que se ve en el contraste. De estas reflexiones no queda registro; es parte del autoconocimiento del grupo guiado por el investigador y es algo impredecible, pero se reconocen los efectos positivos en el grupo.

Un tema central al que conduce esta reflexión dialogada es sobre el sentido subjetivo de integridad. La base es la idea de las fuerzas en tensión que hacen peligrar la integridad personal que explicamos en el capítulo 2. Como ya vimos, en la empresa, el principal "enemigo" de esta integridad interior es lo que los empleados denominan "la presión de la empresa", que puede darse mediante órdenes explícitas o mediante la persuasión de los incentivos. Por tanto, el sentido subjetivo de integridad se relaciona con la visión que las personas tienen de sí mismas sobre su propio poder, en relación con el poder de la empresa. De allí se puede derivar un consecuente sentido de obediencia y cumplimiento, es decir, razones para asumir o simplemente acatar las normas de ética.

La relación entre el propio poder y el cumplimiento se relaciona con algo que surge en varios dibujos (con forma de prisión o de paloma que busca la libertad). Obedecer y cumplir (no solo con las normas sino también con los objetivos) puede ser vivido como que la empresa "se apropia de ese yo" y decide sobre el propio destino y quita libertad. El sentido subjetivo de integridad (SSI) se refiere a una aparente dicotomía entre el gobierno de uno mismo (de modo que permanezco entero con dignidad, sin "venderme") y perderme a mí mismo siendo un engranaje del sistema. La virtud estará en el punto medio.

El sentido subjetivo de integridad también refleja aquello que la persona considera valioso y no quiere ceder. Este sentido es un componente de la mentalidad compartida porque de algún modo presupone una idea de cómo funcionan las cosas en la empresa. Lo llamamos sentido subjetivo de integridad porque no revela cómo actúan las personas, sino el criterio que dicen que tienen para actuar como dueños de sí mismos, con tales motivaciones, responsabilidades y límites.

En definitiva, el paso Espejo (tareas 5, 6 y 7) apunta a que el grupo reflexione sobre la tensión entre la mentalidad compartida y el propio sentido de integridad. Se tratan en el espacio de la reflexión dialogada por la que se busca concientizar a las personas de su libertad y responsabilidad.

Tanto en la fase I Entrevistas, como en la fase II Metáforas, el método HEMG analiza el punto de vista de los participantes de la empresa a partir de lo que dicen. No se observa lo que hacen. Se busca comprender el sentido que dan a sus actos y decisiones y su visión de la empresa. Se busca describir sus valores, creencias, perspectivas y motivaciones. Se busca comprender qué ven y cómo juzgan, bajo la presunción de que esa forma de ver y juzgar que sostienen en forma acrítica y que se expresa tanto en los dibujos grupales como en el *top of mind*, influirá en el cumplimiento de las normas éticas o será influida por la capacitación sobre las mismas.

III. Fase "Normas"

La tercera fase del método HEMG es donde se presenta aquello que es el objetivo principal de la empresa, lo que ha motivado la intervención: conocer las normas del código de ética y las políticas de *compliance*. En esta etapa, la empresa hace explícitos sus valores y estándares de comportamiento. En este sentido, esta fase cuenta con menos pautas generalizables, porque dependerá de lo que se proponga la empresa o institución.

En la primera y segunda fase se fue haciendo explícita para el grupo la mentalidad implícita que comparten en la empresa. En esta tercera fase, se presenta el cambio que la institución desea implementar. Por ejemplo, en la empresa *Green,* se realizó una revisión de los materiales de comunicación sobre ética y *compliance*. Es decir, se tradujeron las políticas de la casa matriz al idioma local, se diseñaron folletos con explicaciones sintéticas y se subió información a la intranet local, se definieron los canales de comunicación para el sistema de denuncias y se definió y comunicó el rol del *ombudsman* (ver tabla n° 1 con las tres actividades de la fase III Normas).

Una vez definidas e implementadas estas instancias institucionales con el área de Recursos Humanos y algunos gerentes, se explicaron a todos los gerentes en un taller gerencial especial estos procesos de ética y *compliance*. En este taller, de 4 horas de duración, se realizó una presentación global de los puntos fuertes y débiles de la mentalidad compartida en la empresa -resultante de los primeros talleres-; se explicaron en detalle las instancias de institucionalización del código de ética y las políticas de *compliance*; se explicaron los valores que se buscaba desarrollar y se realizaron discusiones de incidentes o mini-casos.

Luego se realizaron con todo el personal los talleres de ética y *compliance* de 2 horas y media de duración. Se destacaron los puntos fuertes de los distintos subgrupos en la empresa que promueven o sostienen los valores del código y se señalaron globalmente aquellos que necesitan un esfuerzo en superación. Se explicaron los valores y principios del código y se ejemplificaron con situaciones concretas. Se explicó la categorización de riesgos de *compliance* y se explicó el sistema de denuncias.

La experiencia de autoconocimiento del grupo, en la que tomaron conciencia de la forma compartida de ver la empresa y de algunos de sus valores compartidos,[30] permitía relacionar esos valores de grupo con las normas que la empresa pretende que cumplan. Se podía de este modo relacionar con los puntos fuertes y débiles del grupo. Por ejemplo, si el grupo evidenciaba mucha competitividad interna, se enfatizaba la colaboración, el respeto, la integridad; en cambio, si el grupo evidenciaba mucha lealtad interna, se enfatizaban otros aspectos, como, por ejemplo, la responsabilidad con el accionista o con la confidencialidad de la información. En definitiva, se les mostraba cómo esa mentalidad favorecía -o no- al cumplimiento de normas y códigos éticos que espera la empresa. Conectando, de esta forma, lo objetivo del código con lo subjetivo de la mentalidad.

Con esta fase III finaliza la actividad más intensa en la empresa, para pasar ahora a la última fase, la IV, que denominamos "etnografía", donde se generan los informes (por ejemplo el mapa de metáforas) por parte del investigador.

---

[30] Los participantes usualmente suelen sorprenderse de la coincidencia que encuentran con sus colegas. Esto lo señalan en las encuestas al finalizar el taller.

IV. Fase "Etnografía"

En las empresas *Green* y *Blue* se entregó a los directivos de Recursos Humanos un documento final llamado "informe de cultura". A modo de ejemplo, el "informe de cultura" presentado a la empresa *Blue* contenía los siguientes ítems:

1. Metodología (pág. 2)
2. Percepción del Yo en la toma de decisiones (pág. 3)
3. Percepción acerca de la Empresa (pág. 4)
4. Valoración del pasado y del futuro (pág. 5)
5. Valores compartidos (pág. 6)
6. Sentido de la integridad (pág. 7)
7. Desafíos (pág. 8)

En el informe de cultura de *Blue* se compararon los resultados de los empleados de producción con los empleados administrativos y técnicos. En el caso de la empresa *Green* el informe de cultura comparaba las dos sedes de la empresa: *Sede Ciudad* y *Sede Interior*.

Pero en este trabajo de investigación hemos avanzado más allá de lo presentado a ambas empresas y gracias a la fundamentación científica en la etnografía y en la lingüística cognitiva. Este escrito más completo, que se puede realizar con posterioridad a la intervención en la empresa, es el momento de análisis de todo lo registrado y de redacción de un informe tipo "historia clínica" de la empresa que contiene un mapa de metáforas (MMG) y el SSI (sentido subjetivo de integridad) que representa su mentalidad y que se explica en los capítulos que siguen.

Síntesis y conclusiones del capítulo 5

La experiencia realizada en la capacitación en diversas empresas sobre cuestiones de ética y *compliance* nos ha permitido confrontarnos con la mentalidad de diversas profesiones y de diversas organizaciones. En dicha experiencia, el fracaso experimentado con las discusiones "racionales" de casos nos condujo a desarrollar una herramienta didáctica centrada en la realización de dibujos grupales. Esta herramienta nos permitió hacer reflexionar -en los talleres realizados en empresas- sobre las creencias y presunciones de cada grupo, acerca de cómo suponen que es la lógica que mueve a la empresa, y acerca de la capacidad de influir que sus integrantes creen tener en ella. Esta reflexión previa a la explicación racional de las normas éticas nos permitió que se recibieran de un modo menos resistente las nuevas normas.[31] Teniendo en cuenta

---

31 Las razones de cómo ocurre esta reducción de la resistencia lo explicaremos en el capítulo 7 de esta segunda parte.

que las normas éticas presuponen que los empleados pueden tomar decisiones libres y responsables, reflexionar sobre cómo el funcionamiento de la organización los condiciona en sus decisiones es clave para luego reflexionar sobre el cumplimiento de las normas éticas.

Además del efecto didáctico, observamos que las imágenes repetidas usadas como dibujos representativos de la lógica organizacional y del lugar del sujeto, podían estar señalando patrones mentales compartidos. Por ello, para convertir la herramienta didáctica en una herramienta de investigación, se debía primero describir el proceso de forma detallada, que es lo que hemos hecho en este capítulo, y luego buscar fundamento en disciplinas epistemológicamente ya conformadas.

Este método se denomina "Método Heurístico de Elicitación de Metáforas Grupales" (HEMG) y es un proceso de intervención en una empresa por parte de un investigador que para la empresa actúa como un consultor. Posee cuatro fases: I) Entrevistas, II) Metáforas, III) Normas, IV) Etnografía, que comprenden distintas tareas y actividades. La segunda fase contiene la herramienta didáctica con dibujos grupales desarrollada y probada de 2004 a 2008, que dio origen a las tres fases restantes y con las que la hemos convertido en herramienta de investigación.

Las claves de la descripción del capítulo 5 son dos. La primera, es que su nivel de detalle lo hace un proceso replicable en otras empresas u otro tipo de organizaciones. La segunda, es que se estipulan reglas con las cuales se han de realizar los dibujos grupales, para hacer más eficaz la elicitación de metáforas. Entre dichas reglas, encontramos que el investigador ha de asignar a cada equipo una relación a dibujar entre todos (la relación entre el yo y la empresa; la relación entre la empresa y el yo; la relación del yo con los otros; y una cuarta relación que el investigador elige en función de las características del grupo). No es posible usar palabras ni símbolos consuetudinarios. Una vez terminados los dibujos, se exponen ante todo el grupo y reciben tres lecturas sucesivas: la de todos los participantes, excepto quienes dibujaron esa consigna, la del grupo dibujante, y la del investigador. Esta secuencia se repite con cada equipo y sirve para que todos puedan proyectar[32] sus propias interpretaciones a partir de las imágenes.

Una vez descrito el método, en los siguientes capítulos lo que haremos será dar fundamento a la experiencia del HEMG. Para ello, nos referiremos en el capítulo 6 a la etnografía organizacional, y en el capítulo 7, a la etnografía organizacional activa de Gareth Morgan, por ser este autor la inspiración para desarrollar la herramienta didáctica con dibujos grupales. Asimismo, dado que la etnografía activa explica solamente el aprendizaje que provoca el uso de las metáforas en la organización, en el capítulo 8 agregaremos nociones de la lingüística

---

32 El mecanismo de proyección se explicará en el capítulo 7.

cognitiva para explicar las recurrencias y repeticiones. Es decir, la lingüística cognitiva nos permitirá explicar cómo en diversas metáforas se puede encontrar un mínimo denominador común y cómo ese "mínimo denominador común" (denominado imago-esquema) es un patrón propio de una cultura.

6

Método HEMG: su justificación de acuerdo con la etnografía organizacional

Introducción

El método HEMG es más que una experiencia didáctica: posibilita un autoconocimiento por parte de la cultura observada en una organización y también permite la confección de un mapa de metáforas que representan la mentalidad compartida en esa organización. Ahora bien, ¿cómo se presenta a la comunidad académica este método? ¿De qué modo se fundamenta y en qué disciplina se inscribe?

En los siguientes capítulos se enmarca el HEMG en la antropología cultural y, dentro de ella, más específicamente, en la etnografía organizacional (capítulos 6 y 7). Asimismo, se justifica el método HEMG en la lingüística cognitiva (capítulo 8). La etnografía acentúa que el método logra captar la singularidad de una cultura; por su parte, la lingüística cognitiva acentúa que el método logra captar una cierta universalidad en la forma de comprender la organización por parte de sus integrantes.

En este capítulo comenzaremos con el desarrollo de su contexto de justificación ubicando el método HEMG en la etnografía organizacional. Su inscripción en esta disciplina nos permitirá justificar la objetividad y validez de los resultados de su aplicación. Para la etnografía organizacional seguimos principalmente a los antropólogos norteamericanos Helen Schwartzman (1993) y John Van Maanen (2011).[1]

El objetivo principal de este capítulo será mostrar que el HEMG cuenta con suficientes puntos de observación como para que la interpretación del investigador sobre la mentalidad compartida sea válida desde el punto de vista de los estándares de la antropología cultural que estudia

---

[1] Schwartzman es de la Northwestern University, especialista en antropología del trabajo y organizaciones. John Van Maanen (2011) es actualmente profesor de *management* y estudios organizacionales en MIT Sloan School of Management. Todos los textos citados son traducción propia.

organizaciones. Especialmente, desde su rama denominada etnografía organizacional, que cuenta con una relevante tradición en el estudio de las organizaciones empresarias.

La etnografía tiene una base empírica que no es cientificista. Es decir, su abordaje empírico es tanto riguroso como artesanal y a su vez, es epistemológicamente "flexible", ya que más allá del constructivismo, positivismo o materialismo del antropólogo en cuestión, siempre se reafirman la intuición y creatividad del investigador así como su objetividad para representar la cultura estudiada. Por lo tanto permite realizar una descripción de fenómenos que son compatibles con la reflexión desde nuestro punto de vista metafísico y ético.

A partir de su estudio, hemos encontrado muchos puntos en común entre la experiencia personal y las definiciones y descripciones de la etnografía organizacional, no solo en el espíritu investigativo, sino en el modo de abordar el conocimiento. La etnografía, por tanto, parece ser apropiada para dar un marco epistemológico a aquello que fue realizado -de manera intuitiva- por muchos años en la capacitación en empresas.

A partir de este momento, consideraremos a los integrantes de la empresa como los nativos de una cultura y los llamaremos, indistintamente, nativos, participantes de la empresa o sujetos. Por otra parte, al consultor, instructor o investigador de la empresa, lo denominaremos investigador u observador participante, *outsider,* extranjero.

1. La etnografía organizacional: características generales

En el ámbito de los estudios sobre la empresa y las organizaciones, según Helen B. Schwartzman (1993), "la etnografía es 'la marca registrada' de la antropología cultural". El etnógrafo busca explicar las ideas y las prácticas que influencian el modo en que las vidas de los participantes de una cultura son vividas. También busca explicar cómo se construyen y constituyen los grupos, los contextos organizacionales y sus ideas y prácticas. De acuerdo con Schwartzman, la etnografía aplicada a las organizaciones tiene como hito fundacional el llamado "estudio Hawthorne" realizado a principios del siglo XX en la *Western Electric Company* (Chicago, EE. UU.) (Schwartzman, 1993: 56-57).

En ese estudio, que comenzó en 1924, la planta industrial contaba con 29.000 empleados y debido a la baja productividad, los gerentes estaban interesados en entender la relación que había entre la fatiga y la monotonía experimentada por los trabajadores y la satisfacción (o insatisfacción) en el trabajo. Para indagar esta relación se comenzó con un experimento que modificaba el entorno de las tareas (específicamente, la intensidad de la iluminación), y se observaron y registraron las variaciones de la productividad en relación con esos cambios.

Debido a que los empleados modificaron su comportamiento por la presencia de los investigadores, los resultados obtenidos fueron confusos en el primer experimento. Por eso se suma al proyecto de investigación Elton Mayo, junto con sus colegas de Harvard Business School, Fritz Roethlisberger y William Dickson, y se comienza a investigar no tanto los factores ambientales sino los factores psicológicos, realizando para ello -entre 1928 y 1931- entrevistas a más de 20.000 empleados.

Los resultados de las entrevistas mostraban que los empleados preferían permanecer en un grupo específico de trabajo, antes que cambiar de puesto de trabajo por una mejor paga. El grupo les permitía sentirse protegidos de lo que percibieran como amenazador (Schwartzman, 1993: 8). Para controlar los resultados de las entrevistas diseñaron un método de observación directa del comportamiento de los empleados.

Un grupo de 14 operarios fueron observados entre 1931 y 1932, mientras trabajaban en una sala especial llamada *Bank Wiring Observation Room*. Las observaciones directas permitieron comparar lo que se decía en las entrevistas con lo que verdaderamente hacían. Un investigador-observador se ubicaba dentro del grupo en el rol de "espectador desinteresado" e iba registrando el desempeño en el trabajo, los hechos significativos y las conversaciones e interacciones. Un segundo investigador actuaba como un extranjero (*outsider*) al grupo. El *outsider* no entraba a la sala de observaciones, pero hacía entrevistas *ad hoc* a fin de "lograr algunos *insights* de las actitudes, pensamientos y sentimientos de los trabajadores" (Schwartzman, 1993: 9).

Los resultados de la observación directa descubrieron la influencia de la organización informal en la productividad de sus trabajadores. La influencia de las presiones y las creencias compartidas influenciaban más en el resultado total producido por el grupo que el sistema de incentivos salariales (Schwartzman, 1993: 11). Lo que ocurría era que el grupo presionaba negativamente a los operarios que más producían para que no lo hicieran.

El estudio Hawthorne[2] contradijo los principios científicos de la administración de empresas formulados por Frederick Taylor en el siglo anterior y fue el inicio de una nueva tradición de investigación llamada "la escuela de las relaciones humanas" (Schwartzman, 1993: 5). Pero en los años 50 y 60 se comenzaron a dejar de lado los estudios etnográficos basados en observaciones "en el campo" para privilegiar los estudios

---

2 Según Schwartzman es el estudio más influyente de ciencias del comportamiento de una empresa, aún 50 años después de su publicación, en 1939, por Roethlisberger y Dickson (Schwartzman, 1993: 5).

cuantitativos basados en encuestas (Schwartzman, 1993: 3) provenientes de la psicología industrial y la sociología organizacional. Más tarde, en los años 70 y 80 la etnografía organizacional recobra su vigor cuando surgen los estudios llamados "antropología del trabajo", "etnología industrial" o también "etnografía ocupacional", que buscan descubrir y entender los modos en que la gente maneja su día a día laboral (Schwartzman, 1993: 27-29).

Schwartzman sostiene que si bien el estudio Hawthorne fue muy criticado en sus resultados y su modo de experimentación, subraya la importancia de los métodos cualitativos en un contexto de investigación que hoy privilegia el positivismo (Schwartzman, 1993: 15).

Según Garry Burton *et al.* (2011), la etnografía es más artesanal y cualitativa que la antropología científica, que es positivista. Para la antropología científica, la presunción principal es que los datos son algo que esta "allá fuera" en el campo de estudio, esperando a ser observados, registrados y catalogados. Asimismo, busca generalizaciones y hace comparaciones de casos. Además, a diferencia de la psicología o la sociología, se caracteriza por incorporar registros de observación del investigador y también observaciones de los mismos nativos.

Por otra parte, la etnografía -según John Van Maanen (2011)- es un método práctico y neutral de observación, que hace estudios cualitativos y que puede mantener su frescura, riqueza y vitalidad justamente porque trata de no caer bajo los dictados metodológicos dominantes del *mainstream* positivista. Hoy, según este autor, la etnografía, bajo el paraguas de los llamados "estudios organizacionales" (*Organizational Studies*), contribuye a disciplinas como la "teoría organizacional", o el "comportamiento organizacional" (Van Maanen, 2011: 231).

En los últimos 20 años han crecido los estudios cualitativos en empresas, según Van Maanen, pero aún la etnografía sigue siendo una sub-disciplina marginal que no está en temas de moda, ni bajo herramientas analíticas comunes. Van Maanen defiende esta visión más artesanal de la etnografía (2011: 226), ya que, de hecho, "las verdades más reverenciadas sobre la realidad del trabajo en las organizaciones y el *management* provienen de estudios etnográficos de pequeña escala y limitados a un solo sitio" (Van Maanen, 2011: 231).

Según Van Maanen, lo importante es observar qué es lo que la cultura hace: otorga significados, define palabras, ideas, cosas, símbolos, grupos, identidades, actividades (Van Maanen, 2011: 228). Van Maanen considera que la actividad humana y la cultura hoy han de ser explicadas bajo la idea de "significado social".

La actividad humana, según Van Maanen, incluye tanto hechos como palabras expresadas, y de su interacción salen a la luz significados que están limitados a un determinado universo (por ejemplo, el universo de los que tienen la misma profesión, o la misma responsabilidad funcional en una empresa).[3] Las interacciones sociales son las que sostienen o alteran los significados y prácticas producidos por esas mismas interacciones. La etnografía "es el estudio y la representación de la cultura, tal como es usada por gente específica, en un lugar específico y en un momento particular" (Van Maanen, 2011: 221).

La etnografía realiza un trabajo de campo, un trabajo analítico, y produce finalmente un texto, llamados por Van Maanen (2011: 219) *fieldwork, headwork and textwork*. Según este autor, la etnografía busca representar en un texto final una interpretación del investigador sobre las palabras y hechos de un grupo. De este modo, la etnografía es una interpretación de cómo los participantes de una cultura han construido un conjunto de significados que "son producidos por", que "sostienen a" y "dan sentido a" sus interacciones sociales.

Según Van Maanen hoy en día hay que ver a la empresa no como un lugar físico sino como un lugar donde socialmente convergen significados. Esta convergencia de significados es un "pluralismo polifónico de sentido e interpretación" (Van Maanen, 2011: 226). Dice el autor:

> Las organizaciones, en tanto sedes de relaciones interconectadas -locales, nacionales y transnacionales-, en verdad están donde se cruzan las ideas, los conocimientos, los intereses y los valores. Como tales, son lugares donde los significados de varios orígenes convergen, se mezclan, se funden y, a menudo, chocan (Van Maanen, 2011: 225).

De acuerdo con Van Maanen, la etnografía reflejará este cruce de significados. Será un mapa que representa la trama de las subjetividades de ese grupo. Es decir que -mediante imágenes, palabras, frases, analogías, metáforas- el investigador caracterizará la cultura observada. Este mapa será valorado si el etnógrafo demuestra la cercanía al grupo estudiado y para ello aportará evidencias (ejemplos, citas) y analogías e interpretaciones de los significados que surgen de la interacción con los integrantes de esa cultura.

De esta manera, el HEMG puede ser incluido en la línea de pensamiento de la etnografía, ya por su carácter artesanal, ya por ser una herramienta analítica de la mentalidad compartida en una cultura organizacional. Asimismo tanto Schwartzman como Van Maanen distinguen entre palabras, ideas y significados por un lado, y hechos y prácticas de la cultura por el otro. Esta división es análoga a la que hemos realizado anteriormente para determinar los niveles de la cultura y la ubicación de la mentalidad compartida: el ver y el juzgar por un lado y el actuar por

---

3   Los ejemplos no son del autor.

otro. En este trabajo sobre la mentalidad compartida nos focalizamos en las palabras, ideas y significados, es decir, en el ver y el juzgar compartido por una cultura y no en el actuar.

En el caso del HEMG, el *fieldwork* se realizó en los procesos de capacitación en ética y *compliance*, el *headwork* corresponde al análisis de metáforas de acuerdo con la lingüística cognitiva, y el *textwork* es el mapa de metáforas grupales (MMG) y el sentido subjetivo de integridad (SSI) que representan los significados compartidos por los integrantes de la empresa. El mapa de metáforas grupales contiene significados convergentes elicitados de los dibujos grupales construidos e interpretados grupalmente.

Antes de continuar con la caracterización de la etnografía organizacional veremos cómo es el registro de evidencias de la etnografía en la antropología cultural, a la luz de lo cual clasificaremos los registros que se obtienen de lo observado en el HEMG.

2. Los registros y conocimientos etnográficos

James P. Spradley (1980) y Marvin Harris (1976)[4] son antropólogos norteamericanos relevantes en sus prescripciones acerca de la tarea de la observación participante y las entrevistas etnográficas. Sus escritos y su espíritu de investigación se evidencian en los textos de Schwartzman y de Van Maanen. De acuerdo con Spradley (1980), cada etnógrafo crea su propio sistema de registros del trabajo de campo.

Por su parte, Schwartzman subraya la flexibilidad metodológica que permite cambiar, retroceder y evolucionar durante el curso de una investigación, como ocurrió con el estudio Hawthorne (1993: 15). Por tanto, en esta perspectiva, el método del HEMG se puede considerar etnográficamente correcto, ya que refleja esta flexibilidad, constituyendo un conjunto de pautas, en cuatro fases, algunas más generalizables y fijas que otras.

Según Spradley (1980: 70-72) es importante mantener el "principio de identificación del lenguaje", es decir, mantener el lenguaje que usan los nativos observados. Se debe distinguir claramente el *verbatim* (las palabras tal cual están dichas) de la perspectiva del investigador. Para ello es necesario ser concreto, específico y detallado. Es importante tomar notas en el momento (frases sueltas, palabras, afirmaciones inconexas) y también recuperar al final del día

---

4 Antropólogo cultural autor de un influyente texto cuyo título traducimos como *Historia y relevancia de la distinción EMIC/ETIC* y que seguimos en este epígrafe.

lo que se ha observado. Es conveniente, también, registrar lo que le sucede al investigador (ideas, miedos, errores, confusiones, reacciones, sentimientos, problemas que surgen en el campo de trabajo).

El HEMG cuenta con muchas de esas notas tomadas en el momento, a las que Spradley denomina "descripción condensada" (1980: 70), y que considera que puede ser el mejor modo de captar vívida y rápidamente eventos importantes o frases clave inmediatamente después de observar algo. Al obtener registros detallados, se supera lo que Spradley llama "la presunción de la punta más alta del iceberg" (*tip-of-the-iceberg-assumption*) (1980: 70), donde se confunde la punta del iceberg con el contenido de toda la montaña de hielo que está debajo del agua helada. Para el autor, reconocer esta presunción inicial y reconocer la complejidad puede evitar que se vea comprometida la calidad de la observación e investigación.

Este rigor en el registro de lo escuchado es también subrayado por Harris (1976), quien distingue el registro de lo dicho y el registro de lo pensado por el nativo. Pero como es materialista, no se refiere a lo pensado sino a "lo que está en la cabeza de los nativos". Veamos primero qué dice Harris (1976) y luego volveremos a esta valoración de su propuesta de distinción de registros de lo escuchado a los nativos por el investigador.

Las diferencias en los registros etnográficos propuestas por Harris se basan en las nociones EMIC y ETIC. Para introducir estas nociones nos remitimos al análisis lingüístico,[5] el cual distingue en un lenguaje el registro fonético del registro fonémico. El primero identifica en el lenguaje las unidades de sonidos según la parte del cuerpo que los produce (por ejemplo: sonido dental, sonido aspirado, sonido gutural, etc.). El segundo identifica en el lenguaje los sonidos según "el sistema de contraste de sonidos, implícito o inconsciente, que los hablantes nativos tienen dentro de sus cabezas y que ellos emplean para identificar locuciones significativas en su lenguaje" (Harris, 1976: 332). Mediante este sistema, los nativos de una cultura distinguen cada unidad de sonido como apropiada o inapropiada, pero no por lo que significa sino por el lugar correcto que ocupa.

---

5   ¿De dónde surge la distinción EMIC/ETIC? Según Harris tiene origen en el lingüista y antropólogo Kenneth Lee Pike, quien establece una analogía entre el conocimiento de los fenómenos socioculturales y el análisis del lenguaje. Cada lenguaje y cada cultura tienen un entramado que lo hace único. Pike es quien acuña los neologismos ETIC y EMIC a partir de los sufijos de *phonetic* y *phonemic* (Harris, 1976: 332-334).

Haciendo una analogía entre el análisis lingüístico y el análisis social se pueden obtener registros "ETIC"[6] y "EMIC" al observar una cultura. Los sonidos diferentes y correctos son análogos a los comportamientos sociales diferentes y correctos. Asimismo, en cada cultura, son los hablantes nativos quienes establecen el sistema por el cual hay una unidad de sonido correcta en cada lugar o una unidad de comportamiento adecuada en cada situación social (Harris, 1976: 334).

Tanto en un lenguaje como en una cultura se pueden identificar dos elementos importantes: (a) unidades (por ejemplo, sonidos en uno y comportamientos en otro) y (b) un sistema de reglas que compone o divide dichas unidades (haciendo los sonidos apropiados, correctos o pertinentes para ese lenguaje o comportamientos para esa sociedad). Así como el lingüista busca identificar las reglas que articulan los sonidos para que sean un idioma y no otro, el etnógrafo busca identificar las reglas que articulan y singularizan las interacciones de los integrantes de una cultura.

Lo que, en definitiva, hace la etnografía al observar una cultura es describir una fonética social y elicitar una fonémica social. Por tanto, el investigador etnográfico realiza dos tipos de acciones: observar (Harris, 1976: 336) y elicitar (1976: 330). Luego etiquetará como ETIC o EMIC aquel conocimiento que obtuvo de la observación y de la elicitación.

¿Qué observa el etnógrafo? Los objetos socioculturales que observa son de cuatro tipos: actos o hechos, entidades, relaciones y significados socioculturales (incluyen propósitos y motivaciones). Los tres primeros son actos del comportamiento (*behavioural events*) y al cuarto tipo lo denomina actos del discurso (*speech acts*).[7]

Cuando se describen los actos o hechos, entidades o relaciones observados en los integrantes de una cultura se obtienen conocimientos ETIC (Harris, 1976: 330). Luego el investigador buscará patrones y categorizará lo observado según criterios de similitud, diferencia y significación (Harris, 1976: 340).

Los actos del discurso observables son palabras, frases, interpretaciones, etc. Pero como la observación de lo dicho puede ser solo un significado superficial (*surface meaning*) y no reflejar lo que verdaderamente sucede "en las cabezas de los actores", se debe realizar un análisis EMIC. El acto del discurso observado es solo el contenido ETIC de un mensaje (Harris 1976: 345-346).

---

6 En la literatura consultada, estos sufijos ETIC y EMIC se escriben con letras mayúsculas.
7 Harris, 1976: 334, 340, 338.

¿Qué elicita el etnógrafo? El investigador elicita significados, propósitos, objetivos, motivaciones que están en las cabezas de los actores sociales. El investigador logra a partir del análisis de las descripciones ETIC del discurso, obtener conocimientos EMIC. Es decir que los conocimientos ETIC del discurso son el punto de acceso al conocimiento EMIC (Harris, 1976: 333-5).

El "lugar" de los conocimientos ETIC son los actos del comportamientos o del discurso y el "lugar" de los conocimientos EMIC es la cabeza de los actores nativos. Harris afirma:

> El modo de entrar en la cabeza de la gente es hablar con ellos, hacer preguntas acerca de cómo piensan y sienten. Cuando tales preguntas son presentadas de un modo organizado, formal y direccionadas a hacer un esquema de (*mapping*) cómo los participantes ven el mundo, podemos hablar de operaciones de elicitación (Harris, 1976: 336).

Según Harris (1976: 336-339) el investigador indaga en la trama que los nativos desarrollaron,[8] en la que se distinguen pensamientos y comportamientos pertinentes a esa cultura de aquellos que no lo son. La trama puede ser inconsciente y el objetivo de un análisis EMIC es conocer la estructura de este programa o sistema. Para ello, el investigador analiza el contenido de las palabras, mensajes y afirmaciones ETIC acerca de lo que los nativos dicen creer o valorar (significados), buscando la estructura subyacente consciente o inconsciente (EMIC).

Sintetizamos en la tabla n° 1 las acciones del investigador, sus objetos de conocimiento y el tipo de conocimiento producido por dichas acciones. El investigador indaga más allá de lo visible del iceberg, en busca de lo que da sentido y significado a las interacciones en esa cultura. Aquí se pone en juego la capacidad del investigador para identificar, mediante las evidencias ETIC, la estructura EMIC. El investigador "es libre de abstraer y construir cualquier modo de estructura EMIC, sean conscientes o inconscientes, tales como planes, mapas cognitivos, reglas, temas, valores, símbolos, códigos morales, etc." (Harris, 1976: 338).

Harris distingue tres perspectivas en la etnografía: la del observador participante (el investigador), la de los actores participantes (los integrantes de la cultura) y la de los informantes de la cultura (algunos de los actores que actúan como observadores y describen).

---

8 Harris la llama "sistema de juicios nativos de contraste y pertinencia" (Harris, 1976: 339, 345).

Tabla n° 1. Conocimientos etnográficos según Marvin Harris (1976)

Acción del investigador etnográfico	Objeto de conocimiento		"Lugar" donde se halla el objeto	Conocimiento científico generado
Observa	Actos del comportamiento	1. Actos o hechos 2. Entidades 3. Relaciones	En sus actos observables	(I) Descripciones de estos actos del comportamiento son conocimientos ETIC.
	Actos del discurso	Significados declarados		(II) Describe palabras, frases e interpretaciones que son conocimiento ETIC.
Elicita	-Significados profundos -Trama o estructura subyacente		En la cabeza de los nativos	(III) Se obtienen conocimientos EMIC a los que se accede al analizar lo ETIC II.

El informante nativo de la cultura provee, según Harris, información sobre las interacciones con los otros, describiendo tanto eventos que ha observado como eventos en los que ha participado (Harris, 1976: 340). Si el informante describe los eventos de acuerdo con criterios que surgen del mismo informante, se obtienen conocimientos EMIC (1976: 340); también se obtienen conocimientos EMIC cuando el informante dice solo lo que es significativo para los actores de la cultura (1976: 341). En cambio, cuando se les pide a los informantes que hablen de una forma más descriptiva de acuerdo con las categorías del investigador se obtiene conocimiento ETIC.[9] Lo sintetizamos en la tabla n° 2.

---

9   Las categorías del investigador pueden ser, según Harris: tiempo, espacio, pesos y medidas, tipos de actores, números de personas presentes, movimientos del cuerpo y efectos ambientales.

Tabla n° 2. Perspectivas de la observación en la etnografía y sus conocimientos producidos

Perspectiva	Conocimiento producido	
Observador participante	ETIC	Describe lo observado
(investigador)	EMIC	Elicita
Actor participante	ETIC	Describe lo vivido y obser-vado según *las categorías del investigador*
(informante de la cultura)	EMIC	-Describe lo vivido y observado de acuerdo con *sus propios criterios* -Describe solo lo que es significativo para los actores

Lo EMIC es lo más profundo que obtiene el antropólogo con la etnografía. Por ejemplo, si un empleado en una entrevista dice "acá nunca despiden a nadie" intentando explicar que en esa empresa no se reconocen los méritos de forma justa, ha explicado en sus propios términos un conocimiento EMIC, una regla de articulación en esa cultura. Asimismo, una interpretación del investigador que explica la trama subjetiva compartida por los integrantes de la cultura estudiada a partir de las muchas metáforas vistas y escuchadas en una determinada área de la empresa, es también un conocimiento EMIC.

Lo ETIC, en cambio, es lo más superficial que obtiene el antropólogo, sea porque es un registro verbal textual, o porque es una respuesta de un informante de la cultura que responde a una categorización del investigador. Pero lo ETIC es acceso a lo EMIC.

Según Harris, los actores de una cultura distinguen en su vida social dos tipos de "otros": los "otros significativos" (*significant others*) y el resto de los otros. Si los informantes proveen información solo acerca de "los otros significativos", filtrando individuos que ellos mismos juzgan que no son esenciales a su mundo social, brindan conocimiento EMIC. En cambio, si los informantes son alentados a describir a todos los otros con los que interactúan, brindan conocimiento ETIC (1976: 341).

Ilustremos las ideas de Harris con el HEMG. La tarea de dibujar relaciones es una categorización del investigador. Sin embargo, cuando se le pide a un equipo -de los participantes de un taller- que dibuje específicamente la relación yo-otros, no se le indica quiénes son "los otros" a dibujar, sino que se les pide que lo elijan ellos. En la imagen n° 1, se ve cómo un grupo de operarios de fábrica de la empresa *Blue* dibujó en una ronda (corro) y un abrazo a sus otros significativos. En el abrazo, el yo está relacionado con sus pares, en color rojo, los iguales al yo. En una ronda separada, están los que no son como ellos, de otro color y un "ala dentada" separa y "defiende" a los unos de los otros.

Imagen n° 1. YO-OTROS

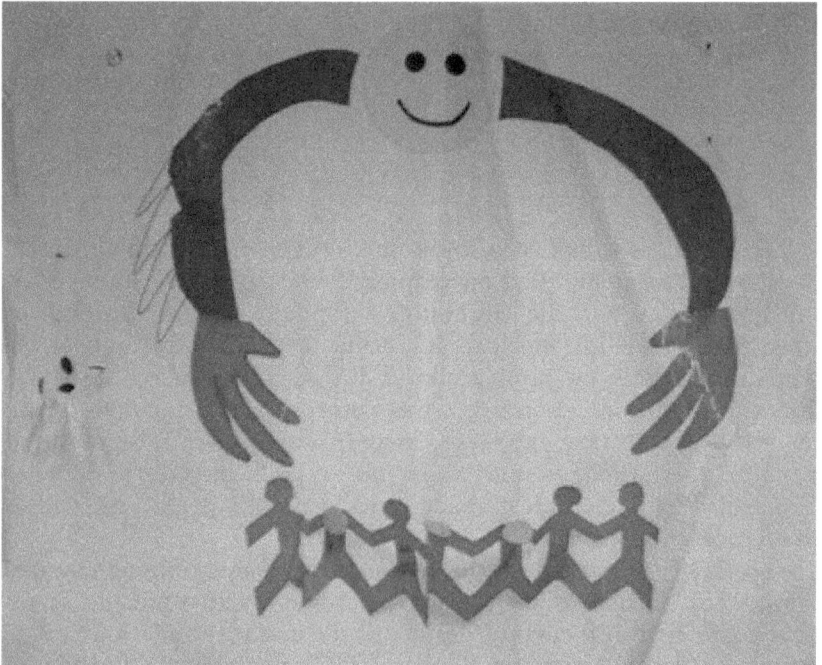

En cambio, en la imagen n° 2, también de operarios de la empresa *Blue*, la relación yo-otros solamente identifica como "otros" a los pares. Esos son los únicos significativos para este equipo y la relación y articulación entre ellos es muy positiva y fluye sin obstáculos.

Imagen n° 2. YO-OTRO

Las que siguen son las expresiones verbales que surgen al "leer" el póster realizado por otros participantes y registradas por el instructor en el momento de la verbalización:

- Todos muchachos jóvenes. Viva la joda. El más viejo 28, el más joven 23.
- Una relación muy buena. Pasan buen tiempo.
- Parece que se sienten encerrados. Dan muchas vueltas. ¿Y la brújula? Pasan mucho tiempo encerrados. Enjaulados. El camino es sinuoso, difícil, pero entre ellos hay una integración divertida, de buen llevar.
- Da la sensación de que todos los días son soleados. De noche, es el tren fantasma.
- ¿Brújula o reloj? Lo relaciono más a "tiempo" que a "orientación". La brújula está perdida, porque el rojo apunta distinto que el azul.
- Hay una parte peligrosa. El yo está adentro de la calesita. Los otros, el tren, dando vueltas, divirtiéndose en la montaña rusa.

Estos registros verbales son registros ETIC que permiten acceso a los contenidos EMIC. El investigador puede interpretar qué les pasa a los nativos, de acuerdo con el contexto, según lo que en otros equipos de esa misma área de la empresa han expresado. Por ejemplo, se puede interpretar que además de lo positivo del buen pasar en el presente, su mirada del futuro es negativa. Esto se puede inferir de la desorientación (no hay brújula ni rumbo) y del encierro. Es decir, el aspecto negativo no se da entre ellos, sino en relación con el entorno. Lo que ellos mencionan como prisión o jaula es quizás la imposibilidad de ascender socialmente, girando siempre en el mismo lugar, con la misma rutina (según se vio en otros dibujos de la misma empresa).

Como valoración final de este epígrafe acerca de los registros y conocimientos etnográficos, se destaca que Harris demuestra el mismo espíritu de otros etnógrafos: un gran rigor en la observación y su registro y a la vez, una gran confianza en la visión e interpretación del investigador. Ahora bien, si bien Harris se define como un positivista y materialista (1976: 330), al igual que el resto de los etnógrafos citados, refleja una intencionalidad realista en su búsqueda de conocer a los nativos tal como son, de escuchar sus auténticas voces y representarlas para que otros los conozcan a través del texto etnográfico.

La distinción EMIC y ETIC nos aporta para nuestra investigación el poder distinguir los conocimientos que provienen del investigador y los conocimientos que nos proveen los informantes en el HEMG. Ambos serán utilizados en la confección del texto final etnográfico o mapa de metáforas. Esta distinción garantiza que el mapa de metáforas grupales (MMG) a confeccionar como resultado del HEMG representa efectivamente la mentalidad compartida, porque abreva de dos perspectivas diferentes: los significados provistos por los informantes de la cultura (ETIC y EMIC) y la intuición del investigador para detectar la trama subyacente que conforman esos significados (EMIC).

También nos aporta un modo de observación que es más profundo que el sobreutilizado método de encuestas y un modo menos cargado de teorías como el de la psicología. Harris, asimismo, subraya la importancia de la distinción ETIC/EMIC frente a la crítica que podría hacer la psicología a la etnografía, acerca de que con estos dos tipos de registros estaría brindando información redundante. Afirma:

… estos neologismos [ETIC/EMIC] evocan lo separados que están los observadores y los actores en sus respectivas fenomenologías sobre actos de comportamiento, de un modo que no está previsto en la psicología conductista o mentalista
[sic] (Harris, 1976: 340).

Si bien ya hemos avanzado sobre los registros del HEMG en
este epígrafe, veamos a continuación en detalle cómo el HEMG
observa y registra del mismo modo que la etnografía, garantizando
rigurosidad en la observación y amplitud de puntos de observación.

3. Los conocimientos ETIC/EMIC en el HEMG

En el HEMG los conocimientos ETIC/EMIC que se utilizan para
construir el mapa de metáforas grupales (MMG) de la etnografía
final (fase IV) se obtienen en las tres primeras fases. En cada una de
ellas hay observaciones y elicitaciones que abonan lo que surge de
la actividad central de los dibujos grupales. Estas observaciones son
siempre de actos del discurso, es decir, de frases, palabras, interpretaciones. El HEMG no observa prácticas ni comportamientos.
    El HEMG abstrae "libremente" (Harris, 1976) un modo de
estructura EMIC no-consciente que es el mapa de metáforas grupales (MMG). Este mapa representa los significados convergentes (Van Maanen, 2011) que tienen las relaciones yo-empresa (en
ambos sentidos) y yo-otros para los empleados en ese contexto y
momento específico. La libertad del investigador que subraya Harris
(1976: 338) supone un registro detallado y fiel de las voces nativas
(Spradley, 1980). Esto le permitirá al investigador "describir las
culturas tal como ellas son, antes de evaluar cómo deberían ser"
(Schwartzman, 1993: 52) y que las "voces nativas" se reflejen en
la interpretación final.
    El HEMG incluye, como dijimos, la observación e interpreta-
ción de los informantes de la cultura, y la observación e interpretación del investigador. En el HEMG contamos con dos tipos de informantes de la cultura: los entrevistados seleccionados por la empresa,
en la fase I "entrevistas", y los participantes de los talleres, en la fase
II "metáforas". Para demostrar que el mapa de metáforas grupales
(MMG) final refleja las voces nativas de los informantes de la cultura
(conocimientos ETIC y EMIC) y la interpretación del investigador
(EMIC), identificaremos a continuación, los registros de cada fase
del HEMG como ETIC o EMIC. Lo sintetizamos en la tabla n° 3.

Tabla n° 3. Los registros del HEMG a la luz de la etnografía

Fase HEMG	Pasos		Tarea n°	Tarea nombre	Registros obtenidos por cada taller de 20 personas	Tipo de contenidos ETIC/EMIC	
						Desde el informante	Desde el investigador
I. Entrevistas Diálogo: expectativas y acuerdo			1.	Ingreso a la empresa e intercambio de expectativas	N/A	EMIC	N/A
			2.	Entrevistas con informantes clave		ETIC y EMIC	N/A
			3.	Informe de entrevistas		N/A	EMIC
			4.	Validación con autoridades y plan de intervención		N/A	N/A
II. Metáforas Autoaprendizaje y elicitación de metáforas	Taller para gerentes		1.	Brechas de la cultura	N/A[10]	N/A	N/A
	Talleres para todo el personal	a) *Quiz*	2.	*Quiz*	700 palabras aprox.	ETIC	EMIC
		b) Dibujos grupales	3.	Dibujo: realización de pósters	Fotografías de 4 pósters.	ETIC y EMIC	EMIC
			4.	Lectura: dos lecturas de los pósters	700 palabras aprox.	ETIC y EMIC	EMIC

---

10 Este taller se realizó solo una vez con trece gerentes en *Green*. No se guardaron los registros.

		5.	Lectura: síntesis del investigador (tercera lectura)	50 a 100 palabras aprox.	N/A	EMIC 2
	c) Espejo y autoconciencia del grupo	6.	Análisis y síntesis de los participantes de lo registrado en el paso (a)	Fotografías de 4/6 pósters con síntesis.	ETIC2	N/A
		7.	Reflexión dialogada que contrasta (5) y (6).	N/A	N/A	N/A
IV. Etnografía[11] Análisis e interpretación	a) abstracción de metáforas mayores (EMIC) b) *ranking* de palabras más usadas (ETIC2)	1.	Representación: mapa de metáforas grupales (MMG)		N/A	EMIC 3
		2.	Representación: SSI- Sentido subjetivo de integridad		N/A	EMIC

Fase I, Entrevistas

En las entrevistas iniciales entre el investigador y la empresa -tarea n° 1-[12] se obtiene información según las categorías del informante al realizar la entrevista de ingreso, donde la empresa manifiesta su diagnóstico y necesidad de intervención de una capacitación. Es contenido EMIC de acuerdo con los propios criterios del informante.

---

[11] Se omite fase III, "Normas", dado que en ella se explican las políticas o código de la empresa y no se realizan registros.

[12] Cada una de las tareas fue explicada en el capítulo 5. La numeración de esta tabla no se corresponde con las tareas del capítulo 5. Esta tabla contiene más información y tiene otro objetivo.

En la tarea n° 2, las entrevistas con los informantes clave, el investigador ofrece preguntas abiertas (categorías del investigador pero que permiten la incorporación de categorías propias de los informantes -EMIC-) para que el informante hable sobre toda la empresa -ETIC- y no solamente sobre lo que le es significativo -EMIC-. Luego, dada la amplitud de las preguntas, el investigador busca los elementos comunes transversales a todas las entrevistas y arma un sistema EMIC que destaca las características de la cultura según ese punto de observación.

Fase II, Metáforas

En la tarea n° 2 -el *quiz*- se obtiene conocimiento ETIC en las respuestas a las preguntas cerradas del investigador tal como aparecen a la conciencia espontáneamente. Son una buena puerta de entrada a lo EMIC, porque son el *top of mind*. Se obtienen 700 palabras aproximadamente por taller.[13]

En la tarea n° 3 -la realización de los dibujos- se obtienen cuatro pósters grupales realizados por los informantes nativos que participan del taller; al dibujar describen sus relaciones con la empresa, respondiendo a las consignas que les da el investigador. El HEMG contempla el registro del "discurso visual" o de la imagen, que también podemos considerar como mensaje o acto del discurso observable, catalogable, comparable. Los dibujos son expresiones ETIC porque son un acto del discurso visual observable y se realiza con las categorías del investigador. Asimismo, se puede considerar EMIC porque los dibujos describen lo vivido de acuerdo con sus propios criterios y lo que es significativo para ellos más allá de que la asignación de la tarea a realizar (la relación a dibujar) es categoría del investigador. Pero es tan abstracta y amplia que elicita lo EMIC de los informantes. Para el investigador es EMIC porque elicita las metáforas.

En la tarea n° 4 -la lectura de los dibujos-, las palabras, frases, interpretaciones registradas en el momento son conocimiento ETIC, actos del discurso observables. Se obtienen 700 palabras por taller.[14] Los que ven y leen el dibujo interpretan lo dibujado de acuerdo con "lo que está en sus cabezas" elicitando diferentes respuestas[15] (EMIC). La lectura se hace totalmente en los términos del informante y va más allá del significado superficial del dibujo. La pieza clave de la elicitación

---

13 En la empresa *Green*, se obtuvieron aproximadamente en *Sede Ciudad*, 3885 palabras y en *Sede Interior* 3085 palabras del *quiz*.

14 En la empresa *Green*, se obtuvieron aproximadamente en *Sede Ciudad* 2715 palabras de la lectura de dibujos y en *Sede Interior* 3689 de los dibujos.

15 Para Harris (1976) la falta de univocidad indica que es contenido EMIC.

es el dibujo, que al ser una imagen gráfica hace surgir metáforas que hablan de las relaciones yo-empresa-otros, revelando presunciones y creencias de los nativos.

En la tarea n° 5 –la síntesis de los dibujos-, el investigador hace una construcción EMIC, que llamo EMIC2 o de segundo nivel, porque se realiza sobre la construcción ETIC y EMIC (lectura) y la ETIC y EMIC (dibujo) del grupo. Esta construcción EMIC2 es la lectura-síntesis (de 50 a 1000 palabras) o abstracción del investigador sobre todo lo dicho e interpretado por los informantes de la cultura que participan en el taller.

En la tarea n° 6 -la síntesis del *quiz*- los participantes del taller realizan una síntesis de los resultados de la dinámica realizada al inicio del taller, bajo las categorías que le brinda el investigador. Buscan frecuencias, tendencias, es decir, un patrón entre lo dicho por sus colegas de grupo. Lo categorizamos como ETIC2: es ETIC porque responde a la categorización del investigador, y de segundo nivel porque caracteriza registros ETIC realizados antes en el *quiz*. Es más cuantitativo que interpretativo, pero nos permite acercarnos a un patrón común de respuestas. Esta síntesis produce de cuatro a seis pósters por taller.

En la tarea n° 7 -la reflexión dialogada- se contrasta la síntesis de las metáforas de la tarea n° 5 y la síntesis del *quiz*, de la tarea n° 6 no queda registro. Sin embargo, todas las reflexiones dialogadas realizadas influyeron en la confección final del mapa de metáforas de la empresa *Green*.[16]

Fase IV, Etnografía

El HEMG realiza un análisis EMIC y crea un mapa que muestra el perfil del yo, de la empresa y de las relaciones yo-empresa, yo-otros. Este mapa denota una interpretación del ordenamiento relacional de la empresa según está en la cabeza de los nativos. Los productos de la fase etnografía son en términos de Harris, "abstracciones libres" de la estructura EMIC subyacente o no consciente.

En la tarea n° 1 -la confección del mapa de metáforas grupales (MMG)- se categorizan y jerarquizan mediante un proceso de abstracción, las metáforas más generales y abarcativas,[17] y otras adyacentes o subordinadas. Esta abstracción del investigador es de tercer nivel, EMIC 3.[18]

---

16 A continuación se sigue con la Fase IV y se omite fase III, "Normas", porque no proporciona registros para este análisis. Esta fase III incluye: revisión de materiales comunicacionales sobre ética y *compliance*; taller gerencial sobre ética y *compliance*; taller para todo el personal sobre ética y *compliance*.
17 La teoría referente a las metáforas se explicará en el capítulo 7.
18 Se utilizan como evidencia los registros ETIC (palabras y dibujos) de las tareas 3 y 4 de la fase II y las interpretaciones EMIC de la fase I (tarea 3) y las interpretaciones EMIC y EMIC2 de la fase II (tareas 3, 4 y 5).

En la tarea n° 2 –la confección del "sentido subjetivo de integridad" (SSI)- se construye una estructura EMIC, elegida libremente por el investigador. Este constructo es como un perfil "clínico" de cada área o sede y se muestra gráficamente en una nube de palabras. Para confeccionarla se utilizan dos *softwares* que encuentran patrones de frecuencia y similitud en las palabras más usadas.[19]

Esta identificación detallada de los contenidos ETIC y EMIC de cada fase del HEMG busca demostrar que se recaba información objetiva (voces nativas) de lo dicho por los integrantes de la empresa, y que los constructos del investigador son una interpretación de lo que está "en sus cabezas" basada tanto en lo que los nativos dicen (ETIC) como en lo que los nativos interpretan (EMIC). Por tanto los registros y constructos (MMG y SSI) son representativos de su mentalidad, es decir, de sus significados compartidos.

4. La etnografía organizacional: características específicas y el HEMG

Siguiendo a Schwartzman y Van Maanen detallaremos las características específicas de la etnografía organizacional y las compararemos con el HEMG a fin de mostrar que el HEMG pueda ser considerado un método etnográfico organizacional que logra dos objetivos: (a) elicitar la mentalidad compartida en una empresa observando actos del discurso de sus informantes y logrando una representación de los significados compartidos convergentes, y (b) un aprendizaje en la empresa que participa. Este segundo objetivo será plenamente desarrollado en el próximo capítulo (7), donde trataremos una versión más específica de etnografía organizacional, llamada etnografía activa por Gareth Morgan.

A continuación explicamos cinco características de la etnografía organizacional y establecemos las similitudes del HEMG con ella:

1. es una indagación extranjera sobre una cultura nativa,
2. es un método de observación que busca hacer explícito lo implícito,
3. es un arte interpretativo,
4. produce una representación transmisible de la cultura observada,
5. se focaliza en la convergencia de significados.

---

19 Se utilizan los conocimientos ETIC de la fase II, tareas n° 2 y 6. se procesa mediante el uso de dos *softwares*: *Wordle.net*: http://goo.gl/CO4ctM y *Hermetic Word Frequency Counter software*: http://goo.gl/d5oC7C.

4.1. La etnografía y el HEMG son una indagación "extranjera" en una cultura nativa

Realizar una indagación extranjera en una cultura nativa[20] implica rescatar las voces auténticas de los nativos, tener confianza en lo que ve y escucha el investigador extranjero. La inmersión en la cultura de los nativos debe durar un tiempo prolongado para poder realizar la observación. Veámoslo en detalle.

De acuerdo con Schwartzman, lo importante de la etnografía es que la investigación contenga las voces auténticas de los sujetos de la investigación (Schwartzman, 1993: 16). Busca conocer la "singularidad de una cultura" desde dentro, para poder luego tener una perspectiva comparativa y crítica (1993: 35). Para ello el investigador va al campo de estudio para aprender acerca de una cultura desde dentro. La etnografía se focaliza en lo empírico y en un ideal: "yo fui testigo". La etnografía explica, de acuerdo con la experiencia personal del investigador, las condiciones sociales de un grupo (Van Maanen, 2011: 226).

Schwartzman afirma algo que parece totalmente contrario a la idea de método: que la etnografía tiene la cualidad de ser fortuita (*serendipitous quality*) (1993: 52), es decir que el investigador puede ingresar en una organización de diferentes modos, por lo que debe tener una actitud amplia y abierta en su indagación para explotar esa cualidad fortuita. En el caso del HEMG, ingresa por una necesidad de capacitación, que es algo relativamente fortuito desde el punto de vista del investigador. Se busca la singularidad de la mentalidad compartida para poder hacerla dialogar con las normas de ética y *compliance*.

Para Van Maanen, es clave que el proceso de inmersión del etnógrafo sea prolongado para acceder al día a día de la cultura. Este puede variar en cuanto al lugar, tiempo y estilo de trabajo. Tanto para Schwartzman como para Van Maanen, el periodo de inmersión en la cultura puede presentar situaciones inesperadas o contingentes que van a implicar decisiones de cambio en el proceso por parte del investigador.

En el caso del HEMG, en *Green* duró 20 meses y en *Blue*, 6 meses. Las contingencias del proceso de inmersión en la cultura son menores a las que señalan estos autores, porque están enmarcadas en un proceso pautado, más cercano al de la capacitación. Pero habrá más contingencias que en un proceso de capacitación más genérico ("enlatado") que no tenga en cuenta las particularidades de la mentalidad de la empresa.[21]

---

[20] La expresión "punto de vista nativo" es, según Schwartzman, del antropólogo Bronislaw Manilowski, quien estudió poblaciones primitivas en islas del Océano Pacífico a principios del siglo XX (Schwartzman, 1993: 35).

[21] Algunas de esas contingencias que me ha tocado enfrentar (en la empresa *Red* 2004-2005 y 2005-2006) y que lleva a tomar decisiones de cambio en un proceso tan largo han sido el cambio de autoridades, la incorporación de un nuevo código de ética diferente al que se esta-

En el HEMG, el investigador del HEMG no comparte todo el día[22] con los participantes de la cultura, pero observa actos del discurso desde distintos puntos de observación en la organización (Van Maanen, 2011: 221): actos del discurso de informantes de la cultura de distintos niveles organizacionales y diversas áreas. Esta inmersión resulta suficiente para poder representar la cultura en el texto final de la etnografía.

4.2. La etnografía organizacional y el HEMG son métodos de observación que buscan hacer explícito lo implícito

"Hacer explícito lo implícito, entonces, resulta ser uno de los objetivos de la etnografía organizacional" (Schwartzman, 1993: 53). Como vimos en la primera parte de esta investigación, la mentalidad muchas veces no es evidente para los propios sujetos que la comparten; en este sentido, la mentalidad nativa es algo implícito que debe ser sacado a la luz. Utilizando el lenguaje de Harris (1976: 335) y Van Maanen (2011: 227), el HEMG intenta, como la etnografía, "entrar en la cabeza de la gente".

El método HEMG no propone observar las prácticas, el trabajo, ni eventos significativos, como hace la etnografía organizacional según Schwartzman, sino que exclusivamente observará conversaciones. Observa las ideas y sus manifestaciones, así como sus interpretaciones. El método HEMG estimula que las expresiones de los nativos sean espontáneas, no premeditadas, no racionales. Que sean más auténticas, más cercanas a lo no-consciente.

"Conversaciones" es el concepto que usa Schwartzman y que en el HEMG se toma en sentido amplio: las diversas conversaciones son los que ya denominamos actos del discurso (*speech acts*) (Harris, 1976: 345) que ocurren en las fases del HEMG: las entrevistas, las respuestas de los participantes a las preguntas del *quiz*, las conversaciones dentro de los equipos que resultan en la construcción del póster o dibujo grupal, las lecturas que hacen los participantes de dichos dibujos, el diálogo que realizan los participantes para categorizar e interpretar las respuestas de sus colegas en el *quiz*, la conversación del grupo con el investigador a raíz del contraste entre el análisis de los resultados del *quiz* y las lecturas de los dibujos grupales.

---

ba usando por la aparición de nuevos accionistas, el cambio de población a capacitar, el cambio en el tiempo disponible, la oposición de un sector de la empresa a acatar las pautas del código, conflictos interáreas o diferentes autoridades con distintas miradas sobre el proceso.

22 El tipo de observación no es el mismo que se puede hacer trabajando como empleado en la empresa e investigar desde allí, tal como hizo, por ejemplo, Helen Schwartzman, inscribiéndose como voluntaria para observar una institución de salud.

Los puntos de observación por parte del investigador etnográfico pueden ser tanto planificados como fortuitos. Aquí la mayoría son planificados, previstos y acordados con la empresa (horarios de entrevistas, formatos de talleres, etc.). Aunque lo que surge en los talleres, en las imágenes, en su interpretación es espontáneo y apenas previsible.

Observar y registrar todas estas conversaciones en el HEMG necesita de la actitud de aprendizaje permanente (Schwartzman, 1993: 54) que se requiere del etnógrafo: una actitud para descubrir cómo es la cultura y no cómo debería ser (Schwartzman, 1993: 52). También lo señala Van Maanen, el investigador debe partir de un estado de inocencia a fin de lograr el *insight* deseado.

Esta inocencia pareciera difícil en el marco de una capacitación en ética y *compliance* donde se presentará un "deber ser" para las conductas en esa organización. La capacitación en ética explica e induce a la comprensión y adopción de las normas éticas, pero esto no obstaculiza que el investigador esté dispuesto a entender la mentalidad tal cual es. Justamente eso es lo que le permitirá establecer un diálogo, una conversación, un contraste que permita la reflexión de los participantes y su adhesión voluntaria (y no una mera imposición del código).

4.3. La etnografía y el HEMG son un arte interpretativo

Así como, según Schwartzman (1993: 52), la etnografía busca entender qué conocimiento usan los participantes para poder interpretar sus experiencias, Van Maanen afirma que un proceso cultural es un proceso de construcción de sentido (*meaning making*). Por tanto, el objetivo de la etnografía es brindar una comprensión de cómo ocurre ese "proceso de construcción de sentido localizado" visto desde unos pocos puntos de observación dentro de la organización (Van Maanen, 2011: 221).

Según Van Maanen, la etnografía es ciencia pero también es un arte interpretativo (*interpretive craft*) "más focalizado en el 'por qué' y en el 'cómo' que en el 'cuántos'" (Van Maanen, 2011: 219). Para Van Maanen el investigador no solo recaba datos, sino que también interpreta al estipular marcos de referencia en forma pragmática (Van Maanen, 2011: 223). El marco de referencia teórico para interpretar el mapa de metáforas grupales (MMG) que hemos elegido son los estudios de la metáfora y para el caso del sentido subjetivo de integridad (SSI) es la ética empresarial. Ambos constructos representan el perfil de la mentalidad compartida en esa empresa estudiada. El MMG representa las ideas-imagen de orden que explican el lugar del sujeto en el funcionamiento de la empresa y el SSI construye un perfil-promedio de los criterios de integridad del empleado de la empresa.

Según Van Maanen, este pragmatismo teórico de los etnógrafos les permite dar forma y ordenar la vida organizacional, los lleva a "desarrollar conceptos, teorías, o marcos de referencia que encajen con las preguntas de la investigación particular y las situaciones estudiadas" (Van Maanen, 2011: 222). Este pragmatismo va de la mano con la confianza en la vista y escucha del investigador. Van Maanen coincide con Schwartzman en la amplitud y pragmatismo de la etnografía.

La interpretación permite que el etnógrafo genere un texto que represente la cultura estudiada y que se pueda transmitir a otros. Para Van Maanen, la etnografía "tiene un objetivo representacional, traduce lo que pasa en una cultura, a los lectores que viven en otras culturas" (Van Maanen, 2011: 229). En este sentido, la etnografía es interpretativa, subjetiva y especulativa. Van Maanen postula que hacer una etnografía implica explicar la perspectiva de los otros y la propia del investigador, conociendo el territorio. Dice: "Lo que los etnógrafos llaman datos son las construcciones de las construcciones que otras personas hacen, sobre lo que ellos y sus contrapartes dicen y hacen" (Van Maanen, 2011: 228).

En el caso del HEMG el investigador también toma decisiones sobre estos actos del discurso observados para crear el mapa de metáforas o el constructo sentido de la integridad. Siempre tomando las voces nativas elige qué interpretaciones y qué analogías representan esa cultura. Glosando a Van Maanen, en el HEMG las construcciones del investigador (por ejemplo, el mapa de metáforas) se basan en las construcciones que los empleados usan (por ejemplo, los dibujos grupales) para expresarse sobre lo que ellos y sus contrapartes ven y juzgan de la empresa.

4.4. La etnografía y el HEMG producen una representación transmisible de la cultura observada

Van Maanen también se pregunta si es correcto tratar de penetrar en la subjetividad de la gente estudiada. La respuesta es positiva:

> Tal subjetividad es todo lo que tenemos para comenzar: no hay otra forma de entender lo que la gente tiene en mente (*what people are up to*), sin prestar atención a los modos en que ellos leen las situaciones que enfrentan y las muchas maneras en que las expresan, en lo que dicen y en lo que hacen (2011: 228-229).

¿Qué tanto se puede conocer el punto de vista del nativo? Van Maanen afirma que la etnografía no tiene la "llave mágica" que abra las cabezas de los nativos para conocer sus verdaderas percepciones y emociones. El investigador estará siempre sesgado por su propia cultura, aun así, Van Maanen afirma (2011: 227) que el investigador puede captar, sin llegar a ser un nativo, "la lógica, que informa gran parte de sus acciones" y tener un sentido bastante ajustado de "cómo funcionan las cosas" en ese "pequeño mundo estudiado".

La etnografía es, entonces, un mapa representativo de "lo que pasa en la cabeza del nativo". Así lo sintetiza el mismo Van Maanen: una etnografía es "palabras, no mundos; mapas, no territorios; representaciones, no realidades" (2011: 224).

A pesar de que se autodefine constructivista[23] podríamos decir que Van Maanen tiene sentido realista cuando dice que, aceptando las limitaciones, se ha de tratar de captar la perspectiva del otro "en y sobre" el mundo que él habita. Dice: "Lo que captamos, puede ser que sea tentativo o incierto, pero asumiendo que hay significados que otros usan en el día a día de trabajo, eso requiere que el etnógrafo, al menos, trate de 'entrar en sus cabezas'" (Van Maanen, 2011: 227).

Son muchos los elementos que usa la etnografía organizacional para construir un mapa que caracterice y represente a una cultura en el texto final de la etnografía. Los que menciona Van Maanen son las imágenes y el imaginario, los símbolos, analogías y metáforas, los idiomas o dialectos, las etiquetas, categorizaciones y marcos de referencia, las interpretaciones y los términos, las palabras, frases y afirmaciones y los relatos (Van Maanen, 2011: 224).

Según Van Maanen, el texto etnográfico del investigador, más que argumentos, debe aportar evidencias, interpretaciones, analogías creadas y elaboradas, citar autoridades, brindar ejemplos (2011: 221). Esta forma de presentar resultados en los ámbitos académicos que no son el de la etnografía, sino del *mainstream* positivista, se juzga poco analítica y poco abstracta.

Pero en esta forma de pensar de Van Maanen, al hablar de "representaciones y no realidades", la construcción del investigador resulta ser un símbolo, una representación que permite *en ella* entender una realidad que está más allá del alcance de la observación empírica positiva para el que lee la etnografía. Esta visión constructivista del conocimiento obtenido en la observación ayuda instrumentalmente a entender una cultura (o una mentalidad) en sus propios términos. En este sentido volvemos a afirmar la tendencia realista de Van Maanen.

Glosando a Van Maanen, el MMG aporta evidencias (las fotos y los registros ETIC/EMIC), provee interpretaciones, elabora analogías, brinda ejemplos, ordena los tropos del discurso (las metáforas) conformando una representación de la mentalidad de la empresa. En el HEMG

---

23 Tanto Gareth Morgan como Van Maanen se etiquetan "teóricamente" como constructivistas. Es decir que no consideran que es posible conocer una realidad objetiva sino solo una construcción que agrupa fenómenos (el mapa y no el territorio). Sin embargo, Van Maanen en la "práctica" demuestra su confianza en el poder de la observación y la intuición.

el investigador toma decisiones pragmáticas sobre qué metáforas usar y cómo categorizarlas para que representen aquello de lo que fue testigo en tantas conversaciones en entrevistas y talleres.

A diferencia de lo que propone Van Maanen para el etnógrafo, el HEMG no produce una narración etnográfica como resultado final (lo que llama *textwork*), sino un mapa de metáforas grupales (MMG)[24] en cuya representación los extranjeros pueden entender significados relacionales de los nativos.

4.5. La etnografía y el HEMG se focalizan en la convergencia de significados

Recordemos que Van Maanen considera que hay que ver en la empresa un "lugar" de convergencia de significados. Esta convergencia no es homogénea sino "polifónica" (Van Maanen, 2011: 221). Si definimos la mentalidad compartida en los términos de Van Maanen podríamos decir que la mentalidad compartida por un grupo es el "lugar" donde confluyen sentidos, valores, motivaciones con los que los empleados ven y juzgan de modo habitual la realidad de la empresa y su propio lugar en ella.

La observación de esta convergencia es facilitada por la confección de dibujos grupales. Al proponer a los participantes que dibujen (e interpreten) las relaciones yo-empresa y empresa-yo[25] y yo-otros, se producen imágenes y actos del discurso en los que convergen (y contrastan) los significados personales de sus integrantes.

Al proponer que el póster no debe realizarse por votación sino por consenso, permite que estén representadas todas las voces de los integrantes del equipo en él; lo que también sucede al pedir que las ideas e imágenes que todos propone deben estar representadas. Esa convergencia gráfica en las imágenes y en el papel es más fácil de lograr que en las palabras porque al realizarse con espíritu lúdico hay conversación y divergencias, pero hay fluidez y se llega a un consenso. Las imágenes y metáforas catalizan la convergencia. Luego, como ya explicamos, las diversas lecturas de los pósters elicitarán diversas interpretaciones, significados, muchos de ellos convergentes, que serán resaltados en la lectura final que hace el investigador.

El HEMG es un conjunto de pasos y pautas generalizable que permite representar u "objetivar" la convergencia de significados de la mentalidad compartida de un grupo en un mapa de metáforas. El MMG

---

24 Y el constructo, sentido subjetivo de integridad.
25 En los dibujos y en la interpretación que hacen de ellos, el sujeto de la relación es siempre el yo, ya que la empresa y los otros -en el proceso de dibujarlos y de leer los dibujos- se describen según la experiencia subjetiva e individual de cada empleado en ese contexto. Por ello, ambas ideas, la "del yo" y la "de la empresa" se implican mutuamente.

es un resultado del HEMG y es construido por el investigador mediante una "abstracción" de metáforas principales o analogías metafóricas radicales.[26] El MMG representa la convergencia de valores y significados relacionales de los integrantes de la empresa estudiada, en ese lugar específico, en ese tiempo específico.

El MMG representa la comprensión compartida básica de la organización (CCBO) y simboliza cómo funciona, cómo es, cómo actúa, cómo opera la empresa en la mirada de sus integrantes. También simboliza el cómo debería ser, la idea de orden que supuestamente impera en el actuar. Sin embargo no solo representa a la organización, sino también el lugar que al individuo le cabe en ese ordenamiento. Al condensar significados y valores, el MMG condensa la forma mental compartida que condicionará las acciones de sus integrantes.[27]

Como afirman los etnógrafos citados, los significados "surgen de" y son "sostenidos por" las prácticas, lo que nos lleva a afirmar que los integrantes de la empresa actúan en sus interrelaciones (causa eficiente) a la medida de la imagen-idea de empresa que comparten (causa ejemplar), "midiendo" sus decisiones según cómo comprenden que la empresa en verdad funciona. Lo que está ordenado a nivel de la imaginación, al constituirse en una premisa de la toma de decisiones personal, va dando forma (causa formal intrínseca), a su vez, a la realidad de la empresa, que es una realidad social relacional ordenada que se funda en las acciones personales.

Ahora bien, es importante aclarar que los conocimientos que genera el HEMG no identifican una causalidad directa entre la mentalidad compartida y la toma de decisiones personal. En primer lugar, porque las decisiones dependen de la libertad y ella puede sustraerse a su influencia, sea esta influencia buena o mala éticamente. En segundo lugar, porque no mide ni observa el comportamiento. Por tanto es solo un condicionamiento.

El HEMG provoca una segunda convergencia de significados, cuando el punto de vista nativo se pone en diálogo con el punto de vista extranjero. En este contexto específico, no solo el investigador es considerado extranjero a la cultura de la empresa, sino que también la cultura de donde provienen las normas a implementar en ética y *compliance* suele ser considerada "extranjera". Este encuentro de diferentes significados es un aprendizaje, aunque sea un choque, una fusión o una convergencia (Van Maanen, 2011: 225). El instructor-investigador

---

[26] Tales como que la empresa es como un árbol, o que la empresa es como un barco, o que el yo es como un ladrillo en una pared.

[27] El MMG quedará completamente explicado una vez que profundicemos sobre la metáfora, que es su clave interpretativa.

hace las veces de traductor entre ambas culturas, para que se realice el diálogo y encuentro entre la mentalidad del grupo y la mentalidad de la política corporativa.

Así pues, mientras se lleva a cabo el HEMG se produce un aprendizaje, característica que no comparte con la etnografía organizacional. Esto está en línea con un tipo especial de etnografía que es la etnografía activa de Gareth Morgan, que será explicada en el próximo capítulo.

Para finalizar, así como en el estudio Hawthorne de principios del siglo XX la empresa se propuso entender cómo los empleados se relacionaban entre sí y la influencia de estas relaciones informales en la productividad, con el método HEMG nos hemos propuesto conocer "cómo se ordenan" las relaciones de los empleados en su mentalidad (en su ver y juzgar, no en su actuar) y así estimar su posible influencia en las consideraciones éticas de la toma de decisiones. Tanto el estudio Hawthorne como el HEMG postulan que en la toma de decisiones suele haber aspectos no evidentes para explicar la conducta humana. En el caso de Hawthorne era la organización informal y en el HEMG son los componentes de la mentalidad compartida.

Además, así como con el estudio Hawthorne se superó la relación mecanicista entre productividad e incentivos económicos, con el HEMG se busca superar los enfoques de tipo legalista o economicista de la ética empresarial. En estos enfoques se atribuye el peso que inclina a las decisiones a los incentivos externos, tales como la ley y las sanciones o el reconocimiento económico, y no a la interioridad de la persona (Tenbrunsel *et al.*, 2004: 223-236).

Síntesis y conclusiones del capítulo 6

Luego de haber descrito en el capítulo anterior (5) los pasos y tareas del método HEMG, hemos comenzado en este capítulo (6) la justificación del método. Es decir, hemos dado las primeras razones de por qué el HEMG es un proceso válido y generalizable que permite registrar información de una empresa de modo objetivo, para inferir la trama de significados implícita en la conducta interior de los miembros de una organización.

Para validarlo, hemos inscripto el HEMG en la disciplina perteneciente a los "estudios organizacionales", denominada "etnografía organizacional". Hemos destacado los puntos en común con ella y sus diferencias.

La etnografía y el HEMG tienen en común el estudio de una cultura organizacional, su base empírica no cientificista, la observación rigurosa de los actos de los nativos de la cultura, el objetivo de conocer y registrar las voces nativas tal cual son, el objetivo de elicitar la "lógica" o la trama que está "en las cabezas de los nativos" y explica sus comportamientos. Además, etnografía y HEMG comparten su focalización en los significados sostenidos por los nativos que dan sentido a sus interacciones, comparten el modo de traer a la luz esa lógica o trama implícita en las cabezas de los nativos. Esta elicitación se realiza a partir de la observación de los actos del discurso, distinguiendo cuándo los nativos explican sus interacciones con las categorías del investigador y cuándo las explican espontáneamente en sus propios términos. Es decir, HEMG y etnografía comparten el hecho de que lo más significativo y profundo de la cultura observada hay que inferirlo, elicitarlo, interpretarlo tratando de entenderlo tal cual es, sin juzgarlo; y hay que representarlo de forma objetiva para que otros puedan entender la cultura estudiada.

La etnografía y el HEMG se proponen hacer explícito lo implícito: el contenido observado y registrado se analiza buscando similitudes, diferencias y, sobre todo, se busca la significación más allá de lo superficial, la estructura subyacente consciente o inconsciente que explica y da sentido a las interacciones sociales en esa cultura. Por ello, la etnografía y el HEMG distinguen los conocimientos ETIC de los EMIC, lo que los nativos dicen y explican de su cultura y lo que infiere el investigador como estructura subyacente, para luego componerlos y sintetizarlos en un texto final que –a modo de un mapa- representa la trama de significados subyacentes que da sentido a los comportamientos en esa cultura.

HEMG y la etnografía organizacional coinciden también en la libertad teórica del investigador para interpretar esa trama subyacente y que esta interpretación es más arte que ciencia. De acuerdo con Van Maanen, el investigador etnográfico siempre estará sesgado por su propia cultura, pero debe ser capaz de comprender la lógica de la cultura extranjera y confeccionar entonces un mapa representativo de la mentalidad de los nativos. El texto etnográfico aportará una construcción del investigador basada en evidencias empíricas. Sin embargo, el método HEMG no produce un texto, sino dos constructos a partir de los registros EMIC Y ETIC y de la intuición del investigador.

El primer constructo es un mapa de metáforas grupales (MMG). Este mapa, donde aparecen representadas las relaciones yo-empresa y yo-otros, recrea los significados compartidos por los integrantes de la organización. El recurso del dibujo es muy funcional en este sentido, ya que permite catalizar las ideas de todos los nativos que hacen aportes al póster grupal. Así, gracias al carácter polifónico de los dibujos, se elicita a través de ellos la comprensión básica compartida de la organización (CCBO).

El segundo constructo es un perfil "clínico", denominado sentido subjetivo de integridad (SSI), que representa los valores por los cuales los empleados de la empresa se consideran íntegros, es decir, una especie de tendencia sobre cómo conciben subjetivamente el ser autónomos y fieles a sí mismos.

Lo que aporta el HEMG a la etnografía (y lo que la hace diferente a ella) es que el HEMG solo observa actos del discurso y no observa comportamientos, que los informantes de la cultura son entrevistados o participan de talleres de capacitación, y que la elicitación de la trama de significados se realiza por medio de dibujos grupales. Es decir, se incluyen actos del discurso "visual" en la observación de la empresa estudiada. Asimismo, mientras se interviene con HEMG en una empresa, ocurre un aprendizaje, porque se propone que los nativos conozcan lo que ellos consideran la explicación o trama de su organización y que conozcan el lugar que se autoasignan en ella. Otra diferencia con la etnografía es que el HEMG interpreta desde el punto de vista ético la trama organizacional inferida de los dibujos grupales (y otras instancias de observación detalladas).

Otra diferencia importante es que el HEMG provoca un aprendizaje. El HEMG busca que los nativos reflexionen sobre el rol o poder que se atribuyen en el funcionamiento organizacional, que reflexionen sobre el rol o poder que les atribuyen a la empresa y a los otros. Todo ello, para luego poder reflexionar sobre los principios éticos y de integridad. El HEMG se ha realizado en procesos de capacitación en ética y *compliance*, donde la reflexión sobre la medida del propio poder personal aumenta las posibilidades de un comportamiento íntegro debido a que influye en el ver y juzgar la realidad cotidiana y las alternativas de acción. En cambio, las posibilidades de comportamiento ético disminuyen si el nativo otorga un poder absoluto y determinante a la empresa sobre él mismo. En este sentido, el investigador opera en el HEMG como un traductor entre dos mentalidades: la de la política de ética y *compliance*, y la mentalidad compartida grupalmente, para propiciar un encuentro y la convergencia entre los significados de ambas.

Pero para esclarecer esta dimensión de aprendizaje, aún debemos explicar un tipo de etnografía específica, que es la etnografía organizacional activa de Gareth Morgan, y que será desarrollada en el capítulo que sigue (7).

7

Método HEMG: su justificación de acuerdo con la etnografía activa

Introducción

El método HEMG, como ya se ha señalado, busca cumplir dos objetivos al intervenir en la empresa: en primer lugar, provocar un aprendizaje en los integrantes de la empresa, mediante el reconocimiento de algunas de las presunciones, creencias o comprensiones básicas con las que ellos explican la lógica de funcionamiento de la empresa; en segundo lugar, registrar información desde distintos puntos de observación que permita al investigador construir un mapa fidedigno y representativo de la trama explicativa de sus comportamientos, es decir, de su modo habitual de ver y juzgar la realidad organizacional que antecede a sus acciones.

Hemos explicado que el HEMG es un método etnográfico que se focaliza en la observación de los actos del discurso y que –como texto final que interpreta la empresa observada– produce un mapa que representa la idea de orden (prioridades, jerarquías, organización) que modela mentalmente las interacciones en la empresa.

Pues bien, ahora es necesario explicar cómo el uso de dibujos y metáforas contribuye al objetivo de inducir un aprendizaje en los integrantes de la empresa en la que interviene el HEMG. Por ello, en este capítulo 7, justificamos el método HEMG sobre la base de un tipo específico de etnografía organizacional desarrollada por el estudioso de organizaciones canadiense Gareth Morgan.

Como ya se ha mencionado, el desarrollo del método HEMG fue inspirado por la lectura del libro *Imaginización. Una aptitud crucial para la conducción y el management en un mundo en movimiento y cambio*, de Morgan (1999). El método denominado "Imaginización" es propuesto por Morgan para diagnosticar y cambiar las organizaciones. Su recurso principal es la metáfora. En este capítulo nos focalizaremos en el pensamiento de Gareth Morgan acerca de las capacidades de la metáfora para provocar un aprendizaje en las organizaciones.

En primer lugar, explicaremos cómo Morgan inscribe su método Imaginización en la etnografía organizacional y lo diferencia como "etnografía activa". En segundo lugar, nos referiremos a la metáfora como herramienta de aprendizaje organizacional (en la Imaginización y en el HEMG) y a sus características. En tercer y último lugar, explicaremos cómo es el funcionamiento de la metáfora en la Imaginización y en el HEMG (proyección, elicitación y catarsis) y cuáles son los resultados de su utilización en la organización (el diálogo y lo heurístico) que predisponen a un aprendizaje y a un cambio. Se destacará lo común y lo diferente entre la Imaginización y el aporte del HEMG.

1. La etnografía activa de Gareth Morgan

Morgan define su método Imaginización -neologismo que combina "imaginación" y "organización"- como un proceso de investigación etnográfica activa (Morgan, 1999: 410). La etnografía activa produce un resultado en la empresa mientras se interviene en ella: produce aprendizaje. Morgan llama al investigador de forma indistinta etnógrafo activo, observador activo, educando activo, interventor, oyente activo. Al igual que el etnógrafo organizacional, debe tener la actitud de aprender, observar y registrar, pero como etnógrafo activo, también debe intervenir provocando un aprendizaje.

La clave de este método es la metáfora. Morgan considera que permite explorar las organizaciones y abordar la subjetividad de la organización. La Imaginización permite descubrir la lente con la que los integrantes de la empresa miran la realidad organizacional, ya que las imágenes moldean nuestros puntos de vista (Morgan, 1999: 40). Para el autor, la metáfora permite no solo una lectura diagnóstica de una organización, sino también la reescritura de la trama narrativa de la misma. Es decir, comprender y cambiar la organización.

Antes de profundizar en la metáfora, ubiquemos epistemológicamente el método siguiendo a Morgan (1999: 408-12). Sus ideas sobre esta cuestión pueden sintetizarse en tres características: la Imaginización es un método clínico, cuasi-etnográfico y de aprendizaje activo. Veamos a continuación cada una de estas características y cómo el HEMG las cumple o difiere de ellas.

1.1. La Imaginización y el HEMG son métodos clínicos

La Imaginización es un método etnográfico y, por tanto, registra la singularidad de una cultura (cf. Schwartzman, 1999 y Van Maanen, 2011). La Imaginización realiza una indagación clínica de una organización y los pocos conocimientos generalizables[1] que se obtienen son algunas estrategias, tácticas y técnicas que puede aplicar el investigador en una organización. Es decir:

> Se trata de presentar la trama detallada de una situación de manera tal que permita al lector ganar alguna experiencia, y comprender las pautas y los procesos para utilizarlos como ideas o conocimientos pertinentes para la comprensión de situaciones afines en contextos distintos (Morgan, 1999: 407).

Morgan no brinda explícitamente el significado de método clínico; sin embargo, podemos asociarlo a la profesión médica o la psicología. En este campo, un método clínico supone una serie de pasos que se deben aplicar para llegar a un diagnóstico, como por ejemplo entrevistas, observación directa, obtención de información sobre síntomas. Luego de la obtención de información, se establece un diagnóstico y se busca una comprobación del mismo, mediante, por ejemplo, un análisis de laboratorio o enmarcando los resultados en un contexto más global. Según Díaz San Juan (2010), una cualidad destacada del método clínico es que es un análisis individualizado, que se realiza en profundidad y a partir de casos, oponiéndose al conocimiento repetible o generalizable.

Así como Van Maanen afirmaba que la etnografía organizacional debía finalizar con la redacción de un texto que representa la cultura estudiada (*textwork*), Morgan afirma que la etnografía activa finaliza con una "historia clínica". De acuerdo con Morgan, el contenido de la historia clínica será solo un conjunto de conocimientos útiles sobre el proceso tal como se realizó en la práctica. Por ejemplo:

1. Problemas en el proceso de intervención y aprendizaje en la empresa y decisiones que se tomaron frente a ellos.
2. Estrategias, tácticas y técnicas sugeridas para hacer frente a problemas similares y para el éxito del rol del investigador.
3. Conocimientos útiles sobre sus posibles aportes para orientar los procesos de cambio organizativos.
4. Ideas sobre la capacidad de las personas para crear imágenes de sus situaciones y de lo que les gustaría cambiar.
5. Una comprensión de algunas patologías organizativas cruciales.

---

[1] Según Morgan, este conocimiento es provisional y la probabilidad de generalización proviene de la resonancia y la relevancia lograda para esas personas en ese contexto de intervención del método.

Destaquemos a continuación lo común y lo diferente entre el método de Morgan y el HEMG. Para el HEMG, hemos presentado –en el capítulo 5– tal como sugiere Morgan su proceso detallado (Morgan, 1999: 407). Dicho proceso contiene cuatro fases (I Entrevistas, II Metáforas, III Normas y IV Etnografía), y se han detallado los pasos y tareas de modo que pueda ser replicado en situaciones similares, en las que se proponga un cambio organizativo referido a criterios de decisión éticos o se busque conocer y reconocer la mentalidad compartida.

Como en la Imaginización, en el HEMG se indaga clínicamente a la organización, específicamente en las fases I y II donde se realizan entrevistas y talleres de dibujos grupales. Morgan (1999: 387-389) establece algunos criterios generales para hacer fructífero y exitoso el proceso de generación y empleo de imágenes metafóricas. Lo mismo hace el HEMG, pero con pautas aun más específicas, por ejemplo, cómo realizar los dibujos grupales y cómo realizar su lectura por parte de los participantes del taller.

Al igual que la Imaginización, lo replicable y generalizable del HEMG es el proceso. En cambio, el contenido de la historia clínica (Morgan) o del texto final (Van Maanen) representa la singularidad de la cultura estudiada. En el HEMG las particularidades de la mentalidad estudiada son representadas en el mapa de metáforas grupales (MMG) y el perfil del sentido subjetivo de integridad (SSI). Al reflejar la singularidad, se posibilita la comparación. Por ejemplo, en el capítulo 10 presentaremos el MMG y el SSI, comparando dos subsedes de la empresa *Green*.

En la Imaginización el investigador debe estar permanentemente buscando la validez de los conocimientos que obtiene. El observador activo etnográfico debe siempre trascender los límites de su percepción personal, hacer sondeos de verificación o pedir aclaración mediante preguntas concretas. En el HEMG también está presente la permanente búsqueda de conocimiento válido mediante el contraste de actos del discurso obtenidos en fases diferentes en distintos puntos de observación (entrevistas, dibujos, lectura de dibujos, *quiz*).

1.2. La Imaginización y el HEMG son métodos cuasi-etnográficos

El etnógrafo activo de Morgan recolecta datos en conversaciones y entrevistas, registra lo que la persona dice sobre una situación, lo que dicen sobre los demás y cómo interpretan lo que sucede. Según Morgan, las cuatro reglas principales para el trabajo del etnógrafo activo son:

1. Adoptar el papel de educando
2. Hacer un mapa del terreno
3. Identificar los temas e interpretaciones clave
4. Ratificar, rectificar y reformular constantemente

Estas reglas están claramente alineadas con el espíritu de la etnografía organizacional en cuanto al rol de ingenuidad o inocencia inicial del investigador (Van Maanen) y a la reformulación constante (Schwartzman). Pero a diferencia de la etnografía organizacional que observa tanto actos del comportamiento como actos del discurso, es decir, hechos y palabras, acciones y significados, la Imaginización solo registra actos del discurso. Morgan asume que la realidad cotidiana de una organización se construye, normalmente, en conversaciones (1999: 404). Sin afirmar esta presunción sobre la construcción de la realidad organizacional,[2] el HEMG también observa solamente actos del discurso y no comportamientos.

La diferencia entre el etnógrafo activo descrito por Morgan y el etnógrafo descrito por Schwartzman y por Van Maanen es que el segundo tiene una presencia más discreta que el primero. El etnógrafo activo -y también el investigador del HEMG- debe crear un ambiente de aprendizaje para los participantes (Morgan, 1999: 406). Debido a la intervención, la información que genera el etnógrafo activo resulta ser menos precisa que la del etnógrafo organizacional. Por ello Morgan afirma que es un método cuasi-etnográfico.

El tipo de conocimiento logrado mediante la Imaginización es contextual, es decir que en la línea de la necesaria confianza en la vista y la escucha de los investigadores subrayados por Schwartzman y Van Maanen, el investigador debe ir permanentemente corroborando que los conocimientos que va obteniendo son apropiados y válidos para intervenir en ese contexto.

En este sentido podemos decir que el HEMG sería, como la Imaginización, cuasi-etnográfico: la información que se registra en distintas tareas es abundante, resulta de muchos puntos de observación en la organización, que sirven de instancias de verificación e interpretación de lo que surge de la lectura y análisis de los dibujos grupales. En cambio no se registran los momentos específicos de aprendizaje, como por ejemplo, el diálogo del investigador con el grupo donde se revisa la propia mentalidad.

---

2   Como vimos en el capítulo 3, la realidad organizacional no se reduce a las conversaciones, sino que lo que define la realidad organizacional son las acciones libres de sus integrantes que se interrelacionan para lograr el fin común de acuerdo con un orden percibido como apropiado para lograr el fin.

1.3. La Imaginización y el HEMG producen un aprendizaje activo (heurístico)

Morgan define el aprendizaje activo (en inglés se denomina *active learning*) como un proceso de investigación que busca producir conocimiento útil para que las personas comprendan su situación. El aprendizaje activo combina aprendizaje y acción de modo que la tarea del investigador no solo ayuda a los participantes a estudiar un problema, sino también los impulsa a tomar cierto tipo de iniciativas (1999: 399).

La Imaginización es, a la vez, un método de investigación y un método de aprendizaje que se orienta a la gestión de un cambio organizacional. Los antecedentes de este pensamiento están -según el mismo autor- en la denominada investigación-acción (*action research*) -desarrollada en el *Tavistock Institute for Human Relations* de Inglaterra- y que se aplica a estrategias de cambio social. Morgan también reconoce su deuda con el pensamiento de Donald Schön y su concepto de *action learning* y con el concepto de *active science* de Chris Argyris, reconocidos estudiosos de las organizaciones (Morgan, 1999: 396-397).

El HEMG es también un aprendizaje activo, ya que su investigación se propone producir conocimiento útil para que los empleados se comprendan mejor a sí mismos como grupo y revisen su mentalidad compartida. Se induce un cambio mediante la revisión de aquello de la mentalidad que puede ser más o menos favorable a la adopción voluntaria de los criterios éticos que propone la capacitación en ética y *compliance*. También, la revisión es respecto de los valores que ellos dicen tener, según se manifiestan en el *quiz*.

El HEMG busca conocer la mentalidad compartida tal cual es, para fomentar el encuentro entre la "subjetividad" de la mentalidad del grupo y la objetividad de las normas éticas que se deben adoptar. Objetivada su mentalidad, los actores de la cultura pueden compararla con la "mentalidad" que está implícita en las normas. Esta dimensión de aprendizaje solo sucede en el momento del aula y "en las cabezas" de los participantes. Luego, el mapa de metáforas grupales (fase IV) recupera las impresiones del investigador, que no quedan registradas en los datos ETIC y EMIC. Al investigador al ganar experiencia observando muchos grupos de nativos, le permitirá reconocer similitudes y diferencias.

A esta dimensión activa y de aprendizaje, en el HEMG la denominados heurística, según señalamos al explicar el nombre del método, ya que una de las acepciones de este adjetivo es la búsqueda de un mayor conocimiento de uno mismo.

En síntesis, la Imaginización es un método de etnografía activa que se caracteriza por ser clínico, es decir que aborda la singularidad de una organización; cuasi-etnográfico, porque el investigador indaga, registra conversaciones (actos del discurso) pero interviene para inducir un aprendizaje. Esto puede hacer que los conocimientos obtenidos no sean tan precisos. Y esta etnografía se denomina activa porque genera un conocimiento contextualizado que permite que el grupo adquiera un aprendizaje. Dado que el HEMG comparte estas características, se puede decir que es también un método de etnografía activa.

2. La metáfora como herramienta principal de la etnografía activa

La Imaginización de Morgan se orienta a la gestión de un cambio organizacional. El HEMG, por su parte, se orienta a un cambio organizacional en la línea de la concientización de las normas éticas y su incorporación a la mentalidad compartida, mediante un reconocimiento de esta última y un diálogo con ella. Este modo de conjugar investigación y aprendizaje tiene como pilar fundamental el uso de la metáfora como herramienta principal. Veamos cómo se conceptualiza el uso de la metáfora en la Imaginización y en el HEMG.

2.1. La metáfora en la Imaginización

Desarrollaremos a continuación y en detalle, las ideas de Morgan acerca de cómo la metáfora puede incidir en comprender y cambiar una organización. Agrupamos sus ideas en (a) la metáfora como lectura diagnóstica, (b) la metáfora como método de cambio social y (c) las cualidades de la metáfora: acierto, resonancia y relevancia.

La metáfora como lectura diagnóstica

La metáfora sirve como método de lectura organizacional porque -según su pensamiento social constructivista- el lenguaje, las imágenes y las ideas dan forma a la realidad social (Morgan, 1999: 366). La metáfora conforma un ordenamiento, un marco de referencia. Las metáforas funcionan "como marcos para destacar y ordenar los distintos aspectos de la realidad que toca enfrentar" (Morgan, 1999: 382). Por eso, para comprender a una organización hay que investigar cuáles son los patrones de significados, las percepciones comunes, los valores, las ideologías, los rituales y los sistemas de creencias compartidas (Morgan, 1999: 43).

La "lectura diagnóstica" apunta a tratar de entender qué es lo que mantiene unida a la organización. Sostiene Morgan que en las organizaciones los empleados siempre operan dentro de ciertos marcos de orden definidos. Este orden es definido o bien por la burocracia o bien por los controles. Incluso, la teoría organizacional está siempre enraizada en una "imagen de orden",[3] como por ejemplo, "la empresa es un organismo" o las ya mencionadas "la empresa es una máquina" o "la empresa es una red" (Morgan, 1999: 51-52).

Morgan propone realizar dibujos grupales para leer la organización. Morgan (1999: 387-389) establece para ellos algunos criterios: (a) las ideas metafóricas son de naturaleza tentativa y amplia; (b) la metáfora requiere que los usuarios creen, o bien encuentren los significados; y (c) la metáfora requiere que los participantes se distancien del pensamiento convencional. La metáfora, según Morgan, cruza dos imágenes y crea un nuevo significado. La metáfora se basa siempre en verdades parciales y en elementos abstraídos de manera unilateral e incluye siempre el sentido de la paradoja o del absurdo, y juega con la similitud y la diferencia.

Por ejemplo, para diagnosticar el liderazgo en la organización, Morgan brinda el siguiente ejemplo. El instructor del taller ofrece las imágenes y un participante elige, por ejemplo, la jirafa para "decir" cómo no debe ser un gerente. Al elegir la imagen de la jirafa y aplicarla al rol de líder, según Morgan, el participante quiere decir que el jefe no entiende los problemas concretos, controla y tiene una visión de todo desde arriba, es fuerte pero le cuesta sentarse y a ras del suelo se mete en situaciones complicadas (1999: 72 y 76).

Otro ejemplo que da Morgan sobre el uso de dibujos grupales se refiere a un grupo de empleados que diseña una nueva forma de relación entre distintas áreas de la empresa mediante un dibujo de plantas epífitas. O también, otro grupo que dibuja una nueva forma de relación con el cliente a partir de la metáfora de la telaraña. Morgan usa su método, a juzgar por la mayoría de los ejemplos, para proyectar nuevas estructuras organizativas y nuevas estrategias comerciales. No hace ningún uso relacionado con la ética.

En los términos de la etnografía organizacional, la metáfora es la clave de acceso a la mente de los nativos: permite ir de lo ETIC a lo EMIC, del acto del discurso verbal observable, al significado que ordena o regula las acciones de los nativos según está en sus mentes. En los términos de Morgan la metáfora tiene la capacidad de conectar lo objetivo con el mundo subjetivo y facilita el acceso a "la subjetividad" del grupo e induce un aprendizaje.

---

3   Como vimos en el capítulo 3, acerca del alcance ontológico de la mentalidad compartida, Soaje Ramos (1969) afirmaba que la causa formal intrínseca del grupo social es el orden. El orden real de las relaciones es causa formal intrínseca de la unidad de la empresa. Las normas son la causa ejemplar, es decir, el orden pensado a la medida del cual toman decisiones sus integrantes. Entre esas normas, además de las explícitas están las implícitas o mentalidad compartida, que es un elemento importante de la causa formal extrínseca. Las normas explícitas buscan tener más fuerza que las implícitas en un proceso de cambio organizacional.

La metáfora como cambio social

La metáfora sirve como método de cambio social. La Imaginización no es solo lectura diagnóstica o "espejo" -donde se ven aspectos que antes no se veían- sino que también es "escritura de la vida organizativa" o "ventana". En sus palabras, el objetivo principal de la Imaginización es: "Desarrollar la metáfora como método para explorar la naturaleza pluridimensional de las organizaciones y demostrar cómo se pueden utilizar las perspectivas generadas por las diversas metáforas para crear nuevas ideas y posibilidades de acción" (Morgan, 1999: 382).

Esto se debe a que la metáfora no es un mero recurso literario, sino que "es un medio primario para forjar nuestras relaciones con el mundo" (Morgan, 1999: 373). Morgan afirma que las imágenes moldean nuestros puntos de vista (Morgan, 1999: 40) y que tienen una potencialidad tal que pueden dejarnos atrapados en una forma de ver el mundo que no nos permita cambiar (Morgan, 1999: 54).

Su experiencia en intervenciones en empresas que buscaban un cambio y se encontraban atascadas también fundamenta su idea de la metáfora. Para salir del atascamiento es fundamental descubrir qué es lo que puede estar impidiendo el cambio. Morgan alienta a explotar el "potencial liberador" que contiene el hecho de revisar las propias presunciones. Si se encuentran "las imágenes subyacentes colectivas" se pueden cuestionar y desafiar (Morgan, 1999: 61).

Cuando se explica la organización diciendo "acá las cosas funcionan de este modo...", ese empleado está haciendo teoría organizacional. Teoría no es para Morgan la teorización de la comunidad científica ni un *corpus* objetivo de conocimientos. Teorizar es leer la organización. Por lo tanto, para Morgan, "todos teorizamos". Morgan afirma que debemos hacernos cargo de aquello que teorizamos, es decir, "descubrir qué pensamos" de la organización, porque de ese modo se descubren también las implicaciones que tiene esa "imagen de orden" de la organización. Esas implicaciones se manifiestan en cómo se conciben las decisiones, los incentivos, la organización del trabajo, etc.

Ejemplificando la idea de Morgan, si decimos que la empresa es una maquinaria, significa que estamos "cruzando" dos imágenes: una, la máquina; y la otra, un grupo de personas libres. El significado obtenido combina los elementos de una paradoja, aunar libertad y necesidad. Es decir, un grupo de personas libres está organizado de un modo tal que hace que automáticamente se obtengan determinados resultados. Hoy en día, en cambio, se propone concebir a la empresa como una red aludiendo a una nueva paradoja. Esta organización empresarial en red no es tan "organizada" ni localizada como la estructura piramidal, sino más ágil y dinámica en su crecimiento.

Este ejemplo sirve también para ilustrar la afirmación de Morgan de que la metáfora crea nuevos significados que permiten el cambio social. Este autor considera que los seres humanos pueden transformarse a sí mismos y a su mundo por medio de acciones que lleven a la realidad las nuevas imágenes y visiones del mundo, es decir, los seres humanos pueden crear percepciones compartidas para aprender y cambiar (Morgan, 1999: 51).

Como constructivista social llega a afirmar que su método puede "crear nuevas conductas". Si la empresa se piensa a sí misma bajo otra imagen, puede "reescribir" su forma de organizarse y adaptarse a un cambio o generar una nueva estrategia. Las nuevas conductas se irán arraigando en la nueva imagen de lo que se está haciendo (Morgan, 1999: 141).

Las cualidades de la metáfora

La metáfora tiene, de acuerdo con Morgan, tres características: (a) acierto o pertinencia (b) resonancia y (c) relevancia. Las dos primeras se implican mutuamente y se dan en relación con quien la escucha o la recibe; la tercera, respecto del objetivo de la Imaginización.

La metáfora tiene que "dar en el clavo". Esta cualidad de acierto o pertinencia se manifiesta en cómo resuena la metáfora en quien la recibe. La metáfora no se puede forzar, la resonancia y el significado se pueden evocar pero no imponer. Pero lograr la resonancia de la metáfora no tiene normas claras sino que se debe evaluar de manera continua e intuitiva. Se debe evaluar la pertinencia de la metáfora, más allá de la simple percepción personal. La intuición del investigador se debe corroborar por las reacciones del grupo: el entusiasmo, la energía, la negación y la ira. La eficacia de la metáfora ha de ser constatada *in situ* (Morgan, 1999: 412-415).

Según Morgan, sin la "realidad viva de la resonancia", aunque pueda parecer un concepto vago, no hay manera de mantener un contacto significativo con los miembros del grupo. La energía, el interés y el entusiasmo se agotan rápidamente, y se pierde influencia, control y credibilidad. Esta vivencia, así como el enojo, la negación y los conflictos, tanto dentro del grupo como entre este y el investigador, pueden ser fuentes importantes para indagar y conocer el estado de las cosas en esa organización. Hay que descartar la metáfora cuando hay falta de interés o no se logra credibilidad (Morgan, 1999: 412).

Para Morgan, la relevancia de la metáfora también se evalúa intuitivamente. Hay resonancias que no tienen importancia, pero tapan las importantes. En ese caso, el investigador es quien identifica dónde y cuándo aparecen ideas significativas válidas que sean capaces de ofrecer nuevas percepciones (Morgan, 1999: 413).

El investigador puede crear metáforas que aprehendan las ideas que los participantes no ven, pero el riesgo es que se pierda el poder evocador de la metáfora. En este caso, el significado y la pertinencia de la metáfora podrían surgir a través del diálogo. De todos modos, el proceso de validación e interpretación de las metáforas puede ser difícil y las interpretaciones pueden ser rechazadas. El proceso de Imaginización puede suscitar

> toda clase de consecuencias punitivas, sobre todo si los problemas son, en gran medida, inconscientes o se propagan y difunden a través de la usina [sic] de rumores de la organización. El proceso de interpretación y validación puede convertirse en un "campo minado" ético y exigir gran creatividad por parte del interventor-investigador. Retrospectivamente, suele ser fácil advertir que tal o cual intervención o interpretación eran las más acertadas, pero, en el tiempo real del proyecto, es necesario tomar decisiones al calor de los acontecimientos, y es frecuente que la visión de los árboles oculte el bosque. La única protección del investigador activo, frente a estos problemas, es la inclusión de una actitud ética en casi todo lo que hace: dejarse guiar por el compromiso de comprender los problemas y tener el valor suficiente para cumplir con el mandato del proyecto en que se ha embarcado (Morgan, 1999: 415).

Para completar la idea de Morgan, decimos que lo opuesto a la resonancia es la oquedad. Desde el punto de vista del análisis lingüístico, una metáfora resulta pertinente "cuando el parentesco resulta obvio luego de que se haya dicho y es inapropiada cuando produce frialdad, distanciamiento" (Di Stefano, 2006: 30). Cuando una metáfora es aceptada, revela los valores de los que la reciben. El acierto también puede resultar de la coincidencia de valores entre quien emite la metáfora y quien la recibe.

Asimismo, la metáfora puede funcionar como síntoma de todo un sistema de valores o presupuestos que subyacen a un discurso. Siguiendo el síntoma y extendiendo todas las prolongaciones alusivas que permita la metáfora, es posible acceder a los valores implícitos, aun cuando el enunciador no los asuma en forma explícita (Di Stefano, 2006: 30-39).

Por otra parte, desde el punto de vista lógico, una metáfora tiene la capacidad de ser apropiada, pertinente o acertada debido a que es una analogía: "la precisión es propia de conceptos análogos" (García López, 1974: 220).

2.2. La metáfora en el HEMG

En el HEMG nos hemos apropiado de la visión de la metáfora como instrumento para el aprendizaje que propone Morgan, aunque sin los fundamentos epistemológicos de lo que él denomina pensamiento social constructivista. Sigamos en este epígrafe el mismo orden que en el anterior, pero aplicado al HEMG.

La lectura diagnóstica en el HEMG

En el HEMG hemos reflejado la misma intención de Morgan de lectura diagnóstica y la misma valoración de la metáfora en cuanto a su capacidad para expresar la imagen de orden que tienen los empleados acerca de la empresa. La propuesta de Morgan de que la metáfora puede resultar de utilidad para diagnosticar lo que mantiene unida a la organización la hemos incorporado con connotaciones éticas y ontológicas en la definición de la CCBO (la comprensión compartida básica de la organización) como componente de la mentalidad compartida.

Para ilustrar esta idea, ofrecemos el siguiente ejemplo de otro tipo de organización como es la universidad. En las imágenes n° 1, 2 y 3 se presenta en forma secuencial un *collage* realizado en forma apaisada por alumnos de pregrado que han dibujado la relación yo-universidad. La metáfora es "la universidad es un ómnibus que me transporta", el yo es cada uno de los senderos (el alumno de grado) que deja que la universidad lo conduzca hacia el futuro (el sol) y que lo marque (los senderos que están a la derecha del ómnibus y a la izquierda del sol están marcados por las mismas pintitas del ómnibus). Para el alumno "las cosas funcionan" de ese modo en la universidad y permite reflexionar sobre cómo el alumno se ubica pasivamente en ella.

Como hemos visto, esta imagen o idea de orden sostenida por los empleados puede desviar e impedir que se consiga el objetivo social de la organización. Esta idea de orden puede producir una teleopatía, es decir, una patología en el cumplimiento de los fines organizacionales debido al desvío de la "conciencia operativa" (Goodpaster, 2007) de la empresa.

El HEMG coincide con la Imaginización en el uso de la metáfora como instrumento para identificar imágenes subyacentes colectivas, pero a nuestro método le interesan las que puedan estar afectando o bien a la consecución del fin social de la empresa, o bien a la consecución de los valores éticos propuestos por el código de ética y las normas de *compliance*, así como a la capacidad o fuerza de la integridad de la acción individual en el contexto organizacional, el lugar y contribución del yo en la empresa. Los sesgos cognitivos que afectan las decisiones personales en el contexto de la empresa pueden ser superados por la profundidad de la reflexión, la honestidad de la conciencia y la voluntad. Sin embargo, hay que reconocer que lo que puede suceder de forma más probable y fácticamente es que la mayoría se deje conducir por cómo piensa la mayoría.

Imágenes n° 1, 2 y 3. Relación YO-UNIVERSIDAD

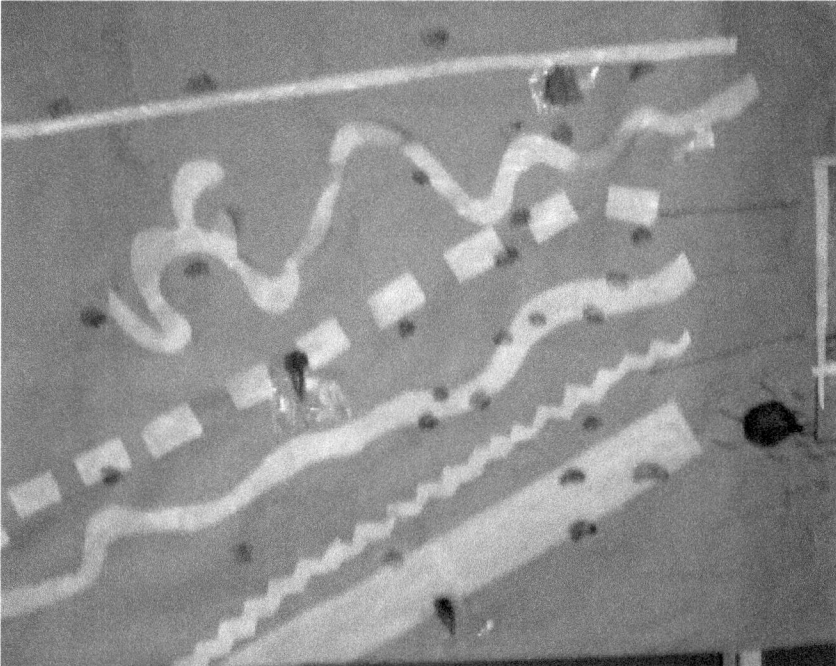

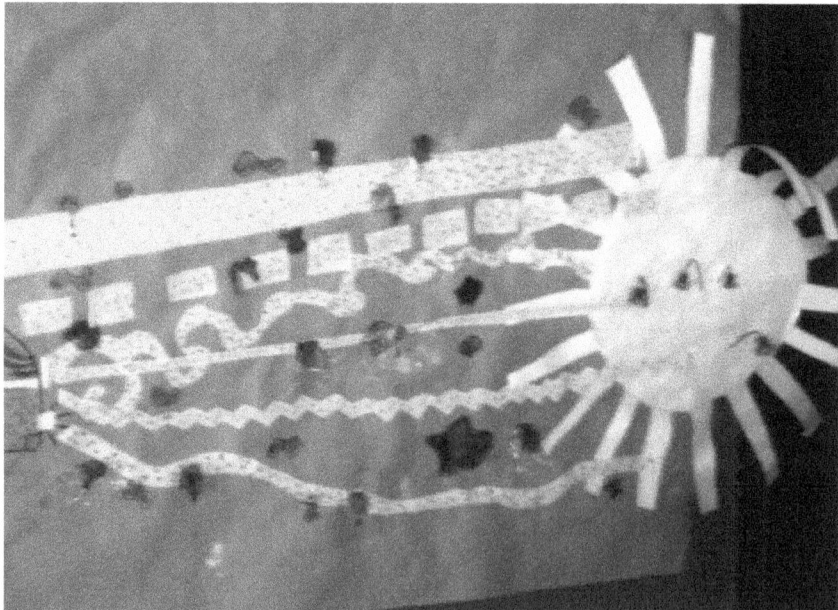

La ventaja de revisar la propia lente mediante imágenes y metáforas es que se consiguen conocimientos más genuinos acerca de lo que piensa el grupo, información más auténtica que si se hiciese una revisión de presunciones directamente mediante preguntas directas en una encuesta o mediante el razonamiento o la argumentación. El abordaje racional puede contener mayor cantidad de elementos defensivos, racionalizaciones y autojustificaciones de los motivos de una conducta.[4]

El cambio social a través del HEMG

Explicando a Morgan en los términos de nuestra investigación, él afirmaría que la indagación en las metáforas subyacentes puede cambiar el ver, el juzgar y el actuar de los integrantes de la organización. De acuerdo con su pensamiento social constructivista, las conversaciones construyen la realidad organizacional. Esta visión otorga al lenguaje la capacidad "ejecutiva" de moldear la realidad organizacional. Sin embargo, el HEMG no necesita estar fundamentado en el pensamiento social constructivista, para reconocer la fuerte influencia de la mentalidad compartida.

En el HEMG se considera que revisar la mentalidad compartida brinda posibilidades de cambio en la medida que la persona individualmente cambie el peso que le asigna al condicionamiento de la mentalidad compartida (sea esta recta o desviada). Pasa de una moralidad fundada en lo prerreflexivo a tomar la oportunidad de aumentar su madurez moral. Es decir, en el HEMG se ha utilizado la metáfora como herramienta de cambio, en el sentido de que los empleados pueden, a partir de lo "visto" en las metáforas, aumentar la conciencia y decidir de un modo más responsable.

Asimismo, si los líderes toman la información que les brinda, el HEMG posibilita que revisen el tipo de mentalidad que están fomentando con los artefactos visibles de la cultura: los incentivos, el organigrama o las políticas.

El "peso ontológico" en el HEMG no está ni en el lenguaje ni en las conversaciones, sino en las acciones personales libres y las interacciones mancomunadas voluntariamente donde se realiza algo en común. La mentalidad compartida tiene un alcance ontológico, en cuanto ella es una de las medidas (causa ejemplar) mentales de acuerdo con las que las decisiones personales son reguladas. Las conversaciones pueden reflejar la causa ejemplar, pero lo que constituye la interacción es la acción libre que radica en la libertad del sujeto.

---

4   Como propone Marvin Brown (2002).

Se coincide con Morgan en que explorar e indagar las imágenes compartidas es una tarea que permite una revisión crítica de los propios puntos de vista; y también se coincide en que es liberador, porque conocer los condicionamientos en profundidad aumenta el conocimiento y la voluntariedad y por ende la libertad.

Las cualidades de las metáforas en el HEMG

Las cualidades de las metáforas -acierto, resonancia y relevancia- se han comprobado en la aplicación de la herramienta en diversas empresas y cursos de posgrado. Veamos a continuación cuatro ejemplos ilustrativos. Primero, dos ejemplos de negación -como forma de resonancia y acierto- y luego un ejemplo de resonancia no relevante y otro de resonancia relevante.

El primer ejemplo es de uno de los pósters más curiosos, del cual no tenemos fotografías, que surgió en un equipo de un curso de posgrado de *Marketing*. Estos son grupos profesionalmente homogéneos porque todos trabajaban en la misma área, el promedio de edad de los alumnos era de 28 años y todos provenían de diferentes empresas. A un equipo se le dio la consigna de dibujar la relación del *marketer* con el consumidor. El póster que confeccionaron estaba totalmente cubierto con una cortina de tiras de papel que hicieron con una hoja tamaño A1. La cortina de tiras -que cubría todo el póster (también de tamaño A1)- se podía levantar y ver debajo el dibujo de la relación entre el responsable de *marketing* y el consumidor. Lo más significativo fue que en la lectura del póster que hizo el resto de los equipos apareció inmediatamente la cuestión del ocultamiento frente al consumidor. La relación que la persona de *marketing* establecía con el consumidor no era algo que se podía transparentar. Resultó muy interesante observar cómo el grupo que hizo el póster-cortina negó constantemente que tuviera relación con el ocultamiento. Decían que la única razón para poner la cortina era haber leído un artículo de Adela Cortina que estaba en la bibliografía obligatoria.[5] Este es un ejemplo de negación, una de las actitudes que Morgan señala como posibles efectos que corroboran el acierto y la resonancia de una metáfora en el grupo.

El segundo ejemplo de resonancia mediante la negación ocurrió en otro grupo de posgrado de *Marketing*. Para comenzar la clase se les propuso la siguiente tarea: imaginar la empresa como un baile de disfraces de carnaval, al que les invitaba personalmente el "número uno" de la empresa. Cada uno debía pensar de qué se iba a disfrazar. Luego, se invitó a que el que lo deseara, dibujase con tiza en el

---

5 Adela Cortina, 2003, "Quien, qué, por qué consumir". *Cristianisme i Justicia*, mayo.

pizarrón el disfraz que había pensado. La intención –no dicha– era que ellos "proyectaran" en el disfraz elegido lo que pensaban que sus jefes esperaban de ellos.[6]

Rápidamente había unos ocho participantes a la vez dibujando en el pizarrón, y luego se animaron unos cinco más. En este caso el dibujo no era grupalmente consensuado, sino varios dibujando a la vez. El 80% de los disfraces dibujados eran de superhéroes volando. Una vez realizados los dibujos, el resto los leyó. Se habló de los puntos fuertes de los superhéroes: ímpetu, energía, resolución de problemas, rapidez, ubicuidad, capacidades extraordinarias. También se habló de los puntos débiles: no pisan la tierra, son superhéroes solo si se disfrazan, son únicos, raros de encontrar, irreales, no trabajan en equipo. Al explicar la intención, negaron que ellos pensaran que querían ser esos superhéroes y muchos se enojaron, haciendo comentarios como "este es un ejercicio infantil", proyectando su visión infantil de la profesión sobre el ejercicio. Una conclusión importante es que en este caso, los que dibujaron quedaron muy expuestos, sin la protección del grupo en la que se expresan libremente pero no quedan individualmente expuestos, tal como se da en el HEMG y como recomienda Morgan.

El tercer ejemplo es de una resonancia no relevante. La misma tarea de dibujar "disfraces" para el numero uno, se usó con alumnos del MBA, esta vez sobre papel. Los disfraces resultaron muy diferentes a los del posgrado de *Marketing*: un militar con "las botas puestas", un preso, un perro fiel, un serrucho, un bombero (ver imágenes n° 4 y 5). Son pocos casos para establecer una tendencia pero los superhéroes son consistentes con el individualismo creativo de los profesionales de *marketing*, mientras que la vocación directiva y de ascenso en la organización son más propias de los MBA (se asciende aceptando la esclavitud, siendo fiel, siendo autoritario, serruchando el piso a otros, siendo astuto, apagando incendios –resolviendo problemas–, ocultándose, etc.).

Aunque la interpretación pueda parecer pertinente, se decidió no volver a usar este ejercicio porque la idea de disfraz, si bien presenta una pista para indagar sobre la identidad y la integridad de las personas, se prestaba a mucha distracción en cuestiones irrelevantes y colaterales. La idea de disfraz se ligó tan fuertemente a lo carnavalesco y festivo que ocultaba lo más importante y resultaba difícil volver a encauzar la conversación, perdiendo influencia, control y credibilidad en el aula.

---

6 Esta instrucción es muy similar a lo que Morgan realizó en una empresa pero en su caso para evaluar en qué medida los personajes mejoraban o perjudicaban el rendimiento global de la empresa (Morgan, 1999: 304).

Imágenes nº 4 y 5. Pósters de alumnos del MBA sobre disfraces para presentarse frente al director de la empresa

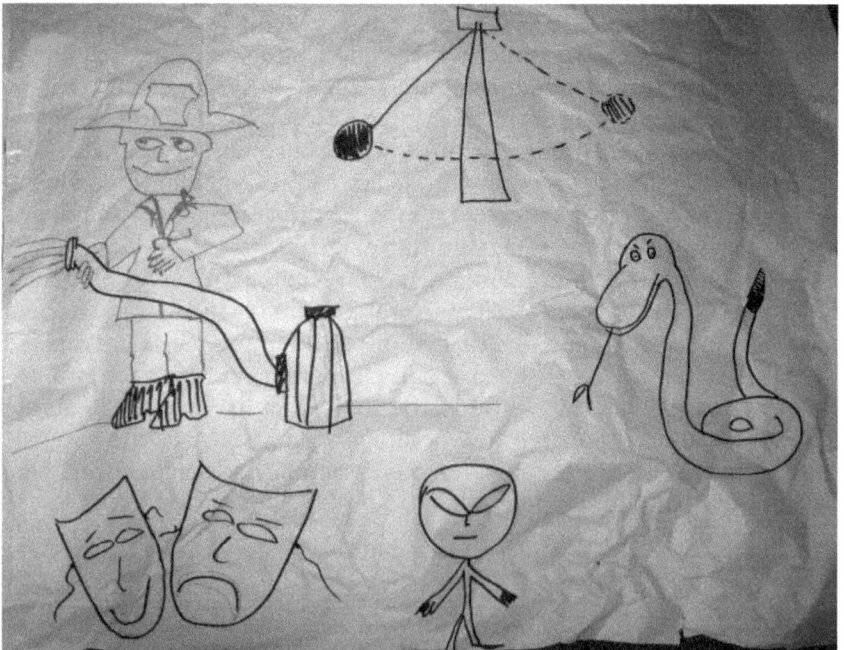

El cuarto y último ejemplo es de acierto y resonancia relevante y sucedió en un posgrado de dirección de empresas de salud.[7] Uno de los equipos de médicos hizo un *collage* que representaba la relación yo-empresa. En el póster aparecía la imagen de una hormiga en la esquina inferior derecha del póster. La imagen estaba pegada mitad en el póster y la otra mitad quedaba fuera del papel. La metáfora "el paciente se cae de la institución de salud" surgió de la lectura de los participantes. En la lectura que todo el grupo completo de médicos, aproximadamente unos veinte, hizo del *collage* grupal, todos hicieron rápidamente un reconocimiento de que se habían dibujado ellos en el centro y a la organización girando a su alrededor. En este caso, la relevancia y acierto de lo interpretado sin intervención necesaria del docente provocó inmediata conciencia y aceptación, aunque el grupo que hizo el *collage* negara haber tenido la intención de dejar afuera al paciente.

En el HEMG, ante las resonancias no significativas y superficiales, la tarea del instructor en el taller es reconducir la capacidad del grupo de leer lo que ve en los dibujos. Unas veces, con preguntas; otras, subrayando la lectura que hace solo un participante. En ese caso se recupera para el resto una lectura más profunda, más rica, y se indaga sobre ella, para ver si resuena dicha de otra forma. También al presentar la síntesis de metáforas el investigador podrá confirmar cabalmente si "dio en el blanco" por el efecto catártico que manifieste el grupo.[8]

2.3. Cómo funciona la metáfora

Con los ejemplos presentados hemos podido ver cómo funciona la metáfora. Ordenemos a continuación los pasos de su accionar y sus efectos en el contexto de la etnografía activa, siguiendo a Morgan: (1) generación o elicitación (2) proyección y (3) catarsis.

2.3.1. Generación o elicitación de metáforas

Morgan no habla de elicitación, sino de generación de metáforas. Además, se refiere a la metáfora y a la imagen, indistintamente, como si fueran lo mismo. En el HEMG, a diferencia de Morgan, denominamos al proceso "elicitación" y diferenciamos la imagen o dibujo grupal de la metáfora elicitada que se encuentra en el acto de discurso verbal, en las frases y expresiones realizadas en la lectura de los dibujos.

---

7   De la que no contamos con fotografías.
8   En nuestra experiencia, en el caso de que el grupo, o un equipo dentro del grupo, toma una actitud de descreimiento y comienza a cuestionar lo que se está haciendo –sobre todo esto sucede en los posgrados– se le puede mostrar lo que otros grupos han usado como metáforas, sean estas similares o diametralmente opuestas. Esto recupera la credibilidad sobre lo que se está haciendo.

Esta distinción del HEMG se justifica, por un lado, en la etnografía, que afirma que las operaciones para "hacer surgir lo que está en la cabeza de los nativos" se denominan operaciones de elicitación (Harris, 1976); y, por otro lado, lo confirmamos con Gerald Zaltman (2004), quien desarrolló una técnica de elicitación de metáforas a través de imágenes -para el uso en investigación de mercado- y en el que puede reconocerse la influencia de la etnografía.[9]

En el HEMG, como ya señalamos antes, de 2004 a 2006 se experimentó en tres empresas con dibujos predeterminados. Luego, se cambió por la modalidad en la que los participantes elaboraran sus propios dibujos con marcadores y papeles de colores, sin imágenes prediseñadas. El motivo del cambio fue probar si los participantes aceptaban fácilmente la instrucción de dibujar y constatar otro tipo de repeticiones en las imágenes. Por ejemplo, al usar las imágenes predeterminadas, en la empresa *Violet*, la que más se repetían eran el tornado y la licuadora, que aludían a la alta rotación de los mandos medios como resultado de la presión y la falta de reconocimiento percibido por ellos. En cambio, con los dibujos realizados por los mismos participantes, se comenzaron a observar repeticiones en cuanto al tamaño de las personas dibujadas y su ubicación en el póster, por mencionar algunas.

Sin embargo, las reglas para el proceso de elicitación de metáforas se mantuvieron a pesar del cambio. Son más específicas que las de Morgan pero son complementarias ya que las suponen. Estas reglas, basadas en la experiencia, apuntan a elicitar metáforas de mayor profundidad y más representativas de todos los integrantes presentes.

Según las señalamos en el capítulo 5, estas reglas son: (a) no se deben incluir en el dibujo signos tales como: palabras, logotipos, números, signos matemáticos (más, igual, $, %, etc.). Todas las ideas, conceptos, sentimientos que quieran representar deben ser expresados por dibujos. (b) El póster debe ser consensuado pero no debe ser resultado del voto de la mayoría aquello que se dibuja. Todo lo que quieran expresar los integrantes del equipo debe estar representado en el conjunto, tanto lo común a todos como la opinión divergente.

---

9   Zaltman proviene del ámbito de las neurociencias y distingue la imagen del *verbatim*. Esas expresiones lingüísticas son etiquetadas y se las convierte en constructos. Los constructos son lo que el investigador de mercado interpreta que son los pensamientos y sentimientos del consumidor potencial (Zaltman, 2004: 187-8). Una metáfora brinda la posibilidad de entender y experimentar una cosa en términos de otra, pero hay que elicitarlas de la mente del consumidor porque "la metáfora no existe como 'palabras en la memoria', sino que existe como 'redes de ideas abstractas'..." (Zaltman, 2004: 136). Además, se da una fusión entre la memoria, la metáfora y la narración debido a que los recuerdos siempre están ligados a contextos sociales compartidos (Zaltman, 2004: 261).

Tabla n° 1. Funcionamiento de la metáfora: acciones y efectos en la organización

HEMG Fase II Metáforas				
Pasos	Tarea n°	Tarea nombre	Acción y efecto de la metáfora	
			Desde el investigador	Desde el participante del taller
	1.	Explicación de objetivos y asignación de tareas.	N/A	N/A
A) *Quiz*	2.	*Quiz*	N/A	N/A
B) Dibujos grupales	3.	Realización dibujos o *collage*.	Comienza elicitación y proyección convergente.	Experimenta libertad de expresión sobre lo propio y creatividad.
	4.	2 lecturas de los 4 pósters realizadas por todos los participantes.	Finaliza elicitación. Proyección convergente y divergente.	Experimenta libertad de expresión sobre lo propio. Escucha la interpretación de los otros.
	5.	Síntesis del investigador.	Se condensa la convergencia de la proyección de los integrantes del grupo. Objetivación de lo subjetivo.	Claridad, distancia, revelación. Catarsis.
C) Espejo	6.	Análisis y síntesis de los participantes de lo registrado en la tarea (2).	Objetivación de lo subjetivo.	Claridad, revelación, inquietud.
	7.	Reflexión dialogada que contrasta tareas (5) y (6).	Revisión, reflexión.	Espejo. Autoconciencia del grupo.

En la tabla n° 1, se identifican los pasos del funcionamiento de la metáfora (elicitación, proyección y catarsis) en cada tarea de la fase II del HEMG. La elicitación comienza en la tarea n° 3 de la fase II, donde cada equipo crea el póster que representa la relación que les haya sido asignada; y finaliza en la tarea n° 4, donde el resto de los participantes leen lo que dice el dibujo acerca de la relación representada en el póster.

2.3.2. Proyección de significados subjetivos

En la lectura de los dibujos, los participantes verbalizan su interpretación de lo que ven y lo que alude el dibujo, caracterizando la relación dibujada por otros. Aquí se realiza una proyección. Veamos de qué se trata.

Morgan afirma que sobre las imágenes se realiza un proceso "proyectivo". De hecho, Morgan compara el proceso de elección de imágenes para crear metáforas con el conocido método de psicodiagnóstico llamado Test de Rorschach. Morgan afirma que las imágenes ofrecidas por el instructor no introducen un sesgo en los participantes, ya que ellos "leen" en las imágenes lo que ellos quieren (Morgan, 1999: 79).

Según la Real Academia Española, "proyección" se define, en el ámbito del psicoanálisis, como la "atribución a otra persona de los defectos o intenciones que alguien no quiere reconocer en sí mismo". Para el HEMG se define "proyección" como la atribución sobre la imagen de significados, tanto por parte de quienes dibujan como por parte de quienes leen (e interpretan) los dibujos, y sobre cuyo contenido hay un variable grado de reconocimiento o conciencia, es decir, el que proyecta no reconoce o reconoce solo una parte del contenido que está atribuyendo a la imagen o sus implicancias.

En el HEMG, tanto al elegir la imagen como al dibujarla, espontáneamente se presume que el sujeto proyecta en ella aspectos de su propia subjetividad. ¿Se puede hablar de proyección grupal? Al ser cinco personas las que construyen el póster, en la conversación se van compartiendo las proyecciones personales y en el dibujo o *collage* se van haciendo converger los significados expresados por todos.

La proyección comienza[10] en la tarea n° 3 al igual que la elicitación (ver tabla n° 1). A este comienzo lo llamamos proyección convergente. Por ejemplo, en la imagen n° 4 un grupo de alumnos del MBA para representar la relación yo-empresa dibuja un

---

[10] Cuando se usaban las imágenes de Morgan, había proyección también en un momento anterior -proyección cero-, cuando cada participante elegía las imágenes para llevar a su equipo.

rompecabezas que contiene la imagen de una empresa de fondo y algunas piezas oscuras. Por fuera, diferentes personas tratan de ubicar piezas en él.

La proyección continúa en la tarea n° 4 con la lectura grupal del dibujo, donde los participantes que no hicieron el dibujo que se está leyendo asignan sus propios significados. Esta proyección puede ser convergente o divergente. Al ser muchos quienes leen el dibujo, algunas de las lecturas o interpretaciones pueden repetirse o complementarse, explicándose unas a otras. Incluso las divergentes permiten explicar la misma idea, como dos caras de una misma moneda. Según Morgan, el investigador puede ver lo que tienen en común diferentes metáforas creadas por distintas personas y señalar en qué, a pesar de las diferencias, son altamente armónicas (1999: 388).

¿Se puede decir que hay proyección cuando el grupo que dibujó el póster explica su propio dibujo? Sí, pero es menor. Suele ser una explicación defensiva respecto de lo que los otros leyeron, aunque se les advierte que solo deben explicar por qué dibujaron lo que dibujaron y no discutir lo que otros vieron y ellos no quisieron dibujar. En la construcción del dibujo-póster se da algo más auténtico y no todo lo que se expresa se hace en forma consciente.

Muchas veces la explicación del grupo sobre lo que dibujó es más positiva u optimista que la lectura que hacen los otros. Estos últimos suelen elicitar metáforas sobre aquellas cosas que son más difíciles de hablar y admitir en la empresa o entre colegas o jefes (por ejemplo, distintas formas de agresión solapada; inequidad). Esta discrepancia o divergencia confirma la mayoría de las veces que hay proyección, es decir que hay contenidos y significados no reconocidos por aquellos que dibujan, pero que están latentes en los dibujos.[11]

Por ejemplo, en la imagen n° 6, la proyección de los que leyeron coincidió con la de quienes dibujaron. La relación del empleado con la empresa es como la relación de una pieza de un rompecabezas con el mismo. El yo es una pieza y la empresa es el rompecabezas donde el yo debe encajar. Encajar es una cuestión de tiempo y esfuerzo, las diferencias (ser mujer) pueden hacerlo más difícil y encajar tiene sus beneficios (flores).

---

11 Como veremos en el capítulo siguiente, están en los dominios semánticos de las imágenes, conceptos conjugados en la metáfora (el rompecabezas y la empresa), de acuerdo con la lingüística cognitiva.

Imagen n° 6. Relación yo-empresa por un grupo de alumnos del MBA

Lo que casi siempre es no-reconocido en lo proyectado son las implicancias éticas de los significados expresados. ¿Quién querría admitir que su ética personal estará condicionada por el objetivo personal de lograr encajar en la organización? Aquí es donde el docente debe dialogar sobre la libertad, la integridad y la diferencia entre condicionamiento y determinación, por ejemplo.

Sean creadas por los participantes o leídas por ellos, se da un proceso proyectivo sobre las imágenes en el que las personas dicen lo que quieren decir y algunas cosas que no sabían que decían. Ahora bien, ¿todo lo que se dibuja y lo que se lee es proyectivo? Algunos dibujos y lecturas son más superficiales que otros: o bien se acercan al dibujo animado (imágenes n° 7 y 8) o son más bien una alegoría que una metáfora, es decir, tienden a una simbolización más convencional y que habla menos de quien dibuja (por ejemplo, la balanza para simbolizar la justicia y un código de barras para la identidad, imagen n° 9).

Imágenes n° 7 y 8. Detalles de un mismo póster; relación YO-EMPRESA (operarios de *Blue*)

Imagen n° 9. Relación YO-EMPRESA con varios dibujos alegóricos (mandos medios de *Blue*)

Este tipo de dibujos elicitan pocas o ninguna metáfora y no impactan en el grupo. De todos modos, en un grupo de veinte personas se realizan cuatro pósters, y siempre son mayoría los pósters con contenido metafórico que los alegóricos.

En las tareas n° 3 y 4, el participante llega a experimentar libertad para expresarse sobre la realidad cotidiana que vive en la empresa, ya que puede hacerlo de forma indirecta mediado por el dibujo. También, se apropia de lo expresado por otros para expresarse a sí mismo y experimenta cercanía y distanciamiento de lo que opinan sus colegas.

En la tarea n° 5, cuando el investigador analiza y abstrae las metáforas que representan a ese grupo en comparación con otros resalta similitudes y diferencias. No debería haber proyección del investigador (aunque tiene su sesgo), sino una interpretación que respete las voces de los nativos. Es decir, el investigador tiene más conciencia de que debe distinguir los significados propios de los significados del grupo. Si le parece relevante para el aprendizaje del grupo, puede expresar los significados propios indicando que son propios, aunque corre el riesgo de que al grupo no le sea significativo.

En el HEMG, entonces, la elicitación es el proceso por el cual mediante la observación de la imagen surge la verbalización de metáforas, y la proyección es el proceso por el cual la metáfora transporta al discurso verbal objetivo y explícito un significado subjetivo más o menos consciente. En la tarea n° 5, analizado el *verbatim* registrado, se muestran las repeticiones en las imágenes y en los énfasis de las palabras. El investigador mediante una síntesis condensa los significados proyectados. Cuando es presentada al grupo al finalizar la lectura de los dibujos o al contrastarla con los resultados del *quiz*,[12] se realiza la catarsis. Veamos a continuación la catarsis como último eslabón del funcionamiento de la metáfora en la etnografía activa.

2.3.3. Catarsis

Así como la Imaginización conduce a la catarsis, también lo hace el HEMG. Morgan no se detiene a explicarla, sino que la constata con ejemplos. Aun así, exploremos de qué se trata. El *Diccionario de La Real Academia Española* ofrece varias acepciones del término "catarsis", que de acuerdo con su origen etimológico griego significa purga o purificación: es la "eliminación de recuerdos que perturban la conciencia o el equilibrio nervioso".

En la experiencia del HEMG hemos observado reiteradamente que el uso de los dibujos grupales elimina temores subyacentes que perturban la discusión ética. Por ejemplo, el temor a ser despedido o una cierta convicción de que se es prescindible en la organización, para algunos, inhabilita a la empresa a hablar de ética y lo manifiestan de diferentes modos indirectos que no favorecen la discusión racional. Los dibujos logran allanar estos aspectos emocionales permitiendo un buen diálogo racional.

La primera definición de catarsis está en la definición aristotélica de la tragedia. La metáfora es uno de los recursos principales de la tragedia para conmover y generar la purificación de las pasiones. La purificación se da mediante la representación de lo real sobre la escena. Se recrea una acción humana, se imitan (*mímesis*, en griego) las interacciones de los hombres. Sin embargo, más importante que los personajes es la trama que los interrelaciona. En tanto es una imitación, en ella se puede reconocer el objeto imitado que va más allá de los personajes y el relato. El objeto imitado es una acción única, completa, que no es de una sola persona y que imita lo peor y lo mejor de la acción humana. El mal que ocurre en la tragedia uno podría padecerlo, es un mal cercano que inspira temor y compasión.

---

12 Esto varía según se haga en el posgrado o en una empresa.

Estas emociones mueven al espectador pero la imitación, la reconstrucción en escena, le otorga distancia y perspectiva de modo que el espectador no queda abatido, como sí le ocurre al héroe. La catarsis surge de esta ambivalencia (lo temido es cercano y lejano a la vez) y de la revelación de la trama racional del relato. El espectador tiene la oportunidad de entender la causa que llevó al fin trágico del héroe, librándose de ese modo de sufrir el mismo trágico fin.[13]

Mutatis mutandis, los dibujos grupales del HEMG producen una representación o *mimesis* de la trama de la organización. Se dibujan relaciones y no personajes, se dibuja lo peor y lo mejor de lo humano en las organizaciones. Se dibujan los temores al conflicto, al despido, las frustraciones por no poder crecer o por no poder ser creativo o no tener tiempo libre o para la familia, se dibuja la creatividad, las ideas, la resolución de problemas, el poder, la lealtad, la competencia despiadada, la incomunicación, la colaboración, los beneficios, el crecimiento y el trabajo en equipo.

El relato simbólico de los pósters representa una trama racional, un sentido (un orden) que tiene que ser desvelado. Los dibujos grupales logran representar la trama causal en esa organización según la piensan los empleados. Señalan qué lugar tienen el yo y la empresa en esa trama. Recrean, imitan cómo se unen o chocan en la empresa el yo, los otros, la empresa. Los temores dibujados son cercanos porque son puestos en escena (en el póster) por ellos mismos, pero a la vez, se toma distancia de ellos al haber sido convertidos en algo objetivo (que está allí afuera del sujeto y otros lo pueden observar). Lo que se representa en escena, lo que se dibuja imita la vivencia real.

Veamos algunos ejemplos de alumnos de MBA. En la imagen n° 10 se muestra un detalle de un *collage* realizado por alumnos del MBA que ilustra la relación yo-otros en el ámbito de la empresa. La mesa y las sillas, y el tren son imágenes que podían elegir de entre las múltiples imágenes estilo Morgan. Las caras, los cuchillos y los colores fueron realizados con marcadores, las tres monedas son reales y están pegadas con cinta adhesiva y la sangre es esmalte para uñas.

---

13 Cf. Sánchez Palencia (1996) y Di Stefano (2006).

Imagen n° 10. Relación YO-EMPRESA (alumnos MBA)

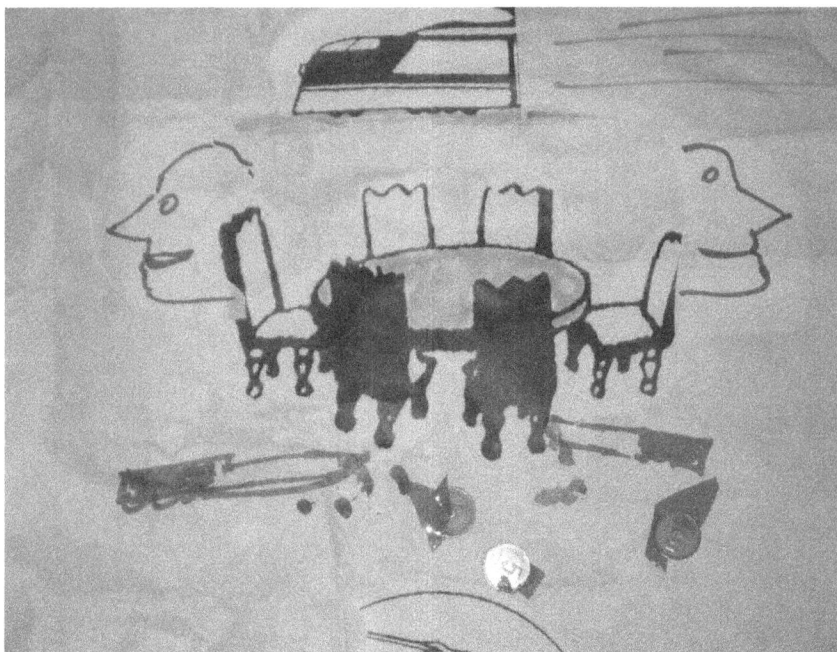

En la verbalización se habló de la falta de comunicación en la empresa, de la velocidad de la toma de decisiones, de la falta de liderazgo, de los desacuerdos y la concesión de que a veces "hay que matar por tres monedas" para obtener lo que uno quiere.

La imagen n° 11 es de un póster realizado por otros alumnos del MBA sobre la relación yo-empresa utilizando algunos dibujos del libro de Morgan y dibujos propios. Obsérvese el árbol de fondo, como metáfora de solidez y crecimiento de la empresa, que guía como un faro y comunica hacia afuera con la antena y la tv, pero hacia dentro el directivo-prócer[14] se comunica con megáfono. En la base está el trabajo pesado donde los alumnos combinaron dos dibujos de Morgan: la hormiga que carga un cubo y un iceberg (ver detalles de la imagen n° 11).

Abajo a la derecha de la imagen n° 11 se observan los pájaros que se van del árbol hacia afuera del póster. Uno es una imagen del libro de Morgan[15] y el otro es un pájaro realizado por los alumnos con papel plegado tipo "origami". En la verbalización, se refirieron al deseo de libertad que da la creatividad postergada por pertenecer a la empresa.

---

14 Morgan, 1999: 70.
15 Morgan, 1999: 70.

Imagen n° 11. Relación Yo-EMPRESA (alumnos MBA)

Algunos ejemplos de los temores y frustraciones de la relación yo-empresa-otros que se dibujan en el HEMG son: el temor al conflicto, el temor a no lograr "encajar" en la empresa, la frustración de aceptar ser "desangrado" por la empresa o de estar "prisionero" en ella para lograr los fines personales que están fuera de la empresa, el temor a que el conflicto latente "explote", a que el barco se hunda, la frustración de resignarse a dejar de lado la creatividad y la identidad personal a cambio de los beneficios de trabajar en esa empresa. Cabe aclarar que no todos los significados que se proyectan en los dibujos son negativos, pero hay más referencias a ellos porque son los que obstaculizan la discusión ética.

En la imagen n° 12 se ve el detalle de un póster que representa el temor al despido metaforizado en "no ser de los que suben al arca de Noé frente al diluvio que se avecina".[16] En la imagen n° 13 un póster completo simboliza la relación yo-otros según un equipo de mandos intermedios no sindicalizados de una fábrica, descontentos porque los

---

16 Es interesante que, en este caso, la empresa estaba creciendo y expandiéndose, pero el temor al despido estaba igualmente presente.

operarios sindicalizados tienen mejores salarios. El centro es una bomba por explotar y dibujado débilmente, un avión que está listo para despegar pero tiene una pared que se lo impide.

Imágenes n° 12 y 13

Hay una pregunta que, como investigadora del taller, se ha realizado al finalizar la lectura de los dibujos de los grupos: *¿Qué dibujo pensaron hacer y finalmente decidieron no incluir en el póster grupal?* No siempre hay una respuesta, pero, cuando la hay, tiene que ver con un elemento agresivo. Por ejemplo, "íbamos a dibujar un cuchillo pero nos pareció muy violento"; o bien, "íbamos a dibujar una víbora pero nos pareció demasiado". En esos casos, también se puede completar una especie de catarsis, al reconocer que habían decidido que les parecía mejor que esa agresividad apareciese "en escena".

Como en la obra de arte, en los dibujos grupales se imita lo real y se puede tomar distancia de ello. Al tomar distancia se advierte algo nuevo, algo que no se ha dicho antes y que produce incomodidad porque expresan significados que no suelen exponerse públicamente, pero a la vez hay cierta complacencia en la claridad con la que se expresa protegido por el grupo.

En un ámbito muy diferente, como es la psicoterapia, María Ana Ennis[17] (2008: 11, 19, 24) ha innovado proponiendo una metodología denominada Psicoterapia Simbólica. Su eje es la creación, por parte del

---

[17] Ennis es una médica y psiquiatra argentina, fundadora de la Escuela de Psicoterapia Simbólica. Con un sólido conocimiento de la filosofía aristotélico-tomista, se formó con Magda Arnold, discípula de Carl Jung en Loyola University, EE. UU.

paciente, de un relato con imágenes que interpreta el mismo paciente con la guía del terapeuta. La metodología de Ennis comienza con el terapeuta ofreciendo al paciente símbolos específicos (bajar por una escalera, o bajar al fondo del mar). A partir del símbolo propuesto por el terapeuta, el paciente construye un relato simbólico. El relato es guiado con intervenciones del terapeuta que le propone acciones con los símbolos que aparecen (por ejemplo, desenterrar algo del fondo del mar). Luego el paciente interpreta el relato con preguntas mayéuticas del terapeuta. La interpretación es del paciente, quien suele sorprenderse de lo que ha podido decir, sin darse cuenta, con los símbolos. De la propuesta de Ennis -diferente a la empresa y lo grupal- nos interesa destacar su valoración de la relación entre el símbolo y la psiquis.

Ennis (2008: 93, 100) afirma que la construcción de un relato simbólico baja las defensas; que la actividad simbólica dinamiza el espíritu y lo hace más receptivo; que la riqueza de los símbolos deviene de su poder de síntesis de las vivencias; que las vivencias convergen, se captan, se elaboran y se revelan en el símbolo de modo elocuente, clarificador y persuasivo; que los símbolos son abarcativos de todo el psiquismo; que son subjetivos en tanto son elaborados por el paciente y son objetivos en cuanto no pertenecen al terapeuta; que poseen una gran carga emocional afectiva que incide mucho sobre la voluntad; que la catarsis es resultado de la vibración afectiva del símbolo.

En el HEMG, el grupo no advierte de forma inmediata el sentido profundo de lo que va dibujando o leyendo en los dibujos. Los participantes dejan caer las defensas racionales y también se sorprenden de lo que han podido decir. Cada póster es original y único, y es interpretado por ellos mismos. La vibración afectiva tiene su correlato en el cansancio que se produce en el grupo el tiempo que duran las tareas n° 3 y n° 4. En el dibujo convergen, se captan, se elaboran las vivencias del equipo que lo construye. Asimismo las revelan de forma sintética y elocuente.

En síntesis, se puede afirmar entonces que la catarsis en el HEMG se produce por el acierto, la resonancia y la relevancia de las metáforas utilizadas en la mímesis que realizan los dibujos grupales de la trama causal de la organización. Los dibujos grupales hacen las veces del relato grupal de la vida organizacional. Produce una purificación catártica de diversos temores y frustraciones. Las imágenes creadas e interpretadas por ellos "imitaron", representaron, recrearon su relación con la empresa (en el sentido yo-empresa y empresa-yo) y sus relaciones entre ellos. De este modo canalizaron en un lenguaje no verbal sus presunciones y creencias que pueden tener mayor o menor nivel de conciencia en cada uno, pero -como se dijo al hablar de la cultura organizacional- esta suele ser desconocida para los propios protagonistas.

El grupo va pasando, entonces, de un cierto desconocimiento de sí mismo a un conocimiento de sí. Lo complejo se hace más claro, lo simbólico se hace racional, lo subjetivo se hace objetivo, lo ya conocido se hace conocimiento nuevo, la novedad produce inquietud, la profundidad produce elevación. Esta progresión puede ser experimentada por la conexión del docente con el grupo.[18] En la trama de significados que se presenta condensada en la síntesis del instructor (tarea 5) y el diálogo que se establece en el grupo sobre ella actúa (tarea 7) cristalizando el proceso catártico. Se dialoga con el grupo (tarea 7) contrastando los resultados del análisis que el grupo realiza sobre las respuestas al *quiz* -sobre sus motivaciones y sus límites- (tarea 6) y lo que surge de las metáforas en función de la síntesis que realiza el instructor (tarea 5).

2.4. Resultados de la aplicación de la metáfora como herramienta de la etnografía activa

La catarsis o purificación de temores se evidencia de forma más contundente cuando se llega a la fase III (Normas). Allí se ponen en diálogo los valores y significados de la mentalidad del grupo con los que deben adoptar por las normas de ética y *compliance*.[19] El diálogo, debate y discusión no tiene carga emocional o vibración afectiva. Toda ella quedó en los dibujos. En este momento se puede revisar lo objetivado, se puede criticar aquello que pensamos, aquello en lo que coincidimos ahora que se ha explicitado. El dibujo y la metáfora produjeron cercanía y contacto con la propia subjetividad del grupo y a la vez produjeron la objetivación de la idea de orden que tiene el grupo, que produce la distancia necesaria para elevarse por encima de lo que se vive cotidianamente. Permite el paso de lo prerracional a una racionalidad madura.

Al decir que la catarsis purifica, por ejemplo, temores y frustraciones, no nos referimos a que desaparezcan de la vida organizacional, sino que al haber "aparecido" en los dibujos, desaparecen del diálogo racional (ya fueron purgados) que se establece sobre las normas de ética y *compliance* que se explican con posterioridad.

Dada la receptividad que provoca la dinámica de metáforas, el diálogo que se realiza con los empleados de la empresa se puede orientar a mostrarles sus puntos fuertes (como, por ejemplo, su alta valoración de la búsqueda de la superación personal) y sus puntos débiles (como, por ejemplo, una marcada instrumentalización de la empresa para sus

---

18 Como señala Rodríguez Porras (2002) un orador establece una conexión entre su *pathos* (es decir, emoción o sentimiento) y el del auditorio. Ese aspecto no verbal pero, a su vez, conectivo indica tanto al orador como al auditorio, la relevancia y resonancia de lo que allí se está hablando (Rodríguez Porras, 2002).

19 Morgan no aplica el uso de las metáforas a cuestiones de ética. Es decir, no hay un "deber ser" que se siga luego de la Imaginización pero sí afirma que son una plataforma de diálogo.

fines personales). También se puede mantener una conversación sobre la "ambigüedad" de una virtud. Por ejemplo, si el grupo valora y se ve a sí mismo como muy cooperativo, organizado y de estrechos lazos de interdependencia mutua, se les puede hacer pensar que esta "virtud" del grupo, llevada a su extremo -dejando de ser virtud-, podría implicar una falta de respeto para una persona de otra área de la empresa, por no ser como los de su "clase". O también, si el grupo evidencia mucha competitividad interna, se puede enfatizar el valor de la colaboración, el respeto, la integridad; en cambio, si el grupo evidencia mucha lealtad interna, se deben enfatizar otros aspectos, como, por ejemplo, la responsabilidad con el accionista o con la confidencialidad de la información.

Los elementos del autoconocimiento del grupo pueden ser integrados como "materia moral", es decir, como "recurso" que puede ser re-orientado por la toma racional de decisiones éticas, y no solamente por el cumplimiento externo de las pautas corporativas. El método permite que los participantes del taller tomen conciencia de cómo esa mentalidad favorece -o no- el cumplimiento de normas y códigos éticos. De esta forma se conecta lo objetivo del código con lo subjetivo de la mentalidad. También se puede hacer referencia a lo que han dibujado otros grupos, para subrayar elementos comunes y diferentes, resaltando la singularidad del grupo y aumentando su conciencia.

¿Qué beneficio directo obtiene la empresa de este proceso del HEMG? El beneficio es el aumento de la receptividad de las normas contenidas en el programa de ética y *compliance*. Suele estar presente cierto grado de desconfianza y cinismo frente a la institucionalización de un programa que propone valores y conductas; más aun si provienen de otra cultura, como, por ejemplo, si provienen de la casa matriz que tiene sede en un país de cultura diferente a la propia. La misma prevención o el mismo prejuicio se experimentan tanto en empresas cuyas oficinas generales se encontraban en Norteamérica como en algún país europeo. Sin embargo, no se puede demostrar con el HEMG que, como sostiene Morgan, un proceso realizado con metáforas organizacionales permita cambiar conductas.

¿Cómo beneficia a los alumnos de programas ejecutivos? En el diálogo con los alumnos del MBA las reflexiones finales están proyectadas hacia aspectos como su idea de éxito profesional, su idea de integridad, las virtudes a desarrollar, las fortalezas que se pueden subrayar. Asimismo se reflexiona sobre los temores que aparecen, las ambiciones, los deseos de superación, su equilibrio y moderación. Comparando los talleres en empresas con talleres con alumnado de posgrado se pudo observar que la catarsis deja en mejor disposición para dialogar a los integrantes de grupos de empleados de una empresa que a los alumnos de posgrado. Dado que en ellos la mayor parte de los planteos éticos están asociados a su deseo de ascenso en la organización, mostrarles en un espejo ese deseo y los posibles conflictos éticos, pareciera afectarlos en su seguridad o en su autoimagen personal.[20]

En la imagen n° 14 se muestra la relación yo-empresa de un grupo de alumnos del MBA. Se ven unos ladrillos que caen y encajan como en el juego Tetris, una morsa o sargento que se usa en carpintería para sostener y dar forma, manos verdes y una mano negra, un camino que se abre en varias posibilidades en el horizonte, donde algunos de los que transitan andan armados con arco y flecha.

Imagen n° 14. YO-EMPRESA (alumnos MBA)

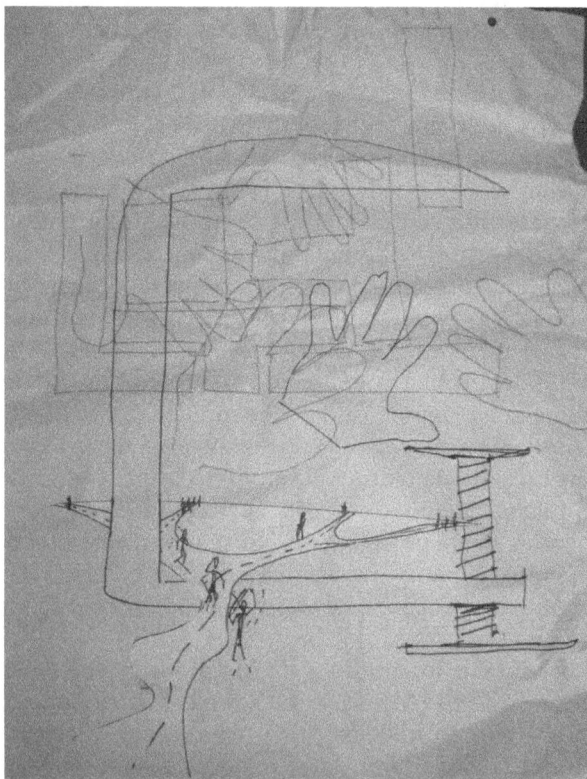

Estas imágenes hacen surgir metáforas tales como "la empresa es un lugar donde debo "encajar", "la empresa es un lugar donde se "encaja" aleatoriamente", o también "la empresa me sostiene y me da forma", el

---

20 También es cierto que en el posgrado se cuenta con menos tiempo de calidad (ya que asisten luego del trabajo) o también porque no lo hemos sabido hacer de otro modo.

colega competidor y la "mano negra" son lo amenazante, al igual que el azar. Estas imágenes, en la medida que explican la idea de orden, el lugar del yo, de la empresa y de los otros, dan sentido a algunas decisiones que se toman en la organización. Pueden bastar como criterio para tomar una decisión a nivel de lo prerracional que mencionaba Schmidt, o desde el punto ciego que señalaba Bazerman.

Se puede afirmar, por tanto, que la metáfora tiene en el HEMG una función heurística, de aprendizaje sobre las imágenes de orden que subyacen colectivamente. Esta función se logra si las metáforas tienen el carácter de ser resonantes y relevantes. Las mismas se generan en un proceso proyectivo sobre imágenes que tiene efecto catártico. El principal beneficio para la empresa es que favorece el diálogo en la organización sobre cuestiones complejas o tabú, como lo es el cumplimiento ético.

Síntesis y conclusiones del capítulo 7

En el capítulo 6, habíamos demostrado que el HEMG registra actos de discurso de los integrantes de la empresa en muchos puntos de observación. De esos actos del discurso, algunos expresan las propias interpretaciones de los nativos de esa cultura sobre cuáles son las reglas (o la lógica o la trama) que explica su forma de actuar (registros EMIC) y otros actos del discurso son puente de acceso a esas reglas (registros ETIC) que hay que interpretar. Ambos, a su vez, pueden ser interpretados por el investigador, según su intuición y un marco teórico elegido, pero buscando ser fiel a las voces nativas. En el HEMG ese marco teórico es la ética empresarial, centrada por un lado, en la virtud de la integridad personal, y por otro, en la acción colectiva que es perfeccionable por el bien común.

Ahora bien, uno de esos actos del discurso observados por el HEMG son los dibujos grupales, que hemos considerado discurso visual EMIC. Para demostrar que en el HEMG se utilizan -de forma correcta y fundada- los dibujos grupales para hacer surgir metáforas que representan contenido de la mentalidad de los integrantes de una empresa, en este capítulo se han seguido las ideas de Gareth Morgan. Lo que también nos ha permitido explicar cómo la metáfora induce un aprendizaje en la empresa donde interviene el HEMG.

El método de etnografía activa de Gareth Morgan, denominado Imaginización, y el HEMG tienen en común muchas de sus características: su eje central son las metáforas generadas a partir de dibujos grupales; realizan en la empresa una intervención que genera un aprendizaje; generan un conocimiento provisional, contextualizado y válido en la medida en que las metáforas elicitadas sean certeras, resonantes y relevantes; obtienen datos de conversaciones y entrevistas y no observan actos del comportamiento; son métodos clínicos (abordan la singularidad de una cultura), heurísticos (fomentan el autoconocimiento de los integrantes), de investigación-acción (i.e. se generan iniciativas de acción a partir del autoconocimiento).

Asimismo, el HEMG coincide con Morgan en que toda "teorización" de la organización (realizada por cualquier integrante) propone una imagen de orden, de modo que descubrir aquello que se piensa de la organización en la que trabajamos es descubrir las implicaciones de esa imagen de orden. El HEMG coincide con Morgan en que la metáfora se caracteriza por "enmarcar" la realidad que simboliza, es decir, la metáfora destaca aspectos de la realidad al tiempo que oculta otros, de modo que elicitar grupalmente una metáfora puede revelar la imagen de orden (i.e. el patrón de significado o la percepción común) que tiene un grupo sobre la organización, y, de este modo, revelar qué es lo que mantiene unida a la organización.

Se ha explicado, también, cómo la metáfora elicitada por los dibujos grupales en el HEMG representa a todos gracias a las reglas de confección y lectura de los dibujos y gracias al mecanismo de proyección. Se explicó que tanto los que dibujan como los que leen los dibujos atribuyen al dibujo significados subjetivos que no son evidentes o para unos o para otros, pero convergen en la construcción grupal.

El HEMG, a diferencia de la Imaginización, no se utiliza para cuestiones estratégicas o comerciales sino para la reflexión ética. Los dibujos del HEMG valorados desde la posterior reflexión sobre normas éticas consiguen contenidos genuinos sobre los que reflexionar y criticar la propia mentalidad del grupo a la luz de los principios éticos.

Las metáforas que representan la imagen de orden elicitada con dibujos grupales provocan también una vibración afectiva. Al imitar en el dibujo la trama que explica el verdadero funcionamiento de la empresa, se produce una catarsis de los aspectos negativos de la vida organizacional, que facilita el diálogo posterior. El sentido desvelado facilita la discusión ética que se puede realizar de forma más racional, gracias a la purificación catártica. Las imágenes de la empresa como prisión o como torre acumuladora denotan temores, frustraciones, agresiones e injusticias que podrían convertirse en "lógicas" excusas para la racionalización de los comportamientos no éticos que explicamos en el capítulo 3. Sacar a la luz estos aspectos, de forma indirecta y no racional a través de los dibujos, libera de la posibilidad de victimizarse y racionalizar el incumplimiento ético. Si se ve más claramente la imagen de orden y lugar que el sujeto se autoasigna en ese orden (con más o menos poder para decidir o influir), aumenta su conciencia sobre los condicionamientos de la mentalidad compartida.

Esto señala una diferencia del marco teórico del HEMG con el de Morgan. Morgan afirma que los empleados siempre operan en un entorno de orden dado por la burocracia o los controles. En cambio, en nuestro marco teórico (y teniendo en cuenta lo analizado con Soaje en el capítulo 3) podemos decir que el patrón de significado o la imagen de orden compartida por grupos en la empresa (que hemos denominado CCBO, comprensión compartida básica de la organización) puede no coincidir con las reglas formales[21] (la burocracia de Morgan, o las normas explícitas de Soaje), e incluso, pesar más que ellas en las interacciones. Como se mostró con el caso LAPA, en algunas empresas el orden que articula las interacciones (los ascensos, los castigos, etc.) no responde a la naturaleza del producto o servicio que presta.[22]

Por tanto, en nuestro marco teórico, a la noción de "imagen de orden", que puede ser elicitada con la metáfora como herramienta y a las presunciones que se derivan de ella, le hemos añadido una connotación ética y otra ontológica. Por un lado, la connotación ética refuta las corrientes de pensamiento que subrayan que la construcción de la realidad social organizacional se realiza solo en sus conversaciones. Estas posiciones racionalistas suelen dejar de lado la cuestión de la voluntariedad y de la libertad de las decisiones. Por otro lado, la connotación ontológica atribuye a esa imagen de orden una influencia causal en la constitución de la empresa como institución, al regular en el orden intencional, el modo de interactuar en ella.

---

[21] En el capítulo 3, siguiendo a Soaje dijimos que la causa ejemplar o idea de orden rectora que está presente en la intención de los integrantes de la empresa para conseguir el fin tiene una dimensión explícita en las reglas formales y otra implícita en las reglas informales o uso y costumbres.

[22] Más aun, en países donde se evidencia bajo nivel de institucionalización, el orden de las interacciones dentro de ellas no coincide con el fin social de la institución (por ejemplo porque las articula una lógica corrupta o mafiosa dentro de ellas) y muchas veces los directivos colaboran en ello.

8

Método HEMG: su justificación de acuerdo con la lingüística cognitiva

Introducción

En las diversas empresas donde se utilizaron los pósters grupales (2004-2012), creados tanto a partir del libro de Morgan como los creados por los participantes, se observaron repeticiones en las imágenes utilizadas para representar una misma relación.

En varios grupos del posgrado para directivos de instituciones de salud los médicos elegían para representarse a sí mismos un "busto del César" de los dibujos de Morgan (1999: 70). En el período en que los directivos creaban sus propios dibujos, se repetían mucho las manos como metáfora principal del yo. Asimismo, al dibujar su relación con la organización, esta solía ser circular y no piramidal, girando alrededor de ellos.

Las repeticiones y recurrencias de imágenes análogas no solo fueron observadas en grupos conformados por la misma profesión sino también en las mismas áreas funcionales aunque de distintas empresas. Por ejemplo, en empleados de áreas de control y finanzas (en la empresa *Green* y en la empresa *Violet*) se dibujaron muy pequeños y sin rostro. En *Violet*, elegían las hormigas para representar su yo y en *Green* el único que tiene rostro es quien intenta ascender (ver imagen n° 1).

Imagen n° 1. Detalle de un póster de mandos medios de la empresa *Green*

En la empresa *Violet* todos los ligados a tareas manuales (los técnicos de instalaciones) se dibujaban ocupando gran tamaño en el póster y con la imagen corporal completa. En la empresa *Green*, los que tienen rostro o "mucho rostro" son los que tienen cargos directivos con más remuneración o más capacidad de decisión[1] (ver imagen n° 2).[2]

Al simbolizar la empresa, en grupos de distinta índole, ya sea alumnos de posgrado o participantes en programas de capacitación, se repite la representación de la empresa como árbol, barco o edificio (ver imagen n° 3).

Imagen n° 2

---

1 También como los médicos o empresarios agropecuarios o mandos de la fábrica se dibujan de forma completa y/o ocupando gran espacio o espacio central en el póster.

2 Se borró digitalmente el logo de la empresa que los participantes había dibujado aunque está previsto en las reglas de confección de los dibujos grupales que no se utilicen símbolos racionales o logos, etc.

Imagen n° 3

Como ya mencionamos, en la empresa *Violet*, los dibujos de Morgan más elegidos para representar a la empresa eran el "tornado" y la "licuadora", que tienen en común girar rápidamente y destruir. Esa empresa, una de las más grandes del mundo, contaba con una alta "rotación" de empleados, y los mandos medios -el segmento que participó en la capacitación- no trabajaban allí por más de tres años.

La constatación de las repeticiones en el uso de la herramienta didáctica, que inspiró la idea de desarrollar y justificar el método, conduce a la pregunta acerca de lo universal y lo objetivo. Es decir, si además de considerarlas representaciones de los significados personales y grupales, remiten a un contenido esencial y no arbitrario, ¿son las metáforas una representación de algo objetivo?

El pensador Clive S. Lewis, autor de numerosos textos no solo filosóficos sino de relatos plenos de imágenes y simbología, reconoce el potencial cognitivo de la imaginación:

Para mí, la razón es el órgano natural de la verdad; pero la imaginación es el órgano del sentido, del significado. La imaginación, al producir nuevas metáforas o revivificando las antiguas, no es la causa de la verdad, pero es su condición. Admito que es innegable que tal visión implica, indirectamente, un tipo de verdad o rectitud en la imaginación misma (C .S. Lewis, 1939). [3]

El antropólogo y mitólogo Gilbert Durand (2007) dice que la objetividad de la representación simbólica es más bien una pretensión. Afirma que el símbolo "es un modo tal de conocimiento nunca adecuado, nunca 'objetivo', ya que jamás alcanza un objeto y que siempre se pretende esencial, ya que se basta a sí mismo y lleva en su interior, escandalosamente, el mensaje inmanente de una trascendencia; nunca explícito, sino siempre ambiguo y a menudo redundante" (2007: 21).

En cambio, el mitólogo Juan Eduardo Cirlot Laporta realizó su *Diccionario de símbolos* (1993) estudiando diversos símbolos de diversas culturas, con la convicción de su universalidad objetiva. Si un significado se repite, es porque hay una verdad objetiva y universal simbólica. Esto supone que trascendiendo la creación o el uso subjetivo del símbolo, estos denotan algo esencial perteneciente a la naturaleza o a la humanidad. Representan la humanidad, representan su propia cultura.

Estudiar las representaciones de una cultura ha sido desde siempre un modo de conocerlas. El lingüista cognitivo Zoltán Kövecses (2008 b: 51-52) afirma que la aparición de la teoría cognitiva de la metáfora en 1980, con la obra *Metaphors we live by* del lingüista George Lakoff y el filósofo Mark Johnson, ha sido de mucha inspiración para los antropólogos en busca de la comprensión de las culturas. Pero señala que, mientras que los lingüistas enfatizan la universalidad de la metáfora, los antropólogos señalan la no-universalidad. A su vez, a los antropólogos les interesa saber qué hace la metáfora en un contexto particular de tipo socio-cultural, y a la lingüística cognitiva le interesa más saber qué es una metáfora y cómo actúa en la mente. Aun así, no duda de que la lingüística cognitiva puede explicar tanto la universalidad como la diversidad del pensamiento metafórico.[4]

La importancia de la metáfora radica en que, como afirma George Lakoff (1993), es central para la comprensión de la experiencia y "para el modo en que actuamos sobre esa comprensión". Esto se debe a que "la metáfora no es solo una cuestión de lenguaje, sino de pensamiento y razón" (Lakoff, 1993: 208).

---

[3] La traducción es propia.
[4] Según este autor, este es un primer paso en la dirección de la creación de una teoría de la metáfora cognitivo-cultural donde se diferencien estilos o preferencias cognitivas que varían según los idiomas y las culturas (Kövecses, 2008b: 68,72).

Con este capítulo finalizamos la justificación del HEMG como una herramienta de investigación de la comprensión preconceptual de la vida organizacional. Habíamos mostrado hasta aquí, que el HEMG logra representar la trama explicativa de las interacciones en la empresa integrando en una interpretación final diversas voces nativas, tanto verbales como visuales (capítulo 6). Asimismo, se mostró cómo el reconocimiento de dicha trama, mediante imágenes de orden que las simbolizan, induce un aprendizaje en quienes reflexionan sobre ellas. Dicha imágenes o ideas de orden explicativas de la organización son traídas a la luz como metáforas mediante la confección de dibujos grupales y el mecanismo de proyección grupal de significados subjetivos (capítulo 7). En este capítulo 8, recurrimos a la lingüística cognitiva. Desarrollar cómo funciona la metáfora según la lingüística cognitiva nos permitirá explicar (a) cómo en el HEMG la metáfora alcanza a reconocer y representar la comprensión básica (prerracional) de la experiencia organizacional; y (b) cómo el mapa de metáforas grupales es válido para representarla.

1. La metáfora según la lingüística cognitiva

Por muchos siglos, la metáfora había sido considerada por la filosofía como una cuestión periférica y menor hasta que fue rescatada por el avance de las neurociencias y los estudios cognitivos como un aspecto esencial de la comprensión y de entendimiento humano. En los últimos cuarenta años ha habido una explosión bibliográfica y una multiplicación de los estudios sobre la metáfora.[5] Sintetizaremos en forma muy breve el significado de esta nueva visión de la metáfora

La primera definición de metáfora es atribuida a Aristóteles, quien tenía una alta valoración de esta por considerarla una forma superior de lenguaje que se aparta del uso corriente y que pone de manifiesto la creatividad, la singularidad, la capacidad perceptiva, expresiva y la profundidad de quien la emite. El Estagirita consideraba que usar buenas metáforas es expresión de la sagacidad necesaria en la filosofía e indicio de una buena dote natural, de una capacidad de percibir bien las semejanzas que no son evidentes para la mayoría. La metáfora está plena de matices en Aristóteles pero a lo largo de la historia estos se fueron dejando de lado para arrinconar a la metáfora al lugar de un mero ornamento del discurso, o reducirla a una similitud, una comparación o una sustitución de términos (Di Stefano, 2006: 27-28 y 42). El *DRAE* ofrece dos acepciones para el término "metáfora": "tropo que consiste en

---

5   Cf. George Lakoff (2002), Andrew Goatly (2007), Jaime Nubiola (2000), Mariana di Stefano (2006) y Hernán Díaz (2006).

trasladar el sentido recto de las voces a otro figurado, en virtud de una comparación tácita" y la segunda, "aplicación de una palabra o de una expresión a un objeto o a un concepto, al cual no denota literalmente, con el fin de sugerir una comparación (con otro objeto o concepto) y facilitar su comprensión.

Es posible encontrar muchos autores relevantes en el estudio de la metáfora en diversas disciplinas y no solo en la filosófica, a los que no estudiaremos.[6] Aquí nos focalizamos en la perspectiva cognitiva de la metáfora. Lo que se ha dado en llamar una verdadera "revolución cognitiva", como llama el filósofo Jaime Nubiola (2000) a la obra de Lakoff y Johnson. El lugar de la metáfora cotidiana (*everyday metaphor*), según Lakoff, no es el lenguaje de la poesía o de la retórica, sino el ámbito de la mente (1993: 203). La lingüística cognitiva estudia la metáfora cotidiana que nos hace entender un ámbito mental en términos de otro ámbito.

La metáfora es expresión de una actividad cognitiva conceptualizadora y categorizadora mediante la cual comprendemos un ámbito de nuestra experiencia en términos de la estructura de otro ámbito de experiencia (Nubiola, 2000). Por ello la metáfora se encuentra en todos lados. Por ejemplo, señala Nubiola, en el idioma español se usan múltiples metáforas textiles (un ámbito de experiencia) para la comprensión de la actividad discursiva oral o escrita (otro ámbito diferente de experiencia): en un discurso se puede perder el hilo, las ideas pueden estar mal hilvanadas, un argumento puede ser retorcido, el discurso tiene un nudo y un desenlace, se atan cabos o se hila muy fino. El fenómeno discursivo que es más abstracto toma prestada la estructura motora o corporal del fenómeno textil. Afirma Nubiola: "La metáfora es el nombre que damos a nuestra capacidad de usar los mecanismos motores y perceptivos corporales como base para construcciones inferenciales abstractas, de forma que la metáfora es la estructura cognitiva esencial para nuestra comprensión de la realidad" (Nubiola, 2000).

Pero no queda allí la importancia de la metáfora en esta nueva perspectiva. Esta nueva forma de entender la metáfora "traspasa los límites tradicionales de las disciplinas en su búsqueda de una cabal comprensión de la inteligencia humana" (Nubiola, 2000). Según Nubiola, este enfoque de la inteligencia integra tanto la necesidad objetivista de la explicación de la verdad, como la necesidad subjetivista del sentido y significado

---

6   Por mencionar algunos, Giambattista Vico en el siglo XVIII y Friedrich Nietzsche y Pierre Fontanier en el siglo XIX, Michel Le Guern, Max Black y Paul Ricoeur en el siglo XX (Di Stefano, 2006).

personal del conocimiento.[7] El cognitivismo considera a la metáfora como algo que subyace al pensamiento y a la acción, a nuestras actitudes y nuestras acciones (Nubiola, 2000 y Di Stefano, 2006).

De este modo, la metáfora constituye un fenómeno de gran alcance y profundidad. Como afirma Kövecses, "la metáfora es lingüística, conceptual, neuronal, corporal y social, todo al mismo tiempo" (2008b: 53).

1.2. El análisis de la metáfora

A continuación, se analizará la metáfora señalando distintos niveles en su constitución. Para el cognitivismo, la metáfora no es solo una cuestión de lenguaje, sino que también alcanza la comprensión. Por ello, Kövecses (2008) afirma que la metáfora se puede analizar por niveles porque el lenguaje se relaciona con un "sistema subyacente de pensamiento". Los niveles en los que se analizará la metáfora no indican secuencia temporal u orden jerárquico, sino que analizan la profundidad de su constitución, que va desde la superficie del lenguaje a la profundidad de la comprensión. Es decir, a mayor profundidad del nivel, mayor cercanía a la comprensión. Para este análisis, se seguirá principalmente a los lingüistas cognitivistas Kövecses (2008 a y b), Cornelissen (2005, 2006), Díaz (2006) y Di Stefano (2006).

Los niveles que explicamos a continuación son tres: (1) el nivel lingüístico, (2) el nivel conceptual y (3) el nivel pre-conceptual. El nivel preconceptual se analiza, a su vez, de dos modos: (A) desde el punto de vista estructural y (B) desde el punto de vista cultural. Una vez explicados los tres niveles de la metáfora según el cognitivismo, explicaremos el funcionamiento de las metáforas en el HEMG en los términos del cognitivismo.

1.2.1. El nivel lingüístico de la metáfora

Si analizásemos el lenguaje cotidiano observaríamos que utilizamos muchas metáforas. Por ejemplo, las usamos para expresar emociones. Para el idioma inglés, Kövecses (2008: 384) brinda estos ejemplos, algunos de los cuales traducimos aquí:

- Cuando lo supe, fue un golpe muy fuerte.
- Él estaba magnéticamente atraído hacia ella.
- Ella lo encontraba irresistible.
- Eso me resulta repulsivo.

---

7   Morgan se reconoce deudor del pragmatismo de Dewey; Nubiola (2000) señala también los orígenes pragmáticos del pensamiento de Lakoff y Johnson. Nubiola señala que el pragmatismo explica el éxito del cognitivismo.

Asimismo, las usamos para expresar cuestiones intelectuales. Para el castellano, Díaz (2006: 45) brinda estos ejemplos:

- El problema no está claro.
- Es una luz para las matemáticas.
- Es un escritor oscuro.[8]

Tanto en el caso de las emociones como en el caso de lo intelectual, lo que hace la metáfora es explicar esos ámbitos más elusivos de la realidad en los términos de un ámbito distinto: las fuerzas o la luz. La metáfora siempre explica un dominio conceptual en términos de otro.

Ahora bien, ambos autores nos invitan a observar elementos comunes en ambos grupos de ejemplos. Para las emociones, Kövecses explica que, al decir que "explotamos de ira" o que "nos atrae tal persona", las palabras "explosión" y "atracción" denotan comportamientos propios de las fuerzas físicas. Es más, para metaforizar distintas emociones se usan diferentes fuerzas: "mecánica, eléctrica, gravitacional, magnética" (Kövecses, 2008a: 384). Asimismo, para lo intelectual, Díaz nos señala que las expresiones lingüísticas utilizadas manifiestan la misma correlación entre la "luz" y el "conocimiento" (Díaz, 2006: 45).

Constatar los elementos comunes que subyacen a diversas expresiones lingüísticas nos conduce a profundizar en el siguiente nivel constitutivo de las metáforas: el nivel conceptual.

1.2.2. El nivel conceptual de la metáfora

Como señala Lakoff, una misma comprensión que subyace a diversas expresiones lingüísticas se denomina "metáfora conceptual" (Lakoff, 1993: 229). La metáfora conceptual no es parte del lenguaje cotidiano, sino que es una abstracción[9] de la comprensión que subyace al lenguaje cotidiano. Para el ejemplo de las emociones citado arriba, la metáfora conceptual subyacente es EMOCIÓN ES FUERZA, y para el ejemplo de lo intelectual, la metáfora conceptual es CONOCIMIENTO ES LUZ.

En la jerga cognitivista, las metáforas conceptuales se escriben en mayúsculas (respetaremos esa convención que nos permite destacarlas rápidamente en el texto). Específicamente, la comprensión que subyace a la expresión lingüística se escribe en mayúsculas en la forma "A ES B" donde A es la meta, lo metaforizado, y B es la fuente, lo metaforizante.

---

8   La enunciación de expresiones lingüísticas mediante viñetas es usada tanto por Kövecses como por Díaz.
9   El uso de la noción de abstracción es nuestro. No lo hemos encontrado en los textos de la lingüística cognitiva ni una sola vez.

Por tanto, encontramos dos términos en la metáfora conceptual. Según Kövecses en toda metáfora hay dos partes: el dominio-fuente (*source domain*) –primera parte–, que es un concepto simple y concreto por el que la metáfora nos lleva al dominio-meta (*target domain*) –segunda parte–, que suele ser un concepto complejo o un concepto abstracto.[10] En los ejemplos anteriores, FUERZA y LUZ son fuentes, y EMOCIÓN y CONOCIMIENTO son metas.

Para ilustrar más acabadamente qué es la metáfora conceptual proponemos un ejemplo de una metáfora propia del "discurso" de la metafísica y teología cristianas. El teólogo Pseudo Dionisio (siglo VI) acuñó una famosa expresión sobre el bien que dice: "El bien es difusivo de sí". Según Rafael Luciani (2008):

> El Pseudo Dionisio da a conocer, en su obra *Sobre los nombres divinos*,[11] el famoso axioma que canta *bonum est diffusivum sui*, según el cual el bien "extiende los rayos de su plena Bondad a todos los seres que, según su capacidad, la reciben" (DN 4.693B). Dionisio hace uso de una analogía. Así como el sol por el mero hecho de ser sol, ilumina, de tal modo Dios, por ser Bondad Absoluta, comunica su bondad a todos los entes (Luciani, 2008: 16).

Con esta metáfora el Pseudo Dionisio explica la acción del bien y de Dios mediante el comportamiento de la luz. Algo más lejano o metafísico (el bien o Dios) es explicado mediante algo más cercano y físico –aunque etéreo– como es la luz. En la perspectiva del análisis cognitivista, encontramos dos expresiones lingüísticas: "el bien es difusivo de sí" y "la Bondad Absoluta extiende sus rayos a todos los seres". Ambas expresiones difieren lingüísticamente entre sí en su referencia al bien y a su comportamiento. Una se refiere a la "difusión" -una característica de la luz-, y la otra menciona la "extensión de los rayos". En estas expresiones, diferentes entre sí, encontramos de forma subyacente al mismo concepto "luz" funcionando como la fuente con la que se explica la misma meta, a saber "Dios" o "bien", es decir, a ambas subyace la misma metáfora conceptual: BIEN ES LUZ.

En síntesis, la "metáfora conceptual" no es una expresión usual del lenguaje pero lo impregna. La metáfora conceptual es una comprensión, de carácter cognitivo, que subyace a las expresiones lingüísticas cotidianas (Lakoff, 1993: 229).

---

10 Al "dominio fuente" se lo denomina también "vehículo", "campo-fuente" o "término metafórico" o "lo metaforizante". Al dominio meta se lo denomina también "dato" (en inglés, *tenor*), "término sustituido", "campo-meta" o "lo metaforizado" (Kövecses (2008 a y b), Cornelissen (2005,2006) y Díaz (2006), Di Stefano (2006)). Aquí los llamaremos "fuente" y "meta", salvo cuando el autor citado lo llame de otro modo, en donde respetaremos su nomenclatura.

11 *De Divinis Nominibus* (DN).

1.2.3. El nivel preconceptual de la metáfora

El cognitivismo considera el conocimiento como una actividad situada espacio-temporalmente, en la que el sujeto comprende la realidad sobre la base de su experiencia física y corporal en el mundo. Es decir, la experiencia básica sensorio-motriz genera una base de imágenes con la cual comprendemos otros ámbitos de la realidad. Esta base preconceptual no tiene estructuras de sujeto y predicado, sino que tiene estructuras o esquemas de imágenes, denominadas en inglés imago-esquemas (Díaz, 2006: 55-56).

El imago-esquema, que explicaremos a continuación, es analizable desde dos perspectivas: (A) como una estructura que organiza la metáfora y la comprensión de la realidad y (B) como comprensión compartida en una cultura. Ambas perspectivas nos serán útiles más adelante para explicar por qué las metáforas del HEMG representan la mentalidad compartida.

1.2.3. A. El imago-esquema como estructura que organiza la comprensión

Si analizamos el vocablo original en inglés (*image-schema*) creado por Lakoff veremos que a la idea de "imagen" añade la idea de "esquema". En inglés, *schema* significa, en la primera acepción del *Collins Concise English Dictionary*, plan o diagrama. En la segunda acepción el diccionario explica que es "(en la filosofía de Kant) una regla o principio que capacita al entendimiento a aplicar sus categorías y unificar la experiencia". También podría ser traducido como "imago-categoría" o "imago-estructura". Díaz traduce este vocablo como "imagen esquemática" (2006: 55), pero aquí lo traducimos como "imago-esquema" ya que "esquemático" tiene connotaciones de algo inflexible y, como veremos, el imago-esquema no varía pero es flexible.[12] Expliquemos a continuación qué es un imago-esquema, qué función cumple en la metáfora y cómo facilita la comprensión.

¿Qué es el imago-esquema? Los imago-esquemas que subyacen a las metáforas son como la estructura del edificio[13] de la metáfora. El imago-esquema es una estructura imaginativa y preconceptual (Lakoff, 1993). Alrededor de esa estructura se organizan todos los "materiales" que hacen al "edificio" de la metáfora. Los materiales de construcción que se mezclan y se ajustan a la "estructura de hormigón" que une y ordena el edificio son las connotaciones de cada dominio semántico que compone la metáfora. Los imago-esquemas ordenan la mezcla de los dominios semánticos de modo tal que haya comprensión.

---

12 Algunos afirman también que los imago-esquemas tienen un correlato neuronal probado por las neurociencias (cf. Díaz, 2006: 56).
13 Metáfora propia.

El imago-esquema es una estructura visual, auditiva o kinestésica (Coon, 2013) que siempre está ligada al movimiento, a la física, a lo biológico, a la manipulación de objetos. El imago-esquema es lo más abstracto dentro de lo sensorio-motriz, es su "esqueleto". Se gesta en los movimientos corporales, desplazándose en el espacio, manipulando objetos o percibiendo (Hampe, 2005: 2).[14]

El imago-esquema también puede explicarse como un "mínimo común denominador" (Díaz, 2006: 55). Por ejemplo, FUERZA es el imago-esquema que subyace a la variedad de expresiones que se usan para referirse a las emociones (explotar, atraer, repeler, contener, reprimir, etc.). Otro ejemplo es la metáfora conceptual CONOCIMIENTO ES LUZ. Si hacemos una abstracción del "mínimo común denominador" podemos inferir que lo que conecta CONOCIMIENTO con LUZ podría ser el imago-esquema POSIBILITAR/HABILITAR (en inglés, *ENABLE*) (Hampe, 2005: 2). Así como la luz posibilita la visión, el conocimiento posibilita el entendimiento.

Un mismo imago-esquema puede ser usado como estructura bajo diferentes metáforas conceptuales porque si bien es algo estructurado, a la vez es flexible. Beate Hampe (2005: 2) explica que el imago-esquema es como una *Gestalt*[15] muy esquemática que captura los contornos estructurales de la experiencia sensomotriz e integra información de múltiples modos.

Por ejemplo, el imago-esquema FUERZA se utiliza tanto para explicar las emociones como una realidad metafísica. La metáfora BIEN ES LUZ presupone el imago-esquema FUERZA al igual que las metáforas referidas a las emociones (Kövecses, 2008). Por tanto, un mismo imago-esquema es flexible según el contexto en el que se lo use aunque sus elementos y contornos no varíen.

Hampe (2005) también afirma que el imago-esquema es un patrón que no varía, que se repite en un determinado universo de discurso o en una cultura. Esto se puede observar en los usuarios de un idioma o las personas de una misma época o de una determinada cultura que suelen usar de forma recurrente los mismos imago-esquemas y las mismas metáforas conceptuales.

---

14 Como concepto tiene reminiscencias kantianas análogas a las categorías de espacio y tiempo. Sin embargo, el imago-esquema es más concreto que las categorías kantianas. Visto desde la lógica aristotélica clásica, el imago-esquema no es ni la imagen (*phantasma*) considerada en todos sus detalles singulares y concretos, ni el concepto abstracto general, sino algo intermedio. Otra diferencia importante del imago-esquema con el proceso de abstracción aristotélico es que el imago-esquema puede abarcar varios entes.

15 *Gestalt* es un vocablo alemán, incorporado al idioma inglés y definido en el *Collins Concise English Dictionary* como "un patrón de la percepción (*perceptual pattern*) o estructura que posee cualidades como un todo que no pueden ser descritas simplemente como la suma de sus partes". La traducción es propia.

Los cognitivistas han desarrollado listados de cuáles son los imago-esquemas más recurrentes en determinados idiomas. Estos listados no son definitivos y han ido recibiendo subsiguientes agregados.[16] Convencionalmente, al igual que las metáforas conceptuales, los imago-esquemas se escriben en mayúsculas. Los que siguen son los imago-esquemas más recurrentes del idioma inglés, según Lakoff:[17]

1. PARTE Y TODO
2. CENTRO Y PERIFERIA
3. RECINTO O RECIPIENTE (en inglés, *CONTAINMENT/CONTAINER*)
4. FUERZA
5. CAMINO
6. ENLACE Y CONEXIÓN
7. EJE Y BALANZA

Una característica especial de los imago-esquemas es que tienen "contornos (*contours*) estructurales" (Hampe, 2005: 1). Por ejemplo, el imago-esquema RECINTO/RECIPIENTE evoca varios elementos: algo que es contenido, un borde, un contorno, un recipiente, la noción de adentro y afuera. A su vez, en el imago-esquema CAMINO encontramos muchos elementos tales como: el inicio u origen y el fin del camino, el sendero en sí, los obstáculos y dificultades (barreras, vados, piedras), señalizaciones, desvíos, puentes, el cansancio, el descanso, la menta o lugar de destino. Los imago-esquemas son estructuras complejas que contienen una serie de elementos y un orden que los relaciona. Todos estos elementos ordenados y relacionados en el imago-esquema se denominan sus "contornos estructurales".

¿Qué función cumple el imago-esquema en la metáfora? El imago-esquema, como se ha dicho, organiza y ordena la información concreta que los dominios fuente y meta proyectan unos sobre otros. Por ejemplo, en la metáfora conceptual BIEN ES LUZ, la información concreta del dominio-meta BIEN se proyecta sobre el dominio conceptual LUZ y viceversa. BIEN y LUZ comparten "contornos estructurales" del imago-esquema FUERZA en la estructura de su movimiento: un origen, un centro, un impulso, una dirección, una retracción, un sentido, una fuerza

---

16 Beate Hampe (2005) agrega a la lista de Lakoff los siguientes imago-esquemas: "HABILITAR (*ENABLE*), BLOQUEAR, CONTRARRESTAR, ATRACCIÓN, COMPULSIÓN, RESTRICCIÓN, REMOCIÓN, DESVÍO, CONTACTO, ESCALA, CERCA-LEJOS, SUPERFICIE, LLENO-VACÍO, PROCESO, CICLO, REPETICIÓN, FUSIÓN, COMBINACIÓN, SEPARACIÓN-DIVISIÓN, OBJETO, COLECCIÓN, ARRIBA-ABAJO, FRENTE-DETRÁS, MOVIMIENTO INANIMADO, MOVIMIENTO ANIMADO, AUTOMOVIMIENTO, MOVIMIENTO CAUSADO, LOCOMOCIÓN, EXPANSIÓN, VERTICAL-DERECHO (*STRAIGHT*), RESISTENCIA, IZQUIERDA-DERECHA".
17 Traducción de Díaz, 2006: 56.

contraria, etcétera. Este traspaso de información que construye la metá-fora (y por ende, la comprensión de algo complejo como lo es el BIEN) se organiza según los contornos estructurales del imago-esquema FUER-ZA. El traspaso de información incluye las diferencias, parcialidades y asimetrías de ambos dominios. BIEN adquiere las notas concretas de la LUZ, como la difusión, la fuente surgente, la expansión, la distancia, la sombra, el reflejo, la intensidad, su capacidad de impactar en la vida, o de ser resistida (por los cuerpos opacos). Además, es posible encontrar implícita la noción de "sombra", que es puesta en evidencia por la luz y que simboliza la ausencia de bien.

En la correspondencia metafórica de información entre ambos dominios es denominado por Lakoff (1993: 208) "correspondencias cruzadas (*mapping across*)[18] entre dominios conceptuales". Este proceso de *mapping* lo podemos explicar con una imagen visual tal como lo hace Díaz (2006: 42-43). Imaginemos cada dominio conceptual o campo semántico (por ejemplo, LUZ y BIEN) como si fuera un papel de calco. Cada papel de calco tiene dibujado un mapa. Si superponemos ambos mapas en papel de calco, entre ambos papeles se podrán visualizar correspondencias y diferencias a través del papel translúcido. Ambos mapas tendrán algunos puntos de coincidencia creando, mediante la superposición de ambos calcos, un nuevo mapa conjugado que representa otra cosa distinta a lo que representaban los mapas previos. En cada metáfora, se ha de establecer qué casilleros del mapa del dominio-fuente están involucra-dos para comprender los casilleros correspondientes en el mapa del dominio-meta.[19]

En la correspondencia metafórica (*mapping*) el imago-esquema aporta la estructura coherente, el esqueleto ordenador para que concuer-den ambos dominios. Los contornos estructurales del imago-esquema

---

18   En el contexto del cognitivismo, Díaz traduce el término *mapping* como "proyección" (Díaz, 2006: 44) y Rivadulla Rodríguez lo traduce como "correspondencia" (2006: 191). Nos parece más adecuada la traducción como correspondencia. *To map*, como verbo transitivo significa representar (una función, una figura, un conjunto, etc.). Como verbo intransitivo, se traduce como encajar o corresponder con (*to fit in with or correspond to*). Lakoff afirma que utiliza el nombre *mapping* "en sentido matemático" (1992: 206). De acuerdo con su uso matemático significaría literalmente "función" de varios a uno: "relación entre dos conjuntos que asocian un único elemento (el valor) del segundo (el rango) con cada elemento (el argumento) del pri-mero (el dominio) (*Collins Concise English Dictionary*).

19   La descripción de cómo actúan dentro de la metáfora lo metaforizado y lo metaforizante ha ido variando en diferentes teorías, desde Aristóteles (teoría de la sustitución) hasta nuestros días. Autores como Max Black (teoría de la interacción), Paul Ricoeur (teoría de la tensión), George Lakoff (teoría del *mapping*) y Joep Cornelissen (teoría del *blending*) han aportado dis-tintas ópticas -y no las únicas- intentando superarse unas a otras. Cf. Di Stefano (2006), Díaz (2006) y Cornelissen (2005 y 2006). Aquí tomamos de Lakoff y Cornelissen lo que nos permi-tirá explicar el HEMG.

son importantes en el proceso de *mapping*, aun cuando alguno de esos contornos sea negado para hacer mejor una metáfora. Recordemos un poema de Antonio Machado:

> Caminante, son tus huellas
> el camino, y nada más;
> caminante, no hay camino:
> se hace camino al andar.
> Al andar se hace camino,
> y al volver la vista atrás
> se ve la senda que nunca
> se ha de volver a pisar.
> Caminante, no hay camino,
> sino estelas en la mar.

Desde el punto de vista lingüístico-cognitivo el poema de Machado despliega la metáfora conceptual VIDA ES VIAJE. VIDA es lo metaforizado, la meta; VIAJE es lo metaforizante, la fuente. La información de ambos dominios semánticos se cruza, se fusiona y se organiza alrededor del imago-esquema CAMINO. Cuando Machado dice "no hay camino", niega algunos de los elementos semánticos del dominio VIAJE y algunos de los contornos estructurales del imago-esquema subyacente CAMINO: la ruta prefijada, el destino final. La metáfora de Machado también debilita uno de sus elementos, que es la pisada, la huella, sustituyéndola por una forma débil (la estela).

Al negar o debilitar esos elementos estructurales del CAMINO, los conserva -implícitos negados- en el proceso de *mapping* que el dominio VIAJE realiza sobre el dominio VIDA. El imago-esquema CAMINO organiza la interacción entre VIDA y VIAJE. Podríamos decir que la pertinencia y efectividad de la metáfora de Machado se basa en que permanece invariable el imago-esquema de base, y en que la negación o el debilitamiento de los contornos del imago-esquema la hacen resonante en quien la escucha.[20]

Algunos cognitivistas consideran que cada dominio semántico que compone la metáfora conceptual tiene un imago-esquema que no varía y que ambos se conjugan en la metáfora (Díaz, 2006: 56). En cambio, otros consideran que en la metáfora se genera un nuevo imago-esquema, que se dispara (*triggered*) al conjugarse ambos dominios. Según Cornelissen,

---

[20] Es un oxímoron o metáfora contradictoria. La metáfora produce sentido con la tensión que produce la impertinencia, como en el caso del oxímoron (Begué, 2013: 63-64). La impertinencia también se da en el humor o el sarcasmo. Marie-France Begué (2013: 63) afirma, explicando a Ricoeur, que en las metáforas contradictorias (oxímoron) el sentido literal constituye el enigma (en nuestro ejemplo, hay caminante pero no hay camino, ni huellas, ni destino); y el sentido metafórico, su resolución. Machado subraya que, existencialmente, tiene peso el libre transcurrir de la propia vida, más que lo recorrido por otros y es más real el momento presente que el pasado o el destino futuro.

en la metáfora se fusiona (*blending*) una nueva analogía estructural, un nuevo marco (*framework*) para la transferencia y proyección de información específica entre ambos dominios conceptuales que activa sus cualidades preexistentes. "Un imago-esquema puede ser definido como una estructura imaginativa abstracta básica que es disparada o desencadenada (*triggered*) por cada uno de los dos conceptos conjugados (*conjoined*) en la metáfora [...] y que cuando es integrada, organiza nuestras representaciones mentales" (Cornelissen, 2006: 687).

Por ejemplo, en la metáfora BIEN ES LUZ podemos encontrar, además del imago-esquema FUERZA, el imago-esquema CENTRO/PERIFERIA, propio de la luz del sol y de nuestra comprensión de Dios. FUERZA y CENTRO/PERIFERIA tienen contornos estructurales compatibles que hacen más rica y simbólica a la metáfora.

Más allá de las diferencias en la explicación del funcionamiento (conjugación o fusión de los imago-esquemas) lo importante es destacar que debajo de la metáfora conceptual hay una estructura abstracta denominada imago-esquema que es la que facilita la construcción de metáforas. Es decir, en la cultura, en el idioma, en la época hay un conjunto de contornos estructurales imaginativos (imago-esquemas) que son fruto de la experiencia vital encarnada, que facilitan que se establezcan puntos de conexión entre distintos dominios semánticos y de este modo comprender un ámbito de la realidad en términos de otro ámbito.

¿Qué es lo que hace que una metáfora sea mejor? Cornelissen responde que una metáfora es más *insightful* (Cornelissen, 2006: 687-689) o más significativa cuanto más distantes (en su amplitud, en su peso, en su relevancia) son los dominios fuente y meta, y cuanto más exacta es la correspondencia (*mapping*). La metáfora, mediante la asimetría y las diferencias, alienta a quien recibe la metáfora a notar y comprender algo distinto (Cornelissen, 2005: 754-757). La metáfora crea similitudes, además de reportar similitudes preexistentes (Cornelissen, 2006: 685-6). La metáfora, a veces, también presta características a un concepto que previamente no estaban presentes en él o refuerza características que no eran sobresalientes. Es más, la metáfora puede superponer dos dominios con características que no están activas en el momento de la metaforización, pero que pueden estarlo más adelante. Es decir, lo implícito en la metáfora puede ser explicitado a lo largo del discurso, donde se explotan y se activan todas las prolongaciones alusivas de la metáfora (Díaz, 2006: 42-43).

1.2.3. B. El imago-esquema como comprensión compartida a nivel cultural

Mark Johnson (1987)[21] afirma que el imago-esquema brinda coherencia y estructura a nuestra experiencia perceptual y motriz, sin embargo, esta experiencia se debe entender en sentido amplio, ya que incluye no solo las dimensiones básicas de la percepción y la motricidad (*motor-program*), sino también lo emocional, lo histórico, lo social y lo lingüístico. Afirma George Lakoff: "La metáfora tiene un valor cognitivo para el hablante común: los individuos conocen efectivamente la realidad a través de proyecciones metafóricas, pero no como sujetos aislados, sino como grupo social" (Lakoff, 1993: 61).

Kövecses (2008a) afirma que la experiencia corporal y la experiencia espacio-temporal, que fundan las metáforas y los imago-esquemas, varían de cultura en cultura,[22] varían a través del tiempo, varían dentro del mismo lenguaje y aun dentro de la misma cultura: "Esta variación puede ocurrir según diversas dimensiones que incluyen: la social, la regional, la étnica, el estilo, la subcultural, la diacrónica y la individual" (Kövecses, 2008 b: 58). Cornelissen (2006: 690 y 702), Díaz (2006: 55) y Di Stefano (2006: 14-15) también afirman la variación cultural de lo preconceptual.

Los imago-esquemas y metáforas dan forma a la perspectiva de una comunidad y, a la vez, la revelan. A través de ellas se puede acceder al sistema de valores del grupo que las gesta y utiliza, ya que es posible constatar que hay preferencias o estilos cognitivos en cada comunidad, cada cultura y cada época (Kövecses, 2008b: 63). Como afirma Lakoff, las metáforas se embeben en la cultura: "El sistema de metáforas conceptuales convencionales es mayoritariamente inconsciente, automático y es usado sin esfuerzo, tal como lo es nuestro sistema lingüístico y el resto de nuestro sistema conceptual" (Lakoff, 1993: 245).

En síntesis, los imago-esquemas están ligados a la experiencia primaria, vital y corporal y a la memoria histórica y social.[23] A su vez, los imago-esquemas dan coherencia y orden a la comprensión, facilitando la construcción de metáforas que nos permiten explicar ámbitos de la realidad más complejos o abstractos en términos de otros más básicos.

---

21 Coautor de Lakoff. Citado en Hampe (2005: 1). Traducción propia.
22 Andrew Goatly (2007) analiza, por ejemplo, la influencia social y cultural de las metáforas de los textos fundantes del capitalismo. Los filósofos Thomas Hobbes, David Hume, Adam Smith, Charles Darwin, Thomas Malthus se refieren a lo económico con vehículos metaforizantes (dominios-fuente) propios de la guerra, el conflicto, la superioridad, el poder, la riqueza, la hostilidad y la predación. Estas serían metáforas de una subcultura académica que ha tenido gran influencia en otros ámbitos.
23 Hace poco escuché en el Planetario de la Ciudad de Buenos Aires una explicación de las constelaciones estelares en términos del futbol. Incluso hay explicaciones de la RSE sobre la base de metáforas de fútbol (Andreu, 2011). Para muchos, el fútbol es una experiencia sensorio-motriz, emotiva y social que, a falta de otras experiencias, les permite entender realidades o conceptos más abstractos o complejos.

Ahora bien, los imago-esquemas se repiten dentro de una misma cultura, así como también varían de cultura en cultura y de época en época. Por ello, no solo facilitan la comprensión sino que también la revelan.

Para completar la explicación sobre la metáfora en la lingüística cognitiva, antes de aplicarla al HEMG veamos a continuación otra característica de las metáforas: la posibilidad de jerarquizarlas. Esta característica nos permitirá justificar que es válido confeccionar un mapa de metáforas (MMG) que agrupe y ordene metáforas más abarcativas y metáforas menores para representar la mentalidad compartida por un grupo.

1.3. La jerarquización de las metáforas

Jorge Luis Borges afirma que si bien hay cientos de miles de metáforas, estas pueden ser retrotraídas a unos pocos patrones más simples, específicamente, a una docena. Algunos de esos patrones son muy trillados, como por ejemplo, comparar los ojos con las estrellas, el tiempo con un río, la mujer con una flor y la vida con un sueño. Muy pocas metáforas no pueden ser retrotraídas de forma exacta a un patrón. Sin embargo, para Borges, descubrir el patrón simple original solo le interesa a un pensador lógico o racional, ya que el pensador sensible e imaginativo "nunca se detendrá a observar que estas [las variaciones de las metáforas] pueden ser rastreadas hasta un patrón único originario" (Borges, 2000).

Para la lingüística cognitiva, más lejos de la poesía y más cerca del pensador lógico, las metáforas se jerarquizan desde las más abarcativas a las más específicas.[24] Nuestro sistema metafórico conceptual "está organizado por una jerarquía de metáforas de diferentes niveles de especificidad" (Kövecses, 2008 a: 380). Veamos esta característica a través de los ejemplos.

Pensemos en los leños que alimentan una fogata. Los leños no son el fuego, pero tienen fuego: arden. Así Tomás de Aquino metaforiza el ser con el fuego: "así, como lo que tiene fuego y no es el fuego está encendido por participación, así, aquello que tiene ser y no es el ser, es ente por participación" (citado en Forment, 2008: 86). La metáfora conceptual que subyace a esta expresión es SER ES FUEGO, donde FUEGO es el vehículo para metaforizar una característica del acto de ser (*esse*), que es la participación.

En esta metáfora del Aquinate y en la de Pseudo Dionisio citada anteriormente, lo físico de la luz y del fuego es utilizado para expresar lo metafísico que es más abstracto, más complejo, como el ser y el

---

[24] Asimismo, le interesa agrupar y clasificar metáforas, por ejemplo, que expresen la misma relación entre el dominio fuente y el dominio meta o bien donde se ha desarrollado la misma proyección metafórica (Díaz, 2006: 46).

bien. Ahora bien, ambas metáforas conceptuales podrían incluirse en otra metáfora conceptual más amplia y abarcativa que sería LO META-FÍSICO ES FÍSICO.

Según Andrew Goatly (2007), el primer intento de agrupar los que él denomina patrones de las metáforas fue de Lakoff. Estas han sido listadas en la *Master Metaphor List*[25] en la universidad de Berkeley (1991), que consta de unas 200 páginas.[26] Por su parte, Goatly (2002-2005; 2007) creó su base de datos de patrones de analogías-raíz (*root analogy*) o de metáforas-eje (*metaphor theme*[27] *patterns*). Es solo para el idioma inglés y se denomina *Metalude*. Esta base de datos, como la de Lakoff, no es un diccionario, sino una clasificación abierta que va incorporando ejemplos.[28]

En la línea de Lakoff, Zoltán Kövecses (2008) afirma que para algunos dominios semánticos es posible hallar una metáfora mayor o principal (*master metaphor*), es decir, una metáfora de orden superior, más genérica, que abarca a las demás. Las metáforas tienen un alcance (*scope of metaphor*) y, de acuerdo con este alcance, se pueden identificar metáforas mayores y menores. Si hay una metáfora de orden superior y otras que son caracterizadas o abarcadas por las demás, para Kövecses se puede hablar de un "sistema jerárquico de metáforas'". En ese sistema, las metáforas de diferente nivel de especificidad interactúan, funcionan juntas, se complementan entre sí y comparten una estructura general (Kövecses, 2008: 380).

Ahora bien, no siempre es posible encontrar una metáfora con dimensión de universalidad. Este autor estudió las metáforas sobre las emociones donde hay una base experiencial universal. Por ejemplo, para la emoción "enojo", encontró una metáfora abarcativa que es la misma a través de varios idiomas diferentes: LA PERSONA ENOJADA ES UN RECIPIENTE PRESURIZADO.

Por otra parte, para Kövecses, la metáfora principal sobreabarcativa para las relaciones humanas es RELACIÓN HUMANA ES OBJETO FÍSICO COMPLEJO, que agrupa todo un sistema de metáforas más específicas. Menciona once tipos de dominios fuente que se usan para metaforizar relaciones humanas: CONSTRUCCIÓN, INSTRUMEN-

---

25 http://goo.gl/Xolu4O.
26 Lakoff distingue las metáforas conceptuales básicas, que son las necesarias para la comprensión, y las metáforas conceptuales principales, son las que son más abstractas y abarcan a otros. Están agrupadas bajo "eventos estructurales" (estados, propiedades, causas, etc.), "eventos mentales", "emociones" y "otros" (donde se encuentran desde moralidad, bien, responsabilidad social, etcétera).
27 *Theme is another word for root, stem.* Se puede traducir por tema, pero también por raíz o eje (*stem*).
28 Hay otra base para el idioma francés y alemán, denominada *Metaphorik*, "The Hamburg Metaphor Database" por Carina Eillts y Birte Lönneker (2002). No se ha encontrado para el español.

TO o HERRAMIENTA, MÁQUINA, PLANTA (son los más usados) y también, LAZOS, COMPARTIR OBJETOS, CALIDEZ, DISTANCIA, INTERCAMBIO ECONÓMICO, VIAJE, MERCANCÍA VALIOSA.

Por ejemplo, en castellano, hablamos de construir una familia, o de un matrimonio que no funciona, o como dice la Biblia en el libro del Eclesiástico, encontrar un amigo es encontrar un tesoro (Eclo, 6: 14) o bien, que no tiene precio (Eclo, 6:15). Respecto de las relaciones humanas en la empresa, según los dibujos de los alumnos MBA, en ella se puede estar preso/encadenado (LAZO), se está bajo el poder de la maza o el látigo (HERRAMIENTA). Según los dibujos en empresas, la empresa es un árbol (PLANTA) que crece y da frutos, al que se lo riega (MERCANCÍA VALIOSA), es un barco (MÁQUINA), es un edificio (CONSTRUCCIÓN).

Por su lado, Goatly afirma distanciarse de Lakoff en dos cuestiones. La primera, su base *Metalude* (2002-2005) incluye analogías-raíz, cuya fuente y cuya meta son del mismo nivel de abstracción y no solo asimétricos. Segundo, una misma metáfora se puede agrupar en más de una metáfora-eje. Goatly propone el siguiente ejemplo: el término cabeza se puede usar para referirse a alguien que está a cargo de una organización o grupo. La metáfora LÍDER ES CABEZA pertenece a, por lo menos, dos analogías-raíz: UNA PARTE DE UNA ORGANIZACIÓN ES UNA PARTE DE UN CUERPO y LO IMPORTANTE ES ARRIBA.

En síntesis, las metáforas cognitivas tienen cualidades semejantes a los conceptos en cuanto a que es posible clasificarlas según sean más genéricas o más específicas. Por tanto es posible construir un mapa de metáforas donde se considere que unas son más abarcativas de otras y por tanto más profundas o más relevantes. Asimismo, las aplicaciones de la lingüística cognitiva parecen estar abiertas y en un estado de investigación. En línea con la afirmación de Kövecses, de que la lingüística puede aportar mucho al conocimiento social y avanzar en una línea teórica cognitivo-cultural (Kövecses, 2008b: 72), esto nos permite hacer nuestro aporte desde el HEMG.

2. La metáfora en el HEMG a la luz de la lingüística cognitiva

Hemos visto que la lingüística cognitiva analiza la constitución de la metáfora distinguiendo tres niveles: el nivel de la expresión lingüística, el nivel de la metáfora conceptual y el nivel preconceptual. Esos niveles, como ya se ha dicho, no indican jerarquía o secuencia temporal, sino que señalan lo más superficial de la metáfora (la expresión verbal lingüística) hasta lo más profundo de la comprensión (los imago-esquemas preconceptuales). Este tercer nivel, que contiene el imago-esquema, lo hemos analizado desde el punto de vista de su rol como estructura organizadora de la metáfora, y desde el punto de vista cultural, como revelador de la época o de una cultura específica.

Se dijo también que el propósito es explicar en los términos de la lingüística cognitiva cómo la metáfora funciona en el HEMG. Para ello, aplicaremos el análisis de niveles de la metáfora al proceso de generación de metáforas en el HEMG.

Una advertencia inicial que hay que hacer es que se ha de encontrar una ubicación para los dibujos grupales. En primer lugar, estos no son ni expresión lingüística (nivel 1), ni metáfora conceptual (nivel 2), ni imago-esquema (nivel 3). Por ello, hemos agregado un nivel más al análisis cognitivo de la metáfora al que hemos denominado el "nivel del dibujo metaforizante" y lo ubicamos entre la metáfora conceptual y el imago-esquema. Por tanto, se establecen los siguientes niveles de la metáfora en el HEMG:

1. Nivel de la expresión lingüística
2. Nivel de la metáfora conceptual
3. Nivel del dibujo metaforizante
4. Nivel del imago-esquema

Estos cuatro niveles están ordenados desde el punto de vista de la profundidad en la constitución de la metáfora, siendo la expresión lingüística lo más superficial. En cambio, ordenados desde el punto de vista secuencial del proceso de elicitación de metáforas, el orden temporal sería el siguiente:

1. Nivel del imago-esquema
2. Nivel del dibujo metaforizante
3. Nivel de la expresión lingüística
4. Nivel de la metáfora conceptual

Estos cuatro niveles ordenados secuencialmente indican: en primer lugar, en la mente de los sujetos están los imago-esquemas que eligen para usar en el póster; luego, los dibujantes trasladan su comprensión compartida –de modo plástico– al póster creando el dibujo metaforizante; después, en su lectura en voz alta aparecen las metáforas, señalando dónde ven –en el dibujo– a la empresa, al yo o a los otros y caracterizando sus relaciones; por último, de todas esas expresiones lingüísticas registradas, es posible inferir cuáles son las metáforas conceptuales principales (las que son más jerárquicamente abarcativas de otras).

Ilustremos a continuación cada nivel, de acuerdo con la profundidad, tal como hicimos en la primera parte del capítulo.

2.1. Nivel de la expresión lingüística en el HEMG

En el HEMG las expresiones lingüísticas que revelan metáforas se registran en el momento que los participantes de los talleres leen en voz alta lo que ven en los dibujos grupales. Ciertamente, estas expresiones lingüísticas proyectan sobre los dibujos realizados por otros, significados subjetivos propios de quienes leen el dibujo. A su vez, dado que puede haber significados latentes en el póster, las expresiones lingüísticas de la lectura hacen salir a la luz significados implícitos que quienes dibujaron no preveían que pudiesen estar allí. El dibujo realizado por unos invita a otros a conjeturar, a inferir. En la lectura verbal se activa lo implícito; se exploran correspondencias entre los dominios semánticos conjugados en esas imágenes que probablemente el grupo que confeccionó el dibujo dejó en la sombra de forma no intencional. Muchas veces, como ya señalamos antes, estos son los aspectos negativos. Por cada dibujo se pueden elicitar una o varias metáforas complementarias que, a su vez, se explican unas a otras. Este "cruce" o encuentro de concordancias se va manifestando en forma de frases, ironías, humor, inferencias, reflexiones, definiciones, metáforas. Todas ellas extienden la significación inicial que le dio el grupo que dibujó el póster y aparecen, de a poco, conexiones que no son esperadas y significados muy profundos.[29]

Veamos un ejemplo de una metáfora, que a medida que la analizamos, adquiere mayor profundidad. Un equipo de la empresa *Green* tenía como tarea "dibujar el álbum de familia de la empresa".[30] La imagen n° 4 muestra un detalle del póster completo en el que se destaca un momento especial de la historia de la empresa. Un negocio del grupo empresario anterior fue separado para conformar una nueva empresa (*Green*). Esta situación incluyó despidos, reubicación de empleados, planes de retiro voluntario, etc.

---

[29] Si son mostradas al grupo en el momento como un espejo, estas serán confirmadas por la resonancia (Morgan, 1999) o descartadas por la oquedad provocada en el grupo.
[30] La asignación de esta tarea se usó solamente una vez.

Imagen n° 4

Algunas de las expresiones lingüísticas dichas como parte de la lectura grupal del póster fueron las siguientes:

- Algunos estaban marcados para no subir
- No sabemos qué pasa afuera ni adentro
- Es el Arca de Noé
- La gente está más abajo que arriba
- Estaban "aborto" (sic) en el mismo barco[31]
- Es el sálvese quien pueda

- El barco está encallado
- El barco está muy cargado

Este ejemplo muestra diversas expresiones lingüísticas que, dichas frente a ese dibujo e interpretadas en contexto, denotan diversas metáforas: la empresa es la salvación de algunos, quedar fuera de la empresa es morir, la empresa es Dios ya que decide sobre la vida y la muerte, o también, la empresa es Dios ya que tiene un grupo de elegidos. De estas metáforas se puede inferir la lógica de funcionamiento de la empresa y el lugar del yo en ella. Es posible inferir que el empleado se autoasigna un rol pasivo, es alguien que es elegido para vivir o para morir, para estar arriba o estar abajo por la decision inapelable de una empresa dadora de vida. De esta imagen de orden es posible también inferir diversas presunciones sobre la posible conducta propia y la de los otros. ¿Cuál es el criterio ético que "funciona" en el diluvio universal o en el Titanic?

2.2. Nivel de la metáfora conceptual en el HEMG

De todas las metáforas sobre la empresa del dibujo n° 5, es posible identificar una que abarca las demás y que por tanto es una metáfora conceptual principal: EMPRESA ES BARCO. Si bien esto no parece decirnos mucho, se ha buscado, en la base de datos de metáforas para el idioma inglés *Metalude*, y se ha encontrado allí que ORGANIZACIÓN ES BARCO es una analogía-raíz presente en dicho idioma. Es decir que "barco" suele usarse para facilitar la comprensión de lo que es una organización. Pensemos en las distintas connotaciones semánticas que se cruzan entre sus dominios.

Esta analogía-raíz filtra y destaca aspectos de la empresa en relación con el entorno y en relación con sus empleados. En el dominio semántico BARCO están implícitas las ideas de rumbo, curso, ruta, brújula, capitán, marineros, polizones, tormenta, naufragio, escollos y piratas. También está implícita la idea de Arca de Noé y de salvación frente a la tempestad o al naufragio, o la idea de transporte de esclavos, o de acorazado que va a la guerra. Asimismo se pueden inferir características del entorno, el mar donde navega la empresa como un mar embravecido o calmo o de los objetivos del capitán, como la idea de mantenerse a flote, de evitar encallar, de sobrevivir, de algo enorme difícil de maniobrar, de

---

31 En lugar de "a bordo" el integrante del grupo dijo "aborto". El grupo notó la expresión fallida (risas) pero no la corrigió, por el contrario, la avaló. Si bien "nacía" una nueva empresa, acentuaron la idea de muerte debido a los despidos realizados y la idea de sinsentido del nacimiento, ya que muchos no están conformes en la "nueva" empresa. Si bien no estamos realizando un análisis desde el punto psicoanalítico, este acto fallido cabe dentro de la definición de Sigmund Freud: actos de la vida cotidiana aparentemente inintencionados, pero que mediante el análisis se demuestran motivados de forma desconocida para la conciencia (uno de esos once actos fallidos son las equivocaciones en la lectura) (Espina, 2004).

evitar piratas y cumplir con el transporte de riqueza. De este modo se proyectan concordancias entre ambos dominios (EMPRESA, BARCO) y se activan metáforas.

Asimismo, si indagamos en los listados de imago-esquemas más usados, el utilizado aquí es el imago-esquema *CONTAINMENT/CON-TAINER*,[32] por el que el BARCO/EMPRESA es lo que salvíficamente contiene a sus empleados. También está presente el imago-esquema CAMINO en algunos de sus contornos: inicio, traslado, destino y diversas peripecias en la ruta marítima, lo que lo connota como un derrotero aun más inestable que si fuera por tierra.

El dibujo metaforizante expresa algunas de las concordancias entre los dominios BARCO y EMPRESA y otras serán expresadas en la lectura verbal de los dibujos. El dibujo del barco no es solo una sustitución de "empresa" por "barco" sino que expresa significados más profundos dándole a la empresa carácter salvífico (estar entre los elegidos) y de condena (ser transportado como esclavo), de vida y de muerte.

2.3. Nivel del dibujo metaforizante en el HEMG

En primer lugar, se podría afirmar que los dibujos son como una "metáfora en ausencia" (Di Stefano, 2006: 15). Esto significaría que solo están dibujados los términos metafóricos (fuente) y no los metaforizados (meta) y por tanto, los dominios de la metáfora deben ser inferidos por los que leen e interpretan el dibujo. Como en la poesía citada de Machado, quienes la leen e interpretan "encuentran y reponen" los términos implícitos (metaforizados) en la poesía o en el dibujo. Sin embargo, no ocurre solamente esto con los dibujos grupales del HEMG.

En segundo lugar, se puede afirmar que los dibujos grupales, al igual que la metáfora conceptual, componen y conjugan distintos dominios semánticos. En cada dibujo, los cinco integrantes del equipo que lo construyen hacen converger (por consenso pero sin votar, conversando pero sin dibujar palabras o números o logos) sus imágenes mentales personales y conforman una imagen resultante grupal. Al confeccionar el dibujo se "teoriza" la organización (Morgan, 1999), en el sentido en que se metaforiza la "visión" o "idea" que se comparte. En esa teorización convergen ideas, presunciones, juicios, prejuicios, afecciones, emociones, cogniciones, valores de cada empleado que integra el equipo que dibuja. Convergen significados (Van Maanen, 2011) y se condensan en la confección del dibujo. El dibujo grupal les permite integrar lo común y lo diferente, y expresar de modo más plástico, exacto y eficaz que la palabra.

---

[32] Traducido por Díaz como RECINTO/RECIPIENTE.

En tercer lugar, como ya afirmamos, no todos los elementos gráficos que componen los pósters tienen el mismo carácter representativo. Hay dibujos que tienen mucha riqueza y permiten elicitar metáforas significativas, resonantes y relevantes; y hay otros dibujos que solo realizan una simple sustitución de lo que quieren representar. Expliquémoslo con dos ejemplos del mismo póster (imagen n° 5).

La balanza es una imagen muy usual para referirse a la justicia, por lo que se puede considerar que carece de riqueza metafórica. Es decir, la balanza nos dice poco del significado subjetivo de quien la dibuja, que hace poco esfuerzo en elaborar un dibujo que represente lo que quiere decir. Además, en quienes leen el dibujo, sucederá lo mismo, rápidamente con la balanza inclinada dirán: injusticia. El dibujo de imágenes muy convencionales se torna unívoco y es poco rico para reconocer y representar lo singular de la mentalidad compartida por ese grupo.

Otros dibujos, en cambio, representan de forma menos evidente dominios-meta más complejos, estableciendo más asimetría entre lo representado y el dibujo. Uno de los ejemplos de *Green* es el uso de AGUA para representar el poder o el dinero. Sobre esta simbolización nos referiremos en forma detallada en el capítulo 10, por ser una de las metáforas principales del mapa de la mentalidad de la empresa *Green*. Aquí solo queremos destacar que, en esa empresa, el dibujo del río algunas veces solo significa el río real que corre cercano a la fábrica, y otras veces, como en la imagen n° 6, significa las diferencias en los niveles de remuneración y jerárquicos de la empresa *Green*.

Algunas expresiones lingüísticas (frases exactas) expresadas respecto de la imagen n° 5:

- Los cascos verdes [mandos medios] son perros domesticados, encadenados, que están solos y controlando.
- Hay agua, hay beneficios...
- El corcho debería subir, pero el río separa.[33]

---

[33] El dibujo fue hecho por cascos verdes. El corcho mencionado está "ausente", no está dibujado, pero el grupo manifestó que lo iban a dibujar flotando en el agua y no lo hicieron. En su opinión, las ganancias crecientes de la empresa no justifican la diferencia salarial entre cascos verdes y operarios [cascos amarillos], que sí reciben aumento de sueldo porque están sindicalizados. Si bien los amarillos tienen el lado de la balanza más pesado, los verdes se ubicaron más arriba.

Imagen nº 5. Relación EMPRESA-YO

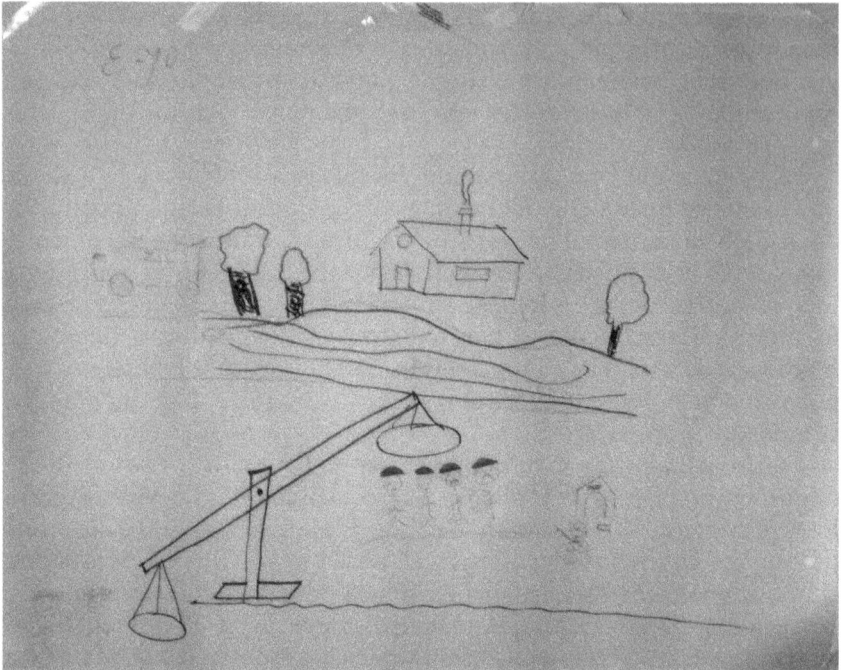

2.4. Nivel del imago-esquema en el HEMG

Como hemos dicho, el imago-esquema es el esqueleto que organiza la correspondencia de información entre los dominios semánticos que componen la metáfora. El imago-esquema está en la cultura, está en el idioma, está en la cabeza de los nativos. Ahora bien, ¿podría el póster, por ser una imagen visual, identificarse con el mismo imago-esquema?

Lo que decimos aquí es que el dibujo grupal es una analogía intermedia entre el imago-esquema y la metáfora conceptual. Intermedia en cuanto al nivel de profundidad y cercanía con lo cognitivo. Es decir, así como el imago-esquema es lo más profundo en cuanto a que ordena la base de imágenes adquiridas de forma perceptiva o motriz y mediante la vida en sociedad, el dibujo metaforizante es más profundo que la metáfora conceptual, porque condensa varios dominios conceptuales organizados por varios imago-esquemas.

En el siguiente capítulo, haremos el ejercicio de encontrar entre dibujos grupales similares, un imago-esquema común. Allí se presentarán tres imago-esquemas principales encontrados en una muestra de setenta dibujos grupales. Allí explicaremos diferentes formas de concebir la relación del empleado-empresa de operarios y mandos medios sobre la base de los tres imago-esquemas comunes encontrados: CÍRCULO, PIRÁMIDE y MURO.

Identificar el patrón repetido de imago-esquemas es identificar algo que representa la mentalidad compartida; identificar el patrón visual que de forma recurrente usan para referirse al funcionamiento de lo social en que ellos están insertos es identificar su modo de explicar la trama social compartida. Si en un determinado universo de discurso como es el mundo de la empresa, hay una cierta recurrencia de imago-esquemas, habrá una cierta recurrencia en el modo de comprender la realidad cotidiana.

Como decía Hampe (2005) el imago-esquema es un esqueleto complejo y ordenado que se compone de algunos elementos y de relaciones que ordenan esos elementos. Esta estructura (elementos, relaciones y orden) parece muy apta para representar la ontología de lo social, que según vimos con Soaje se caracteriza por tener como elementos a las personas y a estas relacionadas según un principio ordenador que articula sus interacciones. La empresa, como grupo social, es una realidad compleja y "abstracta" (en términos cognitivos). Si buscamos comprenderla como ente, en su realidad relacional y análoga, la imagen y la metáfora se tornan ideales para su representación, como de hecho tantos autores lo han hecho en el ámbito de los estudios organizacionales, refiriéndose a la empresa con metáforas: como máquina, organismo, red (Morgan, 1999).

Esto da fundamento al uso de la metáfora en el HEMG como herramienta de acceso a la que hemos denominado "comprensión compartida básica de la organización" (CCBO). El dibujo grupal logra representar condensadamente la analogía compartida que explica el orden del funcionamiento de la empresa y el lugar del yo en ella, y hace converger en su estructura los significados de los integrantes del equipo dibujante y de sus lectores.

Identificar los imago-esquemas comunes en los dibujos grupales del HEMG nos permite inferir la estructura del mapa de significados sociales de un grupo. El mapa de significados sociales es el que hemos llamado "mapa de metáforas grupales" (MMG). Estas metáforas no solo son las más repetidas, sino las más significativas, las que permiten un *insight* en la comprensión compartida que probablemente moldea sus acciones en la empresa. La confección del MMG es posible gracias a la posibilidad de jerarquizar las metáforas y a la identificación de los contornos estructurales de los imago-esquemas. Al comparar los imago-esquemas es posible encontrar contornos comunes que nos llevan a agruparlos en el mapa. Podemos suponer además que el *insight* del investigador también está ordenado por los imago-esquemas.

Habíamos dicho que los MMG son construcciones etnográficas, inferencias del investigador que busca representar de forma sintética (componiendo elementos) y profunda la mentalidad compartida según es elicitada por las voces nativas. Por estar constituidos por metáforas conceptuales (y sus imago-esquemas) los MMG representan la comprensión encarnada (*embodied*, Lakoff, 1993: 217) que esos empleados tienen de su vida laboral; representan su experiencia laboral en los términos de la vida sensorio-motriz, social, histórica y compartida; representan la explicación preconceptual y prerracional que dan al funcionamiento de la institución donde se interrelacionan todos los días; representan la cognición o comprensión del mundo cotidiano que está más arraigada.

Es posible suponer que lo que se comprende de este modo "encarnadamente" (*embodied*) no solo llega "primero" a la conciencia como comprensión o cognición, sino que también es lo más difícil de cambiar. Además, puede ser también lo más lejano de la explicación racional del propio comportamiento: lejano por hipocresía o lejano por desconocimiento de la propia mentalidad. Esta comprensión preconceptual carece aún de la revisión crítica de la razón. Por ser prerracional, influye en forma más certera y práctica en la conducta, y por ser social, influye en la aceptación de sus contenidos y su inclusión en el proceso de racionalización y justificación de la conducta. El no pasar de lo prerreflexivo a la revisión crítica de la razón limita las capacidades de la libertad humana.

Síntesis y conclusiones del capítulo 8

En este capítulo hemos estudiado a la luz de la lingüística cognitiva cómo funciona la metáfora en la comprensión de la vida cotidiana y en su representación para demostrar que el método HEMG es una vía de acceso fidedigno al modo en que los integrantes de una empresa ven y juzgan el funcionamiento de la empresa y su rol en ella.

Morgan nos explicaba cómo la metáfora induce un aprendizaje social, pero no nos permitía explicar las repeticiones observadas en grupos de la misma profesión o de la misma área funcional o de la misma jerarquía. La antropología cultural y la lingüística cognitiva pueden asociarse para conocer una cultura: la primera buscará lo singular, y la segunda, lo universal.

Hemos aprendido aquí que la metáfora tiene una función cognitiva y no es un mero recurso poético o retórico. Por tanto, se ha analizado en sus distintos niveles de profundidad para validar el HEMG. Los niveles van de lo más superficial y observable hasta lo más profundo e inconsciente.

La metáfora explica la realidad más compleja y abstracta en términos de la realidad sensorio- motriz, básica y cotidiana. La metáfora recoge la base de imágenes (visuales, auditivas, kinestésicas) generada por todos los sentidos, por los desplazamientos o por el uso de objetos. El hecho de que las metáforas del HEMG expliquen la experiencia en estas imágenes más básicas nos lleva a inferir que el HEMG capta las visiones más arraigadas y más difíciles de cambiar acerca de lo que es para los empleados estudiados su mundo laboral.

La clave del análisis cognitivo es el concepto de imago-esquema. Hemos explicado que debajo de las metáforas hay una estructura abstracta imaginativa, un esqueleto de una imagen, que es lo que permite que en la metáfora diversos dominios semánticos se conjuguen o se fusionen. Por ejemplo, debajo de la representación de la relación con los colegas de trabajo como una ronda (corro), como un abrazo o como un carrusel, encontramos el "círculo" como mínimo común denominador. Ese es un imago-esquema, un esqueleto que captura los contornos estructurales de la experiencia sensorio-motriz. Esos imago-esquemas se repiten en las culturas y conforman patrones, por eso las reflejan y varían junto con ellas. También varían temporalmente. Los imago-esquemas son preconceptuales, prerracionales y representan un determinado universo de discurso o una determinada cultura en un momento específico.

Teniendo en cuenta sus contornos y la característica de que las metáforas son jerarquizables, es posible, con los imago-esquemas y las metáforas conceptuales que los contienen, conformar un mapa de metáforas grupales (MMG). Este mapa será una representación de las comprensiones básicas de la experiencia laboral; comprensiones que han convergido en la confección y lectura de los dibujos grupales; comprensiones de algo complejo y "abstracto" como es la relación del sujeto con la empresa o las interrelaciones entre ellos que pueden ser explicadas en su lógica esencial según la experiencia más tangible, la sensorio-motriz a la luz de la memorial social.

En los dibujos del HEMG convergen los significados de los que confeccionan el dibujo y los significados proyectados por quienes lo leen y manifiestan muchas expresiones lingüísticas, a las que a su vez subyacen las metáforas conceptuales clave de la cultura organizacional. Detectando los imago-esquemas (o mínimo común denominador) y a través de la confección del MMG, el HEMG puede acercarse a los rasgos prerracionales o preconscientes de la mentalidad compartida interpretándolos en el contexto del resto de los registros (del *quiz* y de las entrevistas). Específicamente, ese mapa representa la comprensión básica compartida de la organización (CCBO). Los dibujos logran catalizar los significados subjetivos, hacer comprender algo de modo sintético y manifestar significados latentes que pueden ser desvelados con posterioridad.

Con este capítulo damos por finalizada la justificación teórica del método HEMG. Nos hemos ocupado en el capítulo 5 de detallar el método de tal modo que fuera replicable; en el capítulo 6, lo hemos asimilado a la metodología de observación rigurosa propia de la etnografía organizacional y que lo distingue de la sociología y la psicología; en el capítulo 7, hemos explicado cómo el HEMG induce el aprendizaje organizacional, sobre la base del uso de la metáfora según la visión de Gareth Morgan. Sin embargo, el fundamento del uso de la metáfora se completa más acabadamente con la explicación de este capítulo, donde se destaca su función cognitiva y su capacidad de representar la comprensión más básica y experiencial del ser humano. La justificación del método HEMG nos ha permitido también ilustrarlo con ejemplos y mostrar más en detalle su contenido. En los próximos capítulos desarrollaremos dos aplicaciones del HEMG: en el capítulo 9, se construye un mapa de metáforas grupales que representa la experiencia vital en la empresa según los operarios de planta y según mandos medios de la organización, y en el capítulo 10, se presenta la mentalidad de la empresa *Green*, comparando las dos sedes de la misma.

9

Metáforas de la vida organizacional

Introducción

El título de este capítulo parafrasea el título de la obra de George Lakoff y Mark Johnson (*Metaphors we live by*) y sus *everyday metaphors*, cuya traducción española es *Metáforas de la vida cotidiana* (Lakoff *et al.*, 2009). El título remite a la forma de explicar la cotidianeidad en las organizaciones reconocida y representada por las metáforas generadas por el HEMG. Ese día a día es explicado de diferentes modos por los empleados de la empresa, según sea el lugar que se ocupe dentro de la organización, por ejemplo si se es operario de fábrica o un mando medio de la empresa.

Como tuvimos oportunidad de ver, según la lingüística cognitiva, las metáforas logran explicar una realidad más compleja o abstracta en términos de realidades más sensibles y concretas. La metáfora conjuga dos dominios semánticos diferentes para facilitar la comprensión del más complejo. Debajo de los dominios semánticos conjugados se encuentra el imago-esquema. Los imago-esquemas que subyacen a las metáforas son como "la estructura del edificio" de la metáfora. Alrededor de esa estructura se organizan todos los materiales que conforman al edificio. La información de los dominios semánticos es como los materiales de construcción que se mezclan y se ajustan a la estructura de hormigón que une y ordena el edificio. El imago-esquema siempre está ligado al movimiento, a la física, a lo biológico, a la manipulación de objetos. Lo que hacen los imago-esquemas es ordenar la mezcla de modo tal que haya comprensión. El imago-esquema no está en las palabras sino en la mente, por eso hay que abstraerlo o inferirlo.[1]

---

[1]   La lingüística cognitiva no utiliza la idea de abstracción.

En el HEMG es posible identificar imago-esquemas subyacentes tras varios dibujos similares; es posible encontrar elementos comunes –un mínimo común denominador– en los dibujos metaforizantes interpretados según las expresiones lingüísticas de los participantes. Este mínimo común denominador es inferido por el investigador.

Mediante la inferencia de los imago-esquemas más repetidos y significativos de los dibujos grupales metaforizantes accederemos a la idea de orden que tienen, en común, cierto grupo de empleados sobre cómo se articulan las relaciones en la empresa y su lugar dentro de ella. Para ilustrar esta inferencia, presentaremos en este capítulo un ejercicio práctico de abstracción de imago-esquemas de un conjunto de setenta pósters grupales. De todo el conjunto se han inferido tres imago-esquemas, a saber: CÍRCULO, PIRÁMIDE y MURO. Estos imago-esquemas no figuran en los listados de imago-esquemas más comunes (Lakoff y Hampe). Sin embargo, se pueden englobar en un imago-esquema más general que los abarca y que es PARTE/TODO.[2]

A su vez, con dichos imago-esquemas se conforma un mapa de metáforas grupales (MMG) que permite unir de modo sintético imágenes mentales de la experiencia vital laboral cotidiana en la empresa. Este MMG, conformado sobre la base de CÍRCULO, PIRÁMIDE y MURO, representa rasgos comunes en el modo de explicar la trama organizativa por parte de empleados de diferentes empresas y el lugar que se autoasignan en ella. Este mapa de metáforas grupales (MMG) aún no es el resultado de aplicación de todas las fases del HEMG a una empresa. En cambio, en el siguiente capítulo presentaremos la aplicación completa del HEMG a la empresa *Green*, con la información de todas sus fases.

Los tres imago-esquemas inferidos permiten diferenciar la mentalidad de obreros de fábrica de la mentalidad de mandos medios en carrera gerencial. Son imago-esquemas que moldean la mentalidad "funcional" o "jerárquica" y no la mentalidad de una organización específica. Más que una comprensión compartida, se podría decir que es una comprensión "común", debido a que cumplen funciones similares en lugares similares de la escala organizacional, aunque en diferentes empresas.

Para abstraer los tres imago-esquemas se han revisado setenta pósters[3] que corresponden algunos a la empresa *Green*, otros a la empresa *Blue* y otros a alumnos del MBA.[4] De los setenta pósters se seleccionaron veinticinco pósters con dibujos significativos. Los veinticinco pósters

---

2   Este es uno de los imago-esquemas más usuales según la lista de Lakoff.
3   Los setenta pósters grupales han sido confeccionados por unos aproximadamente 350 empleados de empresas (mandos medios y operarios de una fábrica). De los 350 exactamente 118 eran empleados de *Green* y 160, empleados de *Blue*. El resto es un número aproximado de alumnos de cinco cohortes de la Maestría en Administración de Empresas (MBA) de la Pontificia Universidad Católica Argentina. Los alumnos del MBA son empleados de empresas, usualmente mandos medios y tienen un promedio de edad de 28-30 años.
4   Para *Blue* y *Green* hubo registros sistemáticos (aunque los registros de dos talleres en *Blue* se perdieron). Para los alumnos MBA, los registros fueron ocasionales.

–cuyas fotografías se verán en este capítulo– se eligieron con dos criterios: formas visuales similares y comparables (por ejemplo una pirámide y una escalera son comparables; una ronda y un abrazo son similares) y mismo nivel jerárquico o funcional que ocupan en la empresa. Es decir que los resultados presentados en este capítulo representan a unos 125 empleados de un total de 350 aproximadamente.[5]

El mapa de metáforas grupales (MMG) combina los principios de observación e interpretación de la etnografía organizacional con la valoración cognitiva de la metáfora. Como se señaló al explicar la metodología de la etnografía organizacional, el investigador ha de respetar las voces nativas y también elegir una clave de interpretación libre, que le permita reflejarlas y construir un mapa que las represente. Para realizar la abstracción transversal a las distintas empresas a las que pertenecen los empleados, se hizo foco en la observación de las imágenes buscando similitudes y riqueza simbólica. Para inferir las metáforas conceptuales a partir de la identificación de los imago-esquemas, no solo se tiene en cuenta el registro de lo dicho por los participantes (voces nativas singulares), sino que se ha elegido tener en cuenta también la interpretación del diccionario de símbolos del mitólogo Juan Eduardo Cirlot para darle raigambre histórico-cultural a la interpretación.

Asimismo, se integra en este capítulo, la dimensión de aprendizaje de la etnografía activa. Es decir, se hacen algunas referencias a las reflexiones realizadas con los empleados o los alumnos, una vez que tuvo lugar la interpretación de los pósters, en relación con las implicancias éticas.

1. CÍRCULO

Recorriendo los pósters observados, hemos encontrado que en los dibujos grupales de operarios y empleados ligados al proceso productivo de la fábrica, se utilizan figuras cuyo "mínimo denominador comun" es el CÍRCULO. En la imagen n° 1 se pueden observar aquellos pósters. Se observa, también, que los dibujos más repetidos son el reloj y la rueda. Asimismo, se visualizan otros como el compás, el sol y sus rayos, la calesita (el tiovivo) y la montaña rusa, la distribución radial de las instancias del proceso productivo, la ruta de circunvalación, las manos estrechadas, la ronda (el corro) y el abrazo.

---

5   Estos imago-esquemas abstraídos no fueron presentados en ningún informe para ninguna empresa. Los dibujos grupales sí se utilizaron para la reflexión (espejo) de los grupos de empresa y en los grupos de MBA.

Imagen n° 1. Imago-esquema círculo

Ahora bien, ¿podemos decir que CÍRCULO es un imago-esquema que ordena la comprensión de la vida cotidiana laboral productiva? Para responder esta pregunta, exploremos (i) si es un imago-esquema ya identificado por la lingüística cognitiva como recurrente en el lenguaje; (ii) cuáles son las connotaciones semánticas[6] de la idea de CÍRCULO asociadas a la vida fabril; (iii) cuáles son las connotaciones simbólicas del CÍRCULO desde el punto de vista histórico-cultural o empresario. Luego, ofrecemos nuestra interpretación –que incluye lo dicho por los participantes de los talleres donde se presentaron los pósters– y su relación con la capacitación en ética y *compliance*.

En primer lugar, si buscamos en el listado de los imago-esquemas identificados como los más usuales por la lingüística cognitiva, se puede observar que CÍRCULO no se encuentra en esos listados. Sin embargo, tiene elementos en común con tres

---

6 Un campo semántico es más amplio que el significado literal de un léxico. Por ejemplo, el campo semántico del mar no está compuesto solo por el agua salada, sino que incluye el fondo del mar, las tormentas, las olas, los monstruos marinos, los piratas, los náufragos y también los cruceros, el sol y la playa, etc. (cf. Nubiola, 2000).

imago-esquemas de la lista de Lakoff (1993): CENTRO/PERI-FERIA, ENLACE/CONEXIÓN y RECINTO/RECIPIENTE, y con tres imago-esquemas de los identificados por Hampe: PROCESO, CICLO Y REPETICIÓN (Hampe, 2005).

En segundo lugar, exploremos algunas asociaciones posibles entre el campo semántico de la producción fabril y el campo semántico de los imago-esquemas mencionados. CÍRCULO es cercano a la experiencia corporal de CENTRO/PERIFERIA en las imágenes donde algo gira alrededor de un eje, como en el reloj, la calesita, la rueda, el compás. CÍRCULO también subyace como figura en la idea de CICLO repetitivo del proceso productivo. Como en *Los trabajos y los días* de Hesíodo, la vida laboral es REPETICIÓN y rutina. Se intuye la idea de tiempo cíclico y eterno retorno. CÍRCULO también enlaza y conecta (ENLACE) todos los elementos del PROCESO, que están radialmente relacionados con el CENTRO donde todos los elementos productivos confluyen. CÍRCULO subsume y abarca otras figuras geométricas presentes (polígonos, triángulos y cuadrados) integrando, del modo más simple, lo similar y lo diferente. La circunferencia y la ronda reciben y contienen en un RECINTO, protegiendo en un abrazo a lo que queda dentro.

En tercer lugar, rescatemos elementos del campo semántico CÍRCULO presentes en el análisis de símbolos histórico-cultural de Juan Cirlot (1992: 130-131). De acuerdo con este mitólogo, el círculo engloba, en sentido general, a la circunferencia y al movimiento circular. El círculo simboliza "el retorno a la unidad tras la multiplicidad", así como la perfección o también la eternidad. La circunferencia simboliza "la limitación adecuada" y también, "lo preciso y regular".

Lo que está dentro del círculo se protege de la ilimitación y de la disgregación que se relacionan con el caos. A su vez, la ronda simboliza "una ligazón física de afinidades" (Cirlot, 1992: 388). La rotación representa, entonces, una fuerza defensiva. Dentro del círculo se establece un espacio sagrado, un recinto donde se protege el yo y se defiende de lo que está afuera y es peligroso. Por ello afirma: "el acto de incluir seres, objetos o figuras en el interior tiene un doble sentido: desde dentro, implica una limitación y determinación; desde fuera, constituye la defensa de tales contenidos físicos o psíquicos, que de tal modo se protegen contra los *perils of the soul* [sic][7] que amenazan desde lo exterior" (Cirlot, 1992: 132).

Por otra parte, el "movimiento circunferencial" es una representación del tiempo en el gnosticismo; y en la Edad Media simbolizaba el año. Este significado concierne "a todo sistema cíclico (unidad, multiplicidad, retorno a la unidad; evolución, involución; nacimiento,

---

7   Cirlot incluye en su texto esta frase en inglés que traducimos como "peligros para el alma".

crecimiento; decrecimiento, muerte; etc.) [...] pero la circunferencia, en que no hay marcado ningún punto, es la imagen de aquello en lo cual el principio coincide con el fin, es decir, del eterno retorno" (Cirlot, 1992: 131).

El centro de la circunferencia también tiene significado: simboliza lo interior, la unidad, lo inespacial o lo intemporal. En cambio, lo periférico está más cerca de la expansión y de lo exterior. Por ejemplo, para el psicólogo suizo Carl Gustav Jung el círculo tiene una implicación psicológica profunda como símbolo de la perfección, ya que corresponde a la etapa final de la unidad interior del sujeto (Cirlot, 1992: 130). El centro tiene también una simbología mística donde puede darse la identificacion con lo supremo o el creador. Cirlot afirma que en Oriente, los círculos concéntricos simbolizan el infinito y la esfera es símbolo de la totalidad. En Oriente, la idea de centro siempre remite a la coincidencia de los opuestos, donde se neutralizan. Afirma Cirlot que "en virtud de su movimiento, tanto como de su forma, el giro circular tiene además la significación de algo que pone en juego, activa y vivifica todas las fuerzas establecidas a lo largo del proceso en cuestión, para incorporarlas a su marcha y en consecuencia, de los contrarios de la clase que fueran" (Cirlot, 1992: 131).

Por último, la rueda (Cirlot, 1992: 391) simboliza el ciclo cuyo eje es un núcleo inmóvil, un centro invariable. El movimiento circular simboliza el destino y lo irreversible del giro. Asimismo, simboliza la evolución que integra tanto el dinamismo de lo regular como el dinamismo de las fuerzas contrarias.

En último lugar, destacamos otras manifestaciones culturales que integran CÍRCULO y producción fabril. Por ejemplo, en el ámbito del *management* es bien conocido el concepto de "círculos de calidad" propio de la cultura empresarial japonesa. Esta es una técnica de gestión participativa que fomenta que los operarios, voluntariamente, definan y resuelvan un problema relativo a la calidad o a su control.[8] Se trata de que la solución provenga de abajo hacia arriba y no del *top management* hacia abajo. Asimismo, CÍRCULO está presente en el concepto "círculo de obreros". Creados en la Argentina por el sacerdote alemán Federico Grote en 1892, consistían en una sociedad de ayuda mutua, o mutual con una agenda social que imitaba y competía con la de los grupos de izquierda y que tuvieron su auge en los años 40 (Blanco, 2013: 4-5).

---

8 http://goo.gl/6D1MeP.

1.1. Interpretación del imago-esquema CÍRCULO

A continuación, presentamos nuestra libre interpretación que integra las alusiones semánticas citadas y las expresiones lingüísticas de los participantes (en el caso de haberlas conservado, se consignan). Esta interpretación de la vida cotidiana de la empresa describe la experiencia productiva fabril, sus valores e interrelaciones sociales, sus aspiraciones y temores, así como el lugar que se le asigna al sujeto bajo la clave interpretativa del mundo semántico de lo circular.

Un proceso productivo es claramente un proceso repetitivo: tiene sus tiempos y recursos determinados en forma precisa, tanto por el reloj como por las restricciones de la materia prima. La producción tiene un ciclo predeterminado y de carácter necesario, de modo que permita la obtención de un resultado predecible; es un dinamismo regular. El proceso productivo también es integrador de elementos diferentes; en forma dinámica, los activa y vivifica, los pone en marcha y genera el producto final. En él, la materia prima evoluciona hacia el producto final. El proceso productivo genera unidad de la multiplicidad, unidad del producto final y unidad entre los que trabajan mancomunadamente.

La producción en una fábrica integra el trabajo en equipo, enlaza afinidades y relaciones de colaboración. Visto como eterno retorno, este proceso productivo relaciona a las personas que lo integran de una forma en la que el destino los mantendrá allí, en la base de la pirámide organizacional, sin perspectivas de ascender a otra escala jerárquica. Remite a un destino invariable, no se sale del círculo.

Un breve *excursus*, nos permitirá mostrar que la libre interpretación de los imago-esquemas incorpora y se basa en las voces nativas registradas en distintos momentos en la empresa. Por ejemplo, para interpretar qué nos dice el imago-esquema CÍRCULO de las relaciones interpersonales en el ámbito de la fábrica detallemos algunas expresiones lingüísticas textuales de los operarios sobre los que no pertenecen al círculo. Observemos la imagen n° 2, donde los operarios caracterizan a los que no están en la fábrica como los que están en la cima de la pirámide haciendo un trabajo "de escritorio" y tienen el portafolio lleno de dinero. Esta caracterización se complementa con el *verbatim* de la imagen n° 3, que representa su relación YO-EMPRESA.

Imagen nº 2. Relación YO-OTROS

Imagen n° 3. Relación YO-EMPRESA (operarios de *Blue*)

Las que siguen son las expresiones lingüísticas textuales del póster n° 3. Se presentan en el orden que se realizan las lecturas según se explicó en el capítulo 5. En primer lugar, la lectura de los que no dibujaron el póster:

- Lo que es, y lo que le gustaría que sea
- Los cuatro de abajo comentan mucho, pero no llega arriba
- Los "tipitos" dados vuelta son dominados por la pirámide
- Marcan a una sola persona arriba, todopoderoso
- Las partes de arriba funcionando bien y las de abajo, les falta organizar varias cosas

- En el medio no hay nada
- Los operarios están muy unidos
- Hay diferencia en las pirámides. El medio vacío, y lo que piensa el operario es que va a ir ascendiendo y no es así la realidad
- Faltan personas en el medio
- La realidad no es lo que le gustaría

En un momento, se les pregunta a los participantes que observan el dibujo *"¿qué sentimientos les provoca el dibujo?"* y responden:

- Vacío
- Una idea, el pensamiento, que debería ser así. Un ideal
- El yo está abajo, representado en los operarios. Es el que piensa. Es el pensamiento de todos unificado
- La torre, la empresa, la escala jerárquica

Las que siguen son las expresiones lingüísticas de los que hicieron el póster:

- Abajo, en rojo, estamos jefes y operarios.
- Arriba están los jefes, estos dos, dándonos la espalda.
- Y pensamos que tendría que ser así. Que jerárquicamente estemos todos ordenados y todo más repartido, en la parte monetaria también.
- Hay diferencia enorme entre las funciones gerenciales y los demás.
- Nosotros tenemos ideas y las pensamos, y trabajamos. Y, a veces, se hacen. Pero no hay intermedios que las puedan trasmitir. Estamos todos en una línea. Pero quisiéramos estar como los de arriba.
- La hoz y el martillo no cabía, y le hicimos un ramo de flores.
- Primero y segundo nivel siempre fue un círculo cerrado. En el medio está vacío porque los mandos medios están dentro del grupo de los de abajo. Falta la integración de los de arriba con los de abajo. Falta reconocimiento de todo tipo. Monetaria y de otro tipo.

Dada esta descripción de lo que está fuera del círculo de la fábrica, interpretemos las interrelaciones de operarios bajo el imago-esquema CÍRCULO. Un grupo de operarios de *Blue* construyó el póster (imagen n° 4) que ya hemos citado antes, para representar la relación YO-OTROS con una ronda (corro) de operarios en un gran abrazo y una pequeña ronda de "los otros". Esta ronda simboliza la protección. El brazo de la izquierda de la imagen n° 4 tiene un borde cortante, un ala dentada que -agresivamente- defiende de los otros. Los otros, a su vez, también se protegen a sí mismos en su propia ronda (imagen n° 5).

Imagen n° 4. Relación YO-OTROS; imagen n° 5. Detalle de la imagen n° 4
(operarios de *Blue*)

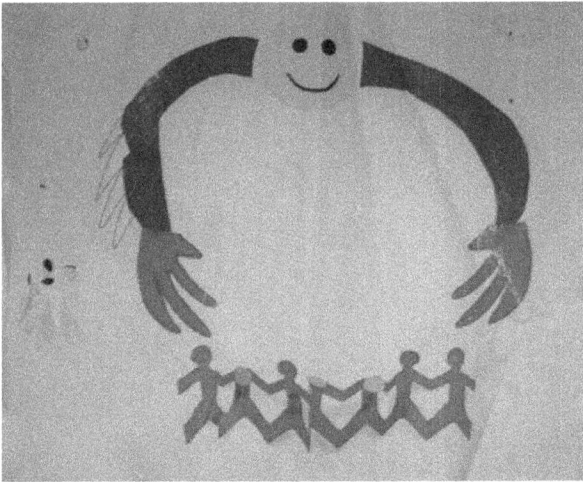

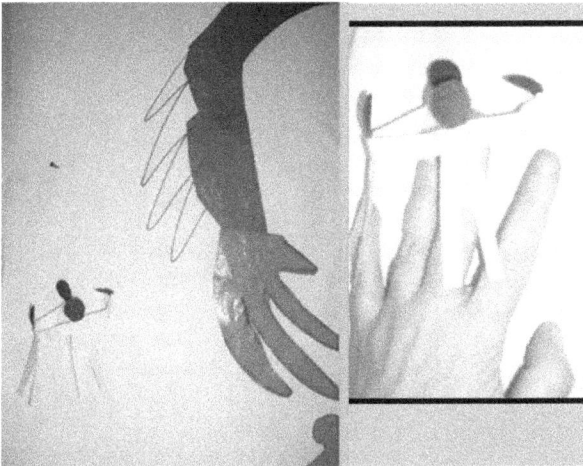

Del mismo modo, otro equipo de operarios dibujó la relación yo-otros (imagen n° 6) con muchos dibujos de los que se puede abstraer CÍRCULO: el reloj, el sol, el carrusel y la montaña rusa. Allí identificamos los imago-esquemas CENTRO/PERIFERIA, CICLO, REPETICIÓN, ENLA-

CE/CONEXIÓN. Asimismo otro equipo (imagen n° 7) representa la relación yo-otros con las manos estrechadas, que en contexto, se puede interpretar como cercanas al CÍRCULO por ser CONEXIÓN/ENLACE[9].

Imágenes n° 6 y 7. Relación YO-OTROS en operarios de *Blue*

---

[9] Las expresiones verbales leídas en la imagen n° 4 y la imagen n° 6 ya fueron citadas en capítulos anteriores. De la imagen n° 3 y la n° 7 no se conservaron.

La relación entre los operarios es como un lazo, como un abrazo fortalecedor entre pares que se pacta en la mano estrechada. Estando dentro, hay protección. Como dice Cirlot, el caos viene de la ilimitación. Pertenecer es importante; extralimitarse y querer superar a los pares no es lo esperado. Recordemos el experimento Hawthorne: el operario que respondía al incremento de incentivos por más piezas producidas era castigado por sus pares por buscar diferenciarse, salirse de la limitación adecuada. De este modo, se preserva lo inexorable del destino, lo irreversible del giro cotidiano en la base de la pirámide, donde el principio coincide con el fin y se está siempre en el mismo lugar.

La ronda, el abrazo y la mano estrechada nos llevan a indagar en la simbología de la mano y del brazo. Para Cirlot, la mano es lo específicamente humano; es símbolo de soporte, de fuerza, de protección, así como de autoridad y poder. Los médicos directivos de instituciones de salud se representaban con manos. La mano también simboliza la donación, la labor y el trabajo. Las manos son también "una manifestación corporal del espíritu cuando no se manifiesta por la voz" (Cirlot, 1992: 296). El brazo también simboliza trabajo, ofrenda, protección, donación así como autoprotección (los brazos cruzados) e invocación (los brazos en alto). Las manos entrelazadas de la ronda y del abrazo simbolizan la fraternidad viril y la unión ante el peligro (Cirlot, 1992: 103).

El caos viene también por la disgregación. La ronda de obreros se protege a sí misma de ese peligro.[10] Las imágenes n° 4, 6 y 7 muestran el abrazo del yo a los otros que son como yo (operarios) y la separación de los otros que son diferentes (los no-operarios). En este sentido, no hay integración de la multiplicidad con los otros, no hay coincidencia mística de opuestos como en el Oriente descripto por Cirlot o en la síntesis marxista de la sociedad sin clases.

En este ordenamiento de la comprensión de la empresa bajo el imago-esquema círculo, ¿cuál es el lugar asignado al yo? No parece que hubiese partes en un círculo. El yo tiene peso o existencia en la medida en que se funde en el abrazo, en la ligazón colaborativa, en la ronda. No hay dibujos de cuerpo completo que distingan al yo del "nosotros". El yo pertenece al grupo de iguales. El yo se mueve como el carro de la montaña rusa sobre sus rieles o como los animales estáticos de la calesita (imagen n° 7). Se mueven con necesidad y sin libertad sobre el círculo predeterminado por el que se enlazan y comparten el destino irreversible del eterno retorno. Para el yo hay movimiento aunque un movimiento extrínseco al sujeto. Sin

---

10 Cabe aclarar que estos grupos que participaron en los talleres no estaban sindicaliza-dos. Las imágenes n° 2 y 7 son de la misma empresa pero diferente equipo.

embargo, no hay movilidad social y eso es compartido. Por tanto, así como el principio coincide con el fin, la parte coincide con el todo y el yo coincide con el nosotros. Esto significa que el imago-esquema CÍRCULO en ámbitos de operarios ordena la relación yo-empresa-yo de modo que el lugar del yo está separado del nosotros (la voz individual y personal se sustituye por la ligazón de manos).

Concebir la empresa con una determinada imagen de orden es explicar la lógica esencial que moldea las interacciones cotidianas. Esa imagen representa la "ley natural", que para los sujetos da sentido a lo que ocurre y les brinda determinadas posibilidades de acción. Es decir, teorizar la empresa de un determinado modo tiene implicaciones éticas, porque abre o cierra posibilidades de decision al sujeto que piensa que las cosas funcionan así, invariablemente, como las leyes de la naturaleza. Por ejemplo, desde el punto de vista de la unidad del proceso productivo de la empresa, parece positivo concebir al yo como un nosotros, y a la producción como una rueda que gira sin dificultades. En cambio, en la perspectiva de ética y *compliance*, esta unidad llevada a un extremo puede favorecer el fenómeno de *groupthink,* descrito en el capítulo 3. Por ejemplo, si en esa fábrica los operarios se organizasen para realizar un robo sistemático de mercadería, al privilegiarse la unidad del grupo, le sería muy difícil oponerse al operario que no quisiese participar en esa organización delictiva. Si hubiese una conducta corrupta organizada en esa empresa, un operario requeriría de mucho coraje para denunciar la mala práctica en los canales de denuncia que ofrecen los programas de *compliance*. Estas implicaciones éticas de las imágenes dibujadas son conversadas con los empleados en los talleres en el momento que se explican las normas (en la fase III del HEMG), luego de realizados los talleres de la fase II Metáforas.

En otra perspectiva diferente, más propia de profesionales y mandos medios, uno de los dibujos, realizados por los alumnos de MBA para representar la relación yo-empresa (imagen n° 8), destaca CÍRCULO en la figura que dibuja el compás.

Imagen nº 8. Relación YO-EMPRESA (alumnos MBA)

El compás marca la periferia y el límite. Según manifestaron los alumnos, la empresa brinda pautas de comportamiento y normas que limitan. Pero este círculo que contiene a los empleados tiene un puente tendido hacia los logros personales (el horizonte, el arcoíris con un olla llena de oro). Es un uso del imago-esquema CÍRCULO diferente del que hacen los operarios; este es un círculo de donde se sale, hay movilidad social y la historia es lineal y hay progreso, no hay eterno retorno.

En la imagen nº 9 se presenta la síntesis de las expresiones verbales con la que se reflexionó junto con los alumnos en la clase posterior a la de la realización de los dibujos grupales.

Imagen n° 9. Síntesis (alumnos MBA)[11]

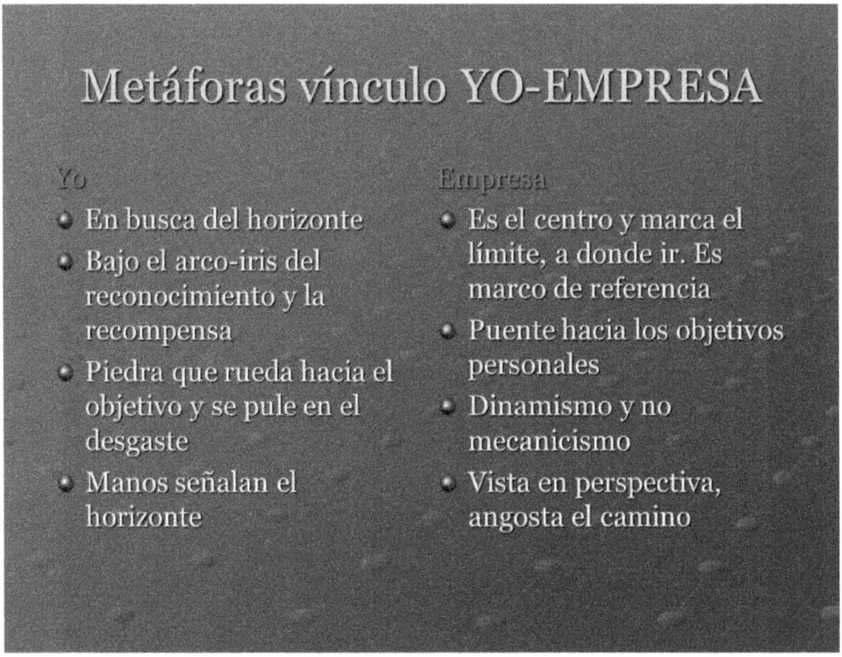

Metáforas vínculo YO-EMPRESA

Yo
- En busca del horizonte
- Bajo el arco-iris del reconocimiento y la recompensa
- Piedra que rueda hacia el objetivo y se pule en el desgaste
- Manos señalan el horizonte

Empresa
- Es el centro y marca el límite, a donde ir. Es marco de referencia
- Puente hacia los objetivos personales
- Dinamismo y no mecanicismo
- Vista en perspectiva, angosta el camino

En esta forma de uso del imago-esquema, el sujeto acepta las normas de la empresa y es protegido por ellas. El cumplimiento de las normas es parte del trato que le permite al empleado acceder a los beneficios de trabajar en ella; la empresa contiene, protege y premia al empleado que cumple con las normas. Con los alumnos se reflexionó sobre la identificación del yo con una piedra, su falta de vitalidad y sobre la cuestión ética como un *trade-off* y no como virtud. Es decir, si la ética es un intercambio, el empleado podría estar dispuesto a aceptar una "olla de la fortuna" (ver imagen n° 8 arriba) más abundante por el cumplimiento de otro tipo de "normas".

2. PIRÁMIDE

Presentamos en este epígrafe el segundo imago-esquema abstraído. Este imago-esquema representa la mentalidad de los mandos medios, la forma en la que ven articulada la empresa y cómo se ven ellos en ella. Lo exponemos de un modo similar al imago-esquema anterior: analizando las implicaciones de

---

11   Es el *slide* de PowerPoint original de la clase siguiente.

su campo semántico, incorporando la perspectiva histórico-cultural del símbolo y describiendo la vida cotidiana organizacional a la luz de esta imagen de orden y el rol del sujeto en ella.

Así como en las áreas productivas la empresa es simbolizada de forma circular, en las áreas administrativas es simbolizada en forma piramidal o de escala. De hecho, la pirámide organizacional es una imagen muy mencionada en el lenguaje empresarial. Se utiliza para representar las motivaciones de los ejecutivos que van desde la subsistencia a la autorrealización (la famosa pirámide de Abraham Maslow, 1943) y se utiliza para representar la estructura de recursos humanos de la empresa, los niveles jerárquicos y de supervisión en los que se divide, que van desde los empleados hasta el "número uno" de la empresa.

El uso de la pirámide como metáfora organizacional en los dibujos construidos en los talleres puede estar muy influido por la literatura de *management*. Ahora bien, aunque es una metáfora muy utilizada, y podríamos decir que por ser tan convencional esta "fosilizada" (Nubiola, 2000), se considera que es un imago-esquema significativo porque es posible encontrarlo como mínimo común denominador subyacente a diferentes dibujos análogos. Nos parece válido considerarlo un imago-esquema que conduce a metáforas resonantes y no a dibujos meramente sustitutivos o alegorías fosilizadas. Entre las imágenes similares a las que subyace el imago-esquema PIRÁMIDE encontradas en los pósters están: la escalera, el ascensor, el podio, la torre, la pila y el montón (cúmulo) (ver imagen n° 10).

En cuanto a si este imago-esquema ya está contemplado en los listados de los más usuales, podemos observar que PIRÁMIDE -al igual que CÍRCULO- no existe en la lista de Lakoff ni en la de Hampe. Sin embargo, son categorizables bajo el imago-esquema más general y usual PARTE/TODO. Asimismo, el propuesto imago-esquema PIRÁMIDE tiene contornos estructurales comunes a otros cinco imago-esquemas básicos que sí figuran en dichos listados. Estos son: EJE/EQUILIBRIO y RECINTO/RECIPIENTE de Lakoff y ARRIBA/ABAJO, ESCALA, *STRAIGHT* (que traduzco como VERTICAL/DERECHO) del listado de Hampe. Es decir que PIRÁMIDE tiene características de un ente que se eleva de modo equilibrado y podemos en ella descubrir tanto un vértice como un eje que la hace proporcional y la mantiene erguida, de forma vertical firme elevándose en equilibrio. Asimismo, PIRÁMIDE es un RECINTO/RECIPIENTE en el cual se conservan cosas valiosas (tesoros o personajes históricamente importantes) y se suelen construir con una escalera que permite ascender en ella, pasar de la base a la cima.

Estas alusiones semánticas de los imago-esquemas conjugados con PIRÁMIDE nos remiten a la dimensión histórico-cultural de la pirámide como símbolo. De acuerdo con el mitólogo Cirlot, la pirámide es un símbolo muy rico. La pirámide adquiere diversas formas: montaña hueca o monumento de tierra; es símbolo del aspecto materno de la tierra y expresa tanto la idea de la muerte como la de inmortalidad y también aparece como morada de los antepasados. La pirámide es un símbolo totalizante que expresa una obra creadora completa. En este sentido, el vértice simboliza el punto de partida y de llegada de todo, es el centro místico al que todo converge, es el destino de todo lo que sube desde la base de las aguas primordiales (Cirlot, 1992: 363-365). Se ha indagado también en la simbología de lo vertical o la verticalidad. Según Cirlot (1992: 459), siempre simbolizan el impulso de espiritualización; el eje vertical expresa valores morales y sus niveles. Por otra parte, la ascensión, la subida, las escaleras simbolizan la necesidad del ser humano de trascender, de superarse, pero también la "tensión creciente de impulsos, por ejemplo el impulso de dominación" (Cirlot, 1992: 88).

2.1. Interpretación del imago-esquema PIRÁMIDE

Los contornos estructurales de PIRÁMIDE hacen que se pueda decir que -como la pirámide- la empresa se yergue en forma VERTICAL. La empresa está en permanente búsqueda de superación (sea en crecimiento, sea en ganancias, etc.). La empresa tiene también impulso de dominación y de trascendencia, de ganar mercados y de ser recordada como marca. En esa superación lo hace de modo equilibrado -como la pirámide-, se eleva pero no pierde contacto con la realidad terrena, busca mantenerse en su EJE.

Imagen n° 10. Pósters varios con pirámide, escalera, pila, torre, montón

La empresa también puede ser considerada como EJE de una comunidad, o de la vida de una persona. En las relaciones humanas intra-empresa se da también un movimiento que va desde ABAJO hacia ARRIBA en la cadena de mando. En ella hay una jerarquía de directivos, hay una ESCALA de remuneraciones: se está en la base, en el medio o la cima de la pirámide.

La empresa, como la pirámide, tiene un punto de llegada, un punto de convergencia, una meta. No todo lo que está abajo llega arriba. Algunos quedan en el camino. Los que logran llegar no viven eternamente, también son sepultados, quizás en una pirámide más memorable. La pirámide, como la empresa, es un RECINTO que contiene héroes y tumbas.

La pirámide simboliza, para los empleados de perfil gerencial, la empresa como lugar donde realizar su carrera profesional. La empresa es -en esta perspectiva- un lugar donde se realiza mucho esfuerzo y donde se tienen muchas expectativas de ascender en camino hacia la cima. Esta ascensión implica superarse, capacitarse; pero también, motivación de poder, como la llamaría David McClelland (2003). Algunos llegan a la cima, algunos quedan en el camino, pero el esfuerzo es de todos. Otros se quedarán voluntariamente a medio camino. Para muchos, el vértice de la empresa, el lugar del CEO, es el destino deseado, anhelado o codiciado como fin de todo. Pero también el vértice es el origen de todo, la causa de todo lo que ocurre en la empresa, de donde emana el poder y la responsabilidad.

Imagen nº 11. Relación YO-EMPRESA (alumnos MBA)

En este sentido la empresa es tanto un lugar de éxito, consagración, transcendencia como un lugar de muerte, ya que no todos llegan a la cima. Allí moran los antepasados, los que llegaron y los que no llegaron. La pirámide tiene connotaciones de grandiosidad y de esfuerzo. También de sinsentido, como la montaña que sube Sísifo.

> Toda la alegría silenciosa de Sísifo consiste en eso. Su destino le pertenece. Su roca es su cosa. [...] Si hay un destino personal, no hay un destino superior, o, por lo menos no hay más que uno al que juzga fatal y despreciable. Por lo demás, sabe que es dueño de sus días. En ese instante sutil en que el hombre vuelve sobre su vida, como Sísifo vuelve hacia su roca, en ese ligero giro, contempla esa serie de actos desvinculados que se convierten en su destino, creado por él, unido bajo la mirada de su memoria y pronto sellado por su muerte. Así, persuadido del origen enteramente humano de todo lo que es humano, ciego que desea ver y que sabe que la noche no tiene fin, está siempre en marcha. La roca sigue rodando (Albert Camus, 1951: 61).

La pirámide, como la torre de Babel, es algo construido por muchos, que cuesta la vida de muchos, pero llegan a la cima unos pocos. También se puede descender de ella, caerse de ella, sepultarse en ella y ganar la inmortalidad o el anonimato.

En el póster construido por un equipo de MBA (imagen n° 11) la relación por la empresa está marcada por el deseo de lograr beneficios (viajes, dinero, casa, auto, grados académicos) con el esfuerzo ascendente (subiendo la pirámide con una escalera, volando, levantando pesas, levantando el podio, levantando la copa).

Esta interpretación de la empresa bajo el imago-esquema pirámide, ¿qué lugar le asigna al yo? El yo se identifica con el movimiento ascensional. El yo que desea superarse y tiene impulso de dominación. La ambición del yo ascensional necesita de la pirámide para desplazarse. El yo desea ascender en la escala organizacional, pero si pudiese, treparía por la pared, subiría en ascensor y entraría por la ventana si en lugar del esfuerzo necesario, obtiene la ayuda de alguno de más arriba que lo beneficie.

Veamos dos pósters realizados por alumnos MBA. En la imagen n° 12 (representa la relación empresa-yo) uno de los ladrillos asciende diferenciándose de los otros, tratando de llegar a estar en el vértice superior; otros pequeños ladrillos intentan entrar por la ventana del brazo derecho. La imagen n° 13, donde los alumnos debían dibujar "la vida profesional como viaje", tiene características de un viaje de transformación y superación: llegar a la cima es lograr el equilibrio (balanza), el poder (casco), etc., subiendo por la escalera con esfuerzo o por el ascensor que se encuentra fuera del póster anexado con papel rojo y amarillo. El primer escalón es el birrete académico correspondiente al MBA.

Sin embargo, el yo sube no sin dificultad. Rastreando en los pósters repeticiones de esta tensión de fuerzas (la fuerza que va de abajo hacia arriba y contrarresta la presión de arriba hacia abajo), encontramos imágenes de sudor y esfuerzo (imágenes n° 11 y 14), de sangre y manos grandes que sostienen un edificio (imágenes n° 14), un brazo que mueve una manivela que hace funcionar la fábrica (imagen n° 16) o unas pesas (imagen n° 11 y 16) que pesan sobre el empleado.

Imagen n° 12. Alumnos MBA

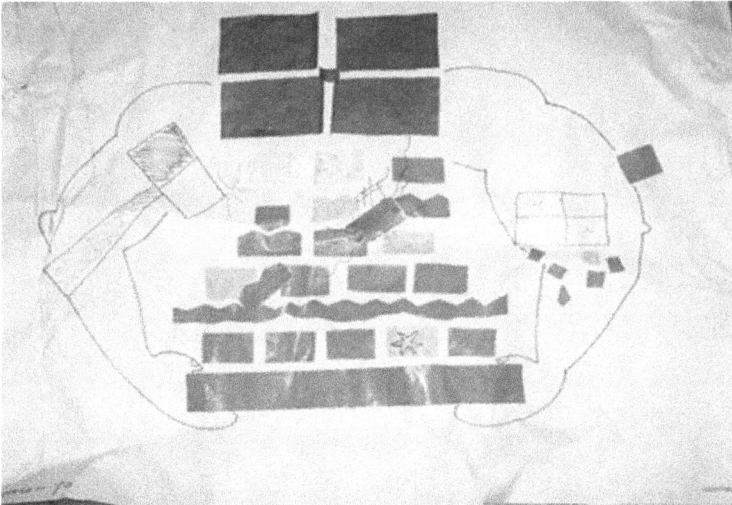

Este yo ascensional tiene una característica que se repite: la desproporción del torso respecto de los pies. Los sujetos dibujados vuelan o tienen los pies despegados del suelo (imágenes n° 11, 14, 15). El torso y parte superior del cuerpo son llamativamente grandes comparados con la base de los pies (imágenes n° 16 y 17). El torso hace fuerza hacia arriba mientras que los pies están desdibujados o no se dibujan (imágenes n° 11, 14, 15, 16). En la imagen n° 14 confeccionada por alumnos MBA se puede ver simbolizado el deseo de ascensión del empleado en dos lugares: en la escalera que está dentro del edificio; y en el vuelo de un sujeto con capa de superhéroe y enormes manos (poca voz y mucho trabajo) que transpira y sangra.

Imagen n° 13. Alumnos MBA

¿Cuál es el simbolismo histórico-cultural del pie y la pierna? La pierna tiene el sentido simbólico de erigir, levantar, asentar. "La pierna es equivalente al pedestal y cabalísticamente le corresponden las cualidades de firmeza y esplendor" (Cirlot, 1992:363). Por otra parte, el pie simboliza lo específicamente humano, porque permite estar erguido a diferencia del animal: es una parte esencial del cuerpo, que soporta a la persona. Por tanto, se puede considerar símbolo del alma, en el sentido de que "es el soporte del cuerpo, lo que aguanta al hombre en su posición erecta"

Imagen n° 14. Alumnos MBA

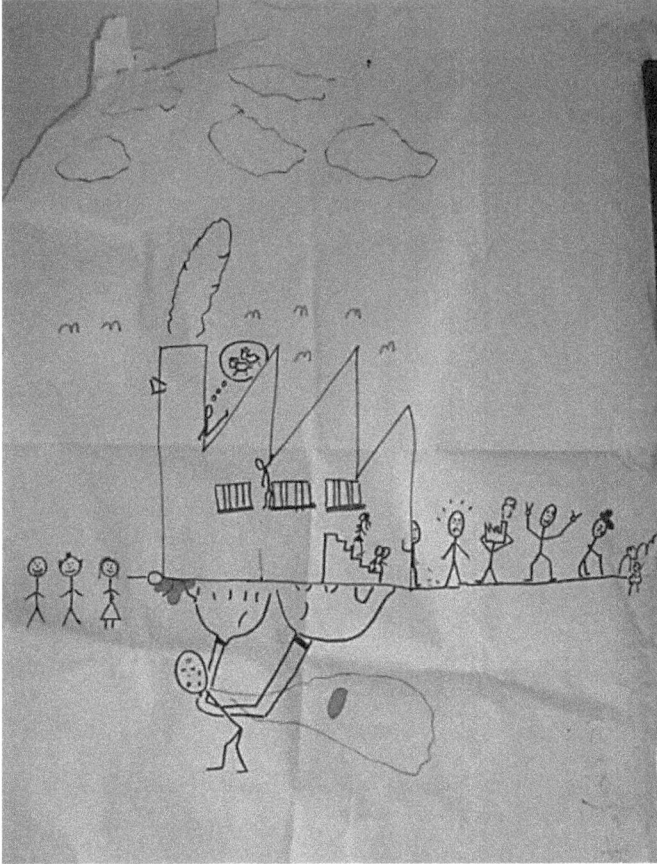

Por ejemplo, para Aquiles, el talón es la zona de peligro y en algunas leyendas griegas "la cojera simboliza una deformación anímica, una falla esencial del espíritu". Para Jung, los pies deformes de Hefestos, dios del fuego, y la forja señalan que la deformidad en los pies podría provocar que aparezcan facultades que la compensen. El pie, finalmente, también tiene significado funerario, dice Cirlot, porque el moribundo se marcha. "De su partida no quedan más testimonios que sus últimas huellas" (Cirlot, 1992: 362).

Imagen n ° 15. Alumnos MBA; imagen n° 16. Mandos medios (cascos verdes)
de la fábrica de *Green*

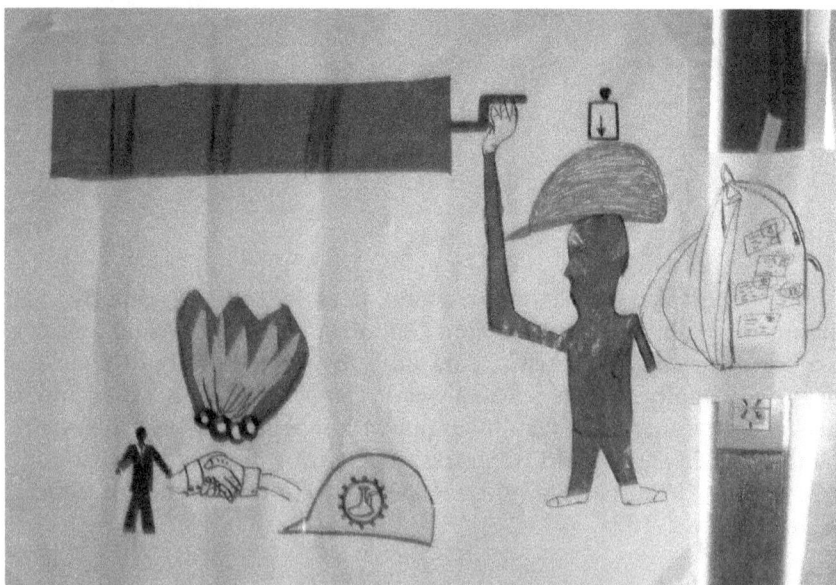

Por tanto, el ejecutivo realiza denodados esfuerzos por ascender, superarse, tener más poder. Desea en algún momento dejar el desequilibrio que implica este movimiento ascendente y llegar a un lugar estable en la cima. Percibe que desde arriba se lo carga de responsabilidades o tareas, pero también que se le detiene, como si los que ya están arriba no dejasen lugar para nadie más.

Desde el punto de vista de la unidad de la empresa y su alineación al objetivo social, esta actitud puede conducir en el extremo a no reconocer los límites, sea de las normas, o bien los que surgen del reconocimiento del otro. Asimismo, esta actitud puede generar una competitividad interna destructiva o la instrumentalización de muchas personas y de la misma empresa para objetivos personales. Otro aspecto negativo del yo ascensional es el narcisismo.[12] El espejismo de la meta centrada en uno mismo y el ahogo en su falta de verdadera identidad. Todas estas son amenazas para la integridad moral. En cambio este impulso ascensional puede ser positivo si el liderazgo y el deseo de poder personal es constructivo, subsidiario y con vocación institucional (McClelland, 2003).

Puede surgir la pregunta de si los grandes torsos, manos y brazos, que simbolizan poder y autoridad, compensan una falla espiritual representada por los pies pequeños o pies despegados del suelo, o los pies ocultos en el póster. ¿Se compensa con poder y logros el sinsentido espiritual? Pequeños pies, grandes aspiraciones. No dejan huellas.

Para reforzar la interpretación, veamos en otro póster de alumnos de MBA (imagen n° 18[13]) cómo la empresa es caracterizada como una pirámide agresiva (los animales veloces) y una pirámide que acumula -abajo a la izquierda del dibujo en color verde claro-, según se expresó verbalmente (imagen n° 17).

---

12 Este tema ha sido ya tratado en otro lugar (Preziosa, 2009).
13 El papel está roto. Sin embargo la figura del director de orquesta fue cortada por los alumnos, separada, y se hizo salir de ella el tornado.

Imagen nº 17. Relación EMPRESA-YO (alumnos MBA)

Imágenes nº 18 y 19. Extracto del PowerPoint con síntesis de los dibujos de la clase anterior

Yo - Empresa

- El yo es valorado según mis *skills* creativas de solución rápida e inmediata
- Actúa diferentes roles
- Soporta, se cansa
- Paga un precio
- ¿Disfruta?
- Soledad

- Me incentiva
- Me castiga
- Me alimenta
- Me da la posibilidad de cumplir mis deseos (que están fuera de la empresa y son compensatorios de los esfuerzos)
- Me contiene

Empresa - yo

- Es el ojo que vigila
- Te echa
- Protege pero no tanto....
- Es una pirámide
- Es agresiva
- Busca acumular
- Cocina una buena torta
- Es disonante
- No es perfecta

- Puede ascender
- Puede partirse
- Puede ser *Superman*
- Es creativo
- Puede descender
- Personas dispersas
- Establece muchos vínculos
- Alimenta con sangre las arterias de la empresa
- ¿Busca acumular?

La torta es el dinero "cocinado", cuyo insumo son las mismas personas ("la sangre que alimenta las arterias de la empresa"). Considerando también lo expresado en otros dibujos del mismo taller, las interrelaciones son de poder (vigilar, incentivar, castigar, proteger y contener) o bien conmutativas: se desea volar como Superman y ser creativo, pero ese esfuerzo hacia arriba implica "pagar un precio" que es soportar el tornado, no disfrutar, quedarse solo, cansarse o descender. Aquí también los pies del yo están volando despegados del suelo en el impulso ascensional del yo dentro de la pirámide (imágenes n° 11, 14, 17).

3. MURO

MURO es el tercer y último imago-esquema propuesto, agrupable bajo el imago-esquema PARTE/TODO que ordena la relación yo-empresa. MURO se encuentra subyacente a diversas imágenes de las cuales lo podemos abstraer. Los dibujos bajo los que subyace este imago-esquema son el edificio, la fachada, la pared de ladrillos en construcción, la torre sin ventanas, las ventanas enrejadas, el muro electrificado, la pila de lingotes, la pila de ladrillos, el rompecabezas, la prisión. Estos se pueden observar en las imágenes n° 11, 12, 14, 15, 17 y 20.

El imago-esquema propuesto tiene contornos estructurales que se superponen con PIRÁMIDE y con algunos de los imago-esquemas más usuales. Un muro –como la pirámide- suele estar compuesto por partes más pequeñas: piedras, bloques, ladrillos (imago-esquema PARTE/TODO). Asimismo, MURO se relaciona con el imago-esquema RECINTO/RECIPIENTE porque el muro delimita, cierra, contiene, protege como la muralla; MURO se relaciona entonces con los imago-esquemas RESISTENCIA, RESTRICCIÓN, BLOQUEAR, CONTRARRESTAR porque el muro impide el ingreso, establece límites, resiste las fuerzas que lo quieren traspasar o derribar. El muro –como la pirámide- se eleva, se erige de abajo hacia arriba y se puede escalar (imago-esquemas VERTICAL/DERECHO y ARRIBA/ABAJO). Estos últimos imago-esquemas son la lista de Hampe (2005).

Para Cirlot el muro (1992: 316-7) presenta diversos significados. Por un lado puede significar la idea de "elevar sobre el nivel común" debido a su altura. Pero como pared que cierra el espacio, "significa la imposibilidad de transir [sic] al exterior". Visto desde fuera, el muro "expresa la idea de impotencia, detención, resistencia, situación, límite". Pero si el muro se considera visto desde adentro, significa protección, incluso con características maternales y femeninas (como la casa o la ciudad). También simboliza la materia como opuesta al espíritu. Por otra parte, la piedra (Cirlot, 1992: 362) simboliza el ser, la cohesión, la conformidad con uno mismo. La piedra simboliza lo contrario a lo biológico, que muere, o lo contrario al polvo, que se disgrega.

Algunas de las imágenes a las que subyace MURO como imago-esquema contienen elementos que representan la presión de la empresa. Por ejemplo, brazos muy fuertes (imagen n° 12 y 20), una maza (imagen n° 12), un tornado, un ojo (imagen n° 17), un brazo armado de un cetro que emite un rayo o un látigo (imagen n° 20), el peso o fuerza de gravedad del edificio-empresa (imagen n° 14), el peso de una pesa sobre la cabeza y una mochila sobre los hombros (imagen n° 16), la prensa de banco que presiona los ladrillos (imagen n° 24).

Imagen n° 20. Alumnos MBA

A diferencia de la pirámide-escalera por la que se puede subir, y que es un objeto de los deseos de ascensión del yo, el muro tiene capacidad para resistir, bloquear, contrarrestar, dificultar el deseo de ascensión. El muro presiona, castiga, restringe, limita (imagen n° 20) o premia y toca con la "varita mágica". Tiene poder para proteger, custodiar y castigar. Asimismo, a la derecha hacia abajo, se observa una persona en prisión.

Estas interpretaciones de alumnos de MBA se corroboran con la imagen n° 21 de operarios de la empresa *Blue*, donde a la empresa se le atribuyen esas capacidades, y su carácter de pirámide-cúmulo y en la base, es también una prisión.

Imagen n° 21. Relación EMPRESA-YO (operarios de *Blue*)

Asimismo, el muro se erige, se levanta, acumula y se convierte en torre. El muro, así como protege y custodia, se convierte en prisión (imagen n° 22).

Imagen n° 22. Detalle de póster de operarios de empresa *Blue*

Como ya citamos de Cirlot, el brazo simboliza el trabajo, la ofrenda, la protección y la donación. Pero también están el brazo armado y el brazo vengador que muchas veces provienen de estratos superiores (nubes, cielo, Dios). El arma, sin embargo, caracteriza tanto al héroe como al enemigo. Si no hay un enemigo, entonces puede simbolizar, en sentido psicológico, "el enemigo interior del héroe"; el arma representa el estado de conflicto. Las armas también varían según a quien pertenecen. El cetro, el bastón, la maza y el látigo son atributos de los reyes; la lanza, la daga y la espada son atributos de los caballeros; el cuchillo y el puñal son innobles u ocultos; y el rayo y la red son armas de los dioses. Según Cirlot, Jung le asigna a la espada el símbolo del "sí-mismo" (del yo) y simboliza la salvación; la maza, en cambio, es símbolo de destrucción (Cirlot,

1992: 82-3). El cetro[14] real está emparentado con la vara mágica, la maza, el rayo y el falo. Simboliza la fertilidad pero también simboliza "el eje del mundo" (Cirlot, 1992: 127).

3.1. Interpretación del imago-esquema MURO

En esta relación yo-empresa (en ambos sentidos) la empresa es un muro y el yo tiene el lugar de un ladrillo. Este imago-esquema tiene contornos estructurales comunes con el imago-esquema PIRÁMIDE. Sin embargo, así como el "yo ascensional" escala por la pirámide, el "yo ladrillo" está quieto. El yo-ladrillo refleja que la ascensión es resistida por la presión de arriba hacia abajo y por el deseo de seguir formando parte del muro y quedar protegido en él. Así, por ejemplo, en la imagen n° 12, el ladrillo azul se mueve hacia arriba, tratando de diferenciarse para ascender en la pared. El ladrillo desearía poder encontrar un ascensor (imagen n° 13) o ventana (n° 12) con el cual suplir el esfuerzo de ascender; sin embargo, si bien el ladrillo desea crecimiento, más desea la protección. La restricción, el límite también producen contención. La protección significa la conservación del empleo, el pasaporte a una cierta calidad de vida. La empresa, en ese sentido maternal, contiene al empleado como una parte suya. La empresa, en sentido paternal, tiene un cetro, una maza, un rayo que puede cambiar la suerte del empleado discrecionalmente. Pertenecer al muro lo separa de los descastados.

La empresa es también un muro porque apila y acumula ganancias, eso le da más capacidad de protección. La empresa contiene con sus beneficios y con sus políticas y sus normas (que incluyen las órdenes de sus directivos); la empresa contiene como una pared donde los ladrillos van encajando, como una pared con brazos que sostienen los ladrillos, como una morsa o sargento que da forma y sostiene a muchos ladrillos que -aleatoriamente- intentan encajar (imagen n° 24), como rompecabezas donde las piezas intentan integrarse en la figura final que es la empresa (imagen n° 23). La empresa es un lugar de poder más que un lugar productivo, que decide si te quedás dentro.

¿Cuál es el lugar del yo en esta imagen de empresa ordenada por MURO? Es un yo cuyo movimiento se termina al encajar y trata de resistir allí lo más posible para no desgastarse. Sin embargo, el costo es alto. Los dibujos que simbolizan el yo son el ladrillo, la piedra, la pieza del rompecabezas y el prisionero. El yo debe encontrar su lugar, adaptarse. Sabe que no puede ser muy diferente

---

14 El cetro rematado en flor de lis simboliza luz y purificación; y rematado en águila simboliza el mando.

(imagen n° 20). Trata tanto de adaptarse como de ser fiel a sí mismo, como la piedra, que no se desintegra (imagen n° 8). La necesidad de protección del yo lo lleva a considerarse a sí mismo una parte que debe encajar en ese muro, aunque ese deseo de protección pueda sepultar su individualidad, de un modo diferente al que la puede sepultar el exceso de ambición y competitividad. Al yo del MURO se lo sepulta aprisionando su libertad y creatividad. Al yo de la PIRÁMIDE lo sepulta otro más fuerte que él. En ese caso, el yo como ladrillo está más cerca del yo-nosotros del círculo que del yo-ascensión de la pirámide.

En la imagen n° 8, la piedra acepta que el compás de la empresa le marque el ritmo mientras lo protege, la empresa se convierte en un puente para los logros personales (camino) donde la piedra pasa desde dentro del compás a cruzar el puente y seguir el camino iluminado por el arco iris de la recompensa. La piedra se va achicando en el camino debido al desgaste. El yo muestra allí un dinamismo que es solo extrínseco, no aparece la mano que toma decisiones, sino algo inerte que se deja modificar por el exterior. Quizás solo trata de parecer inerte. De este modo, evitaría que el rayo divino lo castigue (imagen n° 20), debido a su deseo intrínseco orientado a la ascensión, el deseo prometeico de robar el poder a los dioses de la cima.

En el esfuerzo de parecer o ser inerte, el muro de la empresa deviene en prisión (imágenes n° 20, 21 y 22). La necesidad de volar, de ser creativo, de ser uno mismo (imagen n° 23) se contrapone con la necesidad de sostenerse, de sentirse protegido en la organización (no puede sostenerse en los propios pies). La empresa que acumula, apila cada vez más, es más fuerte y sostiene, da forma; es una torre que protege y con firmeza deja inerte al yo; para encajar, se pega a los otros como ladrillo, pieza, piedra. El yo siente que esto le quita creatividad y singularidad,[15] y la empresa se convierte en un lugar donde quizás se puede llegar a ser tan solo "otro ladrillo en la pared".[16] La alienación se resiste como piedra que no se disgrega, acomodándose o desgastándose.

---

[15] En la imagen n° 25 los alumnos MBA simbolizaron "la diferencia" con el dibujo de la mujer.
[16] Metáfora de la canción homónima perteneciente a Pink Floyd, álbum *The Wall*, 1979.

Imagen n° 23. Relación EMPRESA-YO (alumnos MBA)

La materialidad del muro se opone a la espiritualidad de lo creativo. Lo más propio del yo es su aporte creativo y original. En la imagen n° 24, las manos verdes se superponen a los ladrillos, dando dinamismo intrínseco a los Tetris que encajan extrínseca y aleatoriamente. Una "mano negra" está presente acechando, como los colegas armados con arcos y flechas que transitan el camino. La empresa es la que "da forma" con la presión y la contención.

Imagen n° 24. Relación EMPRESA-YO (alumnos MBA)

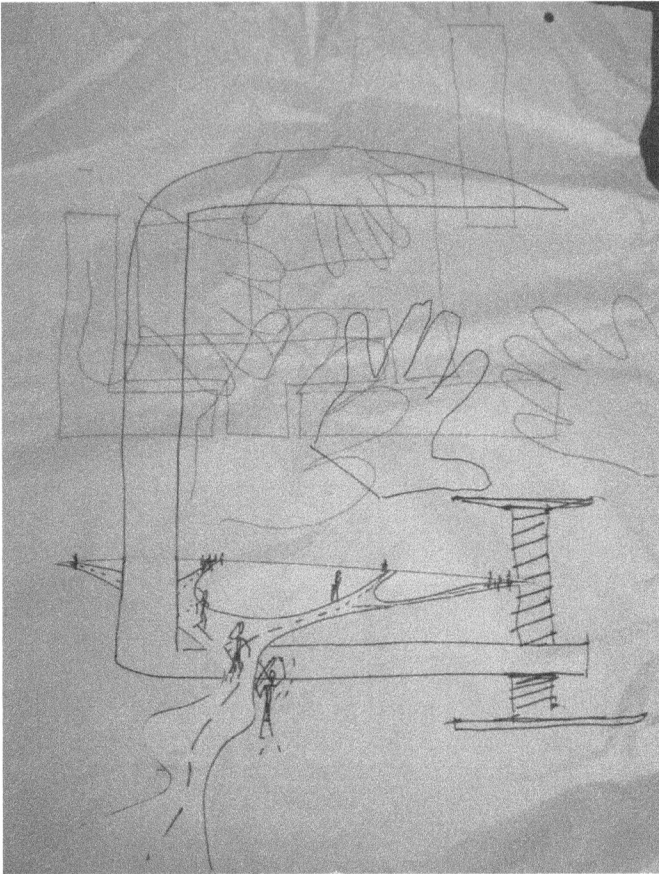

¿Qué implicaciones morales se pueden reflexionar sobre esta imagen de orden de la empresa (el muro) y esta autopercepción del yo en ella (ladrillo)? La necesidad de protección que el yo espera de la empresa puede favorecer la dilución del yo en su creatividad, en su identidad y en su responsabilidad. El yo ascensional busca superarse, distinguirse de los otros y elevarse, puede diluir su integridad en la competitividad excesiva y ambiciosa, racionalizando sus decisiones no éticas al priorizar el logro de objetivos. En cambio, el yo estático del muro puede diluir su integridad con el silencio moral (Verhezen, 2010), conservándose a sí mismo sin exponerse, sin moverse, sin distinguirse del resto como una pieza más del rompecabezas diciéndose a sí mismo: "yo solo hago mi trabajo" y obteniendo la recompensa. En esto, el yo-ladrillo tiene elementos en común con el yo-nosotros de la empresa vista bajo la imagen de orden CÍRCULO.

Imagen n° 25. Síntesis *verbatim* de la imagen n° 23

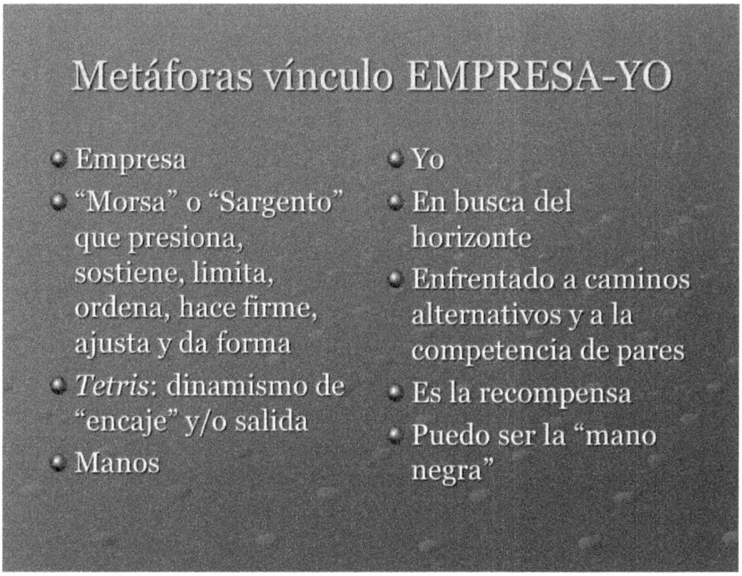

Metáforas vínculo EMPRESA-YO

- Empresa
- "Morsa" o "Sargento" que presiona, sostiene, limita, ordena, hace firme, ajusta y da forma
- *Tetris*: dinamismo de "encaje" y/o salida
- Manos

- Yo
- En busca del horizonte
- Enfrentado a caminos alternativos y a la competencia de pares
- Es la recompensa
- Puedo ser la "mano negra"

Imagen n° 26. Síntesis *verbatim* de la imagen n° 24

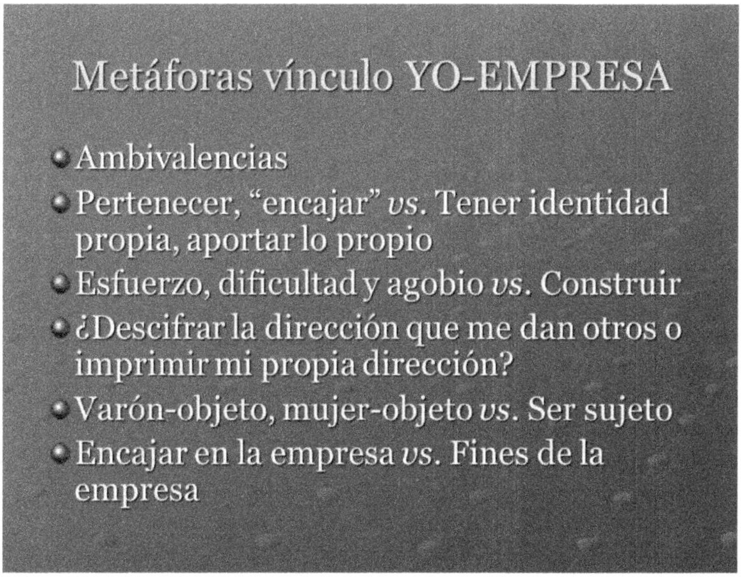

Metáforas vínculo YO-EMPRESA

- Ambivalencias
- Pertenecer, "encajar" *vs.* Tener identidad propia, aportar lo propio
- Esfuerzo, dificultad y agobio *vs.* Construir
- ¿Descifrar la dirección que me dan otros o imprimir mi propia dirección?
- Varón-objeto, mujer-objeto *vs.* Ser sujeto
- Encajar en la empresa *vs.* Fines de la empresa

4. Mapa de metáforas de la vida organizacional

Desde el punto de vista de la etnografía organizacional, el mapa de metáforas grupales (MMG) es el texto final con el que el etnógrafo, luego de haber observado una cultura empresaria, representa su interpretación de cuál es la trama de significados que explica los comportamientos de los integrantes de la cultura observada. El MMG es un constructo del investigador que representa la vida organizacional vista por sus protagonistas. Como dice Van Maanen (2011), es un mapa y no el territorio; y si bien representa las voces nativas, es una interpretación libre del investigador acerca de la lógica esencial que impera en la cabeza de los nativos a la hora de relacionarse.

Desde el punto de vista de la lingüística cognitiva, el mapa de metáforas grupales (MMG) es una representación gráfica de los dominios conceptuales que se conjugan en las metáforas que representan la mentalidad de un grupo. El MMG abstrae e infiere las estructuras imaginativas subyacentes que dan forma a la perspectiva de la comunidad estudiada. Dichas estructuras o imago-esquemas resultan de la memoria social, se fundan en la base de imágenes que conforman su experiencia vital laboral acumulada y que constituyen la comprensión básica que mide sus acciones cotidianas. La elección de esos esquemas más simples es influida por la memoria social. Por ello, como afirma Cornelissen, los imago-esquemas "ordenan y forman la perspectiva de una cierta comunidad" (2006: 690).

Desde el punto de vista ontológico, el MMG es una representación de la causa ejemplar, del modelo mental que comparten los empleados sobre el orden que la empresa sigue para conseguir su fin.

En este epígrafe, presentamos un MMG construido sobre la base de los imago-esquemas ya explicados: CÍRCULO, PIRÁMIDE y MURO. El mapa representa la vida organizacional e integra gráficamente la cercanía de la visión de los operarios con la visión de los mandos medios; representa de forma sintética lo que es común a todo tipo de empleado de empresa.

Para confeccionar el mapa, en primer lugar se tuvieron en cuenta las metáforas utilizadas en los setenta pósters comparados y sus expresiones lingüísticas (según se explicó más arriba). Estas metáforas, expresadas según la convención cognitivista, son ESCALERA ES EMPRESA, EDIFICIO ES EMPRESA, PRISIÓN ES EMPRESA, TORRE ES EMPRESA, TORTA[17] ES EMPRESA, PODIO ES EMPRESA, CAMINO ES EMPRESA, etc. Asimismo, puede inferirse que se utilizaron las siguientes metáforas conceptuales para referirse al yo: SUPERHEROE ES YO,

---

17 "Torta" se le dice al pastel y también a mucha cantidad de dinero en Argentina.

LADRILLO ES YO, PRESO ES YO, BRAZO ES YO, MANOS ES YO, ESFUERZO ES YO, ATLETA ES YO, etc. Las metáforas se elicitan en las expresiones lingüísticas de los participantes, quienes señalan con qué dibujo identificaron, o bien al yo, o bien a la empresa, en el póster.

En segundo lugar, se tuvo en cuenta que los imago-esquemas (o mínimo común denominador) que subyacen a tal variedad de metáforas son tres: PIRÁMIDE, CÍRCULO y MURO. Conociendo los imago-esquemas, podemos inferir cuáles son las metáforas conceptuales principales, es decir, las que son más amplias y abarcan a otras. Las metáforas conceptuales son inferidas por el investigador y no necesariamente fueron identificadas como tales por los participantes, ya que como se explicó, pertenecen al orden de la comprensión y no del lenguaje cotidiano. Estas metáforas conceptuales principales son PIRÁMIDE ES EMPRESA, CÍRCULO ES EMPRESA y MURO ES EMPRESA.

En tercer lugar, se tuvo en cuenta que en cada una de estas imágenes de orden, está implícita tanto la empresa como el yo. En la empresa comprendida como CÍRCULO, el yo es un "nosotros", en la empresa visualizada como PIRÁMIDE, el yo es un movimiento de "ascensión", y en la empresa entendida como MURO, el yo es un "ladrillo". Por tanto, las metáforas conceptuales principales para el yo son LADRILLO ES YO, ASCENSO ES YO y NOSOTROS ES YO.

En cuarto lugar, se tuvo en cuenta que los contornos estructurales de estos imago-esquemas tienen elementos en común. Como se ve en la imagen n° 27, la adyacencia de los lados de los hexágonos representa la cercanía de los contornos estructurales de los imago-esquemas. Por ejemplo, la PIRÁMIDE y el MURO tienen en común que se pueden escalar (no así el CÍRCULO). Asimismo el MURO protege, detiene y contiene; la PIRÁMIDE hace lo mismo, pero también sepulta. El CÍRCULO tiene en común con el MURO que ambos protegen aquello que queda dentro, sin embargo en el CÍRCULO no hay salida; el MURO, en cambio, se puede escalar o cruzar. En el CÍRCULO no hay diferenciación de los individuos que se entrelazan en él; análogamente entre los ladrillos del MURO no hay diferencias. En cambio, sobre la PIRÁMIDE hay una escalera definida para ascender. Esta tiene un vértice al que se aspira, pero no siempre es posible -o no siempre es deseada- la elevación, por lo que algunos eligen quedar estáticamente ubicados como el ladrillo en el MURO.

Imagen n° 27. MMG de la vida organizacional

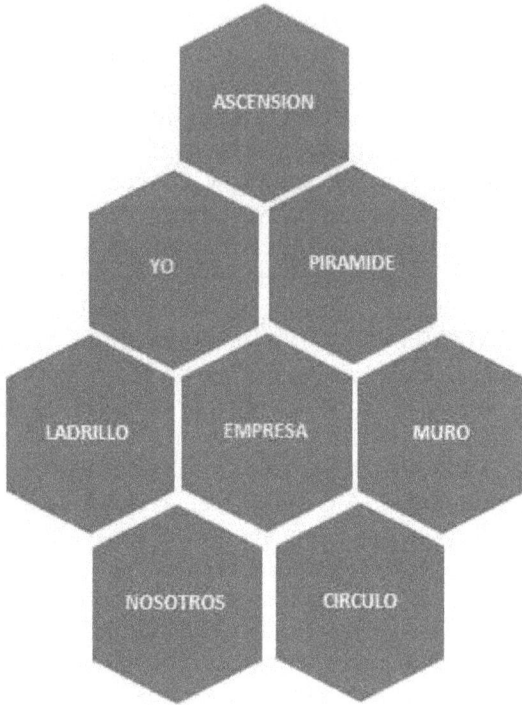

En quinto lugar, para confeccionar el mapa de metáforas ubicamos de un modo central (gráfico) a la empresa y al yo. Los dominios de color amarillo son los dominios meta (lo metaforizado) y los dominios de color blanco son los dominios fuente (lo metaforizante). A la derecha de EMPRESA ubicamos a PIRÁMIDE, MURO y CÍRCULO. Entre el yo, empresa y PIRÁMIDE ubicamos ASCESIÓN, porque es la connotación del yo correlativa a PIRÁMIDE. En cambio, entre EMPRESA y CÍRCULO ubicamos NOSOTROS, que es la connotación del yo correlativa a CÍRCULO. Asimismo, como el yo LADRILLO tiene características similares al NOSOTROS lo ubicamos cerca y a la altura de MURO.

Como se dijo en los primeros capítulos, de la comprensión básica de la organización (CCBO) se derivan presunciones básicas subyacentes (PBS) que componen la mentalidad compartida. Como decía Schein, las presunciones básicas (PBS) que subyacen a una cultura contienen creencias acerca de cómo integrarse internamente en la empresa y acerca de la naturaleza de las relaciones humanas. De la idea de orden que expresa cada imago-esquema hemos derivado o inferido presunciones sobre cómo estos empleados articulan su vida laboral en la empresa y hemos inferido sus posibles implicancias éticas. Por ejemplo, si la empresa es un muro y el yo es un ladrillo, entonces el yo no debe diferenciarse demasiado del resto para poder encajar en el muro y recibir su protección. De la comprensión del orden de las relaciones en la organización, sus integrantes infieren expectativas sobre los comportamientos de los otros y deciden su accionar futuro y sus connotaciones éticas.

Asimismo, de las connotaciones semánticas referidas para cada imago-esquema y de las interpretaciones realizadas por los participantes de sus dibujos, se pueden sintetizar cuatro motivos de la conducta en la empresa: (1) el deseo de pertenecer y ser protegido en la empresa, (2) el deseo de poder, 3) el deseo de crecer dentro de y gracias a la empresa, y (4) el deseo de conservarse, perdurar y trascender.[18] Los dos primeros motivos –pertenecer y poder- son creencias sobre cómo integrarse internamente: adaptándose, dominando. Los dos motivos que siguen –crecer y conservarse– tienen que ver con la naturaleza humana y su instinto de conservación. Estos motivos están representados sintéticamente en el mapa de metáforas: pertenecer y ser protegido están representados en MURO y en CÍRCULO, poder y crecer están representados en PIRÁMIDE y conservarse, perdurar y trascender también están representados en PIRÁMIDE.

Asimismo, pertenecer y crecer aparecen tanto en operarios como en mandos medios en carrera gerencial pero se representan de modo diferente. En los operarios prima el deseo de protección que se proyecta sobre los pares. En el caso de los que están en carrera gerencial el deseo de crecimiento conlleva una ambigüedad: se desean los beneficios del ascenso, se está dispuesto a mucho esfuerzo (empujar, resistir) pero se teme quedar fuera por la decisión arbitraria del dios-empresa o por la competencia de los colegas. La presión de la empresa se ejerce mediante la asignación de responsabilidades, exigencias y el ejercicio discrecional del poder (el cetro de reyes o el rayo de los dioses). En los dibujos no hay referencias ni a las leyes o normas en sentido general como una presión (salvo en la imagen n° 8 de un equipo de MBA, donde las normas son un contorno). Por otra parte, el deseo de poder es propio del yo ascensional de mandos medios en carrera gerencial. En cambio el deseo de conservarse, perdurar y transcender está de diferentes formas en ambos y en todo ser humano.

En resumen, el mapa de metáforas grupales (MMG) es una síntesis de la observación de expresiones lingüísticas, de los dibujos metaforizantes, de la comparación de los dibujos, de la abstracción de los mínimo-común-denominadores en las imágenes. Es un constructo

---

[18] Las tres primeras podríamos considerarlas análogas a las motivaciones de poder, afiliación y de logro de David McClelland (2003).

etnográfico, una síntesis del investigador, un texto o mapa final que respeta las voces nativas y tiene en cuenta muchas interpretaciones de los dibujantes obtenidas en contexto. El MMG representa una percepción comunitaria del mundo, representa el mundo de la vida organizacional cuyas imágenes conforman el suelo de la praxis de la empresa y sus integrantes. El MMG representa "el mundo de la empresa" que los empleados perciben como algo que ya es de un determinado modo, algo que funciona de una manera sobre la que ellos no tienen control, algo que tiene una lógica y una trama en la que ellos se insertan. Esa percepción se ha formado comunitariamente, ese mundo de la empresa es una comprensión que surge del hallarse en ella, y conforma una base y un condicionamiento para sus acciones. Si pudiésemos inventar un término, en lugar de representar la *Lebenswelt* husserliana sería una especie de *Lebensorganisation*.

Síntesis y conclusiones del capítulo 9

Tanto la etnografía organizacional como la lingüística cognitiva indagan en una dimensión implícita de las culturas que estudian. La etnografía busca los significados implícitos que los nativos de una cultura traman en sus cabezas y que ordenan cómo ellos se interrelacionan. La lingüística cognitiva indaga cómo comprendemos la realidad cotidiana, incluso lo complejo o lo abstracto, sobre la base de un conjunto de imágenes muy ligadas a lo sensorio-motriz, al desplazamiento, al manejo de objetos y muy ligadas a la memoria histórica y social de la comunidad a la que pertenecemos.

Esas imágenes y percepciones conforman una base que nos permite comprender, pero que a la vez nos sesga. Cada cultura, cada comunidad desarrolla patrones perceptivos para explicar la realidad y sus recurrencias caracterizan su mentalidad.

En este capítulo hemos hecho un ejercicio de abstracción de las figuras más generales (o imago-esquemas) que subyacen a los dibujos grupales realizados por unos 350 empleados de empresa. Sin prejuicios, buscamos aquellas figuras que más se repetían debajo de los dibujos similares. Encontramos tres imago-esquemas, es decir, tres estructuras imaginativas que permiten explicar la realidad compleja de la empresa en los términos más simples y, como dicen los cognitivistas, encarnados (*embodied*). Estos tres imago-esquemas subyacen a diferentes formas de metaforizar la empresa (por ejemplo como una escalera o como un podio, como una rueda, como una prisión, como un edificio, como una torre, etc.).

Los tres imago-esquemas identificados son CÍRCULO, PIRÁMIDE y MURO. A su vez hemos identificado para cada una de estas imágenes de orden de la empresa un modo de concebir al sujeto que se inserta en ella. Un modo correlativo a esa figura. Estos modos del yo son el NOSOTROS, la ASCENSIÓN y el LADRILLO.

Explorando las connotaciones semánticas de cada uno, se caracterizó el modo de comprender la realidad organizacional de operarios de empresa por un lado y de mandos medios por el otro. El mundo de la vida de la fábrica se caracterizó bajo el imago-esquema CÍRCULO. El mundo del ascendente mando medio con aspiraciones gerenciales se caracterizó con el imago-esquema PIRÁMIDE y MURO.

Con estos imago-esquemas y las metáforas conceptuales inferidas de los pósters analizados se conformó un mapa, un constructo que representa estas imágenes de orden relacionadas. Con este ejercicio se ilustró la metodología con la que se construye el mapa de metáforas grupales (MMG) de la fase final del HEMG, la fase IV. Es decir, la fase etnográfica, donde se produce un texto representativo de la cultura estudiada. Se explicó cómo se seleccionaron los imago-esquemas, cómo se interpretaron y cómo se identificaron los contornos estructurales comunes entre ellos, para establecer su cercanía y así conformar el mapa.

El mapa permite entender cómo los empleados se hallan en el mundo, es decir, cómo es su percepción comunitaria de su modo de existir. Este mapa permite inferir sus creencias acerca de cuál es el modo en el que "hay que" integrarse internamente en la empresa, de modo que para ellos funciona como una expectativa sobre el comportamiento de los otros. Como se dijo en la primera parte de la tesis, esto es parte de la mentalidad compartida, parte del modo habitual de ver y juzgar la realidad, parte del uso social recurrente y subjetivo al que toda persona "entiende" que debe ajustarse.

El mapa permite ver sintéticamente cuáles son los *drivers* principales del comportamiento del empleado. Por ejemplo, para los mandos medios lo importante es diferenciarse para ascender, pero no tanto como para que lo dejen afuera. Para el operario no hay oportunidades de diferenciarse ni de movilidad social, por tanto lo más importante será mantener la fraternidad entre pares. Inferencias como estas conducen a identificar presunciones básicas subyacentes (PBS) a una mentalidad en particular.

Una vez que se conoce la mentalidad y las presunciones básicas subyacentes (PBS) derivadas de la comprensión compartida básica de la organización (CCBO), es más probable un diálogo, un entendimiento sobre las normas éticas que han de ser cumplidas entre todos. Algunos principios éticos refuerzan los puntos fuertes de una mentalidad y otros principios subsanan los puntos débiles.

Una vez que se conoce la mentalidad compartida por parte de sus mismos protagonistas, aumenta la posibilidad de actuar de forma más consciente y más responsable, sin diluir su yo detrás de la necesidad de protección por parte de la empresa o por parte de sus pares, o en su propia ambición narcisista.

10

Método HEMG: su aplicación a la empresa Green

Introducción

El Método Heurístico de Elicitación de Metáforas Grupales (HEMG) es un método de tipo etnográfico que cumple dos funciones: una función activa -de aprendizaje heurístico- que se realiza mientras dura la intervención del instructor-investigador en la empresa; y una función de investigación y representativa, que finaliza con posterioridad a la intervención con la confección de un texto que representa los significados convergentes de los integrantes de una organización. Este texto final consiste principalmente en un Mapa de Metáforas Grupales (MMG) y en el perfil del Sentido Subjetivo de Integridad (SSI).

En este último capítulo, nos centraremos en presentar el MMG y el SSI de la empresa *Green*.[1] Estos representan la mentalidad compartida en la empresa, específicamente la comprensión compartida básica de la organización (CCBO).

En *Green* y *Blue* se realizaron las tareas que hoy clasificamos como las cuatro fases del HEMG. El contenido de este capítulo es un análisis más amplio, profundo y fundamentado que el "informe de cultura" entregado oportunamente a los directivos de *Green* y *Blue*. Asimismo, aquí se destacan conclusiones que son de interés más académico que empresarial; se exploran aun más las prolongaciones alusivas de las metáforas y se obtienen conclusiones más significativas desde la perspectiva de la potencialidad de la metáfora para acceder a la mentalidad compartida. Sin embargo las intuiciones esenciales siguen siendo las mismas.

---

[1] La información que presentaremos en este capítulo sobre la empresa *Green* no permite identificarla y no revela ningún tipo de información confidencial. Tampoco se emitirán juicios de valor sobre la empresa, sus empleados o sus directivos sino que el material que presentamos tiene como objetivo ilustrar cómo sería la aplicación práctica del HEMG.

Como ya señalamos, el etnógrafo expresa en su narración final la lógica que explica el comportamiento de los integrantes de una cultura. El investigador etnográfico interpreta la fonémica social a partir del análisis de su fonética, es decir, interpreta los significados que articulan los comportamientos a partir de lo que los nativos dicen. El objetivo es que otros, no pertenecientes a esa cultura, entiendan a los integrantes de esa cultura. Por lo tanto, el texto final debe representar de forma objetiva el ordenamiento mental con el cual los nativos explican su trama social.

Sin embargo, los sesgos del investigador etnográfico estarán en la elección de los puntos de observación y del modo de representar, en el texto final, la trama fonémica. El investigador elige algunos elementos de la cultura para la narración etnográfica y su desafío es mostrar evidencias de la cercanía que mantuvo con la cultura estudiada.

En esta aplicación del HEMG, el sesgo principal es la perspectiva ética y -más específicamente- la ética social de raigambre aristotélico-tomista. Este sesgo se hace visible en la consideración de la mentalidad compartida como un condicionante de la decisión libre e individual por la cual el integrante de una organización contribuye a la acción mancomunada que realiza un fin común. Esta perspectiva influye, principalmente, en la construcción del SSI, que es un perfil clínico que representa cómo el sujeto se ve a sí mismo dentro de la organización estudiada, en cuanto a su capacidad de ser consecuente con sus valores y seguir siendo él mismo frente a las presiones de la organización.

El otro sesgo del HEMG, muy diferente al anterior, es la elección de observar actos del discurso –y no de actos del comportamiento– y la elección de la metáfora como clave interpretativa. Los símbolos suelen ser objeto de relevamiento etnográfico para la comprensión de una cultura, pero aquí se agrega el punto de vista lingüístico-cognitivo. En definitiva, el sesgo es la experiencia didáctica de los contenidos de ética empresarial a más de 4.000^2 empleados de empresas desde 1998.

El tercero y último sesgo es que de todas las posibles relaciones que podrían tramar la cultura de la empresa, en el HEMG se han elegido las relaciones yo-empresa, empresa-yo y yo-otros porque son las que se utilizaron muchos años en la experiencia didáctica. Esto no las invalida, ya que, además, permiten abstraer las diversas formas del imago-esquema TODO/PARTE. Sin embargo, quizás podrían proponerse otras.

---

2   Solo incluye los programas *in company*.

1. El Mapa de Metáforas Grupales (MMG) de *Green*

Con el nombre ficticio *Green* representamos a una empresa en la cual se implementó el HEMG a lo largo de 20 meses. La empresa es una filial latinoamericana de una empresa manufacturera (del sector secundario) multinacional de capital europeo. La filial cuenta con dos sedes y por el volumen comercializado y la cantidad de empleados, sus propios directores la consideraban, en su momento, como una empresa pyme a pesar de ser multinacional. Su negocio es *Business to Business* (*BtoB*), es decir que sus clientes son otras empresas y no el consumidor final.

La empresa, en el momento de la intervención –con el objetivo de capacitación y cambio cultural en ética corporativa y *compliance*–, contaba con un total de 300 empleados en las dos sedes, que distan una de otra unos 100 Km y a las que denominaremos *Sede Ciudad y Sede Interior*. La *Sede Ciudad* es la sede administrativa instalada en un área suburbana, donde está la dirección general y las áreas de finanzas, recursos humanos y comercialización. La *Sede Interior* es la fábrica (la planta) donde trabajan los operarios sindicalizados y los mandos medios y directores de producción, que no están sindicalizados, y está ubicada en un área industrial. Si bien la empresa tiene pocos años de antigüedad, la planta y los empleados datan de hace mucho tiempo, ya que la empresa es un desprendimiento (*spin off*) de una empresa más grande.

Para evidenciar la objetividad de la investigación se proveen registros ETIC y EMIC, entre los cuales se incluyen resultados de entrevistas, dibujos grupales, *verbatim* de las lecturas grupales y del *quiz*. Los registros de actos del discurso lingüístico y visual obtenidos que evidencian la inmersión del investigador en la cultura son los que siguen.

En la fase I, se realizaron seis entrevistas con directivos y mandos medios. En la fase II, fueron capacitados 118 empleados no sindicalizados (fuera de convenio) pertenecientes a tres diferentes niveles jerárquicos.[3] De los 118 empleados, 59 pertenecían a la *Sede Ciudad* y 59 a la *Sede Interior*. Durante los ocho talleres, de cuatro horas de duración, recolectamos 32 dibujos colectivos (pósters). En *Sede Ciudad*, se obtuvieron registros de, aproximadamente, 6600 palabras (2715 palabras de la lectura de dibujos y 3885 del *quiz*), y en *Sede Interior* 6774 palabras (3689 de los dibujos y 3085 del *quiz*).[4]

El MMG es un constructo en el que sistematizamos lo que significa para los integrantes de *Green* su relación con ella y sus colegas. El MMG se representa en la imagen n° 1 con un panel de hexágonos. Cada hexágono representa o bien un dominio fuente o bien un dominio meta.

---

3   También fueron capacitados trece gerentes en el taller Brechas (sin registros).
4   Estos resultados se ven en la tabla n° 3 del capítulo 6.

Los diferentes lados del hexágono conectan los contornos estructurales de los imago-esquemas que subyacen a los dominios, con los imago-esquemas análogos o del mismo ámbito semántico.

La cercanía gráfica facilita la interpretación de cada una considerando el resto como contexto, implicándose entre sí. Como señalan Lakoff y Kövecses, las metáforas se conforman en un sistema, y unas pueden estar derivadas de las otras e incluso ser resumidas o subsumidas en una más general y abstracta. Durand (2007: 17) afirma que los símbolos se explican unos a otros porque se caracterizan por ser incompletos en su representación o parciales. En términos de Zaltman,[5] es un mapa de creencias colectivas donde los constructos "conversan" con otros constructos.

El MMG aporta un nuevo conocimiento al que dan los grupos sobre sí mismos, porque abstrae y compone un sistema de imago-esquemas subyacentes a las expresiones verbales y las imágenes, cuyos elementos se explican e implican mutuamente. El MMG estima como más significativas aquellas metáforas conceptuales y sus correspondientes imago-esquemas más repetidos, más abarcativos, que son para quienes los leen más sugerentes y proveen más *insight*.

Las metáforas-raíz representan una mayor convergencia de significados expresados e interpretados por los empleados, son más profundas y tienden a ser más universales. En las metáforas conceptuales principales, la riqueza simbólica emerge de la gran distancia o asimetría entre los dominios semánticos (por ejemplo, entre LOGRO que es del ámbito de las decisiones humanas y CAMINO que es del ámbito del movimiento corporal, o más aun entre AGUA y PODER) y en la afinidad de los contornos estructurales de los imago-esquemas subyacentes.

El MMG de *Green* es un mapa de dominios semánticos que componen tres metáforas raíz (metáforas conceptuales mayores o principales): EMPRESA ES ÁRBOL, LOGRO ES CAMINO Y PODER ES AGUA. También están presentes tres metáforas poco frecuentes: EMPRESA ES BARCO (que es adyacente al dominio semántico de AGUA y de CAMINO), YO ES AUTOMÓVIL (que también está asociada a CAMINO) y YO ES FRUTO (que está asociada a ÁRBOL).

Los hexágonos agua, sangre, árbol, fruto, barco, automóvil y camino son dominios semánticos *fuente*, y los hexágonos yo, empresa, logro, poder y dinero son dominios semánticos *meta*.[6]

---

5   Zaltman (2004) sigue al lingüista cognitivo Andrew Goatly. Como resultado de sus estudios de investigación de mercado genera un mapa de metáforas, que él denomina *consensus map*. El uso en idioma inglés del vocablo latino *consensus* se traduce como opinión colectiva o acuerdo general o concordancia de un grupo en sentimientos o en creencias. No quiere decir el consenso que es fruto de un voto. Podríamos traducir *consensus map* como "mapa de creencias colectivas" de un grupo.

6   El mapa del capítulo anterior era un mapa de imago-esquemas y no identificaba dominios fuente y dominios meta.

Imagen nº 1. MMG de los empleados de *Green*

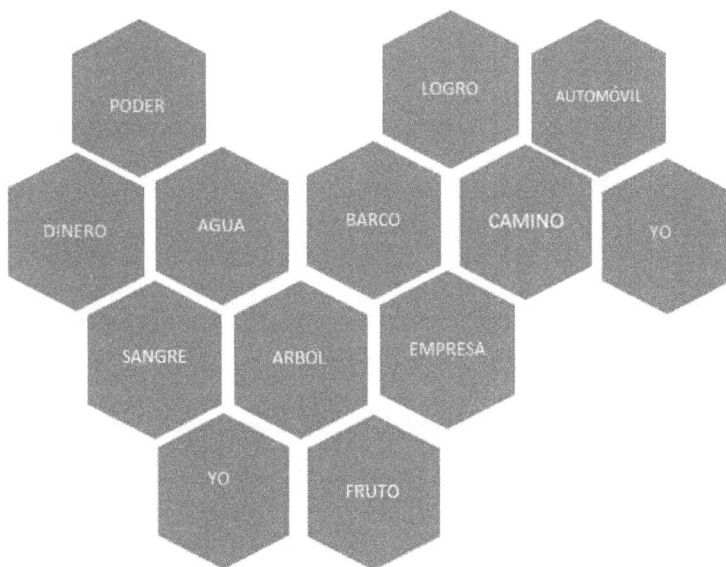

La elección de estas tres metáforas raíz como más significativas está también refrendada por los hallazgos lingüísticos de Kövecses y Goatly. Recordemos que Kövecses identifica como la metáfora mayor de las relaciones humanas a OBJETO FÍSICO COMPLEJO. Esta metáfora mayor agrupa dominios-
fuente referidos a la CONSTRUCCIÓN, MÁQUINAS o PLANTAS. De
nuestras metáforas, ÁRBOL se incluye dentro de las PLANTAS, y BARCO
dentro de las máquinas o de algo construido. El dominio FRUTO se incluyó
como un dominio fuente para metaforizar el dominio meta YO. Asimismo,
ORGANIZACIÓN ES BARCO está incluida en la base de metáforas *Metalude*
de Goatly como una analogía-raíz.

DINERO ES LÍQUIDO es una metáfora que está también catalogada
como analogía-raíz por la base *Metalude*. AGUA y SANGRE son dominios
sustituibles del mismo ámbito semántico LÍQUIDO. Y se lo ubicó cerca del
yo debido a que habitualmente se le atribuye a los sujetos el sangrado. Por
otra parte, tanto BARCO como AUTOMÓVIL hacen referencia a dos entes
se-movientes, representando el AUTOMÓVIL la capacidad de conducirse
a sí mismo del yo, y el BARCO la capacidad de conducirse de la empresa.
Ambos, empresa y yo, son representados como agentes que van en busca de
LOGROS.

Las metáforas EMPRESA ES ÁRBOL, EMPRESA ES BARCO, YO ES AUTOMÓVIL o YO ES FRUTO fueron elicitadas en forma inmediata durante la lectura de los empleados sobre los dibujos grupales. En cambio, LOGRO ES CAMINO y PODER ES AGUA son dos metáforas muy significativas que resultan del análisis posterior realizado para esta investigación.

A continuación, nos detendremos en cada una de las tres analogías-raíz principales del MMG de *Green*, PODER ES AGUA, LOGRO ES CAMINO Y EMPRESA ES ÁRBOL para luego explicar el SSI de la empresa dividida en la *Sede Ciudad* y la *Sede Interior*.

El orden que seguiremos será presentar cada una de las tres metáforas conceptuales o analogías-raíz señalando, primero, los registros lingüísticos y visuales;[7] identificando luego los contornos estructurales de los imago-esquemas, y terminaremos añadiendo a la perspectiva histórica cultural de Cirlot nuestra propia interpretación sobre lo que dicha analogía significa en la empresa *Green*.

1.1. La metáfora conceptual PODER ES AGUA

Las diferentes manifestaciones gráficas con las que aparece AGUA en los 32 pósters de *Green* abarcan muchos elementos que pertenecen a su dominio semántico: río, napa, chorro, flujo, peces, pesca, barcos, mar, vapor, lluvia, gotas, bruma, nubes, nubarrones, tormenta, paraguas, sequedad, riego, manguera, corcho flotante, derroche, volcar (ver imagen n° 2).[8]

En la tabla n° 1 presentamos el listado de imágenes y de expresiones lingüísticas textuales ordenadas alfabéticamente, según la sede de la empresa en la que fueron dichas. Los números entre paréntesis indican la frecuencia con la que aparecen.

Estos registros son EMIC en tanto que son emitidos por informantes de la cultura en sus propios términos y proyectan su subjetividad. De este modo, aparecen en el discurso imágenes que no están en los pósters, por ejemplo, el corcho flotante no está dibujado pero aparece en las expresiones lingüísticas y lo mismo sucede con el vapor de agua.

La metáfora raíz identificada PODER ES AGUA es resultado de abstraer e identificar el imago-esquema que permite fusionar PODER y AGUA. Este imago-esquema es FUERZA, que, como estructura ordenadora, permite mezclar de forma concordante información del dominio semántico PODER y del dominio semántico AGUA.

---

7   Los registros ETIC-EMIC, que incluyen las imágenes y las expresiones lingüísticas. Los registros verbales ETIC nos permiten acceder a contenido EMIC, es decir, a contenido que explica las reglas de cómo funcionan las cosas en esa cultura (por ejemplo, "acá no hay premios ni castigos").

8   En algunos pósters se borró digitalmente el logo de la empresa. Si bien las reglas del dibujo no lo permitían, algunos grupos los dibujaron igualmente.

Imagen n° 2. Cuatro pósters grupales completos y tres detalles de pósters grupales con imágenes del dominio semántico AGUA

El agua mueve, inunda, moja, invade, irrumpe, golpea, hace naufragar, hace crecer, alimenta, se calma, se acumula, se divide y divide. El agua indudablemente tiene fuerza. El agua, todo lo que encuentra a su paso lo moja, lo erosiona, lo mueve de modo suave o en forma potente, modifica lo que está a su paso. Las personas solo la direccionan, construyen acequias, diques, la canalizan con desagües, conductos. También la reciben como lluvia o nubes, o les sobreviene como una inundación o un tsunami y se protegen de ella con paraguas, pilotos y murallas. El agua también se usa, se gasta, se derrocha; se tiene sed de ella, es vital, es necesaria. Estamos compuestos por agua. El agua también se enturbia, se contamina, se purifica. El agua lava, nutre, revitaliza.

Muchos de estos contornos estructurales de la fuerza del agua están en la fuerza del poder humano. Poder es fuerza, vigor, capacidad, posibilidad. El poder en la organización es influir sobre otros, tomar decisiones con impacto en sus recursos. Ese poder en la organización no solo es una motivación del ejecutivo, es también algo asociado con los altos cargos directivos, que pueden tomar decisiones más influyentes (por ejemplo, decidir las recompensas o establecer una política) y que obtienen una mayor remuneración y reconocimiento. Se asocian -fácilmente- PODER, DINERO y reconocimiento.

Tabla n° 1. Tabla de registros verbales y visuales de la metáfora PODER ES AGUA

Tabla de registros ETIC EMIC de la metáfora PODER ES AGUA	
Sede Interior	*Sede Ciudad*
Imágenes (ordenado por frecuencia y luego alfabéticamente)	
En los 16 pósters de la *Sede Interior* AGUA aparece (n) veces como: -aguas subterráneas (4), -cubo/balde (2), -grifo/canilla (3), -río (5), -agua de grifo derrochada (1), -barcos (1), -manguera (1), -peces (1), -puentes (1), -regadera (1), -vados (1).	En los 16 pósters de la *Sede Ciudad* AGUA aparece como: -inundación (1), -lluvia (1), -nube (1), -paraguas (1), -sangre (1), -tormenta que se avecina en el cielo (1).
Expresiones lingüísticas (orden alfabético)	
-Ahora [hay] gente relegada, sequedad. -Brilla el sol en el pasado, nubarrones en el presente. -El agua son los bajo-convenio [sindicalizados] y el corcho, nosotros. -El objetivo se cumple y los peces están vivos. -Es un diagrama del flujo, pero no hay gente. -Están vivos los pescados. -Hay agua, beneficios, el corcho debería subir, pero el río separa. -Hay flujo coordinado, pero no hay gente. -Hay una señora sola sin marido: pesca y no saca nada. -Manguera en equipo. -No se cuida el agua. -Regar es un esfuerzo, dedicación… garantizamos que esto no se corta. -Riega y derrocha, el dinero no está donde tiene que esta".	-Barco en plena tormenta. -Cabeza de agua, cabeza inflada de todo lo que debemos hacer, cabeza que dice lo que tenemos que hacer. -El agua va llegando al cuello. -El árbol está seco, antes tenía hojas. -El mar está embravecido, pero creció el barco. -El vapor se evapora y vuelve a la nube. -Filtrar para llegar a la ambición personal. -Fue traumático pero teníamos paraguas. -Inseguridad del barco. -La lluvia sale de [*país donde figura la casa matriz*]. -La nube contiene los criterios de decisión. -La nube es la empresa. -Los criterios de decisión son gotas de agua que llegan a la gente y se vuelcan a las personas y a la fábrica. -Luchando con la tempestad. -Nuestra decisión es el vapor de agua. -Todavía no lo tapó el agua. -Venimos a trabajar y llueve.

Como señala la base de metáforas del idioma inglés de Goatly: DINERO ES LÍQUIDO/SANGRE donde el dominio meta es DINERO, el dominio fuente es LÍQUIDO y la analogía-raíz es DINERO ES

LÍQUIDO/SANGRE. Por otra parte, en el idioma español, AGUA ES DINERO es una metáfora que aparece en el léxico CAUDAL o en la "liquidez financiera". La Real Academia Española define caudal como "cantidad de agua que mana o corre", o bien como "hacienda, bienes de cualquier especie, y más comúnmente dinero". Es interesante el giro que menciona el *DRAE*: "hacer caudal de alguien o de algo", que define como "tenerlo en aprecio y estimación, haciendo mucho caso de ello". Brinda este ejemplo: "es la mejor gente que tiene el rey y de que más caudal hace".

El DINERO se usa, se acumula, se derrocha. Influye, tiene fuerza, "compra voluntades" y es necesario para la vida. La metáfora abarcativa PODER ES AGUA puede agrupar DINERO ES AGUA, INFLUIR ES AGUA. Y así como se puede sustituir PODER por DINERO como dominio meta, es posible sustituir AGUA por SANGRE como dominio fuente. En algunos dibujos AGUA es sustituida por SANGRE (ver imagen n° 3). Algunas -ordenadas alfabéticamente- de las expresiones lingüísticas de la lectura realizada sobre este póster son:

- El árbol está triste, sin hojas.
- La empresa es un circo o un coliseo romano.
- La empresa es una calesita [tiovivo], es el capitalismo.
- La planta [9] está por arriba de la gente, es más importante.
- Muerte violenta, no murieron de viejos, los enterraron rápido y aún están sangrando.[10]
- Murieron en el árbol.
- No hay premios ni castigos.

En el póster n° 3, el árbol (la empresa) es alimentado con la "sangre" (trabajo) de los empleados que ya no están en la empresa porque fueron despedidos. Los gerentes son los únicos frutos que crecen en sus ramas para luego levantar vuelo o huir con el botín dejando "seca" a la empresa. Una turba de empleados sin rostro sacude el tronco del árbol para que caigan los frutos que son las ganancias y los gerentes. En las imágenes n° 9 y 10, el retoño en la maceta (la empresa en su momento de inicio) es regado por una canilla. En el futuro visualizado por los empleados, los árboles han crecido y se han reproducido, pero la canilla está cerrada. La empresa prometía más al inicio.

Según Cirlot (1992: 54-56), el agua simboliza, por encima de todo, aquello que es causa entendida como origen o fuente de donde algo surge. El agua simboliza lo maternal, lo dinámico, lo causante, el

---

9 Planta es un término polisémico que hace referencia tanto a la fábrica como a la empresa simbolizada por el árbol.
10 En un período de 5 años se despidió a 70 personas. En el momento del dibujo, eran, aproximadamente, 300.

nacimiento. El agua es la vida que circula. Sus características son lo ilimitado, carece de principio y fin, simboliza lo informal.[11] En algunas tradiciones orientales, todo lo viviente procede de las aguas primordiales. Las aguas superiores se refieren a las posibilidades aun virtuales de las creaciones, y las aguas inferiores se refieren a lo ya determinado. En la India, "se considera este elemento como el mantenedor de la vida que circula a traves de toda la naturaleza en forma de lluvia, savia, leche, sangre".

Imagen n° 3. YO-EMPRESA Sede Ciudad

Las aguas simbolizan "la unión universal de virtualidades, *fons et origo*", es decir, la fuente de todo. El agua simboliza, de forma ambivalente, tanto la fecundidad como la muerte. El agua es mediadora entre la vida y la muerte, entre la creacion y la destruccion, entre lo superficial y lo abisal.

---

11 En eso coincide con el poder según la representación visual que hacen los empleados de *Green*.

El agua simboliza también lo inconsciente, la vida terrestre y natural, pero nunca simboliza lo metafísico y lo divino. El agua simboliza la sabiduría, por su característica de transparencia y profundidad. El nivel de las aguas también se relaciona tanto con alturas morales como materiales.

Para el Tao de Lao Tsé, según refiere Cirlot, el agua vence lo duro con lo blando: "He aquí por qué se dice que [el agua] no lucha. Y sin embargo, nada le iguala en romper lo fuerte y lo duro". El agua se caracteriza porque no lucha, discurre, transcurre y no se detiene; el agua es símbolo de camino irreversible.

La lluvia (Cirlot, 1992: 288) simboliza la fertilización y la purificación. En cuanto a los objetos relacionados con la lluvia, el paraguas o parasol, tienen un sentido paternal, de protección, y el rocío simboliza la iluminación espiritual, ya que el agua sutil es comparable a la luz.

Por otra parte, la sangre y el color rojo se expresan mutuamente. El color rojo expresa lo biológico, lo pasional y lo vital. La sangre derramada simboliza el sacrificio porque es el don más precioso. Las heridas tienen un significado similar. La idea central de un sacrificio es que "el don aplaca las potencias y aparta los castigos mayores que podrían sobrevenir". Los antiguos ofrecían a sus dioses materias líquidas que son imágenes de la sangre (vino, leche y miel) (Cirlot, 1992: 338-9).

Interpretación de la simbología del agua y la sangre en la mentalidad de Green

Dos datos de contexto pueden haber influido en la aparición de muchas imágenes de agua en la *Sede Interior*. Estos son que la empresa pertenece a un rubro industrial donde el agua es un recurso valioso para el proceso productivo y de particular cuidado en su desempeño ambiental, y que la *Sede Interior* está ubicada muy cerca de un río. Aun así, sostenemos que si bien hay dibujos sustitutivos (y no metafóricos) de esos elementos contextuales, la gran mayoría se puede interpretar a la luz de las correspondencias mutuamente proyectadas entre los dominios AGUA, SANGRE, PODER y DINERO sobre la base de la estructura analógica subyacente FUERZA que ordena dichas correspondencias (*mapping*).

En la mentalidad de los empleados de *Green*, el dinero otorga poder y a la vez refleja el poder de quien puede tomar decisiones que influyen sobre otros o de quien puede manejar un recurso. En este sentido, el dinero mueve, activa y hace funcionar a la empresa. El poder y el dinero son su savia, su sangre. Poder y dinero pueden -como el agua- ser direccionados, canalizados, desperdiciados. Quien tiene poder puede abrir y cerrar el grifo del dinero y administrar su caudal; puede, o bien aplicarlo al riego de los empleados, o bien a la acumulación de la empresa. En la medida que el poder puede invadir, hay que protegerse de él como de la lluvia o la inundación. El agua no se domina, solo se canaliza. Dinero y poder no se dominan, se canalizan. Esa fuerza dinamiza la empresa y hace crecer el árbol empresa y dar frutos.

Veamos algunas diferencias entre las dos sedes y su forma de interpretar el símbolo AGUA. En la *Sede Interior*, el agua simboliza el poder de controlar los recursos productivos y el poder de decidir sobre las recompensas económicas:

- El "árbol absorbe el agua de la tierra" significa el poder de la empresa para obtener beneficios.
- "Los empleados riegan la empresa" significa el poder personal que tienen de hacer crecer la planta.
- "Ser regado" significa ser reconocido, ser recompensado y premiado por la empresa.
- El "río" significa la distancia que divide los distintos niveles remunerativos.
- El agua es canalizada por mangueras o grifos y acumulada en baldes; significa lo que se puede hacer con el dinero y/o el poder: acumularlo, canalizarlo, dar cauce o cortar su flujo, trasladarlo.
- El agua se puede dejar correr y derrochar, lo que significa que el dinero se puede malgastar, no recompensando adecuadamente, o a algunos sí y a otros no.
- Que "los peces están vivos" significa que los que tienen poder (los "peces gordos") son los que están mejor pagados porque a la empresa le va bien y no le aumentan a todos igual.
- El corcho que flota y sube cuando sube el nivel general de agua simboliza al empleado al que se le sube el salario cuando aumentan las ganancias de la empresa. Algunos pensaban que si bien subía el nivel de agua, el corcho no subía.

En cambio, en la *Sede Ciudad*, el agua significa principalmente el poder de tomar decisiones que influyen sobre otros y el reconocimiento.

- La lluvia abundante que inunda a los empleados significa que la empresa es la que decide y abruma a los empleados. Los que deciden son la casa matriz extranjera y los gerentes (influencia *top-down*).
- El vapor de agua simboliza sus decisiones personales, significa su poder personal, que se percibe débil frente al poder de la empresa (influencia *bottom-up*).
- El dinero también hace que la persona sienta que es "alguien", le da poder, le da identidad, le da un rostro. El dinero (o el cargo o función de la empresa) empodera a la persona y esta se siente reconocida, premiada, valorada.

En síntesis, el agua significa poder de dos modos diferentes. Por un lado, poder es influir (influencia en el otro a pesar de su resistencia), y por otro lado, poder es capacidad, por ejemplo, capacidad para acumular dinero o hacer que la empresa produzca más. El trabajo es capacidad, es poder; es también una forma de influir, que tiene su fuerza para hacer crecer la empresa. El trabajo, dada la sustitución del agua por la sangre, es visto como sacrificio. La empresa es regada por los empleados a veces con su propia sangre. Es un poder vital pero este no siempre es reconocido con dinero o cargos altos (que significan más dinero), por eso se torna sacrificial; allí, el que detenta el poder se beneficia de ese sacrificio. Al igual que el agua primordial, el dinero y el poder son fuente y origen de la empresa. La lógica de las relaciones de la empresa está regida por esta fuerza.

Desde el punto de vista moral, ver a la empresa como un lugar de poder, puede reducir el reconocimiento del propio poder y de la integridad personal. Lo mismo que visualizar el trabajo como una mercancía, de la cual la empresa puede disponer libremente y acumular sus frutos, necesita ser enriquecida con la dimensión subjetiva del trabajo (Llano, 1987), en la cual la misma persona es modificada en virtudes mientras lo realiza.

Asimismo, ver la empresa como un lugar de poder y dinero y no como un lugar de producción de un bien o un servicio, conduce a la teleopatía. Sin negar la fuerza del poder y del dinero, para que la empresa sea empresa tiene que aunarse haciendo algo uno en común. Poder y dinero son más difíciles de interpretar en esa clave (algo uno y algo en común) que lo productivo, por tanto se desdibuja el factor de unidad y ordenamiento de la organización y lleva al desequilibrio o hasta hacer desaparecer la empresa.

1.2. La metáfora conceptual LOGRO ES CAMINO

Las imágenes referidas a LOGRO ES CAMINO se visualizan en los pósters grupales (ver imágenes n° 4, 5, 6 y 7) como rutas y caminos que aparecen algunas veces abiertos, otras veces bloqueados. Aparecen caminos que se bifurcan, caminos de circunvalación, senderos, rutas. También se visualizan elementos que componen el dominio semántico CAMINO: piquetes, camiones, automóviles, neumáticos, obstáculos, vados, precipicios, desvíos, cruces, mapas, destinos, puentes. Aparecen también: semáforos, barreras (ver imagen n° 5) y señales de tráfico. Dos de los pósters, incluso, tienen reminiscencias del antiguo "juego de la oca" en el que se recorre un camino en el que, por el azar, se reciben premios y castigos (ver imagen n° 4).

Imagen n° 4. Cinco pósters completos y un detalle de póster CAMINO en la *Sede Interior*

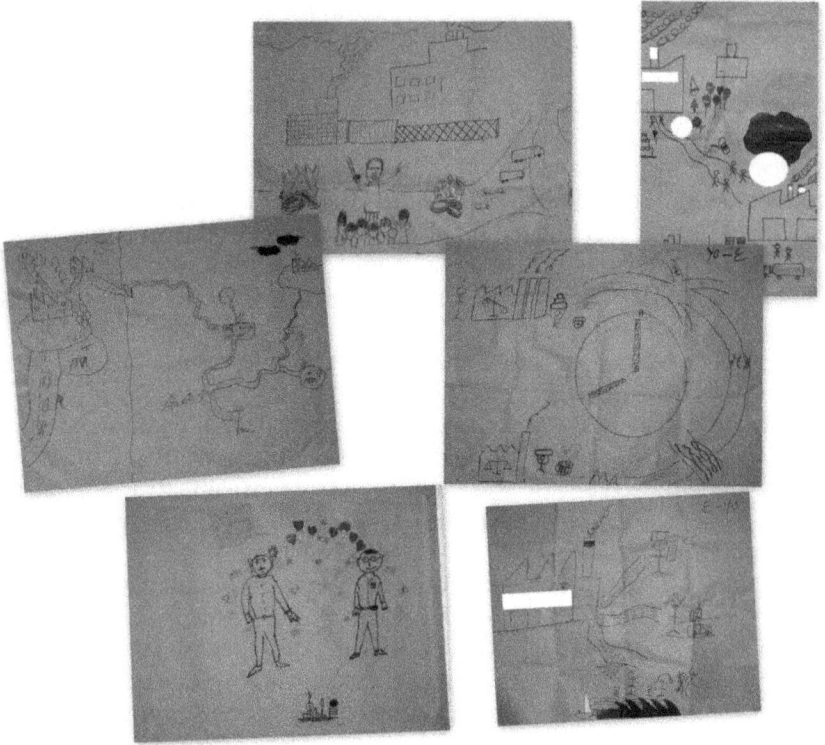

En la tabla n° 2 se detallan los registros ETIC-EMIC. Se presenta la frecuencia de las imágenes de CAMINO y los destinos de los caminos dibujados, en *Sede Ciudad* y en *Sede Interior*. Asimismo, la tabla contiene las expresiones lingüísticas tomadas durante la lectura de los dibujos correspondientes a cada sede. Entre paréntesis se indica la frecuencia.

CAMINO es uno de los imago-esquemas básicos del sistema cognitivo, según hemos visto. A su vez, según Lakoff, una de las metáforas más básicas del sistema lingüístico cognitivo humano es LA VIDA ES VIAJE (Díaz, 2006: 47-51). CAMINO y VIAJE contienen muchos contornos estructurales en común -algunos ya mencionados: inicio, destino, partida, llegada, esfuerzo, obstáculos, desvíos, bifurcaciones, hitos, atajos, traslado, cambio, evolución-.

Por otra parte, en el diccionario de Cirlot no figuran símbolos del tipo camino, sendero o ruta. Sin embargo, CAMINO también figura en la base de datos *Metalude* de Goatly. Hemos buscado allí analogías-raíz que tuvieran como dominio fuente a CAMINO y encontramos solamente una que es MEDIOS ES CAMINO/ SENDERO, donde el dominio fuente es CAMINO y el dominio meta es MEDIOS.

Tabla n° 2. Registros verbales y visuales de la metáfora LOGRO ES CAMINO

Tabla de registros ETIC EMIC de la metáfora LOGRO ES CAMINO	
Sede Interior	Sede Ciudad
Imágenes (ordenado por frecuencia y alfabéticamente)	
Caminos: -Rutas abiertas –terrestres y marítimas– y puentes (14) -Rutas bloqueadas con barreras, cercos o semáforos (5) Destinos: -Al pasado dorado añorado (8) -Beneficios personales (3) -Logros de la empresa (exportación, globalización, futuro superador) (3) -A la otra sede (1)	Caminos (2): Destinos: -Camino "en común" -Vida familiar
Expresiones lingüísticas (por orden alfabético)	
-A veces los caminos son difíciles de recorrer. -El rumbo está equivocado, el camino no está bien señalado. -El semáforo que ordena el tránsito no funciona. -En el camino de la producción no hay barreras, le dan para adelante. -Hay gente ingresando en el camino, se suma gente nueva. -Los beneficios que no se cumplen quedan en el camino. -Los caminos confluyen en la fábrica. -Puente que se corta, puente roto.	-Al principio había distintos caminos cada uno *agarraba* para donde le parecía. -Desorientación. -El yo sale *dado vuelta*[12] del *laburo*[13]... sale en coche fúnebre. -Es una transición, jubilación, descanso, nos da algo para otra cosa. -Fin: obtener lo que se necesita. -Hay camino... pero nadie lo sigue. -Luego... camino único y algunos se fueron yendo... evolucionamos. -Que el fin sea la familia. -Todo es un medio, algunos son fines. -Tumbas de gente que quedó en el camino.

Estas referencias a Goatly refuerzan nuestra propuesta de LOGRO ES CAMINO como una de las analogías-raíz centrales de *Green*. LOGRO comparte con MEDIOS la relación de utilidad entre el instrumento y el fin, es decir, para lograr un objetivo hay que disponer diferentes medios para llegar a él. Pero MEDIOS se refieren solamente a lo instrumental, a aquello que vale en la medida

---

12 Frase de uso coloquial que significa estar loco, estar mal.
13 *Laburo* es un vocablo coloquial rioplatense que significa trabajo.

que es útil para un fin. En cambio LOGRO es un dominio semántico más rico. Incluye los medios e incluye el fin que se desea, incluye la idea de motivación, de intento, de intención, de alternativas, de desafío a superar y de complacencia en su conquista. Asimismo, en ese ámbito semántico se encuentra la idea de límite, de añoranza, de sueño, de oportunidad, de premio y las connotaciones negativas como obstáculos, "palos en la rueda", frustración, imposibilidad. LOGRO también remite a un seguimiento, persistencia, dirección y orientación. LOGRO denota los distintos objetivos que las personas se proponen realizar en la vida (por ejemplo, formar una familia, educarse, tener una casa, etc.). LOGRO denota el éxito en el cumplimiento de algo que me he propuesto realizar y para lo que hay que recorrer un camino, al final del cual está el logro anhelado.

Interpretación de la metáfora LOGRO ES CAMINO en Green

Desde el punto de vista de las connotaciones locales que pueden influir en la simbolización de CAMINO, se puede destacar que la *Sede Interior* (a 100 km de la *Sede Ciudad*) está enclavada en una zona de intercambio de rutas hacia distintos puntos del país, por ello pueden ser más frecuentes las referencias concretas a los caminos.

Así como en la comprensión del empleado lo que mueve a la empresa es el dinero y el poder, en ese entorno el empleado ve a la empresa como instrumento para sus metas y objetivos personales. Si bien la empresa intenta conseguir sus propios logros, el empleado ve a la empresa como un camino (un medio) para sus logros personales. En ese camino, algunos consiguen alcanzar lo que intentan o desean y llegan a disfrutarlo. Otros, en cambio, se preocupan por los obstáculos, por la competencia, por el riesgo de quedar en el camino, por el desánimo, por el cansancio, por el despido. Tanto en *Sede Ciudad* como en *Sede Interior*, CAMINO simboliza aquello que conduce a los logros. Sean los logros de la empresa (exportar, crecer, globalizarse), o sean los logros de la persona (mejoras de calidad de vida, educación, vacaciones, vida familiar).

En la sede ligada a la producción (*Interior*) el empleado se considera una parte importante para que la empresa realice sus logros y sabe que la empresa está teniendo éxito en sus objetivos de crecimiento (por eso dicen "en el camino de la producción no hay barreras"). Las dificultades del camino (piquetes, mala señalización, precipicios, bifurcaciones, barreras) simbolizan el sentimiento de frustración por no recibir el mismo tipo de aumento que los trabajadores sindicalizados[14]. La empresa avanza y logra crecer,

---

[14] Los sindicalizados no participaron de los talleres.

producir más, exportar pero no reconoce en forma equitativa a sus empleados. En la *Sede Interior*, la señalización del camino simboliza la justicia ("no está bien señalizado"). Por otra parte, "quedarse en el camino", significa ser despedido.

Imagen n° 5. Barrera (elemento del dominio semántico CAMINO). *Sede Interior*

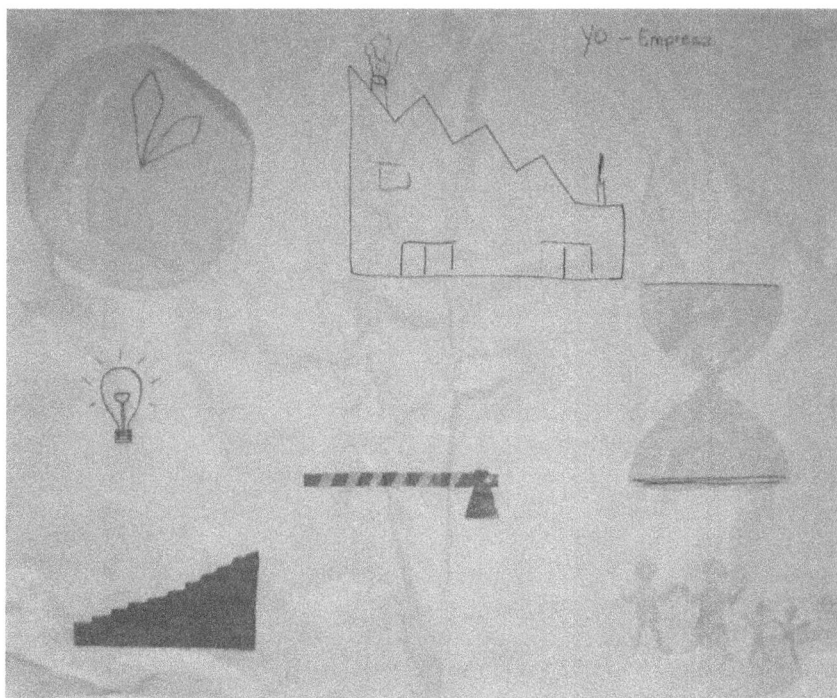

Imagen n° 6. Camino sinuoso con precipicios y autos que se caen (detalle de póster de *Sede Interior*)

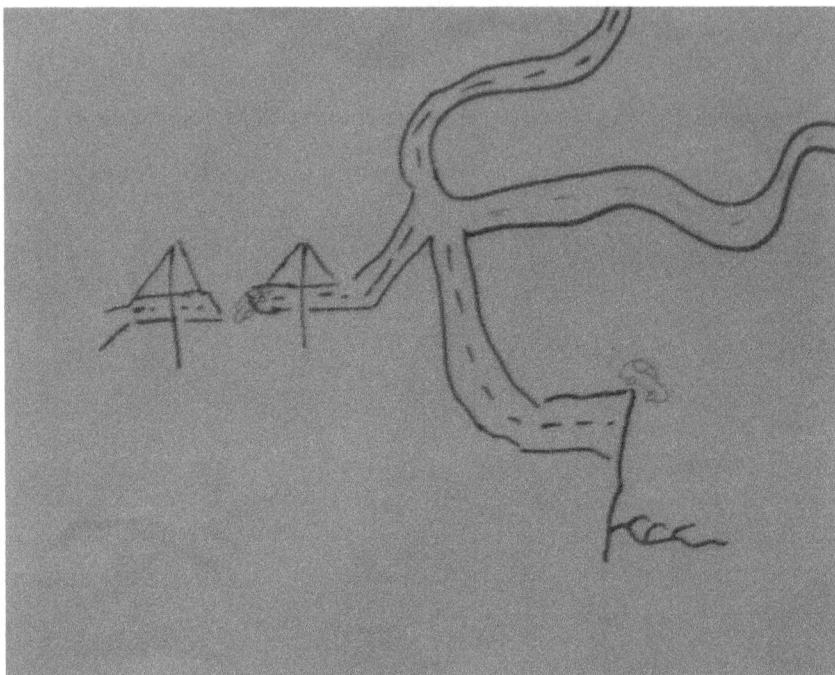

En cambio, en la *Sede Ciudad*, algunos piensan que la empresa tiene éxito y a la vez, otros piensan que la empresa se está achicando y no le está yendo bien. Allí el camino simboliza que el trabajo en la empresa es un medio para lograr los fines personales (ambiciones, familia). Esta idea -junto con la de inequidad- se evidencia en la expresión lingüística EMIC "todo es un medio, algunos son fines". El trabajo es un tránsito obligado hacia el descanso (en la vida familiar o en la jubilación). Como en la otra sede, quedar en el camino es ser despedido.

Las alternativas previas al "camino único" en la *Sede Ciudad* (ver imagen n° 7) simbolizan los planes de retiro voluntario de la empresa "madre" de la cual se desprendió y "nació" *Green*. Pero en el caso de la *Sede Ciudad*, no conducen al pasado, como en el caso de la *Sede Interior* donde se añora mucho la pertenencia a la empresa original.

Imagen n° 7. Tres pósters y dos detalles de pósters/dominio semántico CAMINO en la *Sede Ciudad*

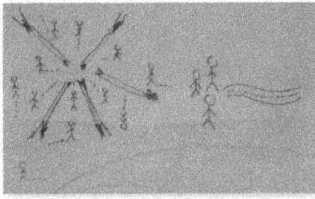

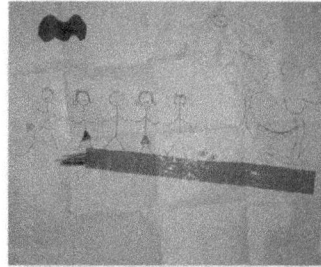

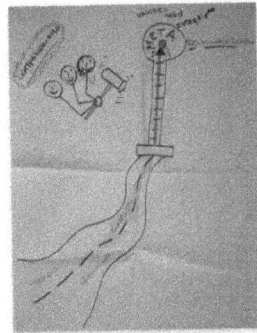

Por tanto, así como la empresa se sirve de los empleados y crece sin reconocerlos equitativamente, los empleados se sirven de la empresa, cerrando el círculo de una relación utilitaria donde algunos tienen más poder o bien sobre los recursos o bien sobre las recompensas o bien para influir en otros. Ahora, en esa relación de utilidad, se juega algo mucho más vital y es la realización personal, el sentido de logro, que tiene una dimensión existencial más amplia que la mera utilidad. Esta es la lógica que ordena las relaciones en *Green* según sus empleados.

Desde el punto de vista moral, esta visión del empleado refleja expectativas razonables y legítimas para la vida personal y familiar, aunque ellas, reducidas a un nivel meramente instrumental, pueden llevarlo a racionalizar un comportamiento egoísta y no-ético. Desde el punto de vista de la unidad de la empresa, está algo centrada en el mundo privado individual y refleja mayormente un nivel meramente transaccional con respecto a la empresa y a los colegas y directivos en el trabajo. Aunque las imágenes muestran manos juntas (imagen n° 7), no aparecen en la verbalización. De algún modo desconocen la natural interdependencia de los seres humanos como seres sociales.

1.3. La metáfora conceptual EMPRESA ES ÁRBOL

El árbol aparece en las imágenes de los pósters de *Green* bajo muchas formas específicas y elocuentes. Aparece como retoño en una maceta,[15] como árbol desarrollado y completo con frutos y como árbol seco, donde sus ramas no tienen follaje. El árbol se nutre de las napas de agua subterránea o de tumbas que sangran o de las personas que lo riegan. El árbol es un lugar donde se puede subir y trepar, o bien se puede estar colgado de él (ver imágenes n° 8, 9 y 10).

Tabla n° 3. Registros lingüísticos y visuales de la metáfora EMPRESA ES ÁRBOL

Tabla de registros ETIC EMIC de la metáfora EMPRESA ES ÁRBOL	
Sede Interior	*Sede Ciudad*
Imágenes (ordenado por frecuencia y alfabéticamente)	
-Retoño en maceta (17) -Árbol con frutos (7) -Árbol con hojas (3) -Árbol como figura central del póster (2) -Árbol irrigado por aguas subterráneas (2) -Árbol regado por personas (2)	-Árbol como figura central, seco, irrigado por la sangre que emana de tumbas subterráneas (1) -Retoño en maceta (1)
Expresiones lingüísticas (orden alfabético)	
-Cae fruta, la empresa es pujante -Hojas y hombrecitos, se caen en otoño -La empresa es el árbol, cada uno de nosotros, las hojas -Nos dieron un árbol a cada uno para regar y hacer crecer -Habíamos dibujado una persona protegida por un árbol, pero luego lo tapamos con papel y dibujamos el árbol con frutos (cf. imagen n° 8, póster superior izquierdo)	-[un directivo] se va migrando con todas las aves, pero la empresa sigue en pie -Es positivo, el árbol [es] sostenido por muchos trabajadores -Hay dos mundos: guante blanco, manos limpias, yo no fui; en todas las tumbas hay sangre -Los de abajo quieren bajar a los de arriba, están amontonados para sacudir el árbol -Los que trepan el árbol tienen rostro y [también] los que se van -Son todos iguales, sin rostro; no hay premios ni castigos -Todos contentos en el árbol -Un lugar para todos porque no se los deja subir o no quieren -uno sube y está contento y está subiendo por sus propios medios

Si revisamos la lista de imago-esquemas de la experiencia conceptual-corporal que organizan la comprensión metafórica según Hampe (2005) podríamos identificar que la analogía metafórica entre

---

15 Dibujo sustitutivo y no metafórico (contextual) que se explicará más adelante.

árbol y empresa se ordena mediante varios imago-esquemas: ARRIBA-ABAJO, VERTICAL-DERECHO, ESCALA y EXPANSIÓN. Y de la lista de Lakoff, ÁRBOL remite al imago-esquema EJE/EQUILIBRIO.

Tanto empresa como árbol son algo que crece, se expande, progresa, se erige, se eleva, se sostiene, se mantiene. La metáfora conceptual EMPRESA ES ÁRBOL se focaliza en los aspectos dinámicos internos de la empresa que la hacen crecer, fructificar, extender y expandir sus ramas y semillas, dejar caer sus frutos y sus hojas, enraizarse y extender sus raíces, alimentarse, tener ciclos evolutivos y productivos. También la empresa (el árbol) puede secarse, carecer de liquidez, dejar de ser regada, vaciada y ser reutilizada para otro fin. Tanto en la empresa como en el árbol se distinguen distintos niveles, desde el subterráneo hasta donde se posan los pájaros.

Imagen n° 8. Tres pósters completos (uno de *Sede Ciudad* y dos de *Interior*) con el árbol como figura central[16]

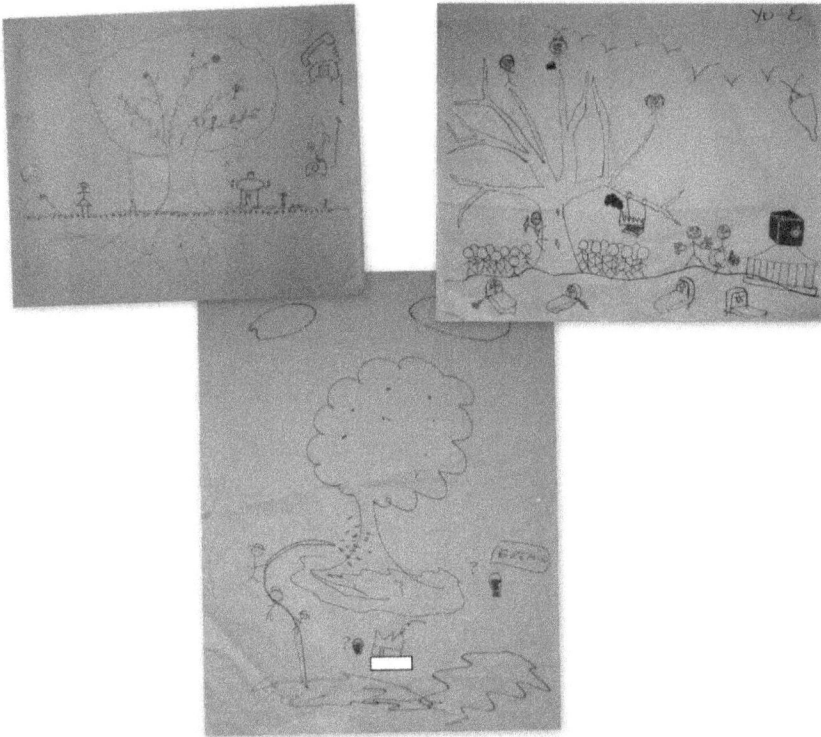

---

[16] Se removió digitalmente el nombre de la empresa ya que quienes dibujaron el poster no cumplieron con la consigna de no usar palabras.

Según el mitólogo Cirlot (1992: 77) el árbol es uno de los símbolos esenciales, ya que representa el eje del mundo y la "vida inagotable en crecimiento y propagación". El árbol "representa la vida del cosmos, su densidad, crecimiento, proliferación, generación y regeneración. Como vida inagotable, equivale a inmortalidad". El árbol es una realidad absoluta, es el centro del mundo y puede simbolizar tanto evolución como involución. El árbol es un símbolo totalizador.

El árbol es una imagen verticalizante "que conduce una vida subterránea hasta el cielo", por lo que se asimila, como símbolo, a la escalera o a la montaña. Por su condición de eje vertical, implica ascensión moral, evolución, crecimiento de una idea, de una vocación o de la fuerza. El árbol conecta tres mundos: el mundo inferior o infernal, el mundo terrestre o central, y el mundo superior o celeste. Estos tres mundos se representan en las raíces, el tronco y la copa, respectivamente. Las raíces son las fuerzas primordiales u originarias, o bien el infierno. El tronco implica la elevación, la agresión y la penetración. La copa de los árboles tiene carácter celestial por ser lo elevado o evolucionado. El árbol es un "eje entre los mundos", ocupando un lugar central en sentido cósmico.

Imagen n° 9. (Póster completo). *Sede Interior*

Imagen n° 10. (Detalle de otro póster). Retoño en maceta en el inicio de la empresa, *Sede Ciudad*

Interpretación de la metáfora EMPRESA ES ÁRBOL en Green

Para interpretar la representación de la empresa mediante los árboles es importante destacar un elemento de contexto. Cuando "nacía" la empresa se le regaló a cada integrante un pequeño retoño en una maceta como símbolo del nuevo emprendimiento. Esta connotación temporal no reduce los dibujos de árbol a meras sustituciones sino que, a través de todos los significados que se proyectan en ellos, conserva su característica de metáfora resonante y profunda.

El árbol representa el dinamismo vital de la empresa en el tiempo, que incluye aspectos cíclicos como las estaciones del año o el proceso productivo. También incluye aspectos lineales del tiempo ya que la empresa evoluciona, crece, se supera a sí misma. También la empresa podría involucionar y "secarse". Empresa y árbol coinciden en esas posibilidades de crecimiento, de expansión, de propagación y de involución.

La empresa es también el eje de la vida laboral y familiar de sus integrantes. Es el centro del mundo para el empleado y su familia; les gustaría sentirse protegidos por su sombra.

Las personas con la manguera simbolizan el trabajo que riega el crecimiento del árbol. Las tumbas sangrantes representan a los antiguos empleados que ya no están y que regaron con su sangre su crecimiento. El yo alimenta a la empresa con trabajo y esfuerzo. La empresa es alimentada por sus empleados y crece, y a la vez ellos florecen, son sus ramas, sus hojas y sus frutos. Por eso dicen "nosotros somos las hojas" (ver imagen n° 8). Sin embargo, hay algunas diferencias entre ambas sedes de *Green*. Veámoslas a continuación.

En la *Sede Interior*, el árbol es regado y produce frutos; allí hay flujos de agua y los árboles son verdes. Los empleados de la *Sede Interior* ven positivamente su trabajo productivo y cómo logran con el trabajo en equipo hacer crecer a la empresa. El trabajo es algo vital y creativo, y satisfactorio en sí mismo aunque la recompensa no sea equitativa. Por tanto, consideran que el árbol/empresa puede proteger o no, pero siempre crece y fructifica. Las ramas también pueden ser cortadas (significa que pueden ser despedidos) y los viejos frutos se pueden caer (lo que significa que los más antiguos pueden entrar en período de retiro o jubilación).[17]

Imagen n° 11. Detalle de un póster de *Sede Ciudad*

---

[17] En la fábrica donde la edad promedio es más alta que en la sede administrativa.

En la *Sede Ciudad*, por el contrario, la empresa extrae la sangre de los que trabajan y los directivos que trabajan en ella, la "secan" o "drenan" extrayendo sus ganancias como un botín, guardándolo en sus arcas (imagen n° 3). Las imágenes son más de muerte que de vida (ver tumbas y auto fúnebre en imágenes n° 3, 11 y 12). Los empleados de la *Sede Ciudad* están lejos de la producción, a la que ven como causante de sus problemas. Su experiencia del trabajo es más instrumental (su sentido está fuera de la empresa o en la otra sede o en sus familias) y menos creativa.

En el árbol de la imagen n° 3 se advierten los tres mundos que menciona Cirlot. El mundo infernal es donde están enterrados los que fueron despedidos y aún sangran. El mundo terrestre es donde está la turba sin rostro que quiere derribar a los que han logrado llegar al mundo superior. El tronco es, como dice Cirlot, la zona de agresión, donde está el trepador. Por eso ellos dicen que "los de abajo quieren bajar a los de arriba, están amontonados para sacudir el árbol" y también leen en el dibujo que "uno sube y está contento y está subiendo por sus propios medios". También, se lee en sentido constructivo: "es positivo, el árbol es sostenido por muchos trabajadores".

Y en la copa del árbol está el mundo celeste de los gerentes que pueden volar, que ganaron la libertad y tener identidad, lograron "ser alguien". Ellos dicen "hay dos mundos". La empresa es el eje entre los mundos, que ocupa un lugar central en la vida de sus empleados, que gracias a ella puede ascender, elevarse, superarse y ganar en libertad económica.

En síntesis, el árbol simboliza a la empresa en su capacidad de crecer. Los empleados son tanto la causa (riego) del crecimiento como el resultado del crecimiento (frutos). Los frutos también simbolizan las ganancias (que no siempre son para todos).

Imagen n° 12. El yo como auto fúnebre en *Sede Ciudad*

En resumen, los empleados de *Green* ven a su empresa como un lugar donde lo más valioso es el poder. El sentido más positivo está en el orgullo de ser una empresa que es muy productiva. El sentido más negativo es que el poder está en manos de los que tienen cargos directivos altos o de quienes tienen un sindicato que los defiende. Tener poder implica obtener más beneficios, recompensas y reconocimientos. Los empleados ven a la empresa como un lugar de crecimiento y logros, pero la empresa logra más que lo que logran sus empleados. Se percibe que la empresa o los directivos son más poderosos que el yo. Es decir que la autopercepción de poder y de identidad está ligada al dinero. Algunos de los empleados de producción sí se sienten con poder creativo para solucionar problemas. Lo que debilita la autopercepción del propio poder es la tarea meramente instrumental o sin sentido (más en la sede administrativa) y la abrumadora capacidad de negociación colectiva del sindicato.

Esta interpretación es validada por el contenido de las entrevistas de la fase I. Los entrevistados manifestaron necesario reducir y clarificar el rango de discrecionalidad de los directivos.[18] Se comentó la percepción de inequi-

---

[18] El problema se manifiesta en la toma de decisiones donde se contradicen la necesidad operativa de tomar una decisión rápida y la necesidad burocrática de tomar una decisión acorde a las normas.

dad en las remuneraciones. Se referenció cierta añoranza por el tamaño y el paternalismo de la empresa "madre", de la que se desprendió *Green*. Esta busca ser más ágil, menos protectora y menos fiel pero más *compliant* (cumplidora de las norma de ética). Se manifestó orgullo por la habilidad desarrollada en la tarea productiva y creativa que genera sentido de pertenencia. Manifestaron la necesidad de mejorar la comunicación y comprensión entre áreas para aumentar la confianza.[19]

Desde el punto de vista moral, visualizar la empresa como un árbol es positivo ya que es algo vital, que crece, que fructifica que se supera a sí mismo y en el cual se puede estar en distintos lugares aportando al desarrollo. Cuando en lugar de crear valor en y para la empresa, se "captura" valor (Faus, 1998), la metáfora del árbol seco expresa sintéticamente este aspecto moral negativo, donde algunos directivos instrumentalizan la empresa para beneficio propio. Incluso, el árbol seco remite a "vaciamiento" o estado de "iliquidez", palabras estas de la jerga financiera que denotan estados negativos para la empresa (originados por fallas morales y/o mala administración).

Para sintetizar, la tabla n° 4 esquematiza los niveles de las metáforas conceptuales explicadas. Pero no está todo dicho sobre los empleados de *Green* con el MMG. Este extiende su significado con el complemento del SSI.

Tabla n° 4. Metáforas principales de Green e identificación de sus niveles

Niveles de análisis de la metáfora[20]	Detalle a ejemplificar	Ejemplo de metáfora		
Nivel expresión lingüística	Una expresión lingüística representativa	"Nuestra decisión es como vapor de agua"	"Los beneficios que no se cumplen quedan en el camino"	Hojas y hombrecitos se caen en otoño
Nivel conceptual	La metáfora conceptual o analogía-raíz	PODER ES AGUA	LOGRO ES CAMINO	EMPRESA ES ÁRBOL
Nivel dibujo metaforizante	El dibujo más significativo	Lluvia	Barreras y precipicios	Árbol centralizado y completo
Nivel preconceptual	El imago-esquema principal	FUERZA	CAMINO	EJE y EXPANSIÓN

---

[19] No son palabras textuales de los entrevistados pero respetan sus ideas. No se señalan todas las frases registradas y agrupadas en constructos sino solo los conceptos que confirman lo presentado en el MMG. El resto, o son de puro interés de la empresa y no de este trabajo, o no contradicen el mapa.

[20] Niveles explicados en el capítulo 8.

2. El sentido subjetivo de integridad (SSI) de los empleados de *Green*

La segunda parte del texto etnográfico final del HEMG hace las veces de una historia clínica o de perfil "psicológico" de una organización. Esta segunda parte es el SSI, el sentido subjetivo de integridad de los empleados de la empresa. Este no se refiere a la virtud de la integridad en sí misma de esos empleados, que no nos es posible conocer. El SSI es un constructo del investigador sobre características particulares de un grupo acerca de sus criterios para reconocerse como personas íntegras.

Como constructo, el investigador se basa en las respuestas del *quiz* y del "palabra por palabra" registrado en los dibujos. Recordemos, brevemente, que son diez preguntas[21] que abordan:

(1) el sentido subjetivo de la responsabilidad: ¿de qué o a cargo de qué me siento responsable?,

(2) el sentido del límite: ¿hasta dónde me sacrifico, me protejo, cedo a la presión, acepto o me niego?, ¿qué no es negociable?, ¿cuál es el límite que, si lo superara, me perdería a mí mismo?,

(3) los valores que me resultan atractivos para mover mi actuación,

(4) el "ideal" del yo, el modo de ser al que aspira.

Son preguntas abiertas y, por tanto, proyectivas. Las respuestas son clasificadas por los empleados (informantes de la cultura) con categorías que les provee el investigador para el paso Espejo (fase III). Luego el investigador compone el SSI para la Etnografía (fase IV), que es lo que estamos realizando en este epígrafe.

¿El SSI representa a un empleado-promedio? No, no es una medida estadística aunque es una tendencia que surge como una interpretación del investigador de las palabras más frecuentes. Estas no son compartidas o condensadas como en las metáforas. Es un perfil general o común del sujeto que toma decisiones en esa empresa. Se basa en los dichos de sus integrantes acerca de su relación con lo que valoran (sus motivaciones, responsabilidades) en el momento del *quiz* y se combina en la interpretación que hacemos con la visión de la empresa que surge del MMG.

Proponemos definir el SSI como el criterio común por el que un grupo considera que está siendo recto con su conciencia, el criterio por el que se considera que se está tomando decisiones fieles a la propia consciencia o decisiones que custodian lo que el sujeto valora sin perderse a sí mismo. Este criterio puede sostenerse de forma más o menos consciente, pero no parece ser tan profundo como lo que elicita la metáfora.

---

21 No se intenta postular este abordaje con estas preguntas como las únicas que puedan captar indirectamente el sentido de integridad, pero son las que de hecho se utilizaron y nos proveyeron la información para conformar ese constructo.

En la empresa, la principal amenaza de la virtud de la integridad es la presión de la empresa que puede darse mediante órdenes explícitas o mediante la persuasión de los incentivos. Este SSI se relaciona con la percepción del propio poder que tiene el empleado para preservar su integridad en relación con el poder de la empresa. La percepción de la capacidad de decidir de acuerdo con sus valores más profundos en el entorno donde intenta tanto lograr sus objetivos como encajar, obedecer y cumplir. La obediencia y el cumplimiento (no solo de las normas sino también de los objetivos) puede ser vivido como una apropiación del yo por parte de la empresa que decide sobre el propio destino.[22] El SSI se refiere a una aparente (percibida) dicotomía entre el gobierno de uno mismo (el sujeto permanece entero, sin "venderse", conservando lo que interiormente considera valioso) y el perderse a sí mismo como engranaje del sistema. En este vector de tensión, en un extremo estaría el individuo soberbio, consistente y aislado, y en el otro extremo, un "mercenario" maximizador de toda oportunidad.

Este SSI tiene particular relevancia desde el punto de vista de la ética empresarial porque puede estimar la capacidad de cumplir con las normas de ética y *compliance* por parte de los empleados con determinado SSI. Esa estimación o hipótesis se puede inferir de cómo el grupo de empleados estudiado describe el lugar, el rol, la capacidad del yo en relación con el poder de la empresa. No revela cómo actúan los empleados, sino la tendencia o el criterio más probable (inferido por el investigador). Antes de presentar el SSI de cada sede, veamos los registros etnográficos que sustentan este perfil clínico.

Los registros textuales lingüísticos (*verbatim*) que corresponden a las respuestas de las fichas del *quiz* se procesaron mediante el *software* llamado *Hermetic Word Frequency Counter*.[23] En la tabla nº 5 se comparan las palabras más repetidas de cada sede para resaltar las diferencias. Aplicando el Hermetic Software, para la *Sede Ciudad* se redujeron las 3885 palabras del *quiz* a un listado de 117 palabras que tienen entre 4 y 69 repeticiones. Para la *Sede Interior* se redujeron las 3085 palabras del *quiz* y se obtuvo un listado de 175 palabras que tienen entre 4 y 105 repeticiones. Las palabras muy similares -como cumplo y cumplir- fueron agrupadas con posterioridad.

A su vez, de las más repetidas hemos seleccionado las 37 palabras más significativas -de acuerdo con el contexto- y que nos permiten comparar las sedes. Las 37 palabras significativas están ordenadas de mayor a menor frecuencia según el orden de la *Sede Ciudad*. A su derecha, se consigna la frecuencia de dicha palabra en la *Sede Interior*.[24]

---

22 En los dibujos del MBA y de la empresa *Blue* (muy pocos en *Green*) aparecen dibujos de cárceles, prisiones y pájaros que simbolizan la libertad (libertad creativa y libertad económica).

23 http://goo.gl/G8jIVA. Este software analiza un texto y cuenta el número de ocurrencias de diferentes palabras ignorando palabras comunes tales como "el" o "esto". Se le puede indicar al *software* qué léxicos no cuentan como una palabra. Las palabras encontradas pueden ser listadas alfabéticamente o por frecuencia, con la indicación de categoría (*rank*) y frecuencia para cada palabra.

24 Por ello la secuencia no es decreciente en *Sede Interior*.

Tabla n° 5. Hermetic Word Count: palabras más significativas del *quiz*

Sede Ciudad	Frecuencia	Sede Interior	Frecuencia
Empresa	69	Empresa	110
Gente	58	Gente	17
Trabajo	52	Trabajo	58
Persona	44	Persona	55
Familia	33	Familia	42
Responsabilidad	27	Responsabilidad	20
Tiempo	26	Tiempo	21
Dispuesto[25]	23	Dispuesto	6
Decisiones	22	Decisiones	0
Vida	21	Vida	10
Compañeros[26]	19	Compañeros	8
Cumplimiento[27]	18	Cumplimiento	8
Cliente	17	Cliente	0
Feliz[28]	16	Feliz	0
Grupo	16	Grupo	23
Comunicación	13	Comunicación	22
Problemas	12	Problemas	14
Casa	11	Casa	6
Compromiso	10	Compromiso	7
Equipo	9	Equipo	10
Desigualdad	8	Balanza	7
Sentimientos	8	Sentimientos	9
Gerencia	8	Jefes	4
Experiencia	7	Experiencia	4
Servicio	7	Servicio	0
Libertad	6	Libertad	5
Muerte	6	Muerte	0

Presión	6	Presión	0
Poder	5	Poder	6
Bienestar	5	Bienestar	4
Conocimiento	4	Conocimientos	5
Creatividad	4	Creatividad	0
Sociedad	0	Sociedad	13
Ideas	0	Ideas	11
Conflicto	0	Conflicto	10
Comunidad	0	Comunidad	4
Convenio	0	Convenio	14
Producción	0	Producción	18

En el software *Wordle.net*[29] se cargaron las palabras correspondientes a las lecturas de dibujos (no las del *quiz*). En *Sede Ciudad* se obtuvieron 2715 palabras y en *Sede Interior*, 3689 palabras de la lectura de los dibujos. Las nubes correspondientes a cada sede se presentan en el siguiente epígrafe.

2.1. El SSI en *Sede Ciudad*

En la *Sede Ciudad* el yo se ve a sí mismo como alguien con una permanente actitud de disponibilidad para cumplir con sus obligaciones. La palabra "dispuesto" se menciona 23 veces, y solo 6 en la otra sede. Asimismo, la palabra "cumplimiento" se menciona 18 veces y en la sede productiva solo 8 veces.

El yo se considera un hacedor, un implementador. En *Sede Ciudad*, el yo diría: "estoy siempre disponible para cumplimentar mis obligaciones", "estoy siempre listo para cumplir órdenes".[30] El yo se identifica con la disponibilidad, esa es su principal fortaleza.

---

25 "Dispuesto" incluye: 5 "predisposición", 18 "disponibilidad".
26 "Compañeros" incluye: compañerismo, colegas, colaboradores (9 + 10).
27 "Cumplimiento" incluye: cumplo y cumplir.
28 "Feliz" incluye: 11 feliz y 5 felicidad.
29 http://goo.gl/0IItPk. Es un *software* on line que genera "nubes de palabras" a partir de un texto. La nube le brinda prominencia a las palabras que aparecen más frecuentemente en el texto fuente. El *software* permite cambiar las fuentes, la disposición de las palabras y los colores.
30 Esta no es una expresión ETIC registrada, sino una inferencia EMIC.

El yo en *Sede Ciudad* se siente responsable de cuidar a los clientes (los mencionan 17 veces). No es así en *Sede Interior*, donde no se los menciona nunca. También se siente responsable de lograr resultados económicos en la empresa y para sí mismo.

Se siente responsable de su familia, pero esta se encuentra alejada de la realidad de la empresa. Fuera de la empresa percibe vitalidad y dinamismo. En cambio, dentro de la empresa, para los de *Sede Ciudad* hay quietismo y muerte. La palabra "muerte" es mencionada seis veces, lo mismo que la palabra "presión". Ninguna de estas es mencionada en la *Sede Interior*.

El yo considera que la empresa es un medio o instrumento para los logros personales. La vida está fuera de la empresa. "Vida" es mencionada 21 veces -y en la otra sede solo 10- y "felicidad" es mencionada 16 veces -en cambio no es mencionada en la *Sede Interior*-. El yo "alimenta a la empresa con su sangre", pero no es convenientemente recompensado, por lo que la sangre derramada resulta un sacrificio para que la empresa crezca. Hay en los empleados de *Sede Ciudad* una preocupación existencial por el sentido en el trabajo.

En *Sede Ciudad* es donde hay más imágenes de lluvia. El yo es más débil que la empresa, que es la que toma todas las decisiones, la que tiene la fuerza de la lluvia, la tormenta y la inundación, y el yo tiene la poca fuerza del vapor de agua. La palabra "decisiones" se menciona 22 veces, en cambio en la otra sede, ninguna. La empresa presiona, pero el yo no decide. Está dispuesto a acatar las decisiones de otros, aunque no siempre son claros los criterios por los cuales se toman dichas decisiones. Por ello el yo es pasivo, sin iniciativa. En la *Sede Ciudad*, al yo le preocupan los criterios y la toma de decisiones que realizan otros. Siempre son otros los que deciden (la casa matriz extranjera, la fábrica, los gerentes). El poder de la decisión está en la compañía y no en ellos.

En *Sede Ciudad* a veces el yo no tiene rostro, o bien porque no tiene poder de decisión, o bien porque no es reconocido económicamente o con un ascenso. Se manifiesta cercano a la muerte, por los despidos que ha observado, por la falta de sentido en la tarea o por tener una percepción muy instrumental de la relación con el trabajo y la empresa. Por otra parte, la otra sede es vista como el principal obstáculo para la toma de decisiones. La *Sede Ciudad* menciona mucho a la *Sede Interior*, pero no viceversa.

Imagen n° 14. Nube de palabras de la *Sede Ciudad*

La relación con los otros en la *Sede Ciudad* consiste en el poder o en la comparación por el reconocimiento recibido. Se menciona ocho veces la desigualdad (en la *Sede Interior* se habla de balanza) y se menciona ocho veces a los gerentes (que no se mencionan en la *Sede Interior*). Se percibe más distancia jerárquica con los gerentes. La desigualdad parece más ligada al acceso a cargos jerárquicos que a la remuneración (a diferencia de la *Sede Interior*).

El yo de la *Sede Ciudad* valora el compañerismo, el buen clima de trabajo, acepta la competencia pero es importante que esta se dé sin aniquilarse. No se habla de conflicto. Se habla más de gente que de equipo o grupo. Se habla más de compañerismo que en la *Sede Interior*. Se teme al que tiene poder, que puede despedirte (hay mucha mención a los caídos) y no al conflicto con los colegas de trabajo (como sí ocurre en la *Sede Interior*).

El yo en *Sede Ciudad* habla de conciencia, normas, tareas, objetivos. Su valor y fortaleza es estar dispuesto, disponible, y es la forma en que entiende "subjetivamente" como grupo su integridad: su disposición al cumplimiento.

En la imagen n° 14 se visualizan las palabras más significativas con más tamaño. Se omitieron las palabras "empresa" y "trabajo" de la nube, por ser muy comunes a pesar de ser las más mencionadas, y no permitían resaltar diferencias. Se destacan "gente", "medio", "trabajo", "planta", "fábrica", "grupo", "criterios", "decisión", "barco".

2.2. El SSI en *Sede Interior*

En la *Sede Interior*, el perfil del yo es caracterizado como alguien que asume incondicionalmente la carga de responsabilidad. Menciona palabras como "peso", "carga", "potencia" e "impotencia" (5 veces). El yo se considera un solucionador de problemas y el que hace crecer la planta (la fábrica). Es consciente del poder que le da su capacidad de controlar los recursos de la producción y de aumentarla; se compromete con el crecimiento de la empresa y la riega con su esfuerzo. También le interesa cuidar el equipo, el trabajo coordinado. Por ello le preocupa el conflicto latente con los colegas que están sindicalizados. Direcciona su descontento con el que tiene el poder de decidir sobre las recompensas económicas y quien gana poder gracias a la protesta y el piquete.

El yo en la *Sede Interior* vive más intensamente los conflictos potenciales pero también disfruta de la creatividad, de las ideas nuevas, de la tarea mancomunada y de los resultados productivos. Se menciona 11 veces la palabra "ideas" (y ninguna en la otra sede). El empleado del área productiva encuentra sentido en su tarea y se siente responsable de ella pase lo que pase. El yo no se identifica con el manejo del poder y no parece desearlo. Solo hablan de jefes y no mencionan a los gerentes. Se compromete con el poder y el saber que contribuyen a que la empresa produzca más y espera fructificar junto con la empresa.

El temor al conflicto -potencial o inminente- es con aquel con quien se comparte la tarea productiva. Este colega es el operario que está sindicalizado, y que, por circunstancias del país, en ese momento es mejor recompensado que los mandos medios profesionales de la *Sede Interior*. Esa diferencia de sueldo con el operario sindicalizado se percibe como un desequilibrio más que como una injusticia aunque se la estima como un derroche de recursos. Por eso, el yo está agazapado, escondido por temor al conflicto o expectante como un avión que carretea pero no despega. Acusa un registro de su enojo, que se expresa como algo a punto de explotar, se siente próximo al choque o al conflicto que podría estallar. Esto lo lleva a decir que está incomunicado, que no es escuchado y que siente tristeza, resentimiento, frustración, soledad. Se menciona 22 veces la palabra "comunicación" (9 veces más que en la otra sede), 10 la palabra "conflicto" y 14 la palabra "convenio" (estas dos últimas no se mencionan en la otra sede).

El yo se ve a sí mismo en forma positiva, tiene una autoestima basada en que es creativo, constructivo y comprometido. Sin embargo, si bien reconoce aquello de lo que se siente capaz, también alude a un sentimiento de impotencia. El sentimiento expresado con la palabra "impotencia" significa: "tengo poder para hacer crecer la producción pero no para hacer crecer mi sueldo",[31] es decir, "no soy reconocido suficientemente". Allí donde los cascos

---

31 Inferencia EMIC (no es registro exacto ETIC) inferido por el investigador como regla que articula la lógica de los de *Sede Interior*.

verdes decían sentirse impotentes, se dibujaban con un gran brazo que "tiene la manija" de la empresa (ver imagen n° 15), con una carga sobre la cabeza y sobre los hombros (la mochila con las cuentas a pagar).

El yo transita diversos caminos hacia sus objetivos, pero estos están llenos de barreras, obstáculos, piquetes e, incluso, precipicios. Son los mismos caminos que transportan mucha mercadería de la empresa que es pujante, muy productiva y crece.

El yo en la *Sede Interior* no solo riega el árbol de la empresa sino que también se considera un fruto del árbol. La empresa es un lugar vital. El pertenecer a la empresa, no es meramente instrumental como en la *Sede Ciudad*, sino que además de productivo es también afectivo. El yo tiene logros dentro de la empresa y quiere que la familia vea eso. El yo busca incluir a la familia en la vida cotidiana de la empresa ("familia" se menciona 42 veces). También aquí el yo habla un poco más de equipo y grupo que de gente (*Sede Ciudad*).[32] El yo en *Sede Interior* tiene un fuerte sentido de la identidad y responsabilidad personal así como de equipo.

Imagen n° 15. YO-EMPRESA (*Sede Interior*)

---

[32] Las palabras "equipo" y "grupo" denotan organización, en cambio, el término "gente" solo denota cantidad y cercanía, pero no transmite el trabajo en común.

El yo de la *Sede Interior* añora mucho más el pasado que el de la *Sede Ciudad*. Añora la época dorada en la que pertenecía a la empresa madre (la mencionan 15 veces). Aunque esta "le soltó la mano", le daba más orgullo de pertenencia por su tamaño y antigüedad. Igualmente se consideran fieles a *Green* a pesar del desbalance y la desconfianza que trae el conflicto gremial. Esa fidelidad no es con el éxito del negocio, sino con el crecimiento de la producción.

El yo de esta sede está más orgulloso de su lugar de trabajo que el de la *Sede Ciudad* y es más consciente de su impacto en la comunidad. Valora el conocimiento y las ideas, la calidad (se menciona 10 veces) y el medio ambiente (estas tres últimas no se mencionan en la *Sede Ciudad*).

En *Sede Interior*, el yo tiene un sentido de integridad fuertemente ligado a la responsabilidad por la producción. Al decir que "pase lo que pase" la planta funciona y crece, establece aquello que es el núcleo interno no negociable del yo en la *Sede Interior*. El yo es un brazo fuerte y un hombro fiel sobre el que la empresa puede reposar su carga. Esta integridad está ligada a la certeza de que el trabajo mancomunado hará que la planta siga creciendo. El deseo de que la familia participe de la vida de la fábrica (presenciando la actividad productiva o en actividades recreativas en el club de la empresa) también es indicativo de su sentido de integridad. Están orgullosos de lo que hacen, frente a los suyos y frente a la comunidad (es mencionada cuatro veces y ninguna en la *Sede Ciudad*). Ese orgullo de poder personal se debilita con la envidia a los asociados en el sindicato, que ganan en fuerza y vitalidad. En la imagen nº 16 se visualizan las palabras más significativas de la *Sede Interior*.

En la imagen n° 16, entre las palabras más repetidas en las lecturas de los dibujos, se destacan "familia", "convenio", "grupo", "comunicación", "sociedad", "camino", "barrera", "sentimientos", "conflicto". Como en la nube anterior, se omitieron "empresa" y "trabajo", que son las más repetidas como en el *quiz*.

Imagen n° 16. Nube de palabras de la *Sede Interior*

Podemos afirmar que la mentalidad compartida de *Green* explica que la empresa funciona con el movimiento prioritario del poder y del dinero. Ese movimiento es vital en cuanto que la empresa produce, crece y hace fructificar a sus empleados como hojas y frutos, o bien es mortal en cuanto es capaz de retirar el sustento a sus integrantes.

El lugar del sujeto en la empresa puede estar en alguno de los dos mundos que existen. Alimentando a la empresa con su trabajo o bien beneficiándose de ello. El yo tiene más identidad (es alguien) en la medida que esté ligado a la producción, y más débil y anónimo en la medida que esté ligado a administrar el dinero de otros. La disponibilidad a acatar órdenes parece superficialmente más propicia para acatar políticas y normas del tipo de *compliance*; en cambio el sentido de la responsabilidad por el crecimiento de la empresa parece más propicio para el desarrollo de personas íntegras. La empresa se beneficia tanto de la integridad del que "cumple órdenes" como de la integridad del que se siente responsable del crecimiento de la empresa. Llevadas al extremo, una puede resultar alienante, y la otra, desorganizada.

En cuanto al "algo uno" a realizar en común, hay dos imágenes de empresa: una tiene como fin la satisfacción del cliente (*Sede Ciudad*) y la otra tienen como fin el aumento de la producción (*Sede Interior*). Pero esto está regulado principalmente por el poder.

No afirmamos que los empleados de *Green* sean conscientes de esto, sino que esta es la comprensión que deriva de su experiencia vital dentro de la empresa. Es su modo de explicar el orden que los articula, y que también los desequilibra.

Aquí no se ha indagado acerca de la profundidad del sujeto y su conciencia, sino un posible sustituto de ella, la mentalidad compartida. Tampoco hemos indagado si los empleados de *Green* actúan de modo consistente con esta forma de ver y juzgar compartida. El sujeto puede apelar a la mentalidad compartida como sustituto del análisis de la conciencia personal cuando no desea ahondar en su interioridad o cuando le es conveniente para justificar el beneficio que está obteniendo por una acción éticamente incorrecta.

En parte, lo puede hacer porque la mentalidad compartida integra muchos elementos, incluso contradictorios (el ser y el deber ser, lo real y lo esperable), pero, sobre todo, porque representa valores y significados. Por otra parte, lo puede hacer porque la mentalidad compartida es un sustituto fácil, aceptable, rápido, lógico aunque acrítico. El sujeto puede suponer que hay menos riesgo de cometer una equivocación debido a que el criterio es compartido por muchos en la organización.

La mentalidad compartida provee certezas; de ella se infieren presunciones, expectativas, alternativas que influyen en la toma de decisiones. Sin embargo, nunca sustituye la reflexión personal consciente, nunca reemplaza a la libertad personal. A quien quiera disponer de ella, la mentalidad compartida estará en las historias, en los rumores, en los relatos, en las conversaciones para racionalizar y justificar cualquier decisión.

Síntesis y conclusiones del capítulo 10

En este capítulo hemos consignado los resultados arrojados en la aplicación del método HEMG en la empresa *Green*. Como ya se explicó, el método permite cumplir dos objetivos. Un objetivo es de investigación, y consiste en reconocer la imagen de orden compartida por los integrantes de la organización y representarla en un mapa de metáforas que simboliza la comprensión que ese grupo comparte acerca de la real articulación de sus interacciones. El otro objetivo es de aprendizaje, y consiste en que los participantes de los talleres del HEMG reconozcan cómo ellos ven a la empresa y el lugar de influencia que se autoasignan en ella, a través de las metáforas que ellos generan. Reconocer la imagen de orden con la que explican la empresa les permite revisar críticamente su capacidad para tomar decisiones éticas en ese entorno. Sinteticemos el logro de estos objetivos en la empresa *Green*.

En cuanto al objetivo de investigación se obtuvieron dos constructos que representan la mentalidad compartida en *Green* y las diferencias entre sus dos sedes (*Sede Ciudad*: administrativa y *Sede Interior*: fábrica). Estos dos constructos son el mapa de metáforas grupales (MMG) y el sentido subjetivo de integridad (SSI).

El mapa de metáforas grupales (MMG) se confeccionó sobre la base de tres metáforas conceptuales identificadas como principales: EMPRESA ES ÁRBOL – LOGRO ES CAMINO – PODER ES AGUA. La metáfora conceptual PODER ES AGUA simboliza principalmente que la empresa se articula y se ordena por el poder que da el dinero. En esta imagen de orden, el trabajo del empleado es como la sangre, es decir, es su aporte al torrente que hace funcionar la empresa. Por otra parte, la metáfora conceptual LOGRO ES CAMINO conceptualiza a la empresa como un instrumento. Esta metáfora revela que muchos consideran que el orden real de las interrelaciones consiste en un uso mutuo entre el empleado y la empresa. Por último, la metáfora EMPRESA ES ÁRBOL representa una imagen de orden de la empresa más positiva. La empresa es un ente que crece, que se eleva, se expande y da frutos. El lugar que el empleado se autoasigna en este ordenamiento es, o bien el del que riega a la empresa, o el del que trepa por ella y se ubica en las ramas más altas (con más dinero y más reconocimiento), o bien el de ser un fruto desarrollado gracias a la vitalidad de la empresa.

Una vez analizada la simbología profunda de las metáforas presentes en el mapa de metáforas grupales (MMG), se analizó el sentido subjetivo de integridad (SSI) de los empleados de *Green*. El SSI se define como un conjunto de criterios por el que los empleados consideran si su comportamiento es acorde a sus propios principios. Para obtener el SSI de los empleados de *Green* se tomaron las palabras significativas más repetidas en los registros lingüísticos textuales obtenidos en las respuestas del *quiz*.

Ahora bien, así como el objetivo de investigación se cumple una vez finalizada la intervención en la empresa, el objetivo de aprendizaje se cumple durante la intervención. Como se detalló en el capítulo 5, en la empresa *Green*, luego de los talleres que allí se llamaron "de cultura organizacional", se dictaron los talleres de "ética y *compliance*". Al finalizar el taller de cultura, donde se habían realizado los dibujos grupales y el *quiz*, se hicieron reflexiones con cada grupo, según lo que había surgido de sus dibujos y de las respuestas del *quiz*. Como si fuera un espejo, se promovió una visión crítica de la mentalidad que los participantes reflejaban en dichas dinámicas. La revisión crítica siempre apuntó a reforzar la responsabilidad y libertad personal, por encima de los condicionamientos atribuidos a la lógica imperante en el entorno organizacional.

Por ejemplo, en la *Sede Ciudad*, los empleados ven a la empresa básicamente como un lugar de poder, un lugar donde los gerentes deciden arbitrariamente con tal de cumplir con los clientes. Sus principales metáforas son PODER ES AGUA y LOGRO ES CAMINO. Los empleados de *Sede Ciudad* están muy pendientes de las directivas que bajan "desde arriba" y tienen poco sentido del poder personal. Tienden a ver su trabajo como carente de sentido y vitalidad, y solo lo consideran un instrumento para lograr mejoras en la calidad de vida de sus familias. Lo que más temen es ser despedidos. Su principal fortaleza es considerarse como "hacedores" y tener mucha disponibilidad para cumplir con sus obligaciones.

En los diálogos con ellos se destacó la disponibilidad como virtud, si esta es coherente con los valores de las normas escritas. Asimismo, se destacó que las normas escritas de *compliance* reducen la arbitrariedad de las decisiones gerenciales y reducen los riesgos en los que se puede incurrir. Con ellos se reflexionó sobre las desventajas de la actitud de "disponibilidad", ya que combinada con la falta de sentido en el trabajo y su visión estrictamente instrumental del mismo, podía tentarlos a colaborar en prácticas no éticas. Es decir, la percepción de que la empresa "extrae" del empleado más de lo que le ofrece como reconocimiento, o de que el poder para decidir del empleado es insignificante facilita que algunos tomen esa percepción como una excusa para incurrir en prácticas no éticas. Estas prácticas no-éticas le permitirían al empleado "extraer" de la empresa lo que considera que "le corresponde" y demostrar su poder personal.

Por otra parte, en la *Sede Interior*, los empleados ven a la empresa de un modo más vital y más productivo. Su principal metáfora es EMPRESA ES ÁRBOL. Los empleados de la fábrica son conscientes del crecimiento de la empresa y se focalizan en los resultados de la producción. Están orgullosos de su trabajo, tanto frente a sus familias como frente a la comunidad en la que están arraigados. Tienen pensamiento de equipo y su sentido de integridad les indica que "pase lo que pase" ellos están ahí para hacer funcionar la empresa. Su modo de ver la empresa es menos vertical, por eso lo que más temen es el conflicto con los colegas con los que comparten la tarea productiva cotidiana (y que están sindicalizados). Confían en el trabajo mancomunado y su sentido del aporte personal a la empresa es muy superior al de los empleados de la otra sede.

En los diálogos con ellos se destacó el sentido de responsabilidad con la solución de problemas como su principal virtud; lo mismo acerca de su sentido de equipo. Su sentido del propio poder es alto, y se basa en el manejo y control de los recursos productivos. Se destacó que ese sentido de orgullo y de poder sumado a la posibilidad real de influir en la empresa mediante la solución de problemas era muy propicio para el desarrollo de virtudes propuestas en el código de ética, como por ejemplo la independencia o la objetividad profesional. Sin embargo, se subrayó que ese pragmatismo en la toma de decisiones y la incondicionalidad ofrecida a la empresa para que logre sus resultados, sumados a la falta de comunicación con la otra sede, podía llevar a no tener en cuenta algunas normas de *compliance*, si ellos consideraban que demoraban la resolución de problemas.

De este modo, se concluye la indagación sobre el fenómeno de la mentalidad compartida en la empresa. Esta profundización nos ha permitido identificar cuál es la clave para reconocer la mentalidad compartida en la empresa: su imagen de orden, es decir, la imagen que tienen sus integrantes acerca de cómo se articulan entre ellos, en ella. Esta noción de "imagen de orden" que tomamos de Gareth Morgan, la hemos asemejado a la noción de causa ejemplar del análisis causal aristotélico; a su vez, la hemos asimilado a la noción de "trama de significados" que la etnografía se propone elicitar de la cabeza de los nativos; y finalmente hemos establecido una analogía con los imago-esquemas que facilitan la comprensión de lo complejo y abstracto, y que nos permitió darles relevancia cognitiva a los dibujos grupales.

Ahora, es posible decir que toda la indagación sobre la mentalidad compartida ha tenido como eje la cuestión del orden. Un orden que no se ha de entender como un orden natural o un orden arbitrario, ni tampoco como un orden impuesto o un orden consensuado. Es un orden como lo es una forma o una figura, es un orden como lo es un mapa o una estructura; se puede asimilar a una lógica, a un sentido, o también a una trama que teje el modo de interrelacionarse de los integrantes de la empresa y que surge de la historia compartida en comunidad, señalando expectativas sobre el comportamiento de los otros y sobre el mismo sujeto.

Esta profundización, motivada inicialmente por especulaciones metafísicas y por el interés en lograr una enseñanza efectiva de la ética empresarial, nos ha permitido identificar una influencia importante en el comportamiento dentro de la empresa a pesar de que el carácter colectivo e implícito de la mentalidad compartida la hacen un fenómeno esquivo. La ética empresarial, por otra parte, se hace más específica cuanto más se estudia el aspecto organizacional; para ello esta investigación ha abordado territorios interdisciplinarios buscando puntos de conexión y de ampliación del conocimiento de los aspectos organizacionales de la ética empresarial. Asimismo, este trabajo de investigación nos ha permitido, frente al *mainstream* positivista de los estudios organizacionales, reforzar el valor de la etnografía, que, como investigación cualitativa, requiere una precisión más propia de la analogía y la interpretación. Por último, este trabajo nos ha permitido rescatar para la ética y la filosofía, el valor de la imaginación, que, como la caracteriza C. S. Lewis (1939), la imaginación no solo es condición de la verdad sino que es el órgano del significado y el sentido.

Conclusiones

El objeto de estudio de este trabajo de investigación es el fenómeno de la mentalidad compartida en el ámbito de la empresa. Este fenómeno se aborda a la luz de diversos enfoques disciplinares para describir sus características, definirlo, destacar su relevancia ética por su influencia en los integrantes de la empresa, y especificar su alcance ontológico por su rol en la conformación de la empresa. Asimismo, este trabajo de investigación se propone presentar a la comunidad académica un método de intervención en una empresa que permite reconocer rasgos de la mentalidad compartida a través de metáforas, y se justifica sobre la base de la etnografía organizacional y la lingüística cognitiva.

Primera parte: el fenómeno de la mentalidad compartida, su relevancia ética y su alcance ontológico

1. La cultura organizacional, vista desde la perspectiva de quien intenta conocerla, tiene un nivel manifiesto y un nivel implícito. En el nivel manifiesto es posible observar en la empresa su estructura, sus procesos y todos sus documentos declarativos, así como también el comportamiento de sus integrantes, sus interacciones y prácticas concretas observables. En el nivel implícito, que está en la interioridad de los sujetos que componen la organización, subyacen sus valores y significados. Este nivel implícito de la cultura organizacional lo hemos identificado con la mentalidad compartida.

La mentalidad compartida contiene explicaciones, valores, significados, interpretaciones de cuál es el orden que guía las interacciones en una organización. La mentalidad compartida establece prioridades consensuadas y convierte en algo natural un conjunto de presunciones que lleva a todos a actuar de una manera común, que incluso los distingue de otras empresas o de otras áreas de la empresa. La mentalidad compartida ve y juzga la realidad cotidiana de la organización de un modo tal que le permite al individuo actuar con criterios aceptados por el grupo.

La mentalidad compartida se compone de unas presunciones básicas subyacentes (PBS) y lo que denominamos una comprensión compartida básica de la organización (CCBO). Las presunciones básicas subyacentes son afirmaciones o hipótesis que explican y valoran cómo se realiza la integración interna de la organización (qué es lo que la une), cómo se relaciona la empresa con el entorno (el impacto en la sociedad) y cuál es la naturaleza de las relaciones humanas (poder, equidad, trabajo en equipo, etc.).

La comprensión compartida básica de la organización (CCBO) es una visión sintética, integral, holística del orden que guía el funcionamiento real de la empresa, y que asigna al individuo un lugar en ella. La CCBO es una comprensión simultánea del todo y la parte, de la organización y sus integrantes, que resulta de la experiencia cotidiana. Es una visión tácita, no-consciente, que se sostiene de forma acrítica, que se puede hacer surgir o elicitar a la conciencia de los integrantes del grupo mediante metáforas. Es una imagen o idea de orden implícita que puede ser representada por una o varias metáforas, y hacerla explícita.

2. La mentalidad compartida es un conjunto de hábitos-costumbre que influye en las libertades individuales ofreciendo un orden, una regla, pauta o medida a las acciones individuales. Sin embargo, la mentalidad compartida no determina las acciones individuales. El orden real de las interacciones en la empresa está en las decisiones ejecutadas por sus integrantes. Lo que hace la mentalidad es moldear, regular, pautar, medir con sus valores y significados esas acciones prácticas. La mentalidad consensuada ofrece al miembro de la empresa certezas aptas para pasar del pensamiento a la ejecución. El individuo, frente a estos criterios compartidos, está condicionado, pero no determinado en sus decisiones libres y responsables.

La cultura de una organización (que incluye la mentalidad compartida y sus prácticas ejecutadas) tiene una fuerza que muchas veces altera las formas de ver y juzgar que sus integrantes tenían antes de ingresar en la organización. Este condicionamiento puede convertirse en una tensión de difícil resolución, si la mentalidad compartida por muchos en la organización está desviada éticamente y el individuo tiene la voluntad de comportarse de modo íntegro.

El proceso de racionalización es el gozne que articula una mentalidad compartida negligente o funcional al fraude o la corrupción con la conciencia del sujeto. La racionalización personal diluye la dimensión ética de la acción, motivada por los beneficios obtenidos por dicha acción. En este proceso, el individuo abdica de evaluar y juzgar moralmente, y adopta lo que la mayoría sostiene de forma acrítica. La mentalidad compartida puede proveer con facilidad y certeza contenidos que son utilizables como excusas para la racionalización.

La racionalización es favorecida por la tendencia cognitiva de los ejecutivos. Los ejecutivos tienen tendencias al autoengaño, a no ser conscientes de sus sesgos y a una moralidad prerreflexiva. Esta tendencia hace fracasar los entrenamientos éticos. Si bien es muy difícil de cambiar, la mentalidad compartida se puede reorientar, por ejemplo con capacitación, acompañada de acciones creíbles de los líderes, que influyan en la institucionalización de las PBS y CCBO.

La cultura de una organización influye no solo en las decisiones de sus integrantes, sino que también influye en la conformación de la empresa como tal. Una cultura homogénea y fuertemente cohesionada no es necesariamente una cultura sana desde el punto de vista ético. El caso de la tragedia aérea de LAPA demuestra que el modo habitual de lograr los objetivos en una empresa puede ser también el modo de desvirtuarlos, y por tanto, pervertir su contribución al bien común o conducirla a su desaparición.

3. La empresa como tal es un ente distinto a sus integrantes que no se reduce a ellos, ni ellos se diluyen en ella. El análisis aristotélico-tomista de la ontología del grupo social, realizado por el filósofo Guido Soaje Ramos, identifica las causalidades mutuas que operan en la conformación del grupo como ente práctico, relacional y análogo. Aplicado el análisis de Soaje a la empresa, se identifica cuál es la relación entre la mentalidad compartida, la búsqueda del fin a realizar en común y el liderazgo.

Desde el punto de vista ontológico, la trama de interrelaciones en la empresa conforma un ente o un todo práctico que inhiere en las acciones de sus integrantes, no subsiste por sí mismo. Sus integrantes trabajan en lo mismo, en el mismo objeto (unión objetiva) y coordinadamente entre los sujetos (unión subjetiva). Si el objeto de la unión es contradictorio, no hay grupo. Y si la concepción del fin no es apropiada o si la concepción de las normas no es apropiada para el fin, no hay sinergia.

Ahora bien, el orden (causa formal intrínseca) proviene del modo en el que sus integrantes conciben el fin (causa final) en sus mentes. Esa concepción y deseo del fin genera normas, pautas y reglas (causa ejemplar) que se consideran las más apropiadas para lograr el fin. En la empresa hay normas explícitas e implícitas. Entre las normas explícitas encontramos, por ejemplo, las políticas corporativas; y entre las implícitas están los usos y costumbres de la vida cotidiana laboral. Algunas de las normas implícitas están en las prácticas ejecutadas usualmente (praxis objetivas) y otras están en la mentalidad compartida (praxis subjetivas).

Ambos tipos de normas proponen una adecuación al individuo. La adecuación modifica al sujeto que se adecúa a la norma. El orden propuesto por las normas explícitas y las implícitas pueden contradecirse algunas veces. Pueden diferir entre lo declarado y lo ejecutado, pero también pueden diferir porque se focalizan en objetos parciales.

La empresa es un resultado de la causalidad eficiente de todos sus integrantes, siendo el liderazgo su causa eficiente principal por estar más cercano a la finalidad que los aúna en su concepción y consecuente ordenamiento de las relaciones. Cada integrante participa con distingos grados de voluntariedad en la empresa. El liderazgo debe articular las distintas visiones de las subculturas e influir en la mentalidad. Los integrantes de la empresa antes de ingresar a ella comparten con individuos de su región o de su profesión modos de entender la empresa (causa material inmediata). El liderazgo y las normas de la empresa intentarán que esa mentalidad se moldee para alinearse hacia el fin que los aglutina. La causa eficiente actúa según tiene concebido el fin y el orden para lograrlo.

4. El orden real (causa formal intrínseca) es lo que distingue un grupo social de otro, es su formalidad específica, su esencia. La empresa es empresa por el ordenamiento económico de sus interacciones. La empresa se distingue formalmente de otros grupos sociales por estar ordenada económicamente, por su escala, por su capacidad de innovación, por las ganancias que se dividen entre sus inversores. La empresa tiene la capacidad de crear productos, de abaratar precios, de crear o motivar a crear nuevas tecnologías y de ofrecer empleos.

La causa formal intrínseca no es la causa final. Sin embargo, le es muy fácil focalizarse en la ganancia y no en el bien o servicio que ofrece a la sociedad. Este ordenamiento económico puede ser confundido con el objetivo final de la empresa. Es decir, la inversión, la producción a gran escala, la comercialización, la distribución, el financiamiento, la ganancia que son parte del ordenamiento económico propio y distintivo de las actividades de la empresa constituyen el instrumental apropiado para producir, de forma eficiente e innovadora, bienes y servicios para la sociedad.

La organización económica es la forma apropiada para el fin; es una parcialidad respecto del fin de la empresa. Es más, nada implica que la empresa deba perdurar para siempre, ya que los productos tienen su ciclo de vida y gracias a la innovación surgen otros que los reemplazan. Asimismo, el fin u objetivo de la empresa puede perfeccionarse a la luz de un fin más amplio y participable que es el bien común. Por tanto la organización económica se subordina al objetivo de la empresa, y el objetivo de la empresa se subordina al bien común.

La mentalidad compartida y la influencia de los directivos en ella -a través de su acción y omisión y sus normas explícitas- conducirán a la permanencia o disolución de la empresa. En la medida en que la mentalidad coincida con el objetivo social y este se vaya perfeccionando por el bien común, la mentalidad será causa de la unión de la empresa.

En consecuencia, el fin de la empresa se puede concebir en la mentalidad compartida de distintos modos. Dado que la mentalidad causa orden en las interacciones de los integrantes de la empresa, la autoridad tiene la responsabilidad de influir en la mentalidad, mostrando y presentando el fin hacia el que todos se dirigen. Este fin debería ser el fin de la institución (de la organización u empresa) y no un fin parcial, o contrario o contradictorio con el de la institución.

Asimismo, que la mentalidad compartida tiene alcance ontológico significa, en primer lugar, que influye en la constitución y persistencia de la empresa y en la consecución de su fin; en segundo lugar, que la adecuación de los integrantes a las normas (explícitas e implícitas) genera relaciones reales. Las relaciones reales son las que modifican a los sujetos en las que ellas inhieren y las que posibilitan afirmar que la empresa es un ente distinto a sus integrantes (análogo, práctico y relacional). Por tanto, la acción colectiva resultante de la sinergia de todos los integrantes de la empresa difiere de una empresa a otra en su impacto en la sociedad.

5. Una cultura organizacional que incluye mentalidad y prácticas desviadas de la ética suele estar avalada explícita o implícitamente por sus directivos, su sistema de recompensas y las racionalizaciones funcionales a tal desvío. Sin embargo, si el líder quiere promover un cambio, puede emprender la tarea de promover un aprendizaje a nivel de la organización para alinearse a una nueva estrategia, a una nueva estructura o a una nueva política. Las políticas de ética y *compliance* son una de ellas, y en un programa de capacitación sobre sus contenidos se confrontan los valores de la mentalidad compartida en la empresa con los valores del código de ética.

Integridad y *compliance* son dos abordajes distintos para institucionalizar la conciencia. Sin embargo, en cuanto a oportunidades de aprendizaje son ambas muy pertinentes para desarrollar una conciencia operativa en la empresa -análoga a las personas- instalando un conocimiento tácito en toda la organización, es decir, lograr que la mentalidad compartida aprenda a ver y juzgar un posible desbalance entre los objetivos económicos y sociales de la empresa. Esta política debe promover la adhesión voluntaria y no el silencio moral, el buen gobierno de la empresa y no el mero cumplimiento.

En el transcurso de la experiencia desarrollada en siete filiales de empresa y un grupo empresario durante 14 años (1998-2012) se probaron distintos dispositivos didácticos y se encontraron dificultades en el método de discusión de casos, debido al estilo cognitivo de los ejecutivos. Para superar estas dificultades se desarrolló una herramienta didáctica basada en dibujos grupales que permitió, en los talleres de entrenamiento ético *in company*, despejar el camino de lo prerracional para facilitar el diálogo racional acerca de las normas. Las repeticiones observadas en los dibujos, que representaban la relación del empleado con la empresa (y viceversa) y su relación con los otros, sugerían la universalidad de algunos contenidos representados. Ello condujo a convertirlo en la herramienta de investigación que se presenta en la segunda parte.

Segunda parte: propuesta de un método para reconocer y representar la mentalidad compartida en la empresa

6. El método HEMG es un método de intervención organizacional que tiene dos objetivos, uno de aprendizaje y otro de investigación. El objetivo de aprendizaje consiste en que los empleados se conozcan más a sí mismos, que reconozcan cuál es la idea de orden que comparten de forma implícita acerca de cómo funciona esencialmente la empresa donde trabajan y que reconozcan qué lugar se atribuyen ellos en esa imagen de orden. Ese reconocimiento permite la reflexión crítica sobre las implicaciones éticas de esa imagen de orden y permite una mayor receptividad a las normas de ética y *compliance* propuestas por la empresa. El objetivo de investigación es registrar actos del discurso de los integrantes de la empresa de forma objetiva y construir un mapa fidedigno que represente esa imagen o idea de orden compartida.

El HEMG consta de cuatro fases cuyas actividades son entrevistas y talleres. En los talleres se realizan *quiz*, dibujos grupales (actos de discurso visuales), lecturas de los dibujos, diálogo. Dos fases (I, II) tienen como principal objetivo la observación y registro de información de lo que verbalizan los empleados de la organización. Las fases II y III tienen como objetivo principal el aprendizaje, aunque también se registran actos del discurso verbales y visuales. En la fase IV se construye el mapa representativo. El detalle de las actividades de las cuatro fases facilita su réplica en otras organizaciones y evidencia las distintas instancias de observación de la mentalidad de la empresa que fundamentan su objetividad.

El eje central del método son los dibujos grupales realizados en equipos, inspirados en Gareth Morgan, a través de los cuales sus integrantes expresan cómo es su relación con la empresa, cómo es la relación de la empresa con ellos y las relaciones yo-otro. Las reglas para confeccionar los dibujos y para leerlos permiten la proyección de los significados subjetivos de los empleados, la convergencia de los mismos, la elicitación de metáforas que representen esos significados. Las reglas principales son el consenso, la inclusión de todas las ideas de todos los participantes y no usar palabras o signos convencionales.

7. En una justificación posterior a la experiencia, el método se entronca epistemológicamente en la etnografía organizacional. La etnografía organizacional tiene larga historia en la observación de empresas y es una rama de la antropología cultural que se caracteriza por su observación rigurosa y su teorización flexible. La etnografía se opone al *mainstream* positivista y se focaliza en comprender las reglas que rigen las interacciones de los nativos de una cultura, busca hacer explícitas

esas reglas que suelen estar implícitas y concibe la empresa como un lugar de convergencia o trama de significados (valores y reglas) que se manifiesta en hechos y palabras.

En la etnografía organizacional, el investigador debe evidenciar la cercanía a la cultura estudiada mediante la observación rigurosa, pero tiene flexibilidad teórica para hacer analogías e interpretaciones. La etnografía concluye con un texto final transmisible donde el etnógrafo representa la trama de significados que articula a los sujetos del grupo observado.

El HEMG registra, observa e interpreta actos del discurso verbal (palabra por palabra) y visual, donde los nativos de la cultura representan visualmente la idea de orden de la empresa en la que trabajan y su lugar en ella. En este punto, se respeta el espíritu constructivista de los etnógrafos, ya que en el HEMG no se observan prácticas y no es demostrable si la trama o el orden representado por los empleados coincide con la realidad o si es aplicado en sus conductas. En la fase del método donde ocurre el aprendizaje (fase II y III) la construcción de los empleados se pone en diálogo con las normas y pautas de *compliance* que propone la empresa.

La etnografía indaga cuáles son las reglas presentes en la mente de los nativos que rigen las interacciones en su cultura. La distinción de los registros en ETIC y EMIC, que caracteriza a la etnografía, distingue las voces auténticas de los nativos y, a la vez, integra sus interpretaciones con las del investigador. El investigador trata de elicitar la estructura subyacente -consciente o no consciente- de esas reglas, realizando un constructo sobre los constructos de los nativos.

Para el HEMG, la trama implícita a elicitar es la mentalidad compartida, específicamente la comprensión compartida básica de la organización (CCBO). De esa comprensión se pueden inferir algunas presunciones básicas subyacentes (PBS) sobre las interacciones. El modo de elicitar es con la confección de dibujos grupales y sus lecturas proyectivas. El modo de contrastar lo elicitado en las metáforas es compararlo con los resultados de las entrevistas y con los resultados de los *quiz*. Asimismo, el constructo "sentido subjetivo de integridad" (SSI) también permite confrontar información de registros verbales y completar la interpretación de cuál es la trama no consciente de esa empresa.

El texto final del HEMG es un mapa de metáforas (MMG) que representa la convergencia de las diferentes imágenes de orden de quienes participaron en los talleres; interpreta la convergencia de significados de un modo prerracional e intuitivo; figura la comprensión compartida básica de la organización (CCBO), que varía de subcultura en subcultura dentro de la empresa.

8. En la etnografía organizacional se ubica el pensamiento de Gareth Morgan y su etnografía activa. Esta rama combina investigación y aprendizaje. Lo central de su método es la metáfora como herramienta de diagnóstico y de cambio organizacional. Nos hemos inspirado en este autor para la confección del HEMG, sobre todo en su fase II.

¿De qué modo la metáfora logra ser esa herramienta en el HEMG? El modo en que lo logra es permitiendo que la proyección de significados subjetivos de los integrantes de la organización se plasme en la construcción del póster y en las lecturas del mismo. Hemos definido proyección como la atribución de significados al dibujo grupal cuyo contenido es más o menos consciente para los que dibujan y para los que leen.

Al dibujar se realiza una proyección convergente. Al leer se realiza una proyección que muchas veces revela anverso y reverso del mismo tema. Al verbalizar cómo es la relación dibujada (yo-empresa y yo-otro), lo comprendido en la imagen se interpreta y se elicitan (salen a la luz) las metáforas implícitas en el póster. Las metáforas revelan valores y permiten acceder a lo implícito. Suelen ser más precisas para el hablante común que los conceptos racionales. La metáfora es apta para representar la imagen de orden subyacente y colectiva, y diagnosticar lo que mantiene unida a la organización. La metáfora moldea nuestros puntos de vista y permite hacer "objetivo" lo subjetivo.

El dibujo, a su vez, realiza una mimesis o imitación de la trama que ocurre en la empresa y que el dibujo escenifica. Mediante la vibración afectiva que se produce al confeccionar y leer los dibujos con libertad expresiva y a través de elementos no racionales, se produce una catarsis. Es decir, se purgan componentes negativos de la vida organizacional, como por ejemplo, los temores al despido, a la competencia despiadada, el temor a no ser reconocido. El relato simbólico del dibujo y su lectura dinamiza el espíritu, lo hace más receptivo; facilita la síntesis de las vivencias y, a la vez, es elocuente. Ahora bien, esta catarsis es posible si las metáforas utilizadas son acertadas, relevantes y resonantes.

El HEMG crea un ambiente de aprendizaje mientras el investigador interviene. Luego de la proyección y la catarsis se abre el diálogo y es posible explicar normas de ética y *compliance* de un modo más racional. Se orienta al grupo en su autoconocimiento, subrayando puntos fuertes y débiles en relación con la normativa. Se pueden dar nuevos significados a lo elicitado.

El HEMG permite también identificar si la mentalidad difiere del fin de la empresa e identificar el poder de decidir que se atribuye el yo en esa organización, permite reconocer los sesgos cognitivos con los que la mayoría va a conducirse, logra hacer explícitos pensamientos genuinos, permite profundizar los criterios de moralidad del grupo y pasar de un nivel prerracional a uno más racional.

9. Los patrones, recurrencias y similitudes constatados en el uso de los dibujos, por parte de empleados de una misma área funcional o jerárquica, sugieren objetividad o algun tipo de universalidad. Dado que la etnografía solo explica la variedad cultural, se completa la justificación epistemológica del HEMG con la lingüística cognitiva. Esta disciplina explica por qué podemos reconocer sistemas, repeticiones o patrones en las metáforas.

Para la lingüística cognitiva, la metáfora nos permite comprender un ámbito de la realidad en términos de otro más cercano y cotidiano, por ello no es un mero recurso del lenguaje poético o retorico. La metáfora cuenta con la capacidad de usar los mecanismos motores y perceptivos corporales como base para la construcción abstracta. Pero también transporta lo emocional, lo histórico, lo social y lo lingüístico. La metáfora moldea la comprensión y también la revela. La metáfora subyace al pensamiento y a la acción.

Se pueden distinguir en ella varios niveles de profundidad que van desde la superficie o expresión lingüística, pasando por la metáfora conceptual, hasta llegar al nivel preconceptual donde está el imago-esquema y la influencia de la cultura en la construcción del mismo.

Una misma metáfora (conceptual) subyace a varias expresiones lingüísticas, y lo hace de forma invariante en cuanto a los elementos de su estructura. Las metáforas conceptuales se pueden jerarquizar bajo una metáfora principal o metáfora raíz conformando un sistema donde se explican unas a otras.

En un nivel más profundo está el imago-esquema, que actúa como el esqueleto básico de la metáfora conceptual. En cada cultura se pueden detectar los más usuales. Detectar los imago-esquemas nos permite detectar la estructura que ordena la comprensión básica y preconceptual de una cultura que se toma como base para la acción. Facilita la mezcla o fusión de los significados, así como también condensa diferencias y contradicciones conceptuales y personales. El imago-esquema es sumamente apto para representar la idea o imagen que en la mente de los nativos ordena lo social, es decir, para representar la causa ejemplar de la empresa según sus propios integrantes.

Con el HEMG es posible detectar imago-esquemas debajo de los dibujos grupales que nos permiten acceder a la comprensión de la experiencia cotidiana de la vida organizacional. El dibujo está más cerca de la comprensión que de las palabras, más cerca del significado subjetivo que de la verbalización explícita. Las metáforas conceptuales elicitadas se pueden jerarquizar y conformar en un mapa de metáforas que representa la convergencia de significados de los integrantes de la organización.

La metáfora es apta para representar la construcción de sentido de un grupo. La metáfora desvela la lógica, el sentido, la trama explicativa de la vida organizacional, y de este modo se hace posible considerarla materia moral que debe ser resignificada en la capacitación, conducida por el liderazgo y gobernada por la integridad personal.

10. Con una aplicación práctica del HEMG se logró caracterizar la mentalidad de operarios de fábrica en comparación con la mentalidad de mandos medios en carrera gerencial de diferentes empresas. Detrás de dibujos análogos se identificaron los "mínimo común denominadores" que moldean la mentalidad "funcional" o "jerárquica", es decir, se identificaron tres imago-esquemas (círculo, pirámide y muro) que abstraen la estructura esencial de cómo esos empleados comprenden la verdadera regla de articulación de sus interacciones en la empresa.

El primer imago-esquema que subyace a muchos dibujos de operarios es el "círculo". Esta organización de la vida cotidiana en la empresa implica que prima la unidad y no la competencia entre ellos, que se protegen entre sí de los que no son como ellos. Además de la rutina, el círculo representa la falta de movilidad social. El lugar del yo esta diluido en la potencia del nosotros. Esto es funcional a la unidad cuyo fin es producir mancomunada y coordinadamente. Sin embargo, puede desviarse en un pensamiento de grupo monolítico o ser funcional a un sistema de corrupción colectiva, por ejemplo para el robo de materias primas.

El segundo imago-esquema que subyace a dibujos de mandos medios es "pirámide". En esta organización de la vida cotidiana laboral, la empresa es centro o eje de la vida donde la meta es la superación. También es un lugar donde se contempla tanto el éxito como la muerte ya que no todos llegan a la cima. En este lugar el yo es ambicioso, y busca ascender y dominar, es competitivo. Esto es positivo si el liderazgo que ejerce es del tipo gerente que representa el poder institucional; y negativo si es del tipo gerente que representa solo su poder personal.

El tercer imago-esquema es el "muro". La organización de la vida empresaria bajo este imago-esquema se entiende desde la protección. La empresa es un lugar sin movilidad; ser parte de ella significa estar protegido, quieto, masificado, sin exposición. La empresa presiona y el yo resiste la presión aunque resigne creatividad y libertad. En este lugar el yo desea la pertenencia y durabilidad, aunque viva esa seguridad como una prisión.

11. Como segundo resultado de la aplicación de todas las fases del método HEMG se presentó la mentalidad de la empresa *Green*. Los significados de la mentalidad compartida son presentados en el mapa de metáforas grupales (MMG) y en el sentido subjetivo de integridad (SSI). El MMG incluye las metáforas principales, más abarcativas así

como más esclarecedoras y más sugerentes. Se presentan gráficamente en un mapa de hexágonos que representa la cercanía de los contornos estructurales de sus imago-esquemas subyacentes.

Las tres metáforas principales, que se explican entre sí, son DINERO ES AGUA, EMPRESA ES ÁRBOL y LOGRO ES CAMINO. Lo que esto nos dice de la mentalidad de la empresa *Green* es que sus empleados consideran que el origen y la fuente de la empresa están en el poder y en el dinero. Su lógica rige las relaciones. El trabajo es considerado una mercancía si es recompensado adecuadamente por la empresa; y si no lo es, tiene carácter sacrificial. Por tanto la empresa es considerada por sus empleados como un instrumento para los logros personales. Los logros personales incluyen aspiraciones personales y familiares.

La empresa es el eje de la vida del empleado y de la vida de la comunidad. Esta crece y fructifica regada por el esfuerzo de sus empleados. La empresa permite que algunos de ellos fructifiquen en las ramas de la empresa y logren ser alguien gracias a ese reconocimiento en poder o en dinero. Otros solamente alimentan a la empresa. La empresa es, en menor medida, visualizada como un lugar de producción eficiente o de satisfacción del cliente. Poder, dinero y familia son los valores más importantes.

Green es el nombre ficticio de una empresa manufacturera multinacional del sector secundario que cuenta con dos sedes en Argentina: una es la sede administrativa y la otra es la fábrica. En la sede administrativa, lo vital está solo fuera de la empresa, y la relación con la empresa es más instrumental respecto de los logros personales. En la fábrica, lo vital es parte del trabajo cotidiano productivo, donde hay creatividad e ideas y un deseo de que la familia participe de eventos de la empresa.

El sentido subjetivo de integridad (SSI) es un constructo que complementa la información del MMG. De acuerdo con las palabras registradas en diversos puntos de observación y el uso de un *software*, se establece el criterio común o la tendencia grupal bajo la cual los empleados se perciben a sí mismos como coherentes consigo mismos, sin perderse a sí mismos, rectos con su conciencia. También este constructo representa la visión del propio poder comparado con el poder de la empresa.

En cada una de las sedes de *Green* rige un SSI distinto. En la sede administrativa, se es íntegro si se está dispuesto a acatar órdenes, si se está disponible para aceptar normas. En cambio, en la fábrica, se es integro si se hace todo lo necesario para que el proceso productivo se cumpla en cualquier circunstancia.

Ambos criterios tienen sus puntos fuertes y débiles al mismo tiempo. En la sede administrativa, están más dispuestos a acatar pautas de *compliance*; sin embargo, ese cumplimiento de normas es más bien despersonalizado. En cambio en la fábrica, están dispuestos a hacer lo que sea para que la producción continúe, comprometiendo sus ideas y su creatividad, por lo que las pautas de ética pueden verse como una demora y exceso de burocracia que ponen obstáculos a su sentido personal de responsabilidad con el proceso productivo, que además circunstancialmente no está siendo reconocido con recompensas equitativas.

12. El método HEMG (Método Heurístico de Elicitación de Metáforas Grupales) es un método de intervención en una empresa que facilita, en sus integrantes, un aprendizaje sobre la mentalidad compartida. Reconocer rasgos de la mentalidad compartida aumenta en el empleado la conciencia sobre sus motivos para actuar y el grado de voluntariedad y responsabilidad personal con la que toma decisiones y se hace parte de la empresa. Reconocer los criterios por los cuales se juzga a sí mismo coherente y seguidor de sus propios valores, le permite revisar y eventualmente cambiar sus presunciones arraigadas; y reflexionar le permite al empleado superar el temor o la superficialidad de la simple costumbre. El HEMG facilita la capacitación en ética y *compliance*, porque fomenta el paso de una moralidad prerracional a una más racional de la que es capaz todo ser humano. El método aumenta la posibilidad de ser objetivo y de ser autónomo, reforzando la integridad personal posible a pesar de los condicionamientos del entorno. El método permite también que el contenido de la mentalidad -que las metáforas grupales elicitarán e hicieron explícito- sea analizado y comparado a fin de reconocer los patrones recurrentes en el modo de ver y juzgar la realidad organizacional e inferir las implicancias éticas que se derivan de ellos.

En definitiva, desde el punto de vista del conocimiento de las empresas, hemos presentado un método que hace salir a la luz algunos rasgos de un fenómeno esquivo como es la mentalidad compartida; y desde el punto de vista de la dirección de las empresas, hemos presentado un método que es doblemente educativo. En primer lugar, porque puede utilizarse para un tipo de capacitación en la empresa que permite la revisión crítica de algunas presunciones y por ende, permite realizar un aprendizaje. En segundo lugar, porque todo liderazgo tiene una función educativa. Es decir, etimológicamente "educar" viene del latín *e-ducere*, que puede traducirse como "conducir desde dentro". Por tanto, en la medida de que los líderes conozcan la mentalidad de sus colaboradores, podrán conducirlos "desde dentro"; sabrán inspirarlos de un modo más acertado, para conseguir -de modo articulado y organizado- realizar el fin común que los aúna y manifestar una vez más, las potencialidades y perfecciones que puede alcanzar la naturaleza social del hombre.

Bibliografía

Ahn, T. K. y Ostrom, E. (2002). "Social Capital and the Second-Generation Theories of Collective Action: An Analytical Approach to the Forms of Social Capital". En *Conference Papers – American Political Science Association*, pp. 1-36.

Alvesson, M. y Berg, P. O. (1992). *Corporate Culture and Organizational Symbolism: An Overview*. Berlín: Walter de Gruyter.

Alvira Domínguez, T.; Clavell, L. y Melendo Granados, T. (1989). *Metafísica*. Pamplona: Universidad de Navarra.

Arendt, H. (2001). *Eichmann en Jerusalén. Un estudio sobre la banalidad del mal*. Barcelona: Lumen, 4ª edición.

Argyris, C. (1994). "Good Communication that Blocks Learning". En *Harvard Business Review*, Jul.-Aug., pp. 77-85.

Arregui, J. N. V. (1980). "El carácter práctico del conocimiento moral según Santo Tomás". En *Anuario filosófico*, 13(2), pp. 101-130.

Artiles, A. M. (1993). "La empresa-red: un modelo de división del trabajo entre empresas". En *Revista de sociología*, N° 44, pp. 87-109. Universidad Autónoma de Barcelona.

Ballvé, A. M. y Debeljuh, P. (2006). *Misión y valores: la empresa en busca de su sentido*. Buenos Aires: Gestión 2000.

Bárcenas, R. (2002). "Contexto de descubrimiento y contexto de justificación: un problema filosófico en la investigación científica". En *Acta Universitaria*, Universidad de Guanajuato México, mayo-agosto, vol. 12, N° 2, pp. 48-57.

Bazerman, A. y Tenbrunsel, M. (2011). "Ethical Breakdowns. Good people often let bad things happen. Why?". En *Harvard Business Review*, 89(4), pp. 58-65.

Begué, M. F. (2013). "La metáfora viva de Paul Ricoeur comentada". En *Teoliteraria*, vol. 3, N° 5, pp. 48-86. São Paulo: Pontifícia Universidade Católica de São Paulo (PUC-SP), Brasil.

Benedicto XVI (2007). *Caritas in Veritate*. Roma: Librería Editrice Vaticana.

Blanco, J. E. (2013). "Los círculos católicos de obreros, un actor soslayado en la historia de la sindicalización argentina". En *VIII Jornadas de historia eclesiástica argentina y III de Archivos eclesiásticos*, Junta de Historia Eclesiástica Argentina (JHEA), Convento Grande de San Ramón, Orden de la Merced, 14 y 15 de junio de 2013, Buenos Aires.

Brief, A. P.; Buttram, R. T. y Dukerich, J. M. (2001). "Collective Corruption in the Corporate World: Toward a Process Model". En Turner, M. (ed.) *Groups at work: Advances in theory and research*. Mahwah (NJ): Lawrence Erlbaum Associates.

Borges, J. L. (2000). *This craft of verse*. Cambridge, MA: Harvard University Press.

Brown, M. T. (2002). *The Ethical Process: An Approach to Disagreements and Controversial Issues*. Pennsylvania: Prentice Hall.

Burton, G. *et al.* (Ed) (2011). "Ethnography in the Context of Management and Organizational Research: its Scope and Methods and Why We Need More of It". En *Journal of Management Studies*, N° 48, pp. 198-201.

Camus, A. (1951). *El mito de Sísifo*. Buenos Aires: Losada.

Casares, T. D. (1967). *Naturaleza y responsabilidad económico-social de la empresa*. Buenos Aires: Itinerarium, publicación del Instituto de la Empresa de la Fundación Pérez Companc.

Chhokar, J. S.; Brodbeck, F. House, R. J. (ed.) (2007). *Culture and Leadership across the World: The GLOBE Book of In-Depth Studies of 25 Societies*. New York: Lawrence Erlbaum Associates.

Cirlot, J. E. (1992). *Diccionario de Símbolos*. Barcelona: Ediciones Labor.

Cornelissen, J. P. (2005). "Beyond compare: Metaphor in Organization Theory". En *Academy of Management Review*, 2005, Vol. 30, N° 4, pp. 751–764.

Cornelissen, J. P. (2006). "Metaphor and the Dynamics of Knowledge in Organization Theory: A Case Study of the Organizational Identity Metaphor". En *Journal of Management Studies* N° 43: 4, pp. 683-709.

Cortina, A. (2003). "Quién, qué, por qué consumir". Intervención en mesa redonda sobre el consumo. *Cristianisme i Justícia* (organizador), mayo.

Cruz Cruz, J. (1995). "Valores éticos de la empresa". En *Cuadernos Empresa y Humanismo*. Universidad de Navarra. N° 50, pp. 3-47.

Debeljuh, P. (2004). *La conquista de las virtudes en la empresa: el aporte de los códigos de ética*. Buenos Aires: Temas.

Díaz, H. (2006). La perspectiva cognitivista. En Di Stefano, M. (coord.). *Metáforas en uso*. 2° ed. Buenos Aires. Biblos.

Díaz San Juan, L. (2010). *Procedimiento y proceso del método clínico*. México: Departamento de Publicaciones, Facultad de Psicología UNAM.

Di Stefano, M. (2006). "La perspectiva retórica". En Di Stefano, M. (coord.). *Metáforas en uso*. 2° ed. Buenos Aires. Biblos.

Durand, G. (2007). *La imaginación simbólica*. 2° ed. Buenos Aires: Amorrortu Editores.

Echeverría, R. (2000). *La empresa emergente*. Buenos Aires: Granica.

Enderle, G. (1993). "What is Business Ethics?". En *Business Ethics: Japan and the Global Economy Issues*. Vol. 5, pp. 133-150. Netherlands: Springer.

Ennis, M. A. (2008). *Psicoterapia simbólica: bases y conceptos*. Buenos Aires: EDUCA. Universidad Católica Argentina.

Espina, G. (2004). "Psicopatología de la vida cotidiana de las mujeres". En *Revista Venezolana de Economía y Ciencias Sociales*, vol. 10, N° 3, pp. 39-49, Universidad Central de Venezuela.

Estache, A. y Trujillo, L. (2004). "La privatización en América Latina en la década de los años 90: aciertos y errores". En *Revista Asturiana de Economía* N° 31.

Faus Pascuchi, J. (1998). "Ética en las operaciones y en las políticas financieras de las empresas". En Melé Carné, D. (coord.). "Ética en la actividad financiera". *VI Coloquio de Ética Empresarial y Económica, Barcelona*. Barañáin: Ediciones Universidad de Navarra, pp. 121-134.

Forment, E. (2008). *Tomás de Aquino esencial*. Barcelona: Montesinos.

French, P. (1979). "The Corporation as a moral person". En *American Philosophical Quarterly*, vol. 16, N ° 3, pp. 207-215.

Fukuyama, F. (2003). "Capital social y desarrollo: la agenda venidera". En Atria, R. *et al.* (comp.) *Capital social y reducción de la pobreza en América Latina y el Caribe: en busca de un nuevo paradigma*. Santiago de Chile: Publicación de las Naciones Unidas.

García López, J. (1974). "La analogía en general". En *Anuario filosófico*, vol. 7, N° 1, 1974, pp. 192-223. Pamplona: Universidad de Navarra.

Garvin, D. A. (2007). "Teaching Executives and Teaching MBAs: Reflections on the Case Method". En *Academy of Management Learning & Education*, Vol. 6, N° 3, pp. 364-374.

Goatly, A. (2007). "Metaphor and Ideology". En *Ilha do Desterro* N° 53, Jul.-Dec., pp.63-93.

González Lara, A. (2004). "Intervención de desarrollo organizacional en una empresa de artículos de hierro forjado". Facultad de Ingeniería, Universidad Autónoma de Nuevo León, México.

Goodpaster, K. (2007). *Conscience and Corporate Culture*. New York: Wiley-Blackwell Publishing.

Goodpaster, K. y Mathews, J. (1982). "Can a Corporation Have a Conscience?" En *Harvard Business Review*, vol. 60, N° 1, pp. 132-141.

Gozzi, A. (2010). "La empresa que delinque vs. la empresa para delinquir". Consultado en http://goo.gl/GVC61D.

Guerrette, R. H. (1988). "Corporate Ethical Consulting: Development Management Strategies for Corporate Ethics". En *Journal of Business Ethics*, N° 7, pp. 373-380. Kluwer Academic Publishers.

Hala, N. (2003). "If Capitalists Were Angels". En *Internal Auditor*, April, Vol. 60, N° 2, p. 38.

Hampe, B. (ed.); Grady, J. E. (2005). *From Perception to Meaning: Image Schemas in Cognitive Linguistics*. Berlín: Walter de Gruyter.

Harris, M. (1976). "History and significance of EMIC/ETIC distinction". En *Annual Review Anthropology*, vol. 5, pp. 629-50.

Hofstede, G. (1983). "The Cultural Relativity of Organizational Practices and Theories". En *Journal of International Business Studies*, vol. 14, N° 2, pp. 75-89.

Hojvat, M. *et al.* (2008). "Cadena de desmentidas inducidas generadoras de una tragedia: investigación del accidente del avión de LAPA". En *Boletín N° 3 del Centro de Investigaciones Psicológicas para el Estudio y Prevención de los Accidentes*, Buenos Aires.

Hornos, G. M. (2011). Causa N° 12.260, Sala IV, Deutsch, Gustavo Andrés, S/Recurso de Casación Cámara Nacional de Casación Penal, Nadia Andrea Pérez, Secretaria de Cámara. Registro N° 14842.4. Accesible en http://goo.gl/Q7TPzh.

Hunt, E. (1997). "Constructivism and cognition". En *Issues in Education*, vol. 3, N° 2, pp. 211-256.

ISBEE (2002). "Interview with Henk van Luijk". En *International Society of Business, Economics, and Ethics Newsletter*, vol. 1, N. °2. pp. 4-5.

Jackall, R. (1983). "Moral mazes: bureaucracy and managerial work". En *Harvard Business Review*, Sept-Oct, pp. 118-130.

Janis, I. (1997). "Chapter 18. Groupthink". En Griffin, E. (1999). *A First Look at Communication Theory*. New York: McGraw-Hill, pp. 235-246.

Johnson, M. (1987). *The body in the mind: The bodily basis of meaning, imagination, and reason*. Chicago: University of Chicago Press.

Juan Pablo II (1984). *Exhortación apostólica post-sinodal: Reconciliatio et paenitentia*. Roma: Librería Editrice Vaticana.

Juan Pablo II (1991). *Carta encíclica Laborem Exercens*. Roma: Librería Editrice Vaticana.

Kövecses, Z. (2008). "Metaphor and Emotion". En Gibbs, R. W. (ed.). *The Cambridge Handbook of Metaphor and Thought*, Cambridge University Press, New York.

Kövecses, Z. (2008). "Universality and Variation in the Use of Metaphor". En Johannesson, N. y Minugh, D. (eds.). *Selected Papers from the 2006 and 2007 Stockholm Metaphor Festivals*, Stockholm: Department of English, Stockholm University, pp. 51-74.

Lakoff, G. (1993). "The Contemporary Theory of Metaphor". En Ortony, A. (ed.). *Metaphor and Thought*. Cambridge University Press. Second edition, pp. 202-251.

Lakoff, G. y Johnson, M. (2009). *Metáforas de la vida cotidiana*, Ediciones Cátedra, Madrid, 8° edición.

Llano, C. (1987). "El trabajo directivo y el trabajo operativo en la empresa". En *Cuadernos de Empresa y Humanismo*, N° 9, pp. 3-18.

Lozano, J. M. (2001). *Ethics and Organizations: Understanding Business Ethics as a Learning Process*, Springer. Dordrecht.

Luciani, R. (2008). "Analogia trascendentalis. Los Trascendentales a la luz de Tomás de Aquino y Hans Urs von Balthasar". En *Apuntes Filosóficos*, 33, pp. 33-64.

Malloy, D. y Lang, D. (1993). "An Aristotelian Approach to Case Study Analysis". En *Journal of Business Ethics*, vol. 12, pp. 511-516.

McClelland, D. C. y Burnham, D. H. (2003). "Power is the great motivator". En *Harvard Business Review*, vol. 81, N° 1, pp. 117-126.

McMahon, C. (1995). "The Moral and Ontological Status of Organizations". En *Business Ethics Quarterly*, vol. 5, N° 3, pp. 541-554.

Melé Carné, D. (1997). *Ética en la dirección de empresas*. Barcelona: Ediciones Folio.

Melé Carné, D. y Fontrodona Felip, J. (1997). "Individual and Corporate Responsibilities in the Social Teaching of the Church". En *Second International Symposium on Catholic Social Thought and Management Education, University of Antwerp* (July). Minnesota: John Ryan Institute for Catholic Social Thought, University of Saint Thomas.

Milgram, S. (1963). "Behavioral Study of Obedience". En *The Journal of Abnormal and Social Psychology*, vol. 67, N° 4, pp. 371-378.

Mirabella, M. A. (2005). *Fundamentos de filosofía económica*. Buenos Aires: EDUCA.

Morgan, G. (1999). *Imagin-I-zación: una nueva aptitud crucial para la conducción y el management en un mundo en movimiento y cambio*. Barcelona: Granica.

Moore, G. (2005). "Corporate Character: Modern Virtue Ethics and the Virtuous Corporation". En *Business Ethics Quarterly*, vol. 15, N° 4, pp. 659-685.

Nielsen, R. (1984). "Toward an Action Philosophy for Managers Based on Arendt and Tillich". En *Journal of Business Ethics*, N° 3, pp. 153-162.

Nubiola, J. (2000). "El valor cognitivo de las metáforas". En *Cuadernos de Anuario Filosófico*, N° 103, 73-84.

Ostrom, E. y Ahn, T. K. (2003). "Una perspectiva del capital social desde las ciencias sociales: capital social y acción colectiva". En *Revista Mexicana de Sociología*, año 65, N° 1, enero-marzo, pp. 155-233.

Paine, L. S., (1994). "Managing for Organizational Integrity". En *Harvard Business Review*, 72, N° 2, pp. 106–117.

Paladino, M.; Debeljuh, P. y Scarinci de Delbosco, P. (2005). "Integridad: respuesta superadora a los dilemas éticos del hombre de empresa". En *Cuadernos de Difusión*, N° 10. Lima: UESAN.

Phillips, M. E. (1994). "Industry Mindsets: Exploring the Cultures of Two Macro-organizational Settings". En *Organization Science*, vol. 5, N° 3, pp. 384-402.

Phillips, M. J. (1995). "Corporate Moral Responsibility: When it might matter". En *Business Ethics Quarterly*, Vol. 5, N° 3, pp. 555-576.

Pieper, J. (1974). "La realidad y el bien". En *El descubrimiento de la realidad*. Madrid: RIALP.

Piñeda, M. A. (2003). "La filosofía neo escolástica en la formación de psicólogos argentinos. El caso de la Universidad Nacional de Cuyo, sede San Luis: 1958-1966". En *Fundamentos en Humanidades*, vol. IV, núm. 7-8, pp. 79-101.

Pontificio Consejo "Justicia y Paz" (2012). *La vocación del líder empresarial, una reflexión*. Roma: Librería Editrice Vaticana.

Pontificio Consejo "Justicia y Paz" (2005). *Compendio de la Doctrina Social de la Iglesia*. Roma: Librería Editrice Vaticana.

Preziosa, M. M. (2005). "La definición de 'Responsabilidad social empresaria' como tarea filosófica". En *Cuadernos de difusión*, 10(18/19), pp. 39-59. Lima: UESAN.

Preziosa, M. M. (2006a). "La empresa ¿sujeto pasible de responsabilidad?: una aproximación a la ontología de la empresa". En *Aportes pedagógicos de la Facultad de Ciencias Sociales y Económicas*. Programa de estímulo a la Investigación y Aportes Pedagógicos. Buenos Aires: UCA.

Preziosa, M. M. (2006b). "Agencia moral de la empresa: El aporte del análisis causal aristotélico". En *Cuadernos de Difusión*. Lima: UESAN.

Preziosa, M. M. (2007). "Acción conjunta: Núcleo ético de la responsabilidad social corporativa". En *Revista Cultura Económica* N° 70, pp. 69-76. Buenos Aires: UCA.

Preziosa, M. M. (2009). "Imago vocis: el diálogo de Narciso". En Ortega, F. *Cultura del diálogo e inclusión social. Oportunidad para una Argentina Bicentenaria*. Buenos Aires: EDUCA.

Preziosa, M. M. (2012a). *Metaphors at work*. Ponencia presentada en *EBEN Research Conference*. University of Newcastle, U.K.

Preziosa, M. M. (2012b). "Líderes que no obligan al heroísmo". En *Cultura Económica*. N° 84 pp. 46-50. Buenos Aires: UCA.

Putnam, R. (1993). "The Prosperous Community". En *The American Prospect*, vol. 4, N° 13.

Rivadulla, A. (2006). "Metáforas y modelos en ciencia y filosofía". En *Revista de Filosofía*, vol. 31, N° 2, pp. 189-202.

Rodriguez Luño, A. (1983). "La virtud moral como hábito electivo según Santo Tomás de Aquino". En *Persona y derecho: Revista de fundamentación de las Instituciones Jurídicas y de Derechos Humanos*, N.° 10, pp. 209-234.

Rodríguez Penelas, H. (1986). *Moral profesional*. Apuntes de cátedra inéditos: Ética profesional y de los negocios. Buenos Aires: Pontificia Universidad Católica Argentina.

Rodríguez Porras, J.M. (2002). Logos, pathos y ethos. En *Revista de Antiguos Alumnos*, diciembre. Barcelona: Publicaciones IESE Business School, pp. 34-35.

Roldán Zuluaga, S. (2010). "Principios de posicionamiento y transmisión de las marcas en la era digital: un nuevo top of mind". En *Revista de Economía & Administración*, vol. 7, N° 1.

Sánchez Palencia, A. (1996). "Catarsis en la 'Poética' de Aristóteles". En *Anales del Seminario de Historia de la filosofía* N° 13, Universidad Complutense de Madrid, pp. 127-147.

Schein, E. (1999). *The Corporate Culture Survival Guide-Sense and Nonsense About Culture Change*. San Francisco: Jossey-Bass Publishers.

Schmidt, E. (1993). *Ética y negocios para América Latina*. Lima: Universidad del Pacífico.

Schwartzman, H. (1993). *Ethnography in Organizations*. California: SAGE Publications.

Sison, A. y Fontrodona, J. (2013). "Participating in the Common Good of the Firm". *Journal of Business Ethics*, vol. 113, pp. 611-625.

Sinclair, A. (1993). "Approaches to Organizational Culture and Ethics". En *Journal of Business Ethics*, 12, pp. 63-73.

Soaje Ramos, G. (1969). "El grupo social". Apunte de cátedra inédito. Cátedra Filosofía Social, Facultad de Filosofía y Letras, Pontificia Universidad Católica Argentina.

Sparks, J. y Pan, Y. (2010). "Ethical Judgments in Business Ethics Research: Definition and Research Agenda". En *Journal of Business Ethics*, N° 91, pp. 405-418.

Spradley, J. P. (1980). *Participant observation*. Minnesota: Holt, Rinehart and Winston.

Tenbrunsel, A. y Messick, D. (2004). "Ethical Fading: The Role of Self-Deception in Unethical Behavior". En *Social Justice Research*, vol. 17, N° 2, pp. 223-236.

Treviño K., L. (1992). "Moral Reasoning and Business Ethics: Implications for Research, Education and Management". En *Journal of Business Ethics*, vol. 11, pp. 445-459.

Ulrich, D. (1989). "Gaining Strategic and Organizational Capability in a Turbulent Business Environment". En *The Academy of Management Executive*, vol. 3, N° 2, pp. 115-122.

Van Maanen, J. (2011). "Ethnography as Work: Some Rules of Engagement". En *Journal of Management Studies*, 48(1), pp. 218-234.

Velasquez, M. (2003). "Debunking Corporate Moral Responsibility". En *Business Ethics Quarterly*, vol. 13, N° 4, pp. 531-562.

Verhezen, P. (2010). "Giving Voice in a Culture of Silence. From a Culture of Compliance to a Culture of Integrity". En *Journal of Business Ethics* N° 96, pp. 187-206.

Zaltman, G. (2004). *Cómo piensan los consumidores: lo que nuestros clientes no pueden decirnos y nuestros competidores no saben*. Barcelona: Editorial Empresa Activa.

Zyglidopoulos, S. C.; Fleming, P. y Rothenberg, S. (2008). "Rationalization, Overcompensation and the Escalation of Corruption in Organizations". En *Journal of Business Ethics*, vol. 84, pp. 65-73.

Recursos en línea

Cardjin, J. (2011): http://goo.gl/nvWoU6.

Congreso Nacional (1967). Ley 17.285. Código Aeronáutico: http://goo.gl/sBoKDy.

Congreso Nacional (1987). Ley 23.521. Obediencia debida: http://goo.gl/XKmCAH.

C.O.S.O, Committee of Sponsoring Organizations of the Tradeway Commision: www.coso.org.

Goatly, A. y LLE Project (2002-2005). *Metalude*, Department of English, Lingnan University: http://goo.gl/UCmpMY.

Hermetic Word Frequency Counter: http://goo.gl/y3Ukn9.

Lakoff, G.; Espenson, J. y Schwartz, A. (1991) *Master Metaphor List*. 2° edition. Cognitive Linguistics Group, University of California at Berkeley: http://goo.gl/7xvjvb.

Piñeyro, E. (2004). "Whisky, Romeo, Zulu": http://goo.gl/Se7WFb.

Sánchez-Ostiz, P. e Íñigo, E. (2013). "Notas Técnicas. Teoría general del delito. El tipo de la comisión por omisión". L6. N64: http://goo.gl/Gl8fST.

Wordle: http://goo.gl/2ndR0b.

Notas periodísticas (orden cronológico)

http://goo.gl/AEc6lp (*La Nación*, 18 de agosto de 1999).

http://goo.gl/g5nkgi (*La Nación*, 1 de septiembre de 1999).

http://goo.gl/Ka5pHy (*Clarín*, 5 de setiembre de 1999).

http://goo.gl/Uoho6g (*La Nación*, 30 de septiembre de 1999)

http://goo.gl/AqFV3h (*Clarín*, 24 de abril de 2003).

http://goo.gl/sddZDL (*La Nación*, 6 de agosto de 2003)

Smith, R. (2006). "Enron aún existe, ahora dedicada a liquidar activos". En *The Wall Street Journal*, 1 de febrero: http://goo.gl/JR3YwS.

http://goo.gl/bRmznl (*La Nación*, 21 de agosto de 2008).

Torino, M. (2013). "El divorcio entre los CEOs y las empresas argentinas": http://goo.gl/9y0Yai.

http://goo.gl/UHW9Bw (*La Nación*, 14 de octubre de 2014).

http://goo.gl/M3dn09 (*La Nación*, 14 de octubre de 2014).

http://goo.gl/Z6Cyok (*Página 12*, 14 de octubre de 2014).

Quiroga, C. (2014). "La historia menos conocida detrás del ex dueño de LAPA, fallecido en Nordelta": http://goo.gl/jHr7Xe.

Mafud, L. (2014). "Algo (no) habrán hecho". En Revista *Apertura*: http://goo.gl/GH6fN9.

Roitman, T. (s.f.). Entrevista a Enrique Piñeyro. Publicado por el Centro de Investigación Cinematográfico. Buenos Aires: http://goo.gl/tXZQND.

Este libro se terminó de imprimir en octubre de 2016 en Imprenta Dorrego (Dorrego 1102, CABA).

www.ingramcontent.com/pod-product-compliance
Lightning Source LLC
Chambersburg PA
CBHW030634270326
41929CB00007B/78